M.Z.

William
Barclay

uslegung des
Neuen
Testamentes

Markusevangelium

Markusevangelium

ausgelegt von
William Barclay

Aussaat Verlag
Wuppertal

Der deutschen Ausgabe liegt der revidierte Text der Übersetzung von Martin Luther zugrunde
Neudurchgesehene Auflage
Auflage 6 5 4 3 / 83 82 81 80
(die letzten Zahlen bezeichnen die Auflage und das Jahr des Druckes)

© 1972 Aussaat Verlag GmbH, Wuppertal
Einband: T. Hagen, Wuppertal
Satz und Druck: Aussaat-Druck, Wuppertal
ISBN 3 7615 0100 5

Inhalt

	Kapitel	Seite
Einleitung		11
Der Anfang des Evangelienberichts	1, 1— 4	19
Der Königsbote	1, 5— 8	22
Der Tag der Entscheidung	1, 9—11	25
Die Zeit der Prüfung	1, 12. 13	27
Die Botschaft von der guten Nachricht	1, 14. 15	30
Jüngerberufung	1, 16—20	32
Jesus beginnt mit seiner Wirksamkeit	1, 21. 22	35
Der erste Sieg über die Mächte des Bösen	1, 23—28	38
Ein nicht öffentlich bewirktes Wunder	1, 29—31	41
Die Menschen beginnen, sich um Jesus zu scharen	1, 32—34	43
Stille Stunde und Aufforderung zur Wirksamkeit	1, 35—39	45
Ein Aussätziger wird gereinigt	1, 40—45	47
Glaube, der sich nicht verleugnen läßt	2, 1— 5	50
Ein unwiderlegliches Argument	2, 6—12	52
Berufung des Mannes, den alle Menschen haßten	2, 13. 14	55
Wo die Not am größten ist	2, 15—17	58
Eine fröhliche Gesellschaft	2, 18—20	60
Von der Notwendigkeit, geistig jung zu bleiben	2, 21. 22	62
Von echter und falscher Frömmigkeit	2, 23—28	63
Zusammenprall der verschiedenen Vorstellungen	3, 1— 6	67
Inmitten der Menge	3, 7—12	70
Berufung der zwölf Jünger	3, 13—19	73
Jesus von den Seinen nicht verstanden!	3, 20. 21	75
Bündnis mit den bösen Geistern oder Sieg über sie?	3, 22—27	77
Die Sünde, die nicht vergeben wird	3, 28—30	78
Jesu wahre Verwandte	3, 31—35	81
Vom Lehren in Gleichnissen	4, 1—2a	82
Vom Säemann	4, 2b— 9	86
Das Geheimnis des Reiches Gottes	4, 10—12	88
Die Ernte ist gewiß	4, 13—20	91
Vom Licht, das gesehen sein will	4, 21	94

	Kapitel	Seite
Wahrheit, die sich nicht unterdrücken läßt	4, 22. 23	97
Gleichgewichte des Lebens	4, 24	99
Das Gesetz des Wachstums	4, 25	100
Die von selbst wachsende Saat	4, 26—29	102
Vom Senfkorn	4, 30—32	104
Der kluge Lehrer und der kluge Schüler	4, 33. 34	106
Der Friede seiner Gegenwart	4, 35—41	108
Die bösen Geister verbannen	5, 1—13	110
Christus bitten fortzugehen	5, 14—17	113
Ein Zeuge Christi	5, 18—20	115
In der Stunde der Not	5, 21—24	117
Die letzte Hoffnung einer kranken Frau	5, 25—29	119
Preis des Heilens	5, 30—34	121
Verzweiflung und Zuversicht	5, 35—39	123
Welchen Unterschied der Glaube bewirkt	5, 40—43	125
Verwerfung in Nazareth	6, 1— 6	126
Aussendung der zwölf Jünger	6, 7—11	129
Die Botschaft und Barmherzigkeit des Königs	6, 12. 13	131
Drei Urteile über Jesus	6, 14. 15	133
Die Rache einer bösen Frau	6, 16—29	135
Die Ergriffenheit der Volksmenge	6, 30—34	139
Wenig ist viel in den Händen Jesu	6, 35—44	142
Jesus wandelt auf dem Meer	6, 45—52	144
Die fordernde Volksmenge	6, 53—56	146
Rein und unrein	7, 1— 4	147
Die Gebote Gottes und die Satzungen der Menschen	7, 5— 8	151
Frevelhafte Satzungen	7, 9—13	153
Was die Menschen wirklich unrein macht	7, 14—23	155
Die kanaanäische Frau	7, 24—30	159
Heilung eines Taubstummen	7, 31—37	163
Erbarmen und Herausforderung	8, 1—10	164
Blindheit, die ein Zeichen fordert	8, 11—13	167
Aus Erfahrungen nichts lernen ist ein Versäumnis	8, 14—21	168
Ein Blinder lernt sehen	8, 22—26	171

	Kapitel	Seite
Das Bekenntnis des Petrus	8, 27—30	173
Die jüdischen Messiasvorstellungen		175
Erste Leidensankündigung	8, 31—33	180
Der Weg derer, die Jesus nachfolgen	8, 34	181
Unser Leben erhalten, indem wir es verlieren	8, 35	183
Das Höchste im Leben	8, 36. 37	185
Wenn der König kommt	8, 38 — 9, 1	186
Verklärung Jesu	9, 2— 8	188
Das Schicksal des Vorläufers	9, 9—13	190
Nach dem Abstieg vom Berge	9, 14—18	192
Der Schrei des Glaubens	9, 19—24	194
Die Ursache des Versagens	9, 25—29	196
Dem Ende ins Auge sehen!	9, 30—32	198
Ehrgeizige Jünger	9, 33—35	199
Den Hilflosen helfen heißt Christus helfen	9, 36. 37	201
Eine Lektion in Duldsamkeit	9, 38—40	202
Belohnung und Bestrafung	9, 41. 42	205
Das Ziel, das jedes Opfer wert ist	9, 43—48	206
Das Salz des christlichen Lebens	9, 49. 50	209
In Freud und Leid	10, 1—12	211
Jesus segnet die Kinder	10, 13—16	215
Wie sehr liegt dir daran, ein guter Mensch zu werden?	10, 17—22	217
Gefahren des Reichtums	10, 23—27	220
Vom Lohn der Nachfolge	10, 28—31	222
Das Ende ist nahe	10, 32—34	225
Eine vom Ehrgeiz eingegebene Bitte	10, 35—40	226
Der Preis, der für die Erlösung der Menschen zu entrichten ist	10, 41—45	229
Der Blinde von Jericho	10, 46—52	231
Einzug in Jerusalem	11, 1— 6	234
Der da kommt	11, 7—10	237
Stille vor dem Sturm	11, 11	239
Der verdorrte Feigenbaum	11, 12—14 11, 20. 21	240
Der Zorn Jesu	11, 15—19	242

	Kapitel	Seite
Vom rechten Beten	11, 22—26	245
Eine listige Frage und eine scharfe Antwort	11, 27—33	247
Die bösen Weingärtner	12, 1—12	249
Kaiser und Gott	12, 13—17	252
Falsche Vorstellungen vom zukünftigen Leben	12, 18—27	257
Das größte Gebot	12, 28—34	261
Der Sohn Davids	12, 35—37a	265
Die falsche Art des Glaubens	12, 37b—40	267
Die größte Gabe	12, 41—44	270
Von zukünftigen Dingen		271
Der Tag des Herrn		272
Die verschiedenen Themenstränge		274
Vom Untergang Jerusalems	13, 1. 2	275
Vom Todeskampf der Stadt Jerusalem	13, 14—20	276
Der schwere Weg	13, 9—13	279
Gefahren der Endzeit	13, 3— 6. 21—23	281
Von der Wiederkunft	13, 7. 8 24—27	284
Sehet euch vor, wachet!	13, 28—37	287
Der letzte Akt beginnt	14, 1. 2	289
Verschwenderische Liebe	14, 3— 9	292
Verrat des Judas	14, 10. 11	294
Vorbereitung auf das Fest	14, 12—16	297
Der Liebe letzter Appell	14, 17—21	300
Das Symbol der Erlösung	14, 22—26	302
Die Freunde werden versagen	14, 27—31	306
Dein Wille geschehe	14, 32—42	307
Jesu Gefangennahme	14, 43—50	309
Und es war ein Jüngling	14, 51. 52	311
Das Verhör	14, 53. 55—65	312
Mut und Feigheit	14, 54. 66—72	315
Das Schweigen Jesu vor Pilatus	15, 1— 5	318
Die Wahl, die das Volk trifft	15, 6—15	320

	Kapitel	Seite
Verspottung durch die Kriegsknechte	15, 16—20	322
Die Kreuzigung	15, 21—28	323
Schrankenlose Liebe	15, 29—32	326
Tod und Triumph	15, 33—41	327
Der Mann, der Jesus ins Grab legte	15, 42—47	329
Saget Petrus!	16, 1— 8	331
Der Auftrag der Kirche	16, 9—20	333

EINLEITUNG

Die synoptischen Evangelien

Die ersten drei Evangelien, die Evangelien nach Matthäus, Markus und Lukas, werden allgemein die synoptischen Evangelien genannt und ihre Verfasser die Synoptiker. Das Wort S y n o p s e entspricht dem zusammengesetzten griechischen Wort synopsis und heißt Z u s a m m e n s c h a u. Diese Bezeichnung wird deshalb auf die drei ersten Evangelien angewandt, weil man den Wortlaut ihrer Texte in Parallelspalten nebeneinander stellen und so erkennen kann, was ihnen gemeinsam ist. Dabei könnte man sagen, das Markusevangelium sei das wichtigste Evangelium; ja, man könnte noch weitergehen und sagen, das Markusevangelium sei, ganz allgemein gesprochen, das wichtigste Buch überhaupt, weil es sich hier nämlich um das älteste der Evangelien und damit um die erste uns überlieferte Lebensgeschichte Jesu handelt. Auch wenn Markus nicht der erste war, der das Leben Jesu schriftlich festhielt — zweifellos hat es schon vor ihm Versuche dazu gegeben —, so ist sein Bericht doch mit Sicherheit der älteste, der auf uns gekommen ist.

Der Stammbaum der Evangelien

Zum Verständnis der Entstehungsgeschichte der Evangelienberichte ist es erforderlich, daß wir uns zunächst einmal in eine Epoche zurückzuversetzen versuchen, in der es noch keine gedruckten Bücher gab; wurden die Evangelien doch lange vor der Erfindung des Buchdrucks niedergeschrieben, in einer Zeit, da jedes Buch sorgfältig und mühsam mit der Hand geschrieben werden mußte. Solange das der Fall war, war die Zahl der Exemplare, die sich im Umlauf befanden, natürlich äußerst begrenzt. Woher wissen wir nun, woraus dürfen wir schließen, daß das Markusevangelium das älteste Evangelium ist? Beim Lesen der Evangelien stellen wir eine beachtliche Gleichartigkeit zwischen ihnen fest. Wenn wir zum Beispiel die Speisung der Fünftausend und ihre Darstellung bei den Synoptikern miteinander vergleichen (Mark. 6, 30—44; Matth. 14, 12—21; Luk. 9, 10—17), stellen wir fest, daß sie bei allen dreien fast wörtlich übereinstimmt. Ein eklatantes Beispiel ist auch die Geschichte von der Heilung des Gichtbrüchigen (Mark. 2, 1—12; Matth. 9, 1—8; Luk. 5, 17—26). So sehr ähneln sich die Berichte, daß selbst die kleine Paranthese „sprach er zu dem Gichtbrüchigen" in allen drei Evangelien vorkommt, und zwar an genau der gleichen Stelle. Die Übereinstimmung zwischen diesen Evangelien ist so groß, daß sich daraus nur zwei Schlüsse ziehen lassen: Entweder gehen alle drei auf eine gemeinsame Quelle zurück, oder aber zwei der Evangelien basieren auf dem dritten. Bei näherer Untersuchung erkennen wir, daß sich von den 105 Abschnitten, in die sich das Markusevangelium gliedern läßt, bei Matthäus 93 und bei Lukas 81 finden; nur 4 der bei Markus vorkommenden Abschnitte lassen sich weder bei Matthäus noch bei Lukas feststellen. Noch schlüssiger ist folgender Sachverhalt: Das Markusevangelium umfaßt 661, das Matthäusevangelium 1068 und das Lukasevangelium 1149 Verse. Von den 661 Versen des Markusevangeliums werden bei Matthäus nicht weniger als 606 wiedergegeben, wobei zuweilen das eine oder andere Wort leicht abgeändert ist, 51 Prozent aber wörtlich mit Markus übereinstimmen. Von den 661 Versen des Markusevangeliums werden bei Lukas 320 Verse wiedergegeben, bei dem sogar 53 Prozent des Textes wörtlich mit Markus übereinstimmen. Von den 55 Versen des Markusevangeliums, die sich bei Matthäus nicht finden, lassen sich 32 bei Lukas feststellen. So verbleiben also nur 24 Verse des ganzen Markusevangeliums, die weder bei Matthäus noch bei Lukas wiederkehren. Das alles sieht ganz danach aus, als ob Matthäus und Lukas das Markusevangelium als Grundlage ihrer Evangelienberichte benutzt hätten. Noch gewisser wird dies dadurch, daß sowohl Matthäus als auch Lukas sich weitgehend der Reihenfolge anschließen, in der bei Markus von den Ereignissen berichtet wird. Zuweilen weichen zwar entweder Matthäus oder Lukas von dieser Reihenfolge ab, doch niemals beide gleichzeitig; wenigstens einer der beiden hält sich stets an die Reihenfolge der Ereignisse bei Markus. Eine genaue Prüfung ergibt, daß Matthäus und Lukas das Markusevangelium beim Schreiben vor sich liegen hatten und es als Grundlage ihrer eigenen Berichte benutzten, wobei sie das Sondermaterial, das sie mit hineinzubringen wünschten, an den passenden Stellen einfügten.

Mit dem Markusevangelium lesen wir also die erste Lebensgeschichte Jesu, den Bericht von seinem Leben und Wirken, auf dem zwangsläufig seitdem alles Leben basiert.

Markus, der Verfasser des Evangeliums
Wer war jener Markus, der das nach ihm benannte Evangelium schrieb? Im Neuen Testament erfahren wir eine ganze Menge über ihn. Er war der Sohn einer wohlhabenden Frau aus Jeru-

salem, die Maria hieß und ihr Haus der Urgemeinde als Versammlungsort zur Verfügung stellte (Apg. 12, 12). Markus wuchs also von Anfang an in einer christlichen Umgebung auf. Er war ein Neffe des Barnabas, und Paulus und Barnabas nahmen ihn auf ihrer ersten Missionsreise mit sich (Apg. 12, 25). Diese Reise nahm für Markus allerdings ein wenig erfreuliches Ende. Als sie Perge in Pamphylien erreicht hatten, schlug Paulus vor, weiter in das Land hinein nach Antiochien im Lande Pisidien zu ziehen. Bei dieser Gelegenheit trennte sich Markus von den beiden und zog wieder nach Jerusalem (Apg. 13, 13). Vielleicht geschah dies, weil er vor den Gefahren und Schwierigkeiten einer der berüchtigsten Straßen der damaligen Welt zurückschreckte, einer Straße, auf der das Reisen nicht nur beschwerlich, sondern durch Räuber und Banditen auch äußerst unsicher war. Vielleicht ging Markus aber auch wieder nach Jerusalem zurück, weil sich immer mehr zeigte, daß Paulus die führende Rolle auf diesen Reisen für sich beanspruchte, und weil es Markus mißfiel, daß sein Onkel immer mehr in den Hintergrund gedrängt wurde. Vielleicht ging er nach Hause, weil er mit dem, was Paulus tat, nicht einverstanden war. Chrysostomos, der größte Prediger der griechischen Kirche (gest. 407), hat gesagt — vielleicht aus einfühlsamem Scharfblick heraus —, Markus sei aus Sehnsucht nach seiner Mutter nach Jerusalem zurückgekehrt! Als Paulus und Barnabas ihre erste Missionsreise beendet hatten und eine zweite planten, wollte Barnabas gern, daß sie Markus wieder mitnähmen; doch Paulus weigerte sich entschieden, jemand mitzunehmen, „der in Pamphylien von ihnen gewichen war" (Apg. 15, 37—40). Dabei gerieten Paulus und Barnabas so scharf aneinander, daß auch sie sich trennten und, soweit uns bekannt ist, niemals wieder zusammenarbeiteten. Für einige Jahre verschwindet Markus danach von der Bildfläche der Geschichte. Der Tradition zufolge soll er in dieser Zeit nach Ägypten gegangen und dort die Gemeinde zu Alexandrien begründet haben. Wir wissen nicht, ob dies tatsächlich zutrifft, wohl aber, daß Markus, als er wieder auftaucht, dies in sehr überraschender Weise tut; denn zu unserem Erstaunen erfahren wir aus dem Brief des Apostels Paulus an die Kolosser, den er als Gefangener von Rom aus schrieb, daß Markus bei ihm ist (Kol. 4, 10). In einem anderen Brief aus der Gefangenschaft, in seinem Brief an Philemon, zählt Paulus Markus zu seinen Gehilfen (V. 24). Und kurz vor seinem Tode schrieb Paulus an Timotheus, seine rechte Hand in allem: „Markus nimm zu dir und bringe ihn mit dir; denn er ist mir nützlich zum Dienst" (2. Tim. 4, 11). Wie anders klingen diese Worte des Paulus als das, was er zu jener Zeit sagte, als er von Markus als einem Drückeberger und Angsthasen nichts wissen wollte. Was auch geschehen sein mochte, jetzt verdiente Markus es, ein Mensch genannt zu werden, der sich selbst losgekauft hatte. Derjenige, nach dem Paulus verlangte, als ihm das Ende bevorstand, war Markus.

Die Informationsquellen des Markus
Der Wert von Berichten hängt von den Informationsquellen ab, die dem Berichterstatter zur Verfügung gestanden haben. Deshalb lautet denn auch in diesem Fall die Frage: Woher besaß Markus Kenntnis vom Leben und Wirken Jesu? Wir haben bereits festgestellt, daß Markus in einem Hause aufwuchs, das Versammlungsort der Christen von Jerusalem war. Er muß die Menschen also häufig von ihren persönlichen Erinnerungen an Jesus haben sprechen hören. Höchstwahrscheinlich stand ihm darüber hinaus jedoch eine Informationsquelle zur Verfügung, wie sie besser nicht hätte sein können. Ein im zweiten Jahrhundert lebender Mann namens Papias hat sorgfältig zusammengetragen, was er an mündlichen Nachrichten über das Ur-Christentum in Erfahrung bringen konnte. Er berichtet, daß es sich beim Markusevangelium um das Predigtmaterial des Apostels Petrus handele. Markus stand Petrus tatsächlich so nahe, daß dieser ihn „Markus, mein Sohn" nennen konnte (1. Petr. 5, 13). Hier der Wortlaut dessen, was Papias berichtet:

„Markus, der Dolmetscher des Petrus, schrieb sorgfältig, wenn auch nicht der Reihe nach, auf, was Christus gesagt und getan hat. Er hatte den Herrn selbst nicht gehört und war auch nicht sein Jünger gewesen; wohl aber begleitete er zu einem späteren Zeitpunkt Petrus, der seinerseits die Unterweisung der Christen den praktischen Erfordernissen anpaßte, ohne indessen den Versuch zu unternehmen, die Worte des Herrn systematisch wiederzugeben. Markus hatte also nicht unrecht, als er einiges davon nach dem Gedächtnis aufschrieb; denn ihm ging es vor allem darum, nichts von dem, was er gehört hatte, auszulassen oder zu verfälschen."

Wir können daher davon ausgehen, daß es sich beim Markusevangelium um das nach dem Gedächtnis aufgeschriebene Predigtmaterial des Petrus handelt.

Es gibt somit zwei Gründe für die außerordentliche Bedeutung des Markusevangeliums: Einmal ist es das älteste der Evangelien — es entstand kurz nach dem Tode des Petrus, der um das Jahr 65 erfolgte —, und zweitens stellt es nichts Geringeres dar als den Bericht dessen, was Petrus über Jesus gelehrt und gepredigt hat. Es läßt sich auch folgendermaßen ausdrücken: Das Markusevangelium kommt einem Augenzeugenbericht vom Leben Jesu am nächsten.

Der verlorengegangene Schluß
Interessant am Markusevangelium ist auch, daß es in seiner ursprünglichen Gestalt mit Markus 16, 8 aufhörte. Das steht aus zwei Gründen fest: Erstens sind die folgenden Verse (Mark. 16, 9—20) in keiner der bedeutenden frühen Handschriften enthalten, sondern nur in späteren, weniger guten Handschriften, und zweitens unterscheidet sich das Griechisch dieser Verse im Stil so sehr vom übrigen Markusevangelium, daß es unmöglich von ein und derselben Person stammen kann. Andererseits kann es sich bei Markus 16 nicht um den beabsichtigten Schluß gehandelt haben. Was also ist geschehen? Vielleicht ist Markus gestorben — möglicherweise sogar als Märtyrer —, bevor er mit dem Evangelienbericht fertiggeworden war. Vielleicht — und das ist wahrscheinlicher — hat es aber auch eine Zeit gegeben, in der nur noch ein Exemplar des Evangeliums existierte, bei dem der letzte Teil der Rolle, auf die es geschrieben war, abgerissen worden war, eine Zeit, in der das Markusevangelium in den Gemeinden nicht sehr verwendet wurde, in der man das Matthäus- und das Lukasevangelium vorzog und das Markusevangelium vernachlässigte. Es kann daher durchaus sein, daß alle Abschriften außer der einen verstümmelten verlorengegangen waren. Wenn das zutrifft, hätten wir um ein Haar das Evangelium eingebüßt, das in vielerlei Hinsicht das wichtigste Evangelium überhaupt ist.

Die charakteristischen Merkmale des Markusevangeliums
Werfen wir nunmehr einen Blick auf die charakteristischen Merkmale des Markusevangeliums, damit wir auch beim Lesen und bei seiner Untersuchung darauf achten können.
1. Der Markusbericht kommt von allen Schriften, die wir besitzen, einem Lebensbericht Jesu am nächsten, weil es Markus vor allem darum ging, Jesus so darzustellen, wie er war. Jemand hat das Markusevangelium einmal „eine Abschrift des Lebens Jesu" genannt, und ein anderer hat davon gesprochen, daß es „aus liebevoller, lebendiger Erinnerung heraus" geschrieben worden sei. Alles, was einer Biographie Jesu nahekommt, muß auf dem Markusevangelium basieren; denn Markus bereitet es sichtlich Freude, die Fakten des Lebens so schlicht und zugleich so spannend wie nur möglich zu erzählen.

2. Die göttliche Seite Jesu wird im Markusevangelium niemals außeracht gelassen. Markus beginnt mit dem Bekenntnis des Glaubens: „Dies ist der Anfang des Evangeliums von Jesus Christus" und läßt uns nicht im Zweifel darüber, für wen er Jesus hält. Immer wieder spricht Markus von dem Eindruck, den Jesus auf Geist und Herz aller gemacht hat, die ihn hörten. Stets hat Markus die Ehrfurcht und das Staunen vor Augen, das Jesus hervorrief. „Sie entsetzten sich über seine Lehre" (1, 22). „Und sie entsetzten sich alle" (1, 27). Derartige Ausdrücke kehren immer wieder. Nicht nur die Menge, die Jesus zuhörte, war bestürzt über das, was er lehrte; mehr noch war dies bei dem engsten Kreis der Jünger der Fall. „Und sie fürchteten sich sehr und sprachen untereinander: ‚Wer ist der?'" (4, 41). „Und sie entsetzten sich über die Maßen" (6, 51). „Die Jünger aber entsetzten sich über seine Worte" (10, 24. 26). Jesus war für Markus nicht nur ein Mensch unter Menschen, sondern er war für ihn Gott unter den Menschen, und die Menschen waren über das, was er tat und sagte, höchst bestürzt.

3. Zugleich ist Jesus jedoch in keinem der Evangelien so menschlich dargestellt wie bei Markus. Ja, zuweilen ist das Bild, das Markus von Jesus entwirft, so menschlich, daß die Verfasser der späteren Evangelien es geringfügig abänderten, weil sie vor dem, was Markus gesagt hatte, fast erschraken. Bei Markus heißt es, als er von den Versuchungen Jesu schreibt: „Und alsbald t r i e b ihn der Geist in die Wüste" (1, 12), während es Matthäus und Lukas nicht behagt, im Zusammenhang mit Jesus das Wort t r e i b e n zu benutzen, so daß sie es abmildern und sagen: „Da ward Jesus vom Geist in die Wüste g e f ü h r t" (Matth. 4, 1; Luk. 4, 1). Niemand spricht so viel von den Gemütsbewegungen Jesu wie Markus. Jesus seufzte in seinem Geist (7, 34; 8, 12). Ihn jammerte des Volkes (6, 34). Er verwunderte sich ihres Unglaubens (6„ 6). Gerechter Zorn packte Jesus (3, 5; 8, 33; 10, 14). Nur Markus berichtet, Jesus habe den reichen Jüngling gleich geliebt, als er ihn sah (10, 21). Jesus kannte das Gefühl des Hungers (11, 12). Er konnte erschöpft sein und das Bedürfnis nach Ruhe haben (6, 31). Im Markusevangelium wird Jesus vor allem als jemand hingestellt, der die gleichen Gefühle kannte wie wir. Die Menschlichkeit Jesu in der Darstellung des Markus bringt uns Jesus besonders nahe.

4. Zu den wichtigsten Besonderheiten des Markus gehört auch, daß er ständig anschauliche kleine Einzelheiten in seine Erzählung einstreut, die das Kennzeichen von Augenzeugenberichten sind. Sowohl Matthäus als auch Markus berichten, daß

Jesus ein Kind zu sich rief und es mitten unter sie stellte. Während es bei Matthäus heißt: „Jesus rief ein Kind zu sich und stellte es mitten unter sie" (18, 2), fügt Markus noch etwas für das Bild sehr Erhellendes hinzu: „Und er nahm ein Kind und stellte es mitten unter sie **und herzte es**" (9, 36). Bei der Darstellung der Begebenheit mit den Kindern, die Jesus segnet, bei der Jesus die Jünger tadelt, weil sie ihm die Kinder fernhalten wollen, findet sich nur bei Markus der Schlußsatz: „**Und er herzte sie und legte die Hände auf sie und segnete sie**" (Mark. 10, 13—16; vgl. Matth. 19, 13—15; Luk. 18, 15—17). Die ganze Zärtlichkeit Jesu kommt in diesen kleinen Zusätzen zum Ausdruck. Bei der Schilderung von der Speisung der Fünftausend spricht nur Markus davon, daß sie sich **in Gruppen zu hundert und zu fünfzig** hinsetzten, so daß es aussah, als sei die ganze Wiese in unzähligen Gartenbeeten angelegt (6, 40), und sofort steht die ganze Szene lebendig vor uns. Nur bei Markus heißt es, als er davon berichtet, daß Jesus mit den Jüngern zum letzten Mal nach Jerusalem hinaufzog: „**Und Jesus ging ihnen voran**" (10, 32; vgl. Matth. 20, 17; Luk. 18, 31); und in diesem einen kleinen Satz kommt die ganze Einsamkeit Jesu zum Ausdruck. Bei dem Bericht über die Stillung des Sturms findet sich bei Markus ebenfalls ein kleiner Satz, der bei keinem anderen Evangelisten anzutreffen ist: „Und er war hinten auf dem Schiff **und schlief auf dem Kissen**" (4, 38). Auch hier trägt dieser kleine Zug dazu bei, daß wir das Ganze anschaulich vor uns sehen. Es kann kaum Zweifel daran bestehen, daß all diese Details darauf zurückzuführen sind, daß Petrus Augenzeuge des Geschehens gewesen war und daß Markus es nun ebenfalls mit dem Auge der Erinnerung des Petrus sah.

5. Der Realismus und die Schlichtheit des Markus kommen auch in seinem griechischen Stil zum Ausdruck. a) Sein Stil ist nicht besonders kunstvoll, sondern so, wie ein Kind die Geschichte erzählt haben könnte. Eine Aussage reiht sich an die andere, nur verbunden durch das Wort „und". Im griechischen Urtext des dritten Kapitels folgen auf ein einziges Hauptverb 34 Satzglieder und Sätze, die alle mit „und" beginnen. Das ist die Art, in der Kinder, die darauf brennen, etwas loszuwerden, erzählen. b) Sehr gern gebraucht Markus die Worte „und auf der Stelle", „und alsbald", die in seinem Evangelienbericht fast dreißigmal vorkommen. Wir sprechen zuweilen von „flüssig geschriebenen" Geschichten; doch der Bericht des Markus ist nicht nur flüssig geschrieben, sondern Markus drängt fast

atemlos voran, um den Bericht für andere ebenso lebendig zu machen, wie er für ihn selbst war. c) Markus bedient sich außerordentlich gern des erzählenden Präsens, d. h. er spricht von den Ereignissen in der Gegenwart statt in der Vergangenheit. „Da das Jesus hörte, sprach (griech. Text: s p r i c h t) er zu ihnen: ,Die Starken bedürfen keines Arztes, sondern die Kranken'" (2, 17). „Und da sie nahe an Jerusalem kamen (griech. Text: k o m m e n) nach Bethphage und Bethanien an den Ölberg, sandte (griech. Text: s e n d e t) er seiner Jünger zwei und sprach (griech. Text: s p r i c h t) zu ihnen: Gehet hin in das Dorf, das vor euch liegt . . ." (11, 1. 2). „Und alsbald, da er noch redete, kam (griech. Text: k o m m t) herzu Judas, der Zwölfe einer" (14, 43). Wir wissen, daß dies die Art vieler einfacher Leute ist, etwas zu erzählen. Obwohl das erzählende Präsens bei der Übersetzung ins Deutsche nicht beibehalten wurde, da es nicht gut klingt, zeigt es doch, wie lebendig und wirklich alles für Markus war, so, als geschehe es eben jetzt im Augenblick des Erzählens. d) Markus führt sehr oft die aramäischen Worte an, die Jesus gesprochen hat. Zu des Jairus Tochter sagt Jesus: „T a l i t h a   k u m i !" — Stehe auf! (5, 41). Zu dem Taubstummen sagt Jesus: „H e p h a t h a !" — Tu dich auf! (7, 34). Die Opfergabe heißt „K o r b a n" (7, 11). In Gethsemane sagt Jesus: „A b b a, mein Vater" (14, 36). Und am Kreuz ruft er aus: „Eli, Eli, lama asabthani?" — Mein Gott, mein Gott, warum hast du mich verlassen? (15, 34). Manchmal, wenn Petrus den Klang der Stimme Jesu wieder zu vernehmen glaubte, konnte er nicht anders, als das, was er gesagt hatte, in der Sprache wiederzugeben, die Jesus gesprochen hatte.

Das unentbehrliche Evangelium
Es ist keineswegs unfair, wenn wir das Markusevangelium d a s   u n e n t b e h r l i c h e   E v a n g e l i u m nennen, und wir sollten das älteste Evangelium, das wir besitzen, mit liebevoller Sorgfalt studieren, das Evangelium, in dem wir Petrus predigen hören.

DER ANFANG DES EVANGELIENBERICHTS

Markus 1, 1—4

Dies ist der Anfang des Evangeliums von Jesus Christus. Wie geschrieben steht im Propheten Jesaja (Mal. 3, 1; Jes. 40, 3): „Siehe, ich sende meinen Boten vor dir her, der da bereite deinen Weg." „Es ist eine Stimme eines Predigers in der Wüste: Bereitet den Weg des Herrn, machet seine Steige richtig!" Johannes der Täufer war in der Wüste und predigte die Taufe der Buße zur Vergebung der Sünden.

Markus holt zu Beginn seines Leben-Jesu-Berichts weit aus: Die Geschichte Jesu beginnt nicht mit der irdischen Geburt Jesu, auch nicht mit dem Auftreten Johannes des Täufers in der Wüste, sondern mit den Träumen der Propheten, das heißt: vor langer, langer Zeit bei Gott. Die Stoiker glaubten an einen streng eingehaltenen Plan Gottes und Kaiser Mark Aurel, selbst ein Stoiker, hat einmal gesagt: „Alles Göttliche ist voller Voraussicht. Alles strömt vom Himmel herab." Wir können hier folgendes lernen:
1. Es heißt, die Gedanken der Jugend seien auf ferne Ziele gerichtet. So verhält es sich auch mit Gott, der ein Gott ist, der seine Pläne verwirklicht. Die Geschichte ist kein bunt zusammengewürfeltes Kaleidoskop unzusammenhängender Geschehnisse, sondern ein von Gott gelenkter Prozeß, der das Ziel schon zu Beginn sieht und erkennt.
2. Inmitten dieses Prozesses befinden auch wir uns, und deshalb können wir ihn entweder fördern oder zu behindern versuchen. In gewisser Hinsicht ist es eine ebenso große Ehre, bei einem solchen Prozeß mitzuwirken, wie es ein Vorrecht ist, das endgültige Ziel zu sehen und zu erkennen. Unser Leben sähe sehr anders aus, wenn wir, statt uns nach einem fernen, gegenwärtig jedoch noch nicht erreichbaren Ziel zu sehen, alles in unseren Kräften Stehende täten, um diesem Ziel täglich ein Stück näherzukommen. Nur wenn Menschen diese Mühe nicht scheuen, kann das Ziel überhaupt erreicht werden.
Recht aufschlußreich ist das von Markus benutzte Zitat. Der Satz: „**Ich sende meinen Boten vor dir her, der da bereite deinen Weg**" ist Maleachi 3, 1 entnommen und stellt, in seinem ursprünglichen Zusammenhang gelesen,

eine Drohung dar. Zur Zeit Maleachis vernachlässigten die Priester ihre Pflicht. Die Opfer, die sie darbrachten, waren nicht ohne Fehl und erbärmlich; der Tempeldienst war für sie eine Last. Der Bote sollte kommen, um ihn zu **reinigen und zu läutern**, ehe der Gesalbte Gottes kommen werde. Das Kommen Christi bedeutet also eine **Läuterung des Lebens**, die der Welt nottut. So nannte Seneca Rom zum Beispiel einen „Pfuhl der Ungerechtigkeit und des Frevels." Juvenal sprach von Rom als der „stinkenden Kloake, in die sich der widerwärtige Abschaum aller syrischen und achäischen Flüsse ergießt". Wohin auch immer der christliche Glaube dringt, bewirkt er Reinigung und Läuterung.

Als Billy Graham in Shreveport (Louisiana) predigte, ging der Verkauf geistiger Getränke etwa um 40 Prozent zurück, während der Verkauf von Bibeln um 300 Prozent anstieg. Zu den Ergebnissen seiner Evangelisationstätigkeit in Seattle zählte, wie es schlicht heißt, auch, daß „mehrere schwebende Scheidungsverfahren eingestellt" wurden. Der Evangelisationsbericht aus Greensboro (North Carolina) besagt, daß die Arbeit sich auf die gesamte Sozialstruktur der Stadt ausgewirkt habe. Zu den wunderbaren Berichten über das, was christlicher Glaube zu bewirken vermag, gehört auch der über die Meuterei auf der „Bounty". Die Meuterer, neun an der Zahl, wurden auf der Insel Pitcairn ausgesetzt, wo zu jener Zeit sechs männliche Eingeborene, zehn Frauen und ein fünfzehn Jahre altes Mädchen lebten. Als es einem der Männer gelang, Schnaps herzustellen, ergab sich eine schreckliche Situation. Mit Ausnahme von Adam Smith starben alle. Smith, der zufällig auf eine Bibel stieß, las dieselbe und beschloß, zusammen mit den Eingeborenen ein direkt auf der Bibel basierendes Gemeinwesen aufzubauen: was darin gesagt sei, würde man tun. Das war zwanzig Jahre, bevor eine amerikanische Schaluppe auf der Insel anlegte und dort eine regelrechte christliche Gemeinschaft antraf. Es gab dort kein Gefängnis, weil es keine Verbrechen gab, kein Krankenhaus, weil es keine Krankheiten gab, keine Irrenanstalt, weil es keine Geisteskranken gab. Es gab auch kein Analphabetentum, und nirgendwo auf der Welt waren Leben und Besitz so sicher wie dort. Durch den christlichen Glauben war die menschliche Gesellschaft gereinigt worden. Wo man Christus einläßt, wird die menschliche Gesellschaft gereinigt und geläutert.

Johannes kam und predigte **die Taufe der Buße**. Zeremonialwaschungen, die 3. Mose 11—15 im einzelnen aufgeführt sind, waren den Juden wohlvertraut. „Die Juden waschen sich jeden Tag, weil sie sich jeden Tag aufs neue beschmutzen", heißt es bei dem lateinischen Kirchenschriftsteller Tertullian. Symbolische Waschungen und symbolische Reinigung gehörten unlöslich zum jüdischen Ritual. Da Heiden das jüdische Gesetz in keinem seiner Teile beachteten, galten sie zwangsläufig als unrein. Wenn Heiden daher zu P r o s e l y t e n wurden, d. h. wenn sie sich zum jüdischen Glauben bekehrten, dann war dreierlei erforderlich. Sie mußten sich b e s c h n e i d e n lassen, zum Zeichen dafür, daß sie zum Bundesvolk Gottes gehörten; sie mußten O p f e r d a r b r i n g e n, denn Heiden bedurften als solche der Sühne. Sühne war aber nur möglich durch Blut; und drittens mußten sie sich t a u f e n lassen zum Zeichen dafür, daß sie von aller Befleckung der Vergangenheit gereinigt waren.

Es war daher ganz natürlich, daß es sich bei der Taufe nicht nur um ein Besprengen mit Wasser handelte, sondern um ein vollständiges Eintauchen des Menschen ins Wasser. Die Juden kannten also die Taufe; doch das Überraschende an der Taufe des Johannes war, daß er die Juden zu etwas aufforderte, was bisher nur von den sich zum Judentum bekennenden Heiden verlangt worden war. Johannes hatte etwas sehr Wesentliches erkannt: Jude sein der Herkunft nach heißt noch keineswegs, auch zum erwählten Volk Gottes gehören. Juden konnten sich in der gleichen Situation wie Heiden befinden. Nicht aufgrund der Tatsache, daß man Jude war, war man Gottes, sondern aufgrund eines gereinigten, geläuterten Lebens.

Zur Taufe gehörte d i e B e i c h t e. Bei jeder Umkehr zu Gott ist eine dreifache Beichte erforderlich.

1. Wir müssen u n s s e l b s t eingestehen, worin wir gefehlt haben. Es gehört zum Wesen des Menschseins, daß wir die Augen vor dem verschließen, was wir nicht sehen möchten, vor allem also vor unseren Sünden. Es heißt, jemand habe eines Morgens beim Rasieren, als er sein Gesicht im Spiegel erblickt habe, plötzlich gesagt: „Du dreckiges, kleines Luder!" Das sei der erste Schritt auf dem Gnadenweg gewesen; denn von jenem Tage an habe der Betreffende begonnen, ein anderer Mensch zu werden. Auch der verlorene Sohn hielt sich, als er von zuhause fortging, zweifellos für einen guten, wagemutigen Menschen und mußte, bevor er sich auf den Weg nachhause begab, erst einmal in sich gehen und sagen: „Ich will mich aufmachen und zu meinem Vater gehen und sagen: Vater, ich habe gesündigt gegen den Himmel und vor dir" (Luk. 15, 17. 18). Nichts ist schwerer, als uns selbst ins Gesicht zu sehen, und der erste Schritt zur Buße und zum rechten Gottes-

verhältnis wird stets sein, daß wir uns selbst eingestehen, worin wir gesündigt haben.

2. Wir müssen **denen, denen wir Unrecht zugefügt haben**, gestehen, was wir getan haben. Es nützt wenig, wenn wir vor Gott zugeben, daß uns leid tut, was wir getan haben, sofern wir dies nicht auch gegenüber denen tun, die wir verletzt, gekränkt und bekümmert haben. Erst wenn die Barrieren zwischen uns und den Menschen beseitigt sind, können auch die Barrieren zwischen Gott und uns beseitigt werden. In der Erweckungsbewegung der ostafrikanischen Kirche hat das Sündenbekenntnis eine wichtige Rolle gespielt. Einer von zwei Ehepartnern, die der gleichen Gruppe angehörten, kam eines Tages und bekannte in der Beichte, daß zu Hause Streit herrsche. Da sagte der afrikanische Geistliche zu ihm: „Du hättest den Streit erst beilegen und **dann** hierherkommen sollen, um zu beichten." Oft ist es leichter, vor Gott als vor den Menschen die eigenen Sünden zu bekennen. Doch ohne daß wir uns demütigen, gibt es keine Vergebung.

3. Wir müssen unsere Sünden **vor Gott** bekennen. Wo unser Hochmut aufhört, fängt die Vergebung an. Erst, wenn wir sagen: „Ich habe gefehlt", erhält Gott die Möglichkeit zu sagen: „Dir sei vergeben." Wer glaubt, Gott gewachsen zu sein, wird nie erfahren, was Vergebung heißt, wohl aber derjenige, der zerknirscht und voller Reue vor ihm niederkniet und flüstert: „Gott, sei mir armem Sünder gnädig!"

DER KÖNIGSBOTE

Markus 1, 5—8

Und es ging zu ihm hinaus das ganze jüdische Land und alle Leute von Jerusalem und bekannten ihre Sünden und ließen sich von ihm taufen im Jordan. Johannes aber war bekleidet mit Kamelhaaren und mit einem ledernen Gürtel um seine Lenden und aß Heuschrecken und wilden Honig und predigte und sprach: Es kommt einer nach mir, der ist stärker als ich, und ich bin nicht genug, daß ich mich bücke und die Riemen seiner Schuhe auflöse. Ich taufe euch mit Wasser; er aber wird euch mit dem heiligen Geist taufen.

Die Wirksamkeit seines Amtes liegt bei Johannes offen zutage; denn die Menschen strömten zu ihm hinaus, um ihm zu-

zuhören und sich taufen zu lassen. Worauf war das Echo, das Johannes in seinem Volk fand, zurückzuführen?
1. Johannes war ein Mensch, der seine Botschaft lebte. Nicht nur seine Worte, sein ganzes Leben war Protest. Dreierlei an ihm ist kennzeichnend für die Realität seines Protests gegen das Leben zu seiner Zeit. a) Der Ort, an dem er sich aufhielt: die Wüste. Zwischen dem mittleren Judäa und dem Toten Meer erstreckt sich eine der schrecklichsten Wüsten der Welt, eine zerklüftete Kalksteinwüste, schimmernd im heißen Sonnendunst; hohl klingen die Fußtritte auf dem heißen Felsgestein, als ob unter ihnen ein riesiges Feuer glühte. Die letzte Stufe der Wüste Juda stürzt in mächtiger, nur an wenigen Stellen ersteigbarer Steilwand zum Toten Meer und zur Jordanebene ab und wird im Alten Testament zuweilen J e s h i m m o n, d i e V e r w ü s t u n g, genannt. Johannes war kein Städter, sondern ein Mann der Wüste und ihrer Einsamkeit und Trostlosigkeit. Er hatte von sich aus den Versuch unternommen, die Stimme Gottes zu hören. b) Kennzeichnend waren auch die Kleider, die er trug. Sie waren aus Kamelhaar hergestellt und wurden durch einen Lederriemen um die Lenden zusammengehalten, wie es auch beim Propheten Elia der Fall gewesen war (2. Kön. 1, 8). Wer Johannes anschaute, wurde nicht an die nach der Mode gekleideten zeitgenössischen Redner erinnert, sondern an die alten Propheten, die in ihrer Einfachheit alles Verweichlichende, das die Seele ertötet, gemieden hatten. c) Bezeichnend auch, wovon er sich nährte: Heuschrecken und wilder Honig waren seine Speise. Beide Worte lassen sich auf zwiefache Weise deuten. Es kann sich um Heuschrecken handeln, Tiere, die zu essen nach dem Gesetz erlaubt war (3. Mose 11, 22. 23); es kann sich dabei aber auch um eine Art Bohne oder Nuß, nämlich um die K a r o b e handeln, um die Speise der Ärmsten der Armen. Bei dem Honig kann es sich um den von wilden Bienen erzeugten Honig handeln, aber auch um den süßen Saft aus der Rinde bestimmter Bäume. Es kommt jedoch nicht darauf an, was nun im einzelnen gemeint ist; denn in jedem Fall läuft die Deutung darauf hinaus, daß die Nahrung des Johannes so bescheiden wie nur möglich war. Manch einer verkündigt eine Botschaft, die er selbst leugnet. Manch einer, der ein beachtliches Bankkonto besitzt, predigt darüber, daß wir keine irdischen Schätze ansammeln sollen, und manch einer preist den Segen der Armut, der selbst ein gemütliches Heim hat. Bei Johannes jedoch waren der Mensch und die Botschaft miteinander identisch, und deshalb hörten die Menschen auf ihn.
2. Seine Botschaft war effektiv, weil er den Menschen sagte,

was sie im Grunde selbst wußten, und weil er ihnen gab, wonach sie sich innerlich sehnten. a) Ein jüdisches Wort besagte, wenn Israel das Gesetz Gottes nur einen einzigen Tag vollkommen halte, werde das Reich Gottes kommen. Als Johannes die Menschen zur Buße aufforderte, stellte er sie vor eine Wahl und Entscheidung, von der sie im Grunde wußten, daß sie erfolgen müsse. Lange zuvor hatte der griechische Philosoph Sokrates bereits gesagt, Erziehung bestehe nicht darin, daß man den Menschen etwas Neues erzähle, sondern darin, daß man aus ihrem Gedächtnis hervorhole, was sie bereits wüßten. Keine Botschaft ist wirksamer als die, die das Gewissen der Menschen anspricht, und sie wird nahezu unwiderstehlich, wenn sie von jemand ausgesprochen wird, der offensichtlich eine Vollmacht dazu hat. b) Das Volk Israel wußte wohl, daß die Stimme der Propheten seit dreihundert Jahren verstummt war. Die Menschen warteten auf ein authentisches Wort von Gott. Und durch und in Johannes vernahmen sie es. Echte Autoritäten sind überall im Leben erkennbar. Gute Ärzte und Redner, die über Sachkenntnis verfügen, erkennen wir stets sogleich. Johannes kam von Gott, und wer ihn hörte, wußte es.

3. Seine Botschaft war wirksam, weil er selbst durch und durch bescheiden war. Er sagte von sich, er sei nicht einmal wert, dem, der nach ihm komme, Sklavendienste zu erweisen. Bei den Schuhen, von denen im Text die Rede ist, handelt es sich um Sandalen, die aus Ledersohlen bestanden und mit zwischen den Zehen hindurchgezogenen Riemchen am Fuß befestigt wurden. Die Straßen damals waren sämtlich ohne feste Straßendecke und infolgedessen bei trockenem Wetter sehr staubig, bei Regenwetter dagegen äußerst naß und schmutzig. Die Sandalen zu lösen war Aufgabe und Amt eines Sklaven. Johannes wollte nichts für sich selbst, dagegen alles für den Christus, den er ankündigte. Daß dieser Mann sich selbst so völlig vergaß, bis hin zur Selbstauslöschung, und sich so ganz der Botschaft hingab, die er verkündete, zwang die Menschen, auf ihn zu hören.

4. Anders ausgedrückt könnte man auch sagen, die Botschaft des Johannes sei deshalb so wirksam gewesen, weil er auf etwas und jemand jenseits von sich selbst hinwies. Er sagte zu den Menschen, er taufe sie mit Wasser; der da kommen werde, werde sie dagegen mit dem Heiligen Geist taufen. Wasser vermöge wohl den Leib der Menschen zu reinigen, der Heilige Geist aber könne das Leben und die Herzen der Menschen rein machen. Wie es bei Telefongesprächen mitunter, wenn die Verbindung nicht sofort hergestellt werden kann, heißt: „Einen Augenblick bitte, ich verbinde weiter", und wie die Stimme aus

der Leitung verschwindet, sobald die gewünschte Verbindung hergestellt ist, so könnte man auch von Johannes sagen, daß es ihm nicht darum ging, im Mittelpunkt zu stehen, sondern um den Versuch, die Menschen mit dem in Berührung zu bringen, der größer und stärker als er selbst war. Und die Menschen hörten auf ihn, weil er sie nicht auf sich selbst verwies, sondern auf den, dessen wir alle bedürfen.

DER TAG DER ENTSCHEIDUNG

Markus 1, 9—11

Und es begab sich zu der Zeit, da kam Jesus von Nazareth in Galiläa und ließ sich taufen von Johannes im Jordan. Und alsbald, da er aus dem Wasser stieg, sah er, daß sich der Himmel auftat und der Geist gleichwie eine Taube herabkam auf ihn. Und da geschah eine Stimme vom Himmel: „Du bist mein lieber Sohn, an dir habe ich Wohlgefallen."

Die Taufe Jesu stellt für alle denkenden Menschen ein Problem dar, insofern nämlich, als die Taufe des Johannes eine Taufe der Buße war, bestimmt für alle, die ihre Sünden bereuten und ihrer Entschlossenheit Ausdruck geben wollten, endgültig Schluß damit zu machen. Was hatte Jesus mit einer derartigen Taufe zu tun? War er nicht ohne Sünde? War eine solche Taufe für ihn nicht ganz unnötig und unwichtig? Die Taufe bedeutete für Jesus viererlei.
1. Sie war für ihn der Augenblick der E n t s c h e i d u n g. Dreißig Jahre lang hatte er in Nazareth gelebt, war seinem Tagewerk nachgegangen und hatte seiner Pflicht gegenüber seiner Familie genügt. Schon lange muß er gewußt haben, daß die Zeit kommen werde, zu der er hinausgehen müsse. Er muß auf ein Zeichen gewartet haben. Das Auftreten des Johannes war für ihn jenes Zeichen. Dies war der Augenblick — das erkannte er —, da er mit seinem Werk beginnen mußte. Im Leben eines jeden Menschen gibt es solche Augenblicke der Entscheidung, die wir ergreifen oder vorüberstreichen lassen können. Solche Augenblicke wahrnehmen, heißt Erfolg haben im Leben; sie ungenützt verstreichen lassen oder ihnen ausweichen, heißt versagen. Vergeudet, in den Erwartungen enttäuscht und oftmals tragisch ist das Leben von Menschen, die sich nicht zu entscheiden vermögen. Wer sich treiben läßt, kann niemals glücklich

werden. Jesus wußte, daß für ihn mit dem Auftreten des Johannes die Stunde der Entscheidung gekommen war. So friedlich das Leben in Nazareth sein mochte, er hörte auf den Ruf Gottes, der ihn herausforderte.

2. Die Taufe war für Jesus der Augenblick der I d e n t i f i z i e r u n g mit den Menschen. Zwar bedurfte er der Buße der Sünde nicht; doch handelte es sich hier um eine Bewegung der Menschen zurück zu Gott, mit der sich zu identifizieren Jesus entschlossen war. Auch wer selbst ein angenehmes Leben im Wohlstand führt, kann sich mit einer Bewegung identifizieren, deren Ziel es ist, den Unterdrückten beizustehen und die Lage der Armen, der in unwürdigen Verhältnissen Lebenden, der Überforderten und der Unterbezahlten zu verbessern. Wahrhaft groß ist derjenige, der sich nicht um seiner selbst, sondern um anderer willen mit einer Bewegung identifiziert. So machte es auch Jesus, als er kam, um sich taufen zu lassen.

3. Die Taufe war für Jesus der Augenblick der Z u s t i m m u n g Gottes. Niemand verläßt leichten Herzens Haus und Familie, um einen unbekannten Weg einzuschlagen, es sei denn, daß er sich der Zweckmäßigkeit seines Tuns sehr sicher ist. Jesus hatte sich entschlossen, zu handeln, und hielt nunmehr Ausschau nach dem Siegel der Zustimmung Gottes. Zur Zeit Jesu sprachen die Juden von B a t h Q o l, der T o c h t e r e i n e r S t i m m e. Sie glaubten damals an eine Reihe von Himmeln, in deren höchstem Gott in einem Lichte saß, dem niemand sich zu nahen vermochte. Nur selten öffneten sich die Himmel, und Gott sprach; doch Gott war nach ihrer Vorstellung ein so ferner Gott, daß sie nur das schwache Echo der Stimme Gottes zu hören vermeinten. Zu Jesus dagegen drang die Stimme Gottes ganz unmittelbar. Nach dem Bericht des Markus handelte es sich dabei keineswegs um etwas allen Anwesenden Zugängliches, sondern um ein ganz persönliches Erlebnis Jesu. Die Stimme sagte unmittelbar zu Jesus: „Du bist mein lieber Sohn." Mit der Taufe stellte Jesus seine Entscheidung Gott anheim, der sie unmißverständlich billigte.

4. Die Taufe war für Jesus der Augenblick der Z u r ü s t u n g; denn der Heilige Geist kam auf ihn herab — „gleichwie eine Taube". Dieser Vergleich ist nicht zufällig. Die Taube ist ein Symbol der Sanftmut. Sowohl Matthäus als auch Lukas berichten von der Bußpredigt des Johannes (Matth. 3, 7—12; Luk. 3, 7—13). Es war die Botschaft von der an die Wurzel der Bäume gelegten Axt, von der Worfschaufel, mit deren Hilfe der Weizen von der Spreu gesondert werden würde, und von dem verzehrenden Feuer. Das Bild vom Heiligen Geist dagegen, der

einer Taube gleicht, ist von Anfang an ein Bild der Sanftmut. Jesus wird den Sieg davontragen, und sein Sieg wird ein Sieg der Liebe sein.

DIE ZEIT DER PRÜFUNG

Markus 1, 12. 13

Und alsbald trieb ihn der Geist in die Wüste; und er war in der Wüste vierzig Tage und ward versucht von dem Satan und war bei den Tieren, und die Engel dienten ihm.

Kaum war die Herrlichkeit der Taufbegebenheit vorüber, da stand Jesus auch schon der Kampf mit den Versuchungen bevor. Eins wird in diesem Abschnitt auf so anschauliche Weise deutlich, daß wir es unmöglich übergehen können: Es war der G e i s t, der Jesus in die Wüste hinaustrieb und ihn den Versuchungen aussetzte, der nämliche Geist, der in der Taufe auf ihn herabgekommen war. In diesem Leben können wir unmöglich dem Ansturm der Versuchungen entgehen; doch steht fest, daß sie nicht dazu da sind, uns straucheln zu lassen, sondern dazu, uns an Geist und Seele zu stärken. Nicht unserem Verderben, sondern uns zum besten sollen sie dienen. Sie sollen Prüfsteine für uns sein, die uns zu besseren Streitern Gottes machen. Wie der Trainer einen Jungen, der ein guter Fußballspieler ist und der zweitbesten Mannschaft angehört, nicht in der drittbesten Mannschaft einsetzt, sondern in der besten Mannschaft, wo er auf Herz und Nieren geprüft wird wie nie zuvor, damit er Gelegenheit erhält, sich dort zu bewähren, so sollen sich auch Versuchungen auswirken. An ihnen soll sich erweisen, ob wir uns mannhaft bewähren und stärker aus ihnen hervorgehen.
Der Ausdruck „v i e r z i g T a g e" muß nicht unbedingt wörtlich verstanden werden, denn es kann sich dabei auch um den üblichen jüdischen Ausdruck für eine beachtliche Zeitdauer handeln. So heißt es von Mose, er sei vierzig Tage und vierzig Nächte auf dem Berg geblieben (2. Mose 24, 18); vierzig Tage und vierzig Nächte blieb Elia gestärkt von der Speise des Engels (1. Kön. 19, 8). Die Juden deuteten mit dieser Wendung an, daß es sich um eine ziemlich lange Zeit handele.
Satan versuchte Jesus. Die Vorstellung vom Satan hat eine interessante Entwicklung durchgemacht. Das Wort Satan bedeu-

tet im Hebräischen ganz einfach **Feind**, Gegner, Widersacher; in dieser Bedeutung wird es im Zusammenhang mit menschlichen Widersachern und Gegnern im Alten Testament immer wieder verwendet. Der Engel des Herrn ist der **Satan**, der Bileam in den Weg tritt (4. Mose 22, 22); die Philister befürchten, es könne sich herausstellen, daß David ihr **Satan** im Kampf werde (1. Sam. 29, 4); David betrachtet Abisai als seinen **Satan** (2. Sam. 19, 23); Salomo erklärt, Gott habe ihm solchen Frieden und Wohlstand beschert, daß er ihm keinen Satan als Widersacher gelassen habe (1. Kön. 5, 4). Bedeutete das Wort also zunächst **Widersacher** im weitesten Sinne, so ist der nächste Schritt der, daß damit **jemand, der gegen jemanden anderes spricht**, gemeint ist. In diesem Sinne wird das Wort im ersten Kapitel des Buches Hiob gebraucht. Wir dürfen dabei nicht übersehen, daß Satan kein Geringerer als einer der Gottessöhne ist (Hiob 1, 6); die besondere Aufgabe Satans ist es, die Menschen zu beobachten (Hiob 1, 7) und nach etwas zu forschen, was vor Gott gegen sie spricht. Satan wurde zum Ankläger der Menschen vor Gott. In diesem Sinne wird das Wort Hiob 2, 2 und Sacharja 3, 2 verwendet. Aufgabe des Satans war es, alles auszusprechen, was sich gegen die Menschen vorbringen ließ. Eine andere Bezeichnung für den **Satan** ist das Wort **Teufel**, das auf das griechische Wort **diabolos**, wörtlich **Verleumder** (Dazwischenwerfer) zurückgeht. Von der Vorstellung dessen, der nach allem forscht, was sich gegen jemanden vorbringen läßt, bis zu der Vorstellung von dem, der bewußt und bösartig die Menschen vor Gott verleumdet, ist nur ein kleiner Schritt. Im Alten Testament bleibt Satan aber immer ein Gesandter Gottes und ist noch nicht der bösartige, höchste Feind Gottes. Er ist ein **Widersacher der Menschen**.
Doch dann erfolgt der letzte Schritt zum absolut Negativen hin. Durch die Babylonische Gefangenschaft kamen die Juden mit einem Gedankengut in Berührung, das auf der Vorstellung basierte, daß es in dieser Welt zwei sich feindlich gegenüberstehende Mächte gebe: die Macht des Lichts und die Macht der Finsternis, Ormuzd und Ahriman, die Macht des Guten und die des Bösen, deren Schlachtfeld das ganze Weltall war und ist, wobei die Menschen Stellung beziehen müssen in diesem kosmischen Konflikt. In der Tat ist das ja der Eindruck, den das ganze Leben erweckt; anders ausgedrückt: Gott und **der Widersacher Gottes** stehen sich in dieser Welt diametral gegenüber. So kam es fast zwangsläufig dahin, daß man im Satan den **Widersacher par excellence** erblickte.

Das besagt der Name; das bedeutete er für die Menschen. Satan wird und ist der Inbegriff alles Widergöttlichen.

Wenden wir uns dem Neuen Testament zu, so stellen wir fest, daß der Teufel oder Satan hinter allem menschlichen Unglück und Leid steht (Luk. 13, 16); der Satan fährt in Judas (Luk. 22, 3); dem Teufel müssen wir widerstehen (1. Petr. 5, 8. 9; Jak. 4, 7); die Macht des Teufels ist durch das Wirken Christi gebrochen (Luk. 10, 1—19); dem Teufel ist das ewige Feuer bereitet (Matth. 25, 41). Satan ist die widergöttliche Gewalt.

Damit sind wir beim Kernpunkt der Versuchung Jesu angelangt. Jesus mußte sich entscheiden, auf welche Weise er wirken wollte. Er war sich der gewaltigen Aufgabe ebenso bewußt wie der gewaltigen Mächte. Gott sprach zu ihm: „Zeig' den Menschen meine Liebe; hab' sie lieb, bis du für sie stirbst; gewinne sie durch diese unüberwindliche Liebe, auch wenn du am Kreuz sterben mußt." Satan sprach zu Jesus: „Bediene dich deiner Macht, um die Menschen zu verderben; vernichte deine Feinde; erobere die Welt durch Macht, Gewalt und Blutvergießen." Gott sprach zu Jesus: „Richte die Herrschaft der Liebe auf!" Satan sprach zu Jesus: „Richte die Diktatur der Gewalt auf!" Jesus mußte sich entscheiden zwischen dem Weg Gottes und dem seines Widersachers.

Zwei anschauliche Ausdrücke beschließen den kurzen Bericht des Markus von der Versuchung Jesu. 1. E r w a r b e i d e n T i e r e n. Leoparden, Bären, Wildschweine und Schakale durchstreiften die Wüste. Gewöhnlich wird dieser Satz als lebendige Veranschaulichung der Schrecken der Wüste verstanden. Möglicherweise aber trifft dies nicht zu; vielmehr könnte er auch besagen, daß die wilden Tiere Jesu Freunde waren. Zum Traum der Juden vom messianischen Zeitalter gehörte auch, daß die Feindschaft zwischen Menschen und wilden Tieren dann aufgehoben sein werde. „Und ich will zur selben Zeit für sie einen Bund schließen mit den Tieren auf dem Felde, mit den Vögeln unter dem Himmel und mit dem Gewürm des Erdbodens" (Hos. 2, 20). „Da werden die Wölfe bei den Lämmern wohnen und die Panther bei den Böcken lagern . . . Und ein Säugling wird spielen am Loch der Otter, und ein entwöhntes Kind wird seine Hand stecken in die Höhle der Natter. Man wird nirgends Sünde tun noch freveln auf meinem ganzen heiligen Berge" (Jes. 11, 6—9). Später dann hat der heilige Franziskus den Tieren gepredigt; und vielleicht haben wir hier einen Vorgeschmack auf die Zeit, in der Menschen und Tiere in Frieden miteinander auskommen werden. Vielleicht haben wir hier das Bild vor uns, dem zufolge die Tiere ihren Freund und König noch vor den Menschen erkannten. 2. **Die Engel dienten ihm.** In Stunden der Versuchung fehlt es niemals an göttlicher Stärkung. Als Elisa und sein Diener in Dothan eingeschlossen waren und von ihren Feinden bedrängt wurden, ohne daß es einen Ausweg für sie zu geben schien, betete Elisa, der Herr möge seinem Diener die Augen öffnen, und da sah der junge Mann um sie her feurige Rosse und Wagen, die Gott gehörten (2. Kön. 6, 17). Jesus wurde in seinem Kampf nicht alleingelassen — ebensowenig wie wir.

DIE BOTSCHAFT VON DER GUTEN NACHRICHT

Markus 1, 14. 15

Nachdem aber Johannes gefangengelegt war, kam Jesus nach Galiläa und predigte das Evangelium Gottes und sprach: „Die Zeit ist erfüllt, und das Reich Gottes ist herbeigekommen. Tut Buße und glaubt an das Evangelium!"

Dieser kurze Überblick über die Botschaft Jesu enthält drei wichtige, den christlichen Glauben beherrschende Worte.
1. **Das Evangelium.** Es ist eine eminent gute Nachricht, die Jesus den Menschen gebracht hat. Wenn wir das Wort **euaggelion**, frohe Botschaft, Evangelium, durch das Neue Testament hindurch verfolgen, wird zumindest etwas von dem erkennbar, was es besagt. a) Es handelt sich um die frohe Botschaft der **Wahrheit** (Gal. 2, 5; Kol. 1, 5). Bevor Jesus in die Welt kam, waren die Menschen auf tastende Vermutungen über Gott angewiesen. „Ach daß ich wüßte, wie ich ihn finden und zu seinem Thron kommen könnte!" klagte Hiob (Hiob 23, 3). Mark Aurel meinte, die Seele des Menschen nehme das Göttliche nur undeutlich wahr, und gebrauchte in diesem Zusammenhang das griechische Wort für „sehen durch Wasser hindurch". Mit dem Kommen Jesu ist den Menschen jedoch ermöglicht worden, deutlich zu erkennen, wie Gott ist. Sie brauchen nicht länger im Dunkeln zu tasten; sie wissen es jetzt. b) Es handelt sich um die frohe Botschaft von der **Hoffnung** (Kol. 1, 23). Die Antike war eine Welt des Pessimismus. Seneca sprach von „unserer Hilflosigkeit in dem, was uns nottut". In ihrem Kampf um das Gute waren die Menschen besiegt

worden. Mit dem Kommen Jesu zieht wieder Hoffnung ein in die verzweifelten Herzen der Menschen. c) Es handelt sich um die frohe Botschaft **des Friedens** (Eph. 6, 15). Der Preis des Menschseins besteht in der Gespaltenheit der Persönlichkeit. Engel und Tier gehen im Menschen eine merkwürdige Verbindung ein. Von Schopenhauer, der ein von Pessimismus erfüllter Philosoph war, heißt es, er habe auf die Frage: „Wer sind Sie?" geantwortet: „Ich wollte, Sie könnten es mir sagen." Und der schottische Dichter Robert Burns hat einmal von sich gesagt: „Mein Leben erinnert mich an eine Tempelruine. Welche Kraft, welche Größe in mancher Hinsicht! Welche häßlichen Lücken, welche armseligen Ruinen in anderer Hinsicht!" Den Menschen hat zu allen Zeiten zu schaffen gemacht, daß Sünde und Gutsein sie gleichermaßen verfolgt haben. Jesus hat mit seinem Kommen diese in sich gespaltene Persönlichkeit des Menschen dadurch mit sich selbst in Einklang gebracht, daß er dem Menschen hilft, sein gespaltenes Ich in Jesus Christus zu überwinden. d) Es handelt sich um die frohe Botschaft der **Verheißung** Gottes in Jesus Christus (Eph. 3, 6). Es läßt sich nicht leugnen, daß die Menschen stets mehr an einen drohenden als an einen Gott gedacht haben, der ihnen etwas verheißt. Allen nicht-christlichen Religionen ist die Vorstellung von einem fordernden Gott gemeinsam, und nur das Christentum spricht von einem Gott, der mehr zu geben bereit ist als das, worum wir ihn bitten. e) Es handelt sich um das Evangelium von der **Unsterblichkeit**, von einem ans Licht gebrachten unvergänglichen Wesen (2. Tim. 1, 10). Nach heidnischer Auffassung war das Leben eine Straße zum Tode und für die Menschen bezeichnend, daß sie starben; mit Jesus dagegen kam die frohe Botschaft in die Welt, daß wir uns auf dem Wege zum Leben, nicht aber zum Tode befinden. f) Es handelt sich um die frohe Botschaft von unserer **Seligkeit** (Eph. 1, 13), die nicht bloß besagt, daß wir der Strafe für die von uns in der Vergangenheit begangenen Sünden entgehen, sondern die auch die Kraft zu der Fähigkeit beinhaltet, das Leben zu bestehen und die Sünde zu überwinden. Bei der Botschaft Jesu handelt es sich in der Tat um eine frohe Botschaft.

2. **Buße** ist das zweite wichtige Wort; sie ist keineswegs so leicht, wie wir zuweilen denken. **Metanoia**, das entsprechende griechische Wort, bedeutet wörtlich **Sinnesänderung**. Wir neigen dazu, zwei Dinge durcheinanderzubringen: Trauer über die Folgen der Sünde und Trauer über die Sünde als solche. Manch einer ist verzweifelt traurig wegen der Patsche, in die er durch seine Sünde geraten ist, weiß aber sehr

wohl, daß er dasselbe nochmals täte, wenn er sicher sein könnte, den Folgen seines Tuns zu entgehen; nicht die Sünde selbst, sondern nur die Folgen der Sünde sind ihm verhaßt. Echte Buße aber heißt, daß wir nicht nur die Konsequenzen unserer Sünde bedauern, sondern daß uns die Sünde selbst verhaßt ist. Der im sechzehnten Jahrhundert lebende französische Philosoph Montaigne schrieb in seiner Autobiographie: „Kinder sollte man lehren, Laster um ihrer spezifischen Beschaffenheit willen zu hassen, so daß sie diese nicht nur zu begehen vermeiden, sondern sie auch innerlich verabscheuen — daß schon der Gedanke daran sie ekelt, in welcher Gestalt immer es ihnen begegnet." Buße heißt: Die Sünde, um ihrer Sündigkeit willen hassen, statt sie zu lieben.

3. G l a u b e n ist das dritte Wort. „Glaubt an das Evangelium", sagt Jesus. An das Evangelium glauben heißt: Jesus ganz einfach bei seinem Wort nehmen und glauben, daß Gott der Gott ist, von dem uns Jesus erzählt hat; glauben, daß Gott die Welt so lieb hat, daß er jedes Opfer bringen wird, um uns zu sich zurückzuführen; glauben, daß wirklich wahr ist, was zu schön klingt, als daß wir es für wahr halten könnten.

JÜNGERBERUFUNG

Markus 1, 16—20

Da er aber an dem Galiläischen Meer ging, sah er Simon und Andreas, seinen Bruder, daß sie ihre Netze ins Meer warfen; denn sie waren Fischer. Und Jesus sprach zu ihnen: Folget mir nach; ich will euch zu Menschenfischern machen! Alsbald verließen sie ihre Netze und folgten ihm nach. Und als er von dannen ein wenig weiter ging, sah er Jakobus, den Sohn des Zebedäus, und Johannes, seinen Bruder, daß sie die Netze im Schiff flickten; und alsbald rief er sie. Und sie ließen ihren Vater Zebedäus im Schiff mit den Tagelöhnern und folgten ihm nach.

Kaum hatte Jesus seine Entscheidung getroffen und den Weg gewählt, den er gehen wollte, machte er sich auch schon daran, sich Mitarbeiter zu suchen. Wer andere führen will, muß zunächst einmal Ausschau nach einer kleinen Gruppe Gleichgesinnter halten, denen er sein Herz offenbaren und in deren Herzen er seine Botschaft schreiben kann. Markus schildert

hier, wie Jesus buchstäblich den Grundstein legt zu seinem Reich, indem er die ersten Jünger beruft.
In Galiläa gab es viele Fischer. Josephus, der jüdische Geschichtsschreiber, in dessen Händen im ersten nachchristlichen Jahrhundert eine Zeitlang die Verwaltung von Galiläa lag, berichtet, daß zu seiner Zeit dreihundertdreißig Fischerboote den See befuhren. Die einfachen Leute aßen in Palästina nur selten Fleisch, gewöhnlich nicht öfter als einmal wöchentlich, und Fisch stellte ihr Hauptnahrungsmittel dar (Luk. 11, 11; Matth. 7, 10; Mark. 6, 30—44; Luk. 24, 42). Meist handelte es sich dabei um gesalzenen Fisch, weil keine Möglichkeit zum Transport von Frischfischen bestand und Frischfisch infolgedessen zu den größten Delikatessen zählte, vor allem in Großstädten wie Rom. Schon aus den Namen der am See gelegenen Städte geht die Bedeutung der dort betriebenen Fischerei hervor. B e t h - s a i d a heißt H a u s d e s F i s c h e s ; T a r i c h ä a, der Name einer ebenfalls am See gelegenen Stadt, bedeutet O r t d e r S a l z f i s c h e, weil dort die Fische für den Export nach Jerusalem, ja sogar bis nach Rom hergerichtet wurden. Die Salzfischindustrie spielte in Galiläa eine große Rolle und war d a s Geschäft.
Die Fischer benutzten zwei Arten von Netzen, von denen auch in den Evangelien die Rede ist. Sie benutzten einmal das s a - g ē n ē genannte Zug- oder Schleppnetz, das vom Boot aus ins Wasser gelassen wurde. An den vier Enden des unten beschwerten Netzes befanden sich Taue. Das zunächst aufrecht im Wasser stehende Netz zog sich zusammen, sobald das Boot sich in Bewegung setzte, und wurde zu einem großen Beutel, in dem sich die Fische verfingen, wenn er durchs Wasser gezogen wurde. Bei der zweiten Art von Netzen, wie Petrus und Andreas sie hier benutzten, handelt es sich um das wesentlich kleinere, a m p h i b l é s t r o n genannte Wurfnetz, das mit geschicktem Schwung ins Wasser geworfen wurde und eher wie ein Schirm aussah. Man zog es dann durch das Wasser und fing dabei die Fische.
Von größtem Interesse sind selbstverständlich die Männer für uns, die Jesus als erste zu seinen Jüngern berief.
1. Um Männer w e l c h e r A r t handelt es sich bei ihnen? Um schlichte Männer aus dem Volk. Sie kamen weder aus Schulen noch gelehrten Anstalten noch aus der Geistlichkeit oder der Aristokratie und waren weder gebildete noch reiche Leute, sondern ganz schlichte Fischer aus dem Volk. Niemand hat je so an die einfachen Menschen geglaubt wie Jesus. George Bernard Shaw hat einmal gesagt: „Ich habe nie etwas für die Arbeiter-

klasse empfunden außer dem Wunsch, sie abzuschaffen und durch einsichtige Menschen zu ersetzen." John Galsworthy, ein anderer englischer Schriftsteller, läßt in einem seiner Bücher jemanden Ähnliches sagen. Jesus empfand es anders. Bei ihm denken wir eher an das Wort von Abraham Lincoln: „Gott muß die einfachen Menschen liebhaben — er hat so viele von ihnen erschaffen." Es ist, als ob Jesus gesagt hätte: „Gebt mir zwölf schlichte Menschen. Wenn sie mir ergeben sind, werde ich mit ihnen zusammen die ganze Welt verändern." Wir sollten nicht so sehr daran denken, was wir sind, als vielmehr daran, was Jesus Christus aus uns machen kann. Wir sollten weniger daran denken, was wir von jemandem halten, als daran, was Jesus von dem Betreffenden hält.

2. **Was taten die Männer** gerade, als Jesus sie zu sich rief? Sie verrichteten ihr Tagewerk. Sie fingen Fische und besserten ihre Netze aus, als Jesus sie berief. So erging es auch vielen Propheten. „Ich bin kein Prophet", sagte Amos, „auch keines Propheten Sohn, sondern ich bin ein Hirt, der Maulbeeren abliest; **aber der Herr nahm mich von der Herde** und sprach zu mir: Geh hin und weissage meinem Volk Israel!" (Amos 7, 14. 15). Der Ruf Gottes erreicht die Menschen nicht nur im Gotteshaus, nicht nur im Verborgenen, sondern mitten in der täglichen Arbeit. Wer in einer gotterfüllten Welt lebt, kann Gott nicht ausweichen.

3. **Auf welche Weise berief Jesus die Jünger?** Die Aufforderung Jesu lautete: „Folget mir nach!" Wir dürfen nun nicht etwa denken, daß Jesus an diesem Tage zum erstenmal vor den Männern stand. Zweifellos waren sie unter der Menge gewesen, die ihm zugehört hatte; zweifellos waren sie noch lange, nachdem die Menge sich wieder zerstreut hatte, bei Jesus geblieben, um mit ihm zu sprechen. Zweifellos hatten sie die Gewalt seiner Gegenwart bereits zu spüren bekommen und ebenso die Sprache seiner Augen. Doch Jesus sagte nicht etwa zu ihnen: „So und so sieht meine Theologie aus, und es wäre mir lieb, wenn ihr euch damit befaßtet, wenn ihr meine Theorien durchdächtet und mit mir über meine sittlichen Anschauungen sprächet", sondern er sagte nur: „Folget mir nach." Es begann mit einer persönlichen Reaktion auf ihn selbst, mit jenem Zug des Herzens, der unerschütterliche Treue zur Folge hat. Das heißt nicht, daß es nicht auch Menschen gibt, die durch Nachdenken für den christlichen Glauben gewonnen werden, wohl aber, daß die meisten von uns Jesus aus Liebe nachfolgen. Man sagt, wenn wir jemanden bewunderten, hätten wir Gründe dafür, wenn wir jemanden liebten, täten wir es, ohne Gründe

dafür zu haben, sondern einfach, weil die Betreffenden die sind, die sie sind, und wir, wie wir nun mal sind. „Und ich", hat Jesus gesagt, „wenn ich erhöht werde von der Erde, so will ich alle zu mir ziehen" (Joh. 12, 32). In den weitaus meisten Fällen folgen wir Jesus Christus nicht nach, weil Jesus das und das gesagt hat, sondern weil er der ist, der er ist.

4. **Was bot Jesus seinen Jüngern an?** Das ist die letzte Frage, die sich uns hier stellt. **Er bot ihnen eine Aufgabe an.** Er berief sie nicht zu einem bequemen Leben, sondern zu einem Dienst. Jemand hat einmal gesagt, jeder Mensch brauche „etwas, wofür er sein ganzes Leben einsetzen könne". Jesus berief die Seinen nicht zu einem sorglosen, passiven Leben der Untätigkeit, sondern zu einer Aufgabe, der sie sich selbst ganz hingeben mußten, die sie verzehren sollte, ja, die schließlich von ihnen fordern würde, daß sie um Jesu und ihrer Mitmenschen willen starben. Er berief sie zu einem Werk, bei dem sie nur dann etwas für sich gewinnen konnten, wenn sie sich ihm und anderen ganz hingaben.

JESUS BEGINNT MIT SEINER WIRKSAMKEIT

Markus 1, 21. 22

Und sie gingen hinein nach Kapernaum; und alsbald am Sabbat ging er in die Synagoge und lehrte. Und sie entsetzten sich über seine Lehre; denn er lehrte mit Vollmacht und nicht wie die Schriftgelehrten.

Der Bericht des Markus erschließt sich uns in einer Reihe logischer, natürlicher Schritte. Im Auftreten Johannes des Täufers hatte Jesus die Aufforderung Gottes, in Aktion zu treten, erkannt. Er hatte sich taufen lassen und das Siegel der Zustimmung Gottes ebenso empfangen, wie Gott ihn für seine Aufgabe zugerüstet hatte. Er war vom Teufel versucht worden und hatte sich für den Weg entschieden, den er bei seinem Wirken einzuschlagen gedachte. Er hatte Jünger berufen, um einen kleinen Kreis Gleichgesinnter um sich zu haben, in deren Herzen er seine Botschaft schreiben konnte. Und jetzt mußte er sein Werk bewußt in Angriff nehmen. Der gegebene Ort, wenn jemand eine Botschaft Gottes zu vermitteln hat, ist der Ort, an dem das Gottesvolk zusammenkommt. So machte es denn auch Jesus, der mit seiner Wirksamkeit in der Synagoge begann.
Zwischen der Synagoge und den Kirchen, wie wir sie heute

kennen, bestehen einige wesentliche Unterschiede. a) Die Synagoge war in erster Linie ein **Lehrhaus**. Der Gottesdienst in der Synagoge bestand lediglich aus dem Gebet, dem Verlesen des Wortes Gottes und seiner Auslegung. Es gab weder Gesang noch Musik noch irgendwelche Opfer. War der **Tempel** vor allem ein **Ort der Gottesanbetung und des Opferns**, so war die **Synagoge** vor allem ein **Ort des Lehrens und der Unterweisung**. Weitaus mehr Einfluß ging von der Synagoge aus; denn es gab nur einen einzigen Tempel — den Tempel in Jerusalem —, während das Gesetz vorschrieb, daß überall dort, wo zehn jüdische Familien lebten, auch eine Synagoge sein müsse. Daher befanden sich überall dort, wo es jüdische Kolonien gab, auch Synagogen. Wer eine neue Botschaft zu verkünden hatte, tat dies in der Synagoge, die eindeutig der dafür in Frage kommende Ort war. b) In der Synagoge war sogar die Möglichkeit vorgesehen, derartige Botschaften zu übermitteln. Es gab bestimmte Ämter in der Synagoge. Da war zum Beispiel der Oberste der Synagoge, d. h. der Synagogenvorsteher, der für die äußere Ordnung des Gottesdienstes und die Verwaltung der Synagoge verantwortlich war. Es gab **Almosenverteiler**. Täglich wurden Geld- und Warensammlungen bei denen durchgeführt, die in der Lage waren, etwas zu geben, und das auf diese Weise Zusammengekommene an die Armen verteilt; die Allerärmsten erhielten Essen für vierzehn Mahlzeiten in der Woche. Bei dem **Chazzan** handelte es sich um den Synagogendiener, der für das Hervorholen und Wegschließen der heiligen Schriftrollen verantwortlich war, für die Sauberhaltung der Synagoge, für das Blasen der Silbertrompete, mit der der Sabbat angekündigt wurde, und auch für den ersten Unterricht der zur Gemeinde gehörenden Kinder. Eins allerdings gab es in der Synagoge nicht: ein ständiges Lehr- und Predigtamt. Wenn die Menschen sich zum Gottesdienst in der Synagoge versammelten, stand es dem Synagogenvorsteher frei, jede beliebige dafür in Frage kommende Person aufzufordern, eine Ansprache zu halten und die Schrift auszulegen. Es gab keine Berufsgeistlichen, und so konnte Jesus mit seiner Wirksamkeit ohne weiteres in den Synagogen beginnen. Seine Gegner hatten sich noch nicht in Feindseligkeit versteift. Er galt als jemand, der eine Botschaft zu verkünden hatte, und deshalb stellten ihm die Synagogen der jüdischen Gemeinden das Rednerpult zur Verfügung, von dem aus er die Menschen unterweisen und seinen Appell an sie richten konnte.

Doch die ganze Art seines Lehrens in der Synagoge war wie

eine neue Offenbarung. Er lehrte nicht wie die Schriftgelehrten, die Gesetzesexperten. Wer waren diese Schriftgelehrten? Die Juden kannten nichts Geheiligteres als die **T h o r a**, das Gesetz. Das Kernstück des Gesetzes sind die zehn Gebote; doch verstand man unter dem Gesetz insgesamt die ersten fünf Bücher des Alten Testaments, die fünf Bücher Mose, den Pentateuch, wie sie auch genannt werden. Dieses Gesetz war in den Augen der Juden in allem göttlichen Ursprungs. Sie glaubten, Mose habe es direkt von Gott empfangen, und es war für sie daher absolut heilig und absolut bindend. „Wer sagt, die Thora sei nicht von Gott", hieß es, „hat keinen Teil an der künftigen Welt." „Wer sagt, Mose habe auch nur einen einzigen Vers aus eigener Erkenntnis geschrieben, verachtet und verleugnet damit das Wort Gottes." Wenn nun die Thora so göttlich ist, ergibt sich daraus zweierlei: erstens muß sie Glauben und Leben der Menschen bestimmen, und zweitens muß sie alle erforderlichen Lebensanweisungen enthalten. Das hat wiederum zweierlei zur Folge: erstens erfordert die Thora ein äußerst sorgfältiges Studium; zweitens muß, sofern die Thora Anweisungen für alle Lebensbereiche enthält, das, was diesbezüglich nur mittelbar in ihr enthalten ist, aus ihr herausgeholt werden, da nämlich, wo der Wortlaut des Textes nur allgemeine Grundsätze zum Ausdruck bringt. Aus den großen Gesetzen der Thora müssen vielfältige Einzelvorschriften und Satzungen abgeleitet werden — so wurde argumentiert. Es entstand zu diesem Zweck eine neue Gruppe von Gelehrten, die Gruppe der **S c h r i f t g e l e h r t e n**, der Gesetzesexperten. Die bedeutendsten Schriftgelehrten wurden als **R a b b i** bezeichnet. Die Schriftgelehrten hatten eine dreifache Aufgabe. 1. Sie machten sich daran, aus den in der Thora niedergelegten wichtigen sittlichen Prinzipien Satzungen und Bestimmungen für alle denkbaren Lebenssituationen auszuarbeiten. Das war ein Unterfangen, das buchstäblich ohne Ende war. Hatte das Judentum mit großen Moralgesetzen begonnen, so endete es mit einer Unzahl von Vorschriften und Bestimmungen. Was als Religion begonnen hatte, endete als Legalismus. 2. Außerdem war es Sache der Schriftgelehrten, das Gesetz und alles, was sich daraus entwickelt hatte, zu lehren und weiterzuvermitteln. All diese aus dem eigentlichen Gesetz abgeleiteten und herausgezogenen Satzungen und Bestimmungen wurden niemals aufgeschrieben und waren unter der Bezeichnung: **D a s m ü n d l i c h e G e s e t z** bekannt. Obwohl es niemals schriftlich festgehalten wurde, galt es für bindender als das geschriebene Gesetz. Von einer Schriftgelehrtengeneration wurden sie an die

nächste weitergegeben und im Gedächtnis bewahrt. Gute Schüler hatten ein Gedächtnis wie „eine eingefaßte Quelle, bei der auch nicht ein Tropfen Wasser verlorengeht". Die Schriftgelehrten brachten sich und andere in ein Gewirr von Satzungen und Vorschriften, in deren Befolgung für sie die Religion bestand.
3. Schließlich oblag es den Schriftgelehrten, in Einzelfällen Recht zu sprechen, wobei es in der Natur der Sache lag, daß praktisch jeder einzelne Fall ein neues Gesetz bewirkte.
Worin unterschied sich die Lehre Jesu so grundlegend von den Lehren der Schriftgelehrten? Er lehrte mit p e r s ö n l i c h e r V o l l m a c h t. Die Schriftgelehrten trafen niemals Entscheidungen von sich aus, sondern begannen stets: „Es wird gelehrt, daß . . .", um anschließend alle Autoritäten zu zitieren, auf die sie sich dabei beriefen. Bei jeder Behauptung stützten sie sich auf dieses oder jenes Zitat sowie auf Aussagen der großen Gesetzeslehrer der Vergangenheit. Ein eigenes Urteil abgeben, war das letzte, was sie taten. Wie anders Jesus dagegen! Wenn er sprach, tat er dies, als bedürfe es keiner anderen Autorität als seiner eigenen. Völlige Unabhängigkeit war das Merkmal dessen, was er sagte. Er zitierte weder Autoritäten, noch führte er Experten zu seinen Gunsten ins Feld. Er sprach mit der Endgültigkeit der Stimme Gottes. Für die Menschen, die ihm zuhörten, war es wie eine Himmelsbrise, wenn er sprach. Die feste Gewißheit, mit der Jesus sprach, bildete einen entschiedenen Gegensatz zu den überaus sorgfältigen Zitaten der Schriftgelehrten. Jesus sprach im Ton persönlicher Vollmacht, in einem Ton also, der alle Menschen aufhorchen läßt.

DER ERSTE SIEG ÜBER DIE MÄCHTE DES BÖSEN

Markus 1, 23—28

Und sogleich war auch in ihrer Synagoge ein Mensch, besessen von einem unsaubern Geist; der schrie und sprach: Was willst du von uns, Jesus von Nazareth? Du bist gekommen, uns zu verderben. Ich weiß, wer du bist: der Heilige Gottes. Und Jesus bedrohte ihn und sprach: Verstumme und fahre aus von ihm! Und der unsaubere Geist riß ihn hin und her und schrie laut und fuhr aus von ihm. Und sie entsetzten sich alle, so daß sie untereinander sich befragten und sprachen: Was ist das? Eine neue Lehre in Vollmacht! Er gebietet auch den unsaubern Geistern, und sie gehorchen ihm! Und die Kunde von ihm erscholl alsbald umher im ganzen galiläischen Land.

Hatten schon die Worte Jesu die Menschen in der Synagoge in Staunen versetzt, so waren sie wie vom Blitz getroffen von seinen Taten. In der Synagoge befand sich ein Mensch, der von einem unsauberen Geist besessen war. Der Mann, der Verwirrung unter den Menschen anstiftete, wurde von Jesus geheilt. Überall im Neuen Testament begegnen uns Menschen, die von unsauberen, bösen Dämonen oder Teufeln besessen sind. Was verbirgt sich dahinter für ein Sachverhalt? Die Juden glaubten wie alle Menschen der Antike an Dämonen und Teufel. Die ganze Welt und die sie umgebende Atmosphäre war von Teufeln erfüllt, die nicht nur den Götzendienst, sondern jede Lebensphase des Menschen regierten. Sie saßen auf Thronen, sie umschwebten die Wiegen. Die Erde war buchstäblich eine Hölle. Wie stark der Dämonenglaube in der Antike war, geht auch daraus hervor, daß auf vielen alten Friedhöfen trepanierte Schädel gefunden worden sind, d. h. Schädel, in die ein Loch gebohrt war. So waren zum Beispiel auf einem Friedhof von hundertundzwanzig Schädeln sechs Schädel trepaniert. Bedenkt man die beschränkten chirurgischen Möglichkeiten jener Zeit, dann erkennt man, daß es sich dabei um keine kleine Operation gehandelt hat. Außerdem ließ sich eindeutig feststellen, daß die Trepanation zu Lebzeiten durchgeführt worden war. Ebenso eindeutig ist, daß das Loch im Schädel wegen seiner geringen Größe ohne jeden medizinischen Wert war. Man weiß auch, daß die aus dem Schädel entfernte Knochenplatte vielfach als Amulett am Hals getragen wurde. Die Trepanation erfolgte, um den Dämonen die Flucht aus dem Körper der Menschen zu ermöglichen. Wenn die Chirurgen unter den primitiven damaligen Bedingungen bereit waren, eine derartige Operation durchzuführen, und die Menschen bereit, sich ihr zu unterziehen, dann geht daraus hervor, daß der Glaube an die Dämonenbesessenheit eine ungeheure Realität dargestellt haben muß.
Woher kamen nach damaliger Auffassung die Dämonen? Auf diese Frage gab es drei Antworten. 1. Die einen glaubten, sie seien so alt wie die Schöpfung selbst. 2. Die andern glaubten, es handele sich bei ihnen um die Geister böser Menschen, die auch nach ihrem Tode ihr böses Tun fortsetzten. 3. Die meisten Menschen brachten die Dämonen mit der alten, 1. Mose 6, 1—8 erzählten Geschichte in Zusammenhang (vgl. 2. Petr. 2, 4. 5). Die Geschichte war von den Juden auf folgende Weise ausgeschmückt worden. Es waren einmal zwei Engel, Assael und

Shemachsai, die wandten sich von Gott ab und kamen auf die Erde, weil die Schönheit der Töchter der Menschen ihre Begierde geweckt hatte. Während der eine Engel zu Gott zurückkehrte, blieb der andere auf der Erde und befriedigte seine Lust. Die Dämonen aber sind die Kinder und Kindeskinder, die der abgefallene Engel auf diese Weise zeugte. Das Sammelwort für Dämonen lautet **m a z z i k i n** und bedeutet: **j e m a n d , d e r   S c h a d e n   a n r i c h t e t**. Die Dämonen waren also bösartige Wesen, die zwischen Gott und den Menschen standen und darauf bedacht waren, den Menschen Leid zuzufügen.

Nach jüdischer Auffassung konnten die Dämonen essen, trinken und Kinder zeugen. Sie waren erschreckend zahlreich; es gab siebeneinhalb Millionen von ihnen, wie manche behaupteten. Sie lebten an unsauberen Orten wie Gräbern und Stellen, an denen es kein reinigendes Wasser gab. Sie lebten in der Wüste, wo man sie heulen hören konnte — daher der Ausdruck **h e u l e n d e   W ü s t e**. Eine besondere Gefahr stellten sie für einsame Wanderer dar, für Frauen während ihrer Niederkunft, für Braut und Bräutigam, für Kinder, die sich nach Einbruch der Dunkelheit im Freien aufhielten, und für alle, die nachts unterwegs waren. Ganz besonders waren sie zur Zeit der Mittagshitze tätig sowie zwischen Sonnenunter- und Sonnenaufgang. Es gab einen Dämon der Blindheit, des Aussatzes und der Herzkrankheiten. Sie übertrugen ihre bösen Gaben auf die Menschen. So stammte zum Beispiel der „böse Blick", mit dessen Hilfe Glück in Unglück verwandelt wurde und an den alle glaubten, nach damaliger Auffassung von den Dämonen, die mit bestimmten Tieren zusammenarbeiteten — mit Schlange, Stier, Esel und Moskitos. Die männlichen Dämonen hießen **s h e d i m**, die weiblichen nach Lilith **l i l i n**. Die weiblichen Dämonen hatten langes Haar und waren die Feinde der Kinder, die deshalb Schutzengel hatten (Matth. 18, 10).

Ob wir dies alles glauben oder nicht, ob es wahr ist oder nicht, spielt hier eine untergeordnete Rolle; wesentlich geht es hier darum, daß die Menschen zur Zeit der Entstehung des Neuen Testaments daran glaubten. Wir gebrauchen allenfalls noch den Ausdruck: **A r m e r   T e u f e l !**, bei dem es sich um ein Überbleibsel jenes Glaubens handelt. Wer sich für besessen hielt, war „sich seiner selbst und eines anderen Wesens bewußt, das ihn innerlich bedrängte und beherrschte". Daraus erklärt sich auch, weshalb die Besessenen in Palästina so oft schrien, wenn sie Jesus begegneten. Sie wußten, daß viele glaubten, Jesus sei der Messias, und ebenso wußten sie, daß die Herrschaft der Dämonen ein Ende hatte, wenn der Messias kam. Wer sich nun für besessen hielt, sprach als Dämon, wenn er in die Nähe Jesu kam. Viele Geisterbeschwörer behaupteten, sie könnten die bösen Geister austreiben. Dieser Glaube stellte eine derartige weiterwirkende Realität dar, daß es um 340 n. Chr. in der christlichen Kirche einen regelrechten Erlaß für Geisterbeschwörer gab. Ein wesentlicher Unterschied bestand freilich darin, daß jüdische und heidnische Geisterbeschwörer gewöhnlich kunstvolle Beschwörungsformeln und Zaubersprüche aussprachen und magische Riten vollzogen, während Jesus die Geister mit einem einzigen kurzen, klaren Wort austrieb, aus dem seine Vollmacht sprach. Etwas Derartiges hatte bis dahin noch niemand erlebt. Die Kraft ging nicht von Zauberformeln, von Geisterbeschwörungen oder einem bestimmten Ritual aus, sondern von Jesus selbst. Das versetzte die Menschen in Staunen.

EIN NICHT ÖFFENTLICH BEWIRKTES WUNDER

Markus 1, 29—31

Und sie gingen alsbald aus der Synagoge in das Haus des Simon und Andreas mit Jakobus und Johannes. Und die Schwiegermutter Simons lag und hatte das Fieber; und alsbald sagten sie ihm von ihr. Und er trat zu ihr und faßte sie bei der Hand und richtete sie auf; und das Fieber verließ sie, und sie diente ihnen.

Nachdem Jesus in der Synagoge Erstaunliches gesagt und getan hatte und der Gottesdienst beendet war, ging er mit seinen Freunden in das Haus des Petrus. Nach jüdischer Sitte wurde die Hauptmahlzeit am Sabbat unmittelbar im Anschluß an den Gottesdienst eingenommen, um sechs Uhr, nach unserer Zeitrechnung also um zwölf Uhr mittags. (Bei den Juden fing der Tag um sechs Uhr morgens an.) Jesus hätte nach den aufregenden und anstrengenden Ereignissen in der Synagoge sehr wohl ein Recht auf Ruhe beanspruchen können; doch nochmals wurde an seine Kraft appelliert, und nochmals mußte er sich für andere einsetzen. Bei diesem Wunder erfahren wir etwas über drei Personen bzw. Personenkreise.
1. Wir erfahren etwas über J e s u s. Er brauchte kein Publikum, um seine Macht auszuüben; er war ebenso bereit, im kleinen Umkreis einer Hütte wie umgeben von der Schar der in der Synagoge Versammelten zu heilen. Er war niemals zu er-

schöpft, wenn er um Hilfe angegangen wurde; die Not der anderen hatte Vorrang vor seinem persönlichen Wunsch nach Ruhe. Vor allem aber erkennen wir hier, wie schon in der Synagoge, die Einzigartigkeit seines Vorgehens. Jesus hatte in der Synagoge einen einzigen gebieterischen Satz gesprochen, und schon war die Heilung erfolgt. Das Gleiche war auch hier wieder der Fall. Die Schwiegermutter des Petrus litt an einem „glühenden Fieber", wie es im Talmud heißt, der bedeutendsten Zusammenfassung der Lehren, Vorschriften und Überlieferungen des nachbiblischen Judentums; es trat und tritt noch heute gerade in jener Gegend Palästinas häufig auf. Im Talmud war festgelegt, wie diese Krankheit zu behandeln sei. Ein ganz aus Eisen bestehendes Messer wurde mit einer Haarflechte an einen Dornbusch gebunden. An mehreren aufeinanderfolgenden Tagen wurden erstens 2. Mose 3, 2. 3, zweitens 2. Mose 3, 4 und schließlich 2. Mose 3, 5 gesprochen bzw. wiederholt. Danach wurde eine bestimmte magische Formel ausgesprochen, und man nahm an, daß die Heilung bewirkt sei. Jesus beachtete das übliche Drum und Dran solcher Magie überhaupt nicht, sondern machte die Frau mit einer Geste und einem Wort einzigartiger Autorität gesund. Das im vorhergehenden Abschnitt für Autorität oder Vollmacht benutzte griechische Wort e x o u s i a wird als einzigartiges Wissen in Verbindung mit einzigartiger Macht definiert. Beides besaß Jesus, und er war bereit, es in einer Hütte anzuwenden. In einem Buch des Schweizer Arztes Paul Tournier lesen wir: „Die Patienten sagen häufig zu mir: ‚Ich bewundere die Geduld, mit der Sie sich alles anhören, was ich Ihnen erzähle.' Es handelt sich jedoch nicht um Geduld, sondern um Anteilnahme." Wunder waren für Jesus kein Mittel zur Vergrößerung seines Ansehens. Helfen war für ihn keine unangenehme, mühselige Pflicht; sondern er half ganz spontan, weil er ungewöhnlichen Anteil an allen nahm, die seiner Hilfe bedurften.

2. Wir erfahren etwas über die Jünger. Obwohl sie Jesus noch nicht lange kannten, kamen sie bereits mit all ihren Sorgen zu ihm. Simons Schwiegermutter war krank, es herrschte Bestürzung in seinem Haus; und schon war es für die Jünger ganz natürlich, daß sie Jesus davon berichteten. Der genannte Paul Tournier erzählte einmal, auf welche Weise er eine der wichtigsten Entdeckungen seines Lebens gemacht hatte. Wenn er seinen alten Pfarrer besuchte, ließ dieser ihn niemals fort, ohne zuvor mit ihm gebetet zu haben, und die Schlichtheit der Gebete dieses alten Mannes beeindruckte ihn aufs tiefste; schien es sich dabei doch um die „Fortsetzung eines vertrauten Ge-

sprächs zu handeln, das der alte fromme Mann mit Jesus führte." Darin besteht das Wesen einer christlichen Lebensführung, daß wir mit allem, wie in einem dauernden Gespräch, im Gebet zu unserm Herrn kommen. Schon sehr früh hatten die Jünger gelernt, was ihnen zur Lebensgewohnheit werden sollte: mit all ihrem Kummer und ihren Sorgen vertrauensvoll zu Jesus zu kommen und ihn um Hilfe zu bitten.
3. Wir erfahren etwas über die Schwiegermutter des Petrus. Kaum war sie gesund, da begann sie auch schon wieder für die anderen zu sorgen. Ihre wiedergewonnene Gesundheit bedeutete für sie, daß sie diesen von neuem dienen konnte. Der Wahlspruch einer bedeutenden schottischen Familie lautet: „Gerettet, um zu dienen." Jesus hilft uns, damit wir anderen helfen können.

DIE MENSCHEN BEGINNEN, SICH UM JESUS ZU SCHAREN

Markus 1, 32—34

Am Abend aber, da die Sonne untergegangen war, brachten sie zu ihm alle Kranken und Besessenen. Und die ganze Stadt versammelte sich vor der Tür. Und er half vielen Kranken, die mit mancherlei Gebrechen beladen waren, und trieb viele böse Geister aus und ließ die Geister nicht reden; denn sie kannten ihn.

Was Jesus in Kapernaum getan hatte, konnte nicht verborgen bleiben. Das Auftauchen einer so großen neuen Kraft und Autorität konnte nicht geheimgehalten werden. Und so wurde das Haus des Petrus noch am gleichen Abend von zahlreichen Menschen aufgesucht, die sich nach der gesundmachenden Berührung Jesu sehnten. Bis zum Abend hatten sie gewartet, weil das Gesetz verbot, am Sabbattag eine Last durch die Stadt zu tragen (vgl. Jer. 17, 24). Eine solche Last tragen hätte bedeutet, zu arbeiten; arbeiten jedoch war am Sabbat verboten. Natürlich besaß man damals noch keine Uhren; der Sabbat dauerte von sechs Uhr morgens bis sechs Uhr nachmittags; und das Gesetz besagte, daß der Sabbat und damit der Tag zu Ende sei, wenn drei Sterne am Himmel sichtbar würden. Die Leute in Kapernaum warteten also, bis die Sonne untergegangen war und drei Sterne sichtbar wurden, bevor sie ihre Kranken zu Jesus brachten, der sie gesundmachte.

Dreimal haben wir bisher erlebt, wie Jesus Menschen gesund machte. Das erste Mal war es in der Synagoge geschehen, beim zweiten Mal im Hause seiner Freunde, und jetzt heilte er die Menschen auf offener Straße. Jesus nahm Notiz von allen, die zu ihm kamen. Wo es zu helfen galt, war Jesus bereit, seine Kraft einzusetzen. Er traf keine Auswahl der Personen oder des Ortes; ihm war bewußt, daß alle Menschen in ihrer Not Anspruch auf Hilfe hatten.

Die Menschen drängten sich um Jesus, weil sie in ihm jemanden erkannten, d e r   e t w a s   z u   b e w i r k e n   v e r m o c h t e. Es gab viele, die zu reden, zu predigen und die Schrift auszulegen verstanden; doch hier war jemand, der nicht nur sprach, sondern auch handelte. Man hat vormals einmal gesagt, wenn jemand bessere Mausefallen zu machen verstünde als andere, würde ein Weg zu seinem Hause gebahnt werden, auch wenn es sich tief im Walde befände. Es kommt auf die Effektivität, die Wirkungskraft der Menschen an. Jesus war und ist jemand, der etwas zu bewirken vermag.

Doch hier haben wir auch den Beginn einer Tragödie vor uns. Die Menge kam zwar zu Jesus; doch sie kam eben, w e i l   s i e   e t w a s   v o n   i h m   w o l l t e. Sie kam nicht, weil sie ihn lieb hatte oder weil ihr etwas ahnte von dem Neuen, was da in die Welt gekommen war; die Leute wollten ihn letzten Endes nur ausnutzen. So ergeht es fast allen Menschen mit Gott und dem Sohn Gottes. Auf ein einziges Gebet in Zeiten des Wohlergehens kommen zehntausend, die in Zeiten des Unglücks zu Gott emporsteigen. Manch einer, der nicht ans Beten denkt, solange die Sonne scheint, beginnt damit, wenn die kalten Winde des Lebens zu wehen beginnen. Jemand hat einmal gesagt, viele Menschen hielten den Glauben für etwas, was „nicht an die Kampffront des Lebens, sondern zum Sanitätskorps" gehöre. Glaube ist für sie eine Sache von Krisenzeiten. Nur wenn ihr Leben in Unordnung gerät, wenn das Leben ihnen Schläge versetzt, erinnern sie sich an Gott. Doch — wir alle müssen zu allen Zeiten zu Jesus kommen; denn er allein kann uns geben, was wir zum Leben brauchen. Wenn seine Gaben nicht ein Echo der Liebe und Dankbarkeit in uns bewirken, ist etwas tragisch falsch an unserem Leben. Gott ist nicht dazu da, daß wir uns seiner in Zeiten des Unglücks bedienen, sondern dazu, daß wir seiner täglich gedenken und ihn ständig lieben.

STILLE STUNDE UND AUFFORDERUNG ZUR WIRKSAMKEIT

Markus 1, 35—39

Und des Morgens vor Tage stand er auf und ging hinaus. Und er ging an eine einsame Stätte und betete daselbst. Und Simon mit denen, die bei ihm waren, eilte ihm nach. Und da sie ihn fanden, sprachen sie zu ihm: Jedermann sucht dich. Und er sprach zu ihnen: Laßt uns anderswohin in die nächsten Städte gehen, daß ich daselbst auch predige; denn dazu bin ich gekommen. Und er kam und predigte in ihren Synagogen in ganz Galiläa und trieb die bösen Geister aus.

Den Bericht von dem, was in Kapernaum geschah, lesen, heißt erkennen, daß Jesus überhaupt keine Zeit für sich selbst blieb. Jesus wußte sehr wohl, daß er ohne Gott nicht leben konnte, daß er, wenn er ständig der Gebende war, zumindest zuweilen auch selbst der Nehmende sein mußte, daß er, wenn er sich selbst für andere verausgaben wollte, immer wieder auch der geistlichen Stärkung dazu bedurfte. Das heißt: Jesus wußte, daß er ohne zu beten nicht leben konnte. Er wußte, wenn er vor die Menschen treten wollte, mußte er zuvor vor Gott treten. Wenn es Jesus nottat, zu beten, um wieviel mehr muß es dann uns nottun —?

Doch selbst beim Beten machten sie ihn ausfindig. Jesus hatte keine Möglichkeit, die Tür vor ihnen zu verschließen. Eine Schriftstellerin unserer Tage hat einmal gesagt, sie wünsche sich nichts sehnlicher als „einen Raum für sich allein". Das war Jesus niemals beschieden. Es liegt in der Natur des Menschen, zu versuchen, Wände und Schranken aufzurichten, um Zeit und Stille für sich selbst zu gewinnen; gerade das aber tat Jesus nicht. So sehr er sich auch seiner natürlichen Müdigkeit und Erschöpfung bewußt war, noch mehr war er sich der beharrlichen, unaufhörlichen Schreie menschlicher Not bewußt. Deshalb erhob er sich von den Knien, als die Jünger zu ihm kamen, um sich der Herausforderung zu stellen, die seine Aufgabe für ihn bedeutete. Gebete können niemals Taten ersetzen, wohl aber uns stärken für die Aufgaben, die es zu tun gilt.

Jesus brach also auf, um in den Synagogen Galiläas zu predigen. Markus berichtet darüber nur mit einem Vers, obwohl Wochen, ja Monate davon in Anspruch genommen worden sein müssen. Wohin Jesus dabei auch kam, überall p r e d i g t e

und h e i l t e er. Dreierlei tritt bei Jesus stets paarweise auf.
1. Er trennte niemals W o r t e und T a t e n voneinander. Für ihn galt eine Arbeit nie als getan, sobald er sie benannt hatte; er hielt seine Pflicht nie schon dann für erfüllt, wenn er die Menschen an Gott und das Gute gemahnt hatte. Stets wurden Feststellungen und Ermahnungen in Handlung umgesetzt. Es gibt eine Geschichte von einem Studenten, der sich die besten Bücher und alles sonst Erforderliche kaufte, ja sogar einen besonderen Arbeitssessel und Bücherständer, um die Arbeit so bequem wie möglich zu machen, und der dann doch nicht anders tat, als sich in den Arbeitssessel zu setzen und — zu schlafen. Diesem Studenten gleichen alle, die es bei Worten bewenden lassen, statt die Worte auch in die Tat umzusetzen.
2. Jesus trennte niemals L e i b und S e e l e voneinander. Es hat Christen gegeben, die so taten, als ob der Leib überhaupt keine Rolle spielte. Doch der Mensch besteht nun einmal aus Leib u n d Seele, und Sache des christlichen Glaubens ist es, den ganzen Menschen zu erlösen und nicht nur einen Teil von ihm. Zum Glück können Menschen, auch wenn sie hungern, in elenden Hütten hausen und Unglück und Schmerzen ertragen müssen, Gott dennoch nahe sein. Das ist aber kein Grund, ihrem Zustand nicht abzuhelfen. Die echte Mission bei unterentwickelten Völkern begnügt sich daher nicht mit der Bibel, sondern sorgt auch für Schulen, Krankenhäusern u. dgl. Es ist gänzlich abwegig, hier von einem „s o z i a l e n E v a n g e l i u m" zu sprechen, als handele es sich dabei um einen besonderen, zusätzlichen, zur Wahl gestellten oder gar nur um einen Teil der christlichen Botschaft, während es sich doch hier ausdrücklich um eine Botschaft handelt, die gleicherweise auf das seelische und das leibliche Wohl des Menschen bedacht ist.
3. Jesus trennte niemals Himmel und Erde voneinander. Es gibt Menschen, die so sehr dem Himmel zugewandt sind, daß sie darüber die Erde ganz vergessen und zu Schwärmern werden; andere wieder vergessen über den irdischen Dingen ganz den Himmel und beschränken das Gute auf materielle Güter. Jesus hoffte auf eine Zeit, in der Gottes Wille auf Erden ebenso geschehen werde wie im Himmel (Matth. 6, 10), auf eine Zeit, in der Himmel und Erde eins sein würden.

EIN AUSSÄTZIGER WIRD GEREINIGT

Markus 1, 40—45

Und es kam zu ihm ein Aussätziger, der bat ihn, kniete nieder und sprach zu ihm: Willst du, so kannst du mich wohl reinigen. Und es jammerte ihn, und er reckte die Hand aus, rührte ihn an und sprach zu ihm: Ich will's tun; sei gereinigt! Und alsbald ging der Aussatz von ihm, und er ward rein. Und Jesus bedrohte ihn und trieb ihn alsbald von sich und sprach zu ihm: Siehe zu, daß du niemand davon sagest; sondern gehe hin und zeige dich dem Priester und opfere für deine Reinigung, was Mose geboten hat, ihnen zum Zeugnis. Er aber, da er hinauskam, hob er an und sagte viel davon und machte die Geschichte kund, so daß Jesus hinfort nicht mehr konnte öffentlich in eine Stadt gehen; sondern er war draußen an einsamen Orten, und sie kamen zu ihm von allen Enden.

Keine Krankheit verursacht im Neuen Testament solche Schrecken und solches Mitleid wie der Aussatz. Als Jesus die zwölf Jünger aussandte, gebot er ihnen: „Macht Kranke gesund, weckt Tote auf, reinigt Aussätzige" (Matth. 10, 8). Das Los der Aussätzigen war hart. In einem Artikel von E. W. G. Masterman über den Aussatz, dem wir einen Großteil der folgenden Informationen entnommen haben, heißt es: „Keine andere Krankheit macht den Menschen über so viele Jahre hinweg zu einem so entsetzlichen Wrack wie der Aussatz."
Befassen wir uns zunächst einmal mit dem Sachverhalt.
Es gibt drei Arten von Aussatz. 1. Der Knötchen- oder tuberkulide Aussatz, der mit einer eigenartigen Lethargie und mit eigenartigen Schmerzen in den Gelenken beginnt. Dann zeigen sich, besonders auf dem Rücken, symmetrische mißfarbene Flecke, auf denen sich kleine Knötchen bilden, die zunächst rosa sind und später braun werden. Die Haut verdickt sich. Die Knötchen häufen sich vor allem in den Falten der Wangen, der Nase, der Lippen und der Stirn. Das Aussehen der Menschen ändert sich derart, daß das Gesicht schließlich sein menschliches Aussehen verliert und, wie man in der Antike sagte, wie das eines Löwen oder Satyrs aussieht. Die Knötchen werden größer, fangen an zu eitern und stoßen einen widerlichen Ausfluß ab. Die Augenbrauen fallen aus, die Augen werden starr, die Stimme wird heiser und der Atem keuchend, weil auch die

Stimmbänder eitern, ebenso wie Hände und Füße. Der Kranke wird allmählich zu einer Masse eiternder Geschwüre. Durchschnittlich dauert die Krankheit neun Jahre und endet mit geistigem Verfall und einem Koma, bis schließlich der Tod eintritt. Der Kranke wirkt nicht nur für andere abstoßend, sondern wird sich selbst widerlich. 2. Bei der anästhetischen (unempfindlichen) Lepra verläuft das Anfangsstadium in derselben Weise; doch werden bei dieser Form des Aussatzes die Nervenstränge in Mitleidenschaft gezogen. Die kranke Stelle wird gefühllos. Das kann geschehen, ohne daß der Kranke es merkt, bis er sich vielleicht einmal verbrennt oder verbrüht und feststellt, daß er trotzdem an den betreffenden Stellen keinerlei Schmerzen empfindet. Im Verlauf der Krankheit verursacht der den Nerven zugefügte Schaden verfärbte Flecke und Blasen. Muskelschwund setzt ein, und die Sehnen ziehen sich zusammen, so daß die Hände wie Klauen aussehen. Auch eine Verunstaltung der Fingernägel ist damit verbunden. Es folgt das chronische Eitern der Füße und Hände, bis schließlich Finger und Zehen und endlich auch der ganze Fuß oder die ganze Hand abfällt. Die Krankheit dauert u. U. zwanzig bis dreißig Jahre. Es handelt sich um ein furchtbares fortschreitendes Absterben. 3. Die dritte Art des Aussatzes — und zugleich die am häufigsten vorkommende — ist eine Mischform aus den beiden erstgenannten Formen.

So verhält es sich mit dem Aussatz, und zweifellos gab es zur Zeit Jesu viele solcher Aussätziger in Palästina. Aus der Beschreibung des Aussatzes 3. Mose 13 geht hervor, daß in neutestamentlicher Zeit mit dem Begriff „A u s s a t z" noch andere Hautkrankheiten bezeichnet wurden. Er scheint auch auf die S c h u p p e n f l e c h t e angewandt worden zu sein, bei der der Körper von weißen Schuppen bedeckt ist, was Anlaß gab zu der Wendung „ein Aussätziger weiß wie Schnee". Auch die Ringelflechte, die heute noch im Orient weitverbreitet ist, dürfte als Aussatz bezeichnet worden sein. Im 3. Buch Mose wird das hebräische Wort t s a r a a t h für Aussatz verwendet. Nun ist 3. Mose 13, 47 von einer aussätzigen Stelle (t s a r a a t h) an einem Kleid die Rede und 3. Mose 14, 33 von einer aussätzigen Stelle (t s a r a a t h) an Häusern, wobei es sich im ersten Fall um eine Art Schimmel oder Pilz, bei den Häusern um eine Art Holzfäule oder (bei Steinhäusern) eine Art Schwamm gehandelt haben muß. Mit dem Wort t s a r a a t h (A u s s a t z) scheinen bei den Juden somit alle Arten von schleichenden Hautkrankheiten bezeichnet worden zu sein, wobei dem äußerst niedrigen Stand der medizinischen Erkenntnisse entsprechend bei der

Diagnose nicht zwischen den verschiedenen Hautkrankheiten unterschieden wurde, so daß sowohl unheilbare, tödliche als auch weniger unheilvolle Formen von Hautkrankheiten unter die Bezeichnung „Aussatz" fielen.
Jede Hautkrankheit machte indessen den davon Betroffenen unrein. Er wurde aus der Gemeinschaft der Menschen ausgeschlossen, mußte außerhalb ihrer Wohnstätten hausen, zerrissene Kleider tragen, barhäuptig gehen, seine Oberlippe bedecken und, wohin er auch ging, die Menschen warnen, indem er rief: „Unrein! Unrein!" Dasselbe galt auch für das Mittelalter, das sich mit der Anwendung des mosaischen Gesetzes begnügte. Der mit einem Umhang versehene und das Kruzifix vor sich hertragende Priester führte den Leprakranken in die Kirche und hielt einen Sterbegottesdienst für ihn ab. Aussätzige waren schon bei Lebzeiten tot. Sie mußten schwarze Kleider tragen, damit alle sie erkennen konnten, und in einem Spital für Leprakranke wohnen. Dem Gottesdienst durften sie nicht unmittelbar beiwohnen, sondern nur durch ein kleines Guckloch in der Mauer. Aussätzige mußten nicht nur die physischen Schmerzen ihrer Krankheit ertragen, sondern auch die seelische Qual der Verstoßung aus der menschlichen Gesellschaft.
Wenn ein Aussätziger gesund wurde — was bei den echten Leprösen wohl kaum eintrat —, so mußte er sich einer komplizierten Reinigungszeremonie unterziehen, wie sie 3. Mose 14 beschrieben ist. Er wurde vom Priester auf seinen Gesundheitszustand hin untersucht; man nahm zwei Vögel, von denen der eine über frischem fließenden Wasser geschlachtet wurde. Der lebendige Vogel wurde zusammen mit Zedernholz, scharlachfarbener Wolle und Ysop in das Blut des toten Vogels getaucht, und danach ließ man ihn wieder fliegen. Der vom Aussatz Geheilte reinigte sich, wusch seine Kleider und mußte seine Haare abscheren. Nach sieben Tage wurde er abermals untersucht, mußte seine Haare abscheren am Kopf, am Bart und an den den Augenbrauen. Bestimmte Opfer mußten dargebracht werden — zwei Lämmer, männliche Tiere ohne Fehler, und ein einjähriges Schaf; drei Zehntel feinstes Mehl mit Öl vermengt und ein Becher Öl, geringe Beträge also für die Armen. Der gesundete Kranke wurde mit dem Blut des Opfers am Läppchen des rechten Ohrs, am Daumen der rechten Hand und an der großen Zehe des rechten Fußes berührt. Danach wurde er nochmals untersucht, und wenn man keine Zeichen der Krankheit mehr an ihm fand, durfte er mit der Bestätigung, daß er rein sei, fortgehen. —
Was in unserem Abschnitt gesagt wird, ist sehr erhellend im

Hinblick auf Jesus.
1. Er wies den Gesetzesbrecher — ein solcher war der Aussätzige, weil er ihn überhaupt nicht hätte ansprechen dürfen — nicht ab, sondern begegnete der verzweifelten menschlichen Not des Mannes mit verständnisvollem Erbarmen.
2. Jesus reckte die Hand aus und rührte ihn an. Er berührte jemanden, der als unrein galt, der für Jesus jedoch nicht unrein war, sondern ganz einfach ein Mensch in äußerster Not.
3. Nachdem er den Mann gereinigt hatte, schickte Jesus ihn fort, damit er das vorgeschriebene Ritual erfüllte. Jesus hielt sich an die Gesetze der Menschen und an ihre Rechtschaffenheit. Er trotzte nicht leichtfertig den Konventionen, sondern unterwarf sich ihnen, wo es erforderlich war.
Erbarmen, Kraft und Weisheit vereinen sich hier miteinander.

GLAUBE, DER SICH NICHT VERLEUGNEN LÄSST

Markus 2, 1—5

Und nach etlichen Tagen ging er wieder nach Kapernaum; und es ward kund, daß er im Hause war. Und es versammelten sich viele, so daß sie nicht Raum hatten, auch nicht draußen vor der Tür; und er predigte ihnen das Wort. Und es kamen etliche zu ihm, die brachten einen Gichtbrüchigen von vieren getragen. Und da sie ihn nicht konnten zu ihm bringen vor dem Volk, deckten sie das Dach auf, da er war, und machten eine Öffnung und ließen das Bett hernieder, darin der Gichtbrüchige lag. Da nun Jesus ihren Glauben sah, sprach er zu dem Gichtbrüchigen: „Mein Sohn, deine Sünden sind dir vergeben."

Nachdem Jesus in den Synagogen der umliegenden Städte gesprochen hatte, kehrte er nach Kapernaum zurück, wo sich die Nachricht von seiner Ankunft im Nu herumsprach. Das Leben in Palästina spielte sich ja weitgehend in der Öffentlichkeit ab. Morgens wurden die Haustüren geöffnet, und jeder konnte nach Belieben ein- und ausgehen. Die Tür wurde nur dann geschlossen, wenn jemand ganz bewußt für sich bleiben wollte. Offene Türen dagegen bedeuteten eine Aufforderung an alle, einzutreten. In den einfacheren Häusern — um ein solches muß es sich in diesem Fall gehandelt haben — gab es keinen Vorraum; sondern die Tür öffnete sich unmittelbar zur Straße hin. Daher war das Haus in kürzester Zeit randvoll, und auch vor der Tür drängten sich die Menschen, um auf das zu hören, was Jesus ihnen zu sagen hatte. Zu dieser Menschenmenge stießen vier Männer, die auf einer Bahre ihren gichtbrüchigen Freund herbeitrugen. Durch die versammelte Menschenmenge vermochten sie sich zwar nicht hindurchzuzwängen; doch waren sie um einen Ausweg nicht verlegen. Die Hausdächer in Palästina waren Flachdächer, die als Erholungsplätze und Ort der Stille benutzt wurden, weshalb sich für gewöhnlich außerhalb des Hauses eine Treppe befand, die auf das Dach hinaufführte. Die Dachkonstruktion selbst bot sich für das, was die erfinderischen vier Männer vorhatten, geradezu an. Bestand das Dach doch aus Flachbalken, die in Abständen von etwa einem Meter quer von Wand zu Wand verlegt wurden. Der Zwischenraum war dicht mit Zweigen besteckt, die durch Lehm zusammengehalten wurden. Obendrauf kam eine Mergelschicht, sehr oft auch Erde, so daß sich eine Grasdecke auf dem Haus bildete. Es war die einfachste Sache von der Welt, die Füllung zwischen zwei Balken auszustechen, ohne daß das Haus allzusehr beschädigt wurde, und ebenso leicht konnte man es auch wieder reparieren. Die vier Männer hoben also die Füllung zwischen zwei Balken aus und ließen ihren Freund unmittelbar zu Jesu Füßen hinab. Als Jesus sah, daß ihr Glaube allen Schranken spottete, könnte er verständnisvoll gelächelt haben. Er sah den kranken Mann an und sagte: „Mein Sohn, deine Sünden sind dir vergeben."

Daß die Heilung mit diesen Worten begann, mag uns seltsam vorkommen; doch in Palästina war das selbstverständlich, ja unvermeidlich. Sünde und Leiden waren für die Juden unabdingbar miteinander verknüpft. Sie behaupteten, wer leiden müsse, habe zuvor gesündigt. Das ist denn ja auch das Argument, das die Freunde Hiobs ins Feld führten. „Wo ist ein Unschuldiger umgekommen?" fragte Eliphas von Teman (Hiob 4, 7). Ein Ausspruch der Rabbinen lautete: „Kein Kranker wird von seiner Krankheit geheilt, solange ihm nicht alle seine Sünden vergeben worden sind." Dieser Vorstellung begegnen wir heute noch bei den Naturvölkern. Paul Tournier schreibt dazu: „Berichten die Missionare nicht, daß Krankheit in den Augen der Naturvölker gleichbedeutend mit Verunreinigung ist? Selbst diejenigen, die zu Christen geworden sind, wagen nicht, zum Abendmahl zu gehen, wenn sie krank sind, weil sie der Ansicht sind, Gott habe sie von sich gewiesen." Kranke waren in den Augen der Juden Menschen, denen Gott zürnte. Wir bringen Krankheit und Sünde heute nicht mehr in allen Fällen in eine so enge Verbindung wie die Juden damals, die stets dem Satz zugestimmt hätten, daß Vergebung der persönlichen Sünden die Vorbedingung sei, ohne die es keine Gesundung gebe. Vielleicht steckt hinter dieser Geschichte aber auch noch mehr, nämlich dies: daß das Gewissen des Mannes dem, was die jüdische Auffassung von der Verbindung zwischen Krankheit und Sünde besagte, bewußt oder unbewußt so sehr zustimmte, daß er seine Lage im Blick auf Gott für aussichtslos hielt. Deshalb sagte Jesus als erstes unmittelbar zu ihm: „Mein Sohn, Gott zürnt dir nicht." Es war, als wenn er zu einem Kinde sprach, das sich in die Dunkelheit verbannt sieht. Die Last der Gottesentfremdung und die Angst vor Gott fielen von ihm ab, und dies bewirkte seine Gesundung.

Die Begebenheit ist deswegen so schön, weil das erste, was Jesus für uns tut, ist, daß er sagt: „Mein Kind, Gott zürnt dir nicht. Hab' keine Angst. Komm nach Hause."

EIN UNWIDERLEGLICHES ARGUMENT

Markus 2, 6—12

Es waren aber etliche Schriftgelehrte, die saßen allda und dachten in ihrem Herzen: Wie redet dieser so? Er lästert Gott! Wer kann Sünden vergeben denn allein Gott? Und Jesus erkannte alsbald in seinem Geist, daß sie so bei sich dachten, und sprach zu ihnen: Was denket ihr solches in euren Herzen? Was ist leichter, zu dem Gichtbrüchigen zu sagen: Dir sind deine Sünden vergeben, oder zu sagen: Stehe auf, nimm dein Bett und wandle? Auf daß ihr aber wisset, daß des Menschen Sohn Vollmacht hat, zu vergeben die Sünden auf Erden, — sprach er zu dem Gichtbrüchigen: Ich sage dir, stehe auf, nimm dein Bett und gehe heim! Und er stand auf, nahm sein Bett und ging alsbald hinaus vor allen, so daß sie sich alle entsetzten und Gott priesen und sprachen: Wir haben solches noch nie gesehen.

Wir haben bereits festgestellt, daß Jesus auf die Menschen große Anziehungskraft ausübte, und das war der Grund dafür, daß er die Aufmerksamkeit der offiziellen Anführer der Juden auf sich lenkte. Eine wichtige Aufgabe des Hohen Rats, der höchsten jüdischen Instanz, bestand darin, die Rechtgläubigkeit streng zu überwachen; er mußte sich zum Beispiel mit den falschen Propheten befassen. Anscheinend war eine Art

Spähtrupp vom Hohen Rat entsandt worden. Männer also, die Jesus kontrollieren sollten und sich zu diesem Zweck in Kapernaum aufhielten. Zweifellos nahmen sie im Vordergrund der Menge einen besonders günstigen Platz ein, von dem aus sie kritisch alles beobachten konnten, was geschah. Als sie hörten, daß Jesus zu dem Manne sagte, seine Sünden seien ihm vergeben, war das für sie ein regelrechter Schock; denn ein wesentlicher Bestandteil des jüdischen Glaubens war, daß Gott allein die Sünden der Menschen vergeben könne. Wer daher so etwas von sich behauptete, beleidigte damit Gott und beging Gotteslästerung, was mit dem Tode bestraft wurde, und zwar mit dem des Gesteinigtwerdens (3. Mose 24, 16). Wenn sie auch im Augenblick noch nicht bereit waren, Jesus öffentlich anzugreifen, so war für Jesus doch unschwer zu erraten, was in ihren Köpfen vor sich ging. Er entschloß sich daher, ihre Einwände dadurch hinfällig zu machen, daß er sie auf ihrem eigenen Feld schlug. Da sie fest davon überzeugt waren, daß Sünde und Krankheit unlöslich miteinander verknüpft seien — Kranke waren für sie Sünder —, fragte Jesus sie: „Was ist leichter, zu dem Gichtbrüchigen zu sagen: ‚Dir sind deine Sünden vergeben‘, oder zu sagen: ‚Stehe auf, nimm dein Bett und wandle‘?" Jeder Scharlatan konnte sagen „Dir sind deine Sünden vergeben", ohne daß die Möglichkeit bestand, seine Worte auf ihre Wirksamkeit hin nachzuprüfen. Doch zu sagen „Stehe auf und wandle", hieß etwas behaupten, dessen Wirksamkeit jedermann an Ort und Stelle nachprüfen konnte. Jesus sagte also in Wirklichkeit: „Ihr behauptet, ich hätte kein Recht dazu, Sünden zu vergeben. Ihr haltet es für eine Sache des Glaubens, daß dieser Mann, sofern er krank ist, ein Sünder ist und nicht eher gesund werden kann, als bis ihm seine Sünden vergeben worden sind. Nun gut, dann gebt gut acht!" Und dann sprach Jesus zu dem Mann, und er wurde gesund. Die Gesetzesexperten waren in ihrer eigenen Falle gefangen worden. Nach ihrer festen Überzeugung konnte der Mann nur geheilt werden, wenn ihm seine Sünden vergeben waren. Er wurde geheilt, und daher mußte ihm auch vergeben worden sein. Der Anspruch, den Jesus erhob, mußte also wahr sein. Jesus muß die Gesetzesexperten vollständig verwirrt haben, ja, schlimmer noch: er muß sie in bestürzte Wut versetzt haben. Hier war etwas geschehen, was man nicht auf sich beruhen lassen konnte, weil sonst die ganze jüdische Orthodoxie erschüttert und zerstört werden würde. Mit diesem Vorfall hatte Jesus zugleich sein eigenes Todesurteil unterschrieben — und er wußte es.
Trotz alledem handelt es sich hier um einen noch in anderer

Hinsicht wichtigen Vorfall. Was bedeutet es, daß Jesus uns unsere Sünden vergeben kann?

1. Zunächst müssen wir darunter verstehen, daß Jesus bei dem, was er tat, dem Manne die Vergebung Gottes **übermittelte**. Nachdem David gesündigt und auf Nathans harten Tadel hin seine Sünde bekannt hatte, sagte Nathan: „So hat auch der Herr deine Sünde weggenommen; du wirst nicht sterben" (2. Sam. 12, 1—13). Nathan vergab David nicht selbst seine Sünden, sondern versicherte ihm, daß Gott ihm seine Sünden vergeben habe. Dasselbe läßt sich hier auch von Jesus sagen: Er versicherte den Mann dessen, was Gott ihm bereits gewährt hatte.

2. Wir können darunter auch verstehen, daß Jesus als Gottes Stellvertreter handelt. Johannes sagt: „Denn der Vater richtet niemand; sondern alles Gericht hat er dem Sohn gegeben" (Joh. 5, 22). Wenn das Gericht Jesus anvertraut ist, dann muß es sich mit der Vergebung ebenso verhalten. Das mag uns an einem Beispiel aus dem menschlichen Bereich klar werden, auch wenn der Vergleich notgedrungen unvollkommen bleiben muß: So wie jemand einem anderen eine **Generalvollmacht erteilen** kann, d. h. volles Verfügungsrecht über alles, was er besitzt, wobei alles, was der Betreffende tut, als von ihm ausgehend betrachtet wird, so können wir den Sachverhalt auch mit Bezug auf Gott und Jesus sehen. Gott vertraute Jesus seine Kraft an; er delegierte seine Macht und seine Rechte an Jesus, so daß, was Jesus sagte, nichts anderes als das Wort Gottes war.

3. Wir können aber auch noch etwas anderes darunter verstehen. Wesentlich am Leben Jesu nämlich ist, daß wir daran deutlich erkennen, wie Gott sich den Menschen gegenüber verhält. Dieses Verhalten jedoch war das genaue Gegenteil von dem, was die Menschen sich darunter vorgestellt hatten. Es war nicht die Haltung strenger Gerechtigkeit oder fortgesetzter Forderungen, sondern eine Haltung vollkommener Liebe, die sich danach sehnte, den Menschen zu vergeben. Jesus brachte den Menschen buchstäblich die Vergebung Gottes auf Erden; ohne ihn hätten sie davon auch nicht entfernt eine Ahnung gehabt. „Ich sage dir", sprach Jesus zu dem Gichtbrüchigen, „und ich sage dir es hier und jetzt, nämlich auf Erden, daß dir vergeben ist." Jesus demonstrierte damit den Menschen auf vollkommene Weise, welche Haltung Gott gegenüber den Menschen einnimmt. Er durfte sagen: „Ich vergebe dir", weil in ihm Gott sprach: „Ich vergebe dir."

BERUFUNG DES MANNES, DEN ALLE MENSCHEN HASSTEN

Markus 2, 13. 14

Und Jesus ging wieder hinaus an das Meer; und alles Volk kam zu ihm, und er lehrte sie. Und da er vorüberging, sah er Levi, den Sohn des Alphäus, am Zoll sitzen und sprach zu ihm: Folge mir nach! Und er stand auf und folgte ihm nach.

Langsam, aber sicher schlossen sich die Türen der Synagogen vor Jesus. Zwischen ihm und den Hütern der jüdischen Rechtgläubigkeit herrschte Kriegszustand. Jetzt lehrte er nicht mehr in den Synagogen, sondern am Ufer des Sees. Die freie Luft ist seine Kirche, der blaue Himmel sein Baldachin, und eine Anhöhe oder ein Fischerboot sind seine Kanzel. Hier haben wir die Situation vor uns, daß der Sohn Gottes von dem Ort ausgeschlossen wurde, der als das Haus Gottes galt.
Er ging hinaus an das Meer und lehrte die Menschen. Das war in der Tat eine der häufigsten Arten, in der Rabbinen zu lehren pflegten. Wenn die jüdischen Rabbinen die Straßen entlanggingen oder im Freien umherstreiften, pflegten ihre Schüler sich um sie zu versammeln, sie zu begleiten und ihnen zuzuhören. Jesus tat, was jeder andere Rabbi auch hätte tun können.
Galiläa gehörte zu den wichtigen Verkehrsknotenpunkten der Antike. Es gab ein Wort: „Judäa liegt auf dem Wege nirgendwohin, Galiläa auf dem Wege überallhin." Palästina bildet die Landbrücke zwischen Europa und Afrika, und der gesamte Landverkehr erfolgte über Palästina. Die große Küstenstraße führte von Damaskus über Galiläa, durch Kapernaum, am Karmel vorbei, die Ebene Saron entlang und weiter durch Gaza nach Ägypten. Eine andere Straße führte von Akko an der Küste über den Jordan nach Arabien und an die Grenze des römischen Weltreiches, eine Straße, die von Truppen und Karawanen begangen wurde.
Palästina war zu jener Zeit ein aufgeteiltes Land. Judäa war römische Provinz und unterstand einem römischen Prokurator; in Galiläa herrschte Herodes Antipas, ein Sohn Herodes des Großen; das östliche Gebiet, das Gaulanitis, Trachonitis und Batanäa umfaßte, wurde von Philippus, ebenfalls einem Sohn des Herodes, regiert. Auf dem Wege von seinem Territorium in den Herrschaftsbereich des Herodes Antipas war Kapernaum

die erste Stadt, in die der Reisende gelangte. Kapernaum war seiner Natur nach eine Grenzstadt und infolgedessen Sitz einer Zollbehörde. Die damals üblichen Ein- und Ausfuhrzölle müssen in Kapernaum erhoben worden sein. Dort arbeitete Matthäus, der zwar nicht, wie Zachäus, im Dienste der Römer stand, sondern für Herodes Antipas gearbeitet haben muß; ein verhaßter Zöllner war er dennoch.

Aus diesem Bericht erfahren wir sowohl etwas über Matthäus als auch über Jesus.

1. Matthäus gehörte zu den bestgehaßten Männern seiner Zeit. Zöllner sind nirgendwo besonders beliebt; doch in der Antike waren sie geradezu verhaßt. Da die Leute nie genau wußten, was sie zu zahlen hatten, zogen die Zöllner und Steuereinnehmer soviel wie möglich aus ihnen heraus, um die eigenen Taschen mit dem zu füllen, was über die gesetzlich vorgeschriebenen Abgaben hinausging. Selbst der griechische Schriftsteller Lukian stellt die Steuereinnehmer auf eine Stufe mit „Ehebrechern, Kupplern, Schmeichlern und Kriechern". Jesus wünschte den Mann bei sich zu haben, von dem niemand etwas wissen wollte. Er bot einem Mann seine Freundschaft an, dessen Freundschaft alle anderen verschmähten.

2. Matthäus muß sich in jenem Augenblick schmerzlich nach etwas gesehnt haben. Er muß von Jesus gehört und am Rande der Menge gestanden und seiner Botschaft gelauscht haben; dabei muß er innerlich aufgerüttelt worden sein, so daß er sich selbst und seinen Beruf zu hassen begann. Zu den frommen Orthodoxen konnte er jedoch nicht gehen, weil er in ihren Augen unrein war und diese sich geweigert hätten, etwas mit ihm zu tun zu haben. Da fand er den, der in die Welt gekommen ist, um die Verlorenen zu suchen und zu retten.

3. Wir erfahren hier auch etwas über Jesus, der Matthäus im Vorübergehen zu sich rief. Jemand hat einmal gesagt: „Selbst im Vorbeigehen hielt Jesus Ausschau nach Gelegenheiten, die sich bieten könnten." Jesus hatte niemals „dienstfrei". Wenn es jemanden für Gott im Vorübergehen zu finden galt, fand er ihn. Wie reich wäre unsere Ernte, wenn auch wir im Vorübergehen Ausschau hielten nach Menschen, die wir für Christus gewinnen könnten!

4. Von allen Jüngern Jesu gab Matthäus am meisten auf. Er ließ buchstäblich alles hinter sich und folgte Jesus nach. Petrus, Jakobus und Johannes konnten zu ihren Booten zurückkehren, in ihren alten Beruf, denn Fische gab es immer zu fangen; doch Matthäus ließ alle seine Boote hinter sich. In einem einzigen kurzen Augenblick der Entscheidung hatte er sich auf immer

seines Berufes beraubt; denn nachdem er die Stelle des Steuereinnehmers einmal aufgegeben hatte, bestand keine Aussicht für ihn, sie jemals wieder zu erhalten. Es erfordert Größe, derartige Entscheidungen zu treffen, und doch kommt im Leben jedes Menschen ein solcher Augenblick der Entscheidung. Ein Mann, der bei seinen langen Wanderungen stets einen Bach überqueren mußte, der zum Hinüberspringen eigentlich zu breit war, warf jedesmal zuerst seinen Mantel hinüber, um sich selbst auf diese Weise den Rückweg zu verbieten.. Er bekräftigte seinen Entschluß, hinüberzuspringen, indem er etwas tat, was ihn zwang, die Sache auch durchzustehen. In ähnlicher Weise verhielt sich Matthäus Christus gegenüber, und er tat gut daran.

5. Mindestens dreierlei erzielte Matthäus mit seinem Entschluß. a) **Er bekam saubere Hände.** Von nun an konnte er jedem ins Gesicht sehen. Auch wenn er künftig wesentlich ärmer und das Leben für ihn wesentlich schwerer sein würde, hatte er fortan saubere Hände und kam dadurch auch innerlich zur Ruhe. b) **Er büßte eine Stellung ein, erhielt jedoch stattdessen eine wesentlich wichtigere.** Es heißt, Matthäus habe alles hinter sich gelassen, mit einer Ausnahme: seiner Schreibfeder. Wissenschaftler halten das erste Evangelium, so wie es uns vorliegt, zwar nicht für eine ausschließliche Arbeit des Matthäus; wohl aber sind sie der Meinung, daß darin der erste schriftliche Bericht über die Lehre Jesu enthalten ist und daß dieses Dokument von Matthäus selbst stammt. Mit seiner Ordnungsliebe, seiner systematischen Arbeitsweise, seiner Vertrautheit im Umgang mit der Feder war Matthäus der erste, der aufschrieb, was Jesus gelehrt hatte. Er verlor eine Arbeit, um eine sehr viel größere dafür einzutauschen. c) Merkwürdig ist, daß der unbekümmerte Entschluß Matthäus etwas einbrachte, worauf er es am wenigsten abgesehen haben dürfte: **unsterblichen, weltweiten Ruhm.** Alle kennen Matthäus als einen der Männer, deren Namen auf immer mit der Überlieferung der Geschichte des Lebens Jesu verknüpft sind. Wäre Matthäus dem Ruf nicht gefolgt, wäre er in seiner Heimat als jemand berüchtigt gewesen, der einen verachteten und von allen gehaßten Beruf ausübte; weil er dem Ruf Jesu folgte, erlangte er weltweiten Ruhm als einer, der die Worte Jesu für die Nachwelt aufgezeichnet hat. Gott steht zu allen, die sich ganz für ihn einsetzen.

WO DIE NOT AM GRÖSSTEN IST

Markus 2, 15—17

Und es begab sich, da er zu Tisch saß in seinem Hause, da setzten sich viele Zöllner und Sünder zu Tisch mit Jesus und seinen Jüngern; denn ihrer waren viele, und sie folgten ihm nach. Und die Schriftgelehrten unter den Pharisäern, da sie sahen, daß er mit den Zöllnern und Sündern aß, sprachen sie zu seinen Jüngern: Isset er mit den Zöllnern und Sündern? Da das Jesus hörte, sprach er zu ihnen: Die Starken bedürfen keines Arztes, sondern die Kranken. „Ich bin gekommen, die Sünder zu rufen und nicht die Gerechten."

Auch hier greift Jesus wieder den Fehdehandschuh auf und nimmt die Herausforderung der Schriftgelehrten an, um sie ad absurdum zu führen. Als Matthäus sich Jesus ergeben hatte, lud er ihn zu sich in sein Haus ein. Selbstverständlich wünschte er, nachdem er Jesus für sich selbst entdeckt hatte, daß auch seine Freunde teilhaben möchten an der neuen, wunderbaren Entdeckung. Und diese seine Freunde waren wie er selbst. Anders war es auch gar nicht möglich; denn Matthäus hatte einen Beruf gewählt, der ihn aus der Gesellschaft aller ehrbaren, rechtgläubigen Menschen ausschloß, und mußte seine Freunde infolgedessen unter denen suchen, die wie er Geächtete waren. Jesus folgte der Einladung gern, und umgekehrt suchten auch diese Außenseiter der Gesellschaft seine Nähe. Nichts konnte den Unterschied zwischen Jesus und den Schriftgelehrten, Pharisäern und frommen Orthodoxen jener Zeit besser veranschaulichen als dies. Ihre Nähe hätte kein Sünder gesucht, denn sie wären hier doch nur der Verachtung und Überheblichkeit begegnet und bereits erstarrt gewesen, ehe sie auch nur Zugang zu ihnen erhalten hätten. Die orthodoxen Gläubigen waren über das, was Jesus tat, zutiefst entsetzt. In Palästina wurde deutlich unterschieden zwischen denen, die das Gesetz hielten, und dem gewöhnlichen Volk, das nicht sämtliche Satzungen und Vorschriften der herkömmlichen pharisäischen Frömmigkeit beachtete. Den Rechtgläubigen war verboten, etwas mit diesen Menschen zu tun zu haben. Wer das Gesetz streng einhielt, durfte überhaupt keine Gemeinschaft mit ihnen haben; er durfte weder mit ihnen sprechen noch mit ihnen zusammen auf die Reise gehen. Soweit wie möglich sollten auch Geschäfte mit ihnen vermieden werden. Seine Tochter jemandem von ihnen zur Frau zu geben, war ebenso schlecht, wie wenn man sie wilden Tieren ausgeliefert hätte. Vor allem durfte man Menschen dieser Art weder Gastfreundschaft gewähren noch sie von ihnen annehmen. Indem Jesus das Haus des Matthäus betrat und sich mit ihm und seinen Freunden an einen Tisch setzte, bot er den orthodoxen Bräuchen seiner Zeit Trotz.

Wir brauchen nun keineswegs anzunehmen, daß es sich bei all diesen Menschen um Sünder im moralischen Sinne des Begriffs gehandelt hat. Das Wort S ü n d e r (h a m a r t ō l o s) hatte eine doppelte Bedeutung. Einmal wurde derjenige so bezeichnet, der die Sittengesetze mißachtete, zum andern aber auch derjenige, der das geschriebene Gesetz nicht beachtete. Wer Ehebruch beging oder Schweinefleisch aß, war gleichermaßen ein Sünder; der Dieb und Mörder war ebenso ein Sünder wie derjenige, der sich vor dem Essen nicht der erforderlichen Zahl der Handwaschungen unterzog oder es nicht in der vorgeschriebenen Weise tat. Unter den Gästen des Matthäus befanden sich zweifellos viele, die die Sittengesetze nicht beachtet und einen lockeren Lebenswandel geführt hatten, ebenso zweifellos aber auch viele, deren einzige Sünde darin bestand, daß sie das geschriebene Gesetz mit seinen vielen Satzungen und Bestimmungen nicht einhielten.

Als Jesus sein schockierendes Verhalten vorgeworfen wurde, lautete seine Antwort ganz schlicht: „Ärzte gehen dorthin, wo man sie braucht. Menschen bei guter Gesundheit brauchen keinen Arzt, wohl aber Kranke. So halte auch ich es, wenn ich zu denen gehe, die seelisch krank sind und mich am nötigsten brauchen." Vers 17 ist ein äußerst komprimierter Vers, der sich zunächst anhört, als könne Jesus mit guten Menschen nichts anfangen. In Wirklichkeit geht es hier jedoch darum, daß Jesus nichts für diejenigen tun kann, die sich für so gut halten, daß sie glauben, seiner nicht zu bedürfen, dagegen alles für diejenigen, die wissen, daß sie Sünder sind und versagt haben und sich zutiefst danach sehnen, anders zu werden. Keinen Sinn haben für die eigene Bedürftigkeit, heißt eine Schranke zwischen uns und Jesus aufrichten; sich seiner Bedürftigkeit bewußt zu sein, heißt einen Passierschein besitzen, der uns zu Jesus führt.

Zweierlei bestimmte die Haltung der orthodoxen Juden gegenüber den Sündern:

1. V e r a c h t u n g. „Unwissende können nicht fromm sein", sagten die Rabbinen. Die Schriftgelehrten und die Pharisäer begegneten dem einfachen Volk mit Geringschätzung. Jesus dagegen hatte diese Menschen lieb. Die Schriftgelehrten

und Pharisäer standen auf ihrem schmalen Podest formeller, äußerlicher Frömmigkeit und blickten auf die Sünder hinab; Jesus kam und setzte sich neben sie und erhöhte sie so.
2. F u r c h t. Die Rechtgläubigen fürchteten, von den Sündern angesteckt zu werden. Sie waren wie Ärzte, die sich weigern, jemanden aufzusuchen, der an einer ansteckenden Krankheit erkrankt ist, um nicht infiziert zu werden. Jesus dagegen vergaß sich selbst völlig über dem Verlangen, anderen zu helfen. Nur wer weder Furcht noch Verachtung kennt, kann zum Menschenfischer werden.

EINE FRÖHLICHE GESELLSCHAFT

Markus 2, 18—20

Und die Jünger des Johannes und die Pharisäer pflegten zu fasten; und es kamen etliche, die sprachen zu ihm: Warum fasten die Jünger des Johannes und die Jünger der Pharisäer, und deine Jünger fasten nicht? Und Jesus sprach zu ihnen: Wie können die Hochzeitleute fasten, während der Bräutigam bei ihnen ist? Solange der Bräutigam bei ihnen ist, können sie nicht fasten. Es wird aber die Zeit kommen, daß der Bräutigam von ihnen genommen wird; dann werden sie fasten, an jenem Tage.

Das Fasten wurde von den strengeren Juden regelmäßig eingehalten, obwohl nur ein Fastentag im Jahr vorgeschrieben war: der große Versöhnungstag. Der Tag, an dem nicht nur die Sünden der einzelnen Israeliten, sondern alle Sünden des ganzen Volks während des vergangenen Jahres gesühnt wurden, war das Fest schlechthin. Strenggläubige Juden fasteten darüber hinaus zweimal wöchentlich, montags und donnerstags, wobei zu beachten ist, daß Fasten nicht eine so ernste Sache war, wie es sich zunächst anhört; denn gefastet wurde nur von sechs Uhr morgens bis sechs Uhr nachmittags. Danach konnte wieder normal gegessen werden.
Wir dürfen nicht übersehen, daß Jesus nicht gegen das Fasten an sich ist, für das es gute Gründe gibt. So können wir um der S e l b s t z u c h t willen auf Dinge verzichten, die uns lieb sind, um sicherzugehen, daß wir Herr über sie sind und nicht umgekehrt sie die Herren über uns, um sicherzugehen, daß wir nicht so sehr an ihnen hängen, als daß wir nicht auf sie verzichten könnten. Wer sich selbst zeitweilig etwas versagt, genießt es

hinterher umso mehr. Wie wir unser Zuhause ganz besonders schätzen lernen, wenn wir uns eine Zeitlang woanders aufhalten müssen, so verhält es sich auch mit den Gaben Gottes, wenn wir eine Zeitlang ohne sie auszukommen versuchen. Obwohl es also gute Gründe für das Fasten gibt, diente es den Pharisäern leider vielfach dazu, sich selbst zur Schau zu stellen; es ging ihnen darum, die M e n s c h e n auf ihre Frömmigkeit aufmerksam zu machen. Zu diesem Zweck weißten sie das Gesicht und gingen an den Fastentagen in unordentlichen Gewändern umher, damit niemand übersehen konnte, daß sie fasteten, und damit alle ihre Frömmigkeit bewunderten. Es ging ihnen darum, G o t t auf ihre Frömmigkeit aufmerksam zu machen; sie glaubten, Gott werde sie wegen dieser frommen Handlung ganz besonders beachten. Ihr Fasten war daher lediglich ein Ritual und eine Selbstzurschaustellung. Wenn das Fasten jedoch einen Wert haben soll, dann darf es nicht ein Ritual, sondern muß Ausdruck eines Herzensbedürfnisses sein.

Jesus gebraucht ein anschauliches Bild, um den Pharisäern zu sagen, weshalb seine Jünger nicht fasteten. Nach der Hochzeit pflegte das junge Paar in Palästina nicht zu verreisen, sondern blieb zuhause, und das Haus stand eine Woche lang allen Freunden offen, so daß ununterbrochen Frohsinn und Heiterkeit herrschten. Diese Woche bildete die sorgloseste Zeit in dem arbeitsreichen Leben der meisten Menschen. Eingeladen wurden zu diesem Freudenfest die engsten Freunde der Braut und des Bräutigams, und das Schmausen und der Jubel nahmen kein Ende. Jesus vergleicht seine kleine Schar mit den geladenen Hochzeitsgästen. Es gab eine rabbinische Vorschrift, die besagt: „Alle, die zum Gefolge des Bräutigams gehören, sind aller religiösen Verpflichtungen entbunden, die ihre Freude beeinträchtigen." Die Fastenvorschriften galten für Hochzeitsgäste also nicht. Das zeigt uns, daß eine freudige Haltung gegenüber dem Leben für Christen bezeichnend sein soll. In Christus gelebtes Leben kann nur ein freudenreiches Leben sein

Doch die Begebenheit endet mit einer dunklen Wolke als einem Vorboten dessen, was kommen sollte. Zweifellos wußten seine Freunde nicht, was es bedeutete, als Jesus von der Zeit sprach, da der Bräutigam von ihnen genommen werde. Doch Jesus sah bereits hier, bei Beginn seiner Wirksamkeit, das Kreuz vor sich. Der Tod traf Jesus nicht unvorbereitet; schon jetzt kannte er den Preis für den Weg, den er gewählt hatte. Das ist Mut und zeigt uns einen Mann, der sich nicht von seinem Wege abbringen ließ, auch wenn an dessen Ende ein schrecklicher Tod stand.

VON DER NOTWENDIGKEIT, GEISTIG JUNG ZU BLEIBEN

Markus 2, 21. 22

Niemand flickt einen Lappen von neuem Tuch auf ein altes Kleid; denn der neue Lappen reißt doch vom alten, und der Riß wird ärger. Und niemand füllt jungen Wein in alte Schläuche; sonst zerreißt der junge Wein die Schläuche, und der Wein kommt um samt den Schläuchen; sondern man soll jungen Wein in neue Schläuche füllen.

Jesus wußte wohl, daß die Botschaft, die er verkündete, etwas völlig Neues war, und ebenso wußte er, daß sein Verhalten und seine Lebensart überwältigend anders wären als die der orthodoxen rabbinischen Lehrer. Ihm war auch nicht unbekannt, wie schwer es den Menschen fällt, neue Wahrheiten in sich aufzunehmen und anzuerkennen, und deshalb zeigt er hier an zwei Beispielen, wie schwierig und wie nötig zugleich es ist, sich an etwas Neues zu wagen.
Niemand besaß größeres Geschick als Jesus im Hinblick auf die Anwendung vertrauter Beispiele, wenn es darum ging, den Menschen etwas Neues klarzumachen; niemand war so erfahren darin wie er, vom „Hier und Jetzt" zum „Dort und Dann" zu gelangen. Für Jesus war „alles Irdische vollgestopft mit Himmlischem". Er war Gott so nahe, daß aus allem Gott zu ihm sprach. Wo immer Jesus ein Licht entzündete, führte es die Menschen unmittelbar zu Gott.
1. Jesus spricht davon, wie gefährlich es sei, ein altes Kleid mit neuem Stoff zu flicken, und gebraucht in diesem Zusammenhang ein Wort, aus dem hervorgeht, daß es sich um ungebrauchten, noch nicht gewaschenen und eingelaufenen Stoff handelt, so daß er beim nächsten Regen, wenn das Gewand naß würde, sich zusammenziehen und es zerreißen werde. Irgendwann ist es mit den Flicken vorbei, weil es nichts mehr nützt und die Zeit für etwas Neues gekommen ist. In den Tagen Luthers war es nicht mehr möglich, die Mißstände in der römisch-katholischen Kirche durch Flickwerk zu beheben; die Stunde der Reformation, der Trennung war gekommen, ebenso wie für John Wesley später im Blick auf die Kirche von England. Es kann durchaus sein, daß es Zeiten gibt, in denen es mit Flickwerk und Verbesserungen nicht mehr getan ist, Zeiten, in denen es darauf ankommt, Altes völlig preiszugeben und völlig Neues anzunehmen.

2. Wein wurde in Palästina in Schläuche gefüllt, weil es zu jener Zeit Flaschen, wie wir sie kennen, noch nicht gab. Waren die Schläuche neu, besaßen sie eine gewisse Elastizität, während alte Schläuche hart und steif waren. Beim Einfüllen mußte man daher darauf achten, daß junger Wein, der sich noch in Gärung befand und infolgedessen Gase absonderte, die Druck erzeugten, in junge Schläuche kam, die dem Druck nachgeben konnten, während alte Schläuche platzten, so daß Wein und Schläuche verlorengingen. Jesus plädiert hier also für eine gewisse Beweglichkeit der Menschen, für immerwährenden Mut zu neuen Erkenntnissen und Gepflogenheiten auf der Grundlage der Verheißung. Abraham zog aus, ohne zu wissen, wohin er käme (Hebr. 11, 8). Und im gleichen Kapitel des Hebräerbriefes heißt es: „Durch den Glauben segnete Jakob, als er starb, beide Söhne Josephs und neigte sich gegen seines Stabes Spitze" (Hebr. 11, 21). Als ihn der Tod bereits anwehte, hielt der alte Wanderer immer noch den Pilgerstab in seinen Händen; auch am Ende seines Lebens, als der Abend bereits anbrach, war er noch bereit, sich aufzumachen. Wenn wir wirklich bereit sind, allen christlichen Anforderungen nachzukommen, dann dürfen wir nicht müde werden, sondern müssen stets wagemutig bleiben. Ich erhielt einst einen Brief, der mit den Worten schloß: „Ihr hochbetagter Dreiundachtzigjähriger, der immer noch wächst." In der Tat — weshalb sollte es anders sein angesichts der unerschöpflichen Reichtümer Jesu Christi?

VON ECHTER UND FALSCHER FRÖMMIGKEIT

Markus 2, 23—28

Und es begab sich, daß er am Sabbat durch ein Kornfeld ging; und seine Jünger fingen an, indem sie gingen, Ähren auszuraufen. Und die Pharisäer sprachen zu ihm: Siehe zu, was tun deine Jünger am Sabbat, das nicht recht ist? Und er sprach zu ihnen: Habt ihr nie gelesen, was David tat, da er in Not war und ihn hungerte samt denen, die bei ihm waren? wie er ging in das Haus Gottes zur Zeit Abjathars, des Hohenpriesters, und aß die Schaubrote, die niemand essen darf als die Priester, und er gab sie auch denen, die bei ihm waren? Und er sprach zu ihnen: Der Sabbat ist um des Menschen willen gemacht, und nicht der Mensch um des Sabbats willen. So ist des Menschen Sohn ein Herr auch über den Sabbat.

Wieder einmal verstieß Jesus unmittelbar gegen die schriftlichen Satzungen und Vorschriften. Als Jesus mit den Jüngern am Sabbat einen Weg entlangging, der durch Kornfelder führte, begannen die Jünger Ähren auszuraufen, was an anderen Tagen durchaus erlaubt war (5. Mose 23, 26). Solange man nicht eine Sichel dazu benutzte, durfte man Ähren ausrupfen. Doch da dies am Sabbat geschah, an dem jede Arbeit verboten war — der Sabbat war buchstäblich von tausenden kleiner Vorschriften eingeengt — verhielt es sich anders. Man hatte die verbotenen Arbeiten in neununddreißig Rubriken eingeteilt, und vier dieser Rubriken betrafen Ernten, Worfeln, Dreschen und Zubereiten einer Mahlzeit. Mit dem, was sie taten, hatten die Jünger praktisch alle diese vier Vorschriften mißachtet und galten somit als Übertreter des Gesetzes. Obwohl es uns grotesk erscheint, handelte es sich für die jüdischen Rabbinen um eine Todsünde.

Die Pharisäer hielten mit ihren Vorwürfen denn auch nicht zurück und wiesen darauf hin, daß die Jünger Jesu das Gesetz nicht einhielten; offenbar erwarteten sie, daß Jesus diesen auf der Stelle Einhalt gebot. Jesus aber antwortete ihnen in der ihnen geläufigen Weise, indem er eine Begebenheit zitierte, die 1. Samuel 21, 1—6 erzählt wird. Auf seiner Flucht kam David zu den Priestern von Nob und bat um Nahrung; doch war nichts vorhanden außer den Schaubroten in der Stiftshütte. Von den Schaubroten ist 2. Mose 25, 23—30 die Rede. Es handelt sich dabei um zwölf Laib Brot, die auf einen Tisch aus reinem Gold gelegt wurden, der etwa neunzig Zentimeter lang, fünfzig Zentimeter breit und zwanzig Zentimeter hoch war. Der Tisch stand in der Stiftshütte vor dem Allerheiligsten, und das Brot war eine Art Opfer, das Gott dargebracht wurde. Einmal wöchentlich wurde es ausgewechselt. Dann bekamen es die Priester, außer denen es niemand essen durfte (3. Mose 24, 9). Doch als er sich in Not befand, aß David von den Schaubroten und übertrat damit das Gesetz. Jesus bewies damit, daß selbst in der Heiligen Schrift vorgesehen ist: Menschliche Not hat Vorrang vor den Geboten der Menschen, ja selbst vor dem göttlichen Gesetz.

Jesus sagte: „Der Sabbat ist um des Menschen willen gemacht, und nicht der Mensch um des Sabbats willen." Das war einleuchtend. Denn der Mensch wurde erschaffen, bevor es Sabbatvorschriften gab, und zwar keineswegs, um zum Opfer und Sklaven der Sabbatgebote und Bestimmungen zu werden; sondern die Sabbatvorschriften waren, umgekehrt, ursprünglich dazu bestimmt, das Leben zu einem erfüllteren und besseren

Leben für die Menschen zu machen.

In diesem Abschnitt werden wir mit einigen wichtigen Sachverhalten konfrontiert, die wir nur auf eigene Gefahr übersehen können:

1. Religion besteht nicht aus Satzungen und Vorschriften. Um bei dem fraglichen Punkt zu bleiben: Daß die Sonntagsruhe eingehalten wird, ist zwar wichtig, aber keineswegs ausschlaggebend. Es wäre sehr leicht, Christ zu sein, wenn es sich darin erschöpfte, daß wir sonntags nicht arbeiten, keinen Vergnügungen nachgehen, am Gottesdienst teilnehmen, Gebete sprechen und in der Bibel lesen. Wenn die Menschen vergessen, daß Liebe, Vergebung, Dienen und Barmherzigkeit das Wesen des Glaubens ausmachen, und dies alles durch die Einhaltung aller möglichen Vorschriften ersetzen zu können meinen, so bedeutet das einen Verfall des Glaubens. Christentum hat zu allen Zeiten wesentlich mehr in dem bestanden, was wir tun, als in dem, was wir unterlassen.

2. Den wichtigsten Anspruch hat immer noch die menschliche Not. So heißt es denn auch im Katechismus und in Glaubensbekenntnissen, daß Werke der B a r m h e r z i g k e i t und Arbeit, die unumgänglich ist, am Sabbat (Sonntag) durchaus gerechtfertigt sind. Wenn ihre Glaubenszugehörigkeit die Menschen daran hindert, jemandem zu helfen, der sich in Not befindet, dann können wir nicht mehr von wirklichem Glauben sprechen. Menschen haben Vorrang vor Systemen; Personen sind wichtiger als alle Rituale. Den Menschen helfen ist immer noch der beste Gottesdienst.

3. Anderen mit dem, was uns heilig ist, zu helfen, ist die einzige Möglichkeit, es Gott zu schenken. Das kommt sehr schön in der Legende vom vierten Weisen aus dem Morgenlande zum Ausdruck. Dieser Mann mit Namen Artaban machte sich auf, um dem Stern zu folgen, und nahm einen kostbaren Saphir, einen Rubin und eine Perle als Geschenk für den König mit. Er mußte sich beeilen, wenn er seine drei Freunde, Kaspar, Melchior und Balthasar, an der verabredeten Stelle einholen wollte, weil sie sonst ohne ihn weiterziehen würden. Plötzlich sah er vor sich auf dem Boden eine Gestalt liegen, die sich als ein fiebergeschüttelter Wanderer erwies. Blieb er bei ihm, würde er zu spät kommen. Indessen — er blieb, half dem Manne und machte ihn gesund. Jetzt aber war er allein. Er brauchte Kamele und Träger, um die Wüste zu durchqueren, weil er den Anschluß an seine Freunde und ihre Karawane verpaßt hatte. Zu diesem Zweck mußte er seinen Saphir verkaufen, und war traurig darüber, daß der König den Edelstein nun nie erhalten

würde. Als er nach angemessener Zeit in Palästina und Bethlehem anlangte, war es wieder zu spät; Joseph und Maria mit dem Jesuskind waren bereits fort. Artaban wohnte in einem Haus, in dem sich ein kleines Kind befand, das er liebgewann. Als daher ein Troß Soldaten erschien, um den Befehl des Herodes auszuführen, demzufolge alle neugeborenen Kinder getötet werden sollten, und das Jammern der Mütter überall zu hören war, stellte sich Artaban mit dem Rubin in der Hand in den Eingang und bestach damit den Hauptmann, so daß dieser das Haus nicht betrat und das Kind verschont blieb. Die Mutter war überglücklich; Artaban aber traurig, weil sein König nun auch den Rubin niemals erhalten würde. Jahrelang zog er umher und hielt Ausschau nach dem König, bis er nach über dreißig Jahren nach Jerusalem kam, wo an jenem Tage eine Kreuzigung stattfand. Und als Artaban von jenem Jesus hörte, der gekreuzigt werden sollte, hatte er den Eindruck, als sei dies der König. So ging er denn nach Golgatha hinaus. Vielleicht konnte er mit seiner Perle, der damals schönsten Perle der Welt, das Leben des Königs erkaufen. Auf der Straße dorthin kam ihm ein Mädchen entgegen, das vor einer Schar Soldaten floh. „Weil mein Vater verschuldet ist", rief sie, „wollen sie mich als Sklavin verkaufen, damit die Schulden bezahlt werden können. Rette mich!" Artaban zögerte; dann holte er traurig seine Perle hervor, gab sie den Soldaten, und das Mädchen war frei. Plötzlich verdunkelte sich der Himmel, die Erde bebte, und ein Dachziegel fiel Artaban auf den Kopf. Halb ohnmächtig sank er zu Boden. Das Mädchen bettete seinen Kopf in ihren Schoß. Seine Lippen begannen sich zu bewegen: „So nicht, Herr. Wann bin ich denn zu dir gekommen, als du krank warst und gefangen? Dreiunddreißig Jahre habe ich Ausschau nach dir gehalten; doch habe ich nie dein Antlitz erblickt noch dir dienen können, o König!" Und dann kam es wie eine ferne Stimme: „Wahrlich, ich sage dir, was du dem geringsten meiner Brüder getan hast, das hast du mir getan." Und Artaban lächelte noch im Tode, weil er wußte, daß der König seine Gaben empfangen hatte.

Es gab eine Kirche, die durften Kinder nicht betreten, weil sie zu alt und zu heilig dazu war. Keine Kirche sollte mehr auf die Feierlichkeit ihrer Gottesdienste bedacht sein als darauf, den einfachen Menschen und den Armen zu helfen. Heiliges ist nur dann wahrhaft heilig, wenn es den Menschen dient. Auch die Schaubrote dienten dazu, einen Hungernden zu speisen. Der Sabbat ist niemals zu heilig, um nicht denen zu helfen, die in Not sind. Liebe, nicht Gesetz, heißt der eigentliche Schiedsrichter bei allem.

ZUSAMMENPRALL DER VERSCHIEDENEN VORSTELLUNGEN

Markus 3, 1—6

Und er ging abermals in eine Synagoge. Und es war da ein Mensch, der hatte eine verdorrte Hand. Und sie lauerten darauf, ob er auch am Sabbat ihn heilen würde, auf daß sie eine Sache wider ihn hätten. Und er sprach zu dem Menschen mit der verdorrten Hand: Tritt hervor! Und er sprach zu ihnen: Soll man am Sabbat Gutes tun oder Böses tun, Leben erhalten oder töten? Sie aber schwiegen stille. Und er sah sie umher an mit Zorn und ward betrübt über ihr verstocktes Herz und sprach zu dem Menschen: Strecke deine Hand aus! Und er streckte sie aus; und seine Hand ward gesund. Und die Pharisäer gingen hinaus und hielten alsbald einen Rat mit des Herodes Leuten über ihn, wie sie ihn umbrächten.

Hier handelt es sich um einen kritischen, entscheidenden Vorgang im Leben Jesu. Es stand bereits fest, daß Jesus in seiner Haltung völlig abwich von dem, was die orthodoxen Anführer der Juden vertraten, und es erforderte daher Mut, überhaupt noch die Synagogen aufzusuchen. So konnte nur jemand handeln, der entschlossen war, auch gefährlichen Situationen nicht auszuweichen, sondern ihnen standzuhalten. In der Synagoge befand sich eine Abordnung des Hohen Rats, die niemand übersehen konnte, weil sie die Ehrenplätze in der vordersten Reihe einnahmen. Der Hohe Rat war verpflichtet, sich mit allen zu befassen, die andere möglicherweise vom rechten Weg fortlockten und verführten. Als Wächter, die derartiges zu verhüten hatten, betrachteten sich auch in diesem Fall die Abgesandten des Hohen Rates. Sie waren keineswegs zum Gottesdienst gekommen oder um etwas zu lernen, sondern ausschließlich, um alles, was Jesus tat oder sagte, genau zu verfolgen. In der Synagoge befand sich ein Mann mit einer gelähmten Hand. Aus dem griechischen Wort, das in diesem Zusammenhang gebraucht wird, geht hervor, daß es sich dabei nicht um ein angeborenes Leiden, sondern um die Folgeerscheinung einer Krankheit gehandelt hat. Im Hebräerevangelium, einem bis auf wenige Bruchstücke verlorengegangenen Evangelium, heißt es, der Mann sei Steinmetz gewesen und habe Jesus um Hilfe angefleht, weil er bisher durch seiner Hände Arbeit sein Auskommen gefunden habe und sich schämte, zu betteln. Wäre Jesus klug

und vorsichtig gewesen, hätte er den Mann geflissentlich übersehen, weil er wußte, daß er Schwierigkeiten haben würde, wenn er ihn gesund machte.
Es war Sabbat, und am Sabbat war jede Arbeit verboten — auch Heilen galt als Arbeit; darüber bestand nach den genau detaillierten Vorschriften kein Zweifel. Nur wenn Lebensgefahr bestand, war medizinische Hilfe zulässig. So durfte zum Beispiel Frauen bei der Geburt geholfen werden, wenn diese auf einen Sabbat fiel. Auch Halserkrankungen durften behandelt werden. Wenn jemand von einer einstürzenden Mauer getroffen wurde, durfte soviel fortgeräumt werden, daß man sehen konnte, ob der Betreffende tot oder lebendig war. Lebte er noch, durfte man ihm helfen; war er tot, mußte der Leichnam bis zum nächsten Tag liegenbleiben. Knochenbrüche durften nicht versorgt, Hand- oder Fußverletzungen durften nicht gekühlt werden. Einen Schnitt am Finger durfte man zwar verbinden, jedoch nur mit einem einfachen Verband ohne jede Salbe. Das heißt, bei den meisten Verletzungen konnte zwar dafür gesorgt werden, daß sie sich nicht verschlimmerten; etwas zu ihrer Besserung durfte jedoch nicht getan werden. Das alles ist für uns nur schwer verständlich. Am besten ersehen wir aus der Tatsache, daß strenggläubige Juden am Sabbat nicht einmal ihr Leben verteidigten, wie bedeutsam die Sabbatvorschriften für sie waren. In der Makkabäerzeit suchten einige der jüdischen Rebellen Zuflucht in den Höhlen des Gebirges. Durch den jüdischen Geschichtsschreiber Josephus wissen wir, daß die syrischen Soldaten, die sie verfolgt hatten, ihnen Gelegenheit gaben, sich zu ergeben. Als die Makkabäer dies ablehnten, wurden sie widerstandslos in den Höhlen ausgebrannt, weil sie nicht einmal im Unglück bereit waren, die Sabbatruhe, die das Gesetz vorschrieb, zu schänden. Auch der römische Feldherr Pompejus machte bei der Belagerung Jerusalems von der Einhaltung des Sabbats durch die Juden Gebrauch, die sich denn auch nicht verteidigten, sondern zusahen, wie er am Sabbat einen Wall errichten ließ, von dem aus er die Juden, die sich in das Gebiet um den Tempel zurückgezogen hatten, bombardieren konnte, obwohl sie wußten, daß sie damit ihren eigenen Tod besiegelten. Ohnehin hatten die Römer bei der Aushebung zum Militärdienst insofern eine Ausnahme machen müssen, als die strenggläubigen Juden sich weigerten, am Sabbat zu kämpfen, so daß Juden schließlich überhaupt vom Wehrdienst befreit blieben. Orthodoxe Juden hielten die Sabbatvorschriften streng und unerbittlich ein, auch gegen sich selbst.
Das wußte auch Jesus. Zudem bestand für das Leben jenes

Mannes keinerlei Gefahr, und es hätte ihm nichts geschadet, wenn er einen Tag länger hätte warten müssen. Doch für Jesus war dies ein Testfall. Er forderte den Mann auf, zu ihm zu kommen, so daß alle ihn sehen konnten. Dafür gab es sicherlich zwei Gründe: Sehr wahrscheinlich wollte Jesus damit ein letztes Mal versuchen, Mitgefühl mit dem schwer betroffenen Mann zu wecken, indem er allen dessen Unglück vor Augen führte; sodann aber tat Jesus dies auch, weil er wollte, daß alle sahen, was er zu tun beabsichtigte. Er stellte den Schriftgelehrten zwei Fragen. **Soll man am Sabbat Gutes tun oder Böses tun?** Damit brachte er sie insofern in Verlegenheit, als sie zugeben mußten, daß es nicht gegen das Gesetz verstieß, Gutes zu tun — und was Jesus vorhatte, war etwas Gutes —, andererseits jedoch verneinen mußten, daß es gesetzlich sei, etwas Böses zu tun; etwas Böses aber war es zweifellos, den Mann seinem Unglück noch weiter zu überlassen, wenn man ihm helfen konnte. Und weiter fragte er: **Soll man Leben erhalten oder töten?** Er führte ihnen damit eindeutig zu Gemüte: **Er** unternahm etwas, um das Leben dieses unglücklichen Mannes zu retten; **sie** dagegen sannen auf Wege, wie sie ihn, Jesus, töten könnten. Darüber nachzudenken, wie man jemandem helfen konnte, war zweifellos besser, als darüber nachzudenken, wie man jemanden töten könne. Kein Wunder, daß sie nichts zu sagen wußten. Dann machte Jesus den Mann gesund, während die Pharisäer hinausgingen und mit den Leuten des Herodes ein Komplott zu schmieden versuchten, um ihn umzubringen. Das zeigt uns, wie weit die Pharisäer zu gehen bereit waren. Mit Heiden oder Menschen, die das Gesetz nicht beachteten, pflegten die Pharisäer keinen Umgang, weil jene in ihren Augen unrein waren. Bei den Leuten des Herodes handelte es sich um Höflinge, die ständig mit den Römern in Berührung kamen und mit ihnen zusammen lebten. Während die Pharisäer diese Männer normalerweise für unrein gehalten hätten, waren sie jetzt zu einer unheiligen Allianz mit ihnen bereit, weil ihr Haß sie vor nichts zurückschrecken ließ.

Dieser Abschnitt ist insofern von fundamentaler Bedeutung, als er uns zeigt, wie darin zwei Glaubensvorstellungen aufeinanderprallen.

1. Für die Pharisäer war Religion gleichbedeutend mit **Ritualen**, mit der Beachtung bestimmter Regeln, Gebote und Vorschriften. Weil Jesus diese Vorschriften nicht einhielt, waren sie ernstlich davon überzeugt, daß er ein schlechter Mensch sei. Sie waren darin wie Menschen, die meinen, Kirchenbesuch, Bibel-

lesen, Tischgebet, häusliche Andachten und die Einhaltung aller äußeren Handlungen, die man für religiös hält, machten das Wesen der Religion aus. Sie waren wie Menschen, die sich niemals für jemanden anders einsetzen, die kein Mitgefühl kennen, nicht wissen, was Opfern heißt und sich in ihrer starren Orthodoxie so wohl fühlen, daß sie taub gegenüber den Nöten und blind gegenüber den Tränen der Menschen sind.

2. Für Jesus war Religion gleichbedeutend mit D i e n e n, mit der Liebe zu Gott u n d den Menschen. Verglichen mit tätiger Liebe war das ganze Ritual etwas Unwichtiges. Wichtig war für Jesus nicht·die korrekte Einhaltung des Rituals, sondern die spontane, freiwillige Antwort auf den Ruf menschlicher Not.

INMITTEN DER MENGE

Markus 3, 7—12

Aber Jesus entwich mit seinen Jüngern an das Meer, und viel Volks folgte ihm nach aus Galiläa; auch aus Judäa und von Jerusalem und aus Idumäa und von jenseits des Jordan und die um Tyrus und Sidon wohnen, eine große Menge, die seine Taten hörten, kamen zu ihm. Und er sagte zu seinen Jüngern, daß sie ihm ein Schifflein bereithielten um des Volkes willen, damit sie ihn nicht drängten. Denn er heilte ihrer viele, so daß ihn überfielen alle, die geplagt waren, auf daß sie ihn anrührten. Und wenn ihn die unsaubern Geister sahen, fielen sie vor ihm nieder, schrien und sprachen: Du bist Gottes Sohn! Und er bedrohte sie hart, daß sie ihn nicht offenbar machten.

Wenn Jesus nicht unmittelbar mit den jüdischen Oberen zusammenstoßen wollte, mußte er die Synagogen verlassen. Nicht Furcht bewog ihn zum Rückzug, Furcht vor der Konsequenz seines Verhaltens; sondern er zog sich zurück, weil seine Stunde noch nicht gekommen war. Es gab für ihn noch viel zu tun und zu sagen, bevor es zum endgültigen Zusammenstoß kommen sollte. So mied Jesus die Synagogen und ging ins Freie. Doch selbst dort versammelten sich Menschen von weither um ihn. Sie kamen aus ganz Galiläa; manch einer hatte die über hundertfünfzig Kilometer lange Reise von Jerusalem in Judäa nicht gescheut, um ihn zu sehen und ihm zuzuhören. Bei Idumäa handelt es sich um den alten Bezirk von Edom tief im Süden des Landes, zwischen der Südgrenze Palästinas und Arabiens. Selbst vom Ostufer des Jordans kamen die Menschen und aus dem Ausland, nämlich aus den nordwestlich von Galiläa an der Mittelmeerküste gelegenen phönizischen Städten Tyrus und Sidon. So groß war die Menge, daß sie ihn gefährlich bedrängte und ein Boot für alle Fälle bereitgehalten werden mußte, das ihn aufnehmen konnte, wenn es allzu schlimm wurde. Durch seine Heilungen geriet Jesus in immer größere Gefahr; denn die Kranken warteten nicht, bis sie ihn berühren konnten, sondern stürzten sich förmlich auf ihn.

Hier sah Jesus sich vor allem dem Problem der Dämonenbesessenheit der Menschen gegenüber. Erinnern wir uns daran, daß die Menschen damals überzeugt waren, von einer fremden, bösen Macht besessen zu sein. Sie nannten Jesus im übrigen G o t t e s S o h n. Was meinten sie damit? Die Bezeichnung G o t t e s s o h n war den Menschen der Antike durchaus geläufig. So wurden die Könige von Ägypten nach ihrem Gott Söhne des Ra genannt. Und seit der Zeit des Kaisers Augustus wurden viele römische Kaiser auf Inschriften als Söhne Gottes bezeichnet. Im Alten Testament wird dieser Begriff auf viererlei Art verwendet: 1. D i e E n g e l sind G o t t e s s ö h n e. 1. Mose 6, 2 heißt es: als die G o t t e s s ö h n e sahen, wie schön die Töchter der Menschen waren, nahmen sie zu Frauen, welche sie wollten. Hiob 1, 6 wird berichtet, daß die G o t t e s s ö h n e eines Tages vor Gott traten. Hier handelt es sich um eine reguläre Bezeichnung der Engel. 2. D a s V o l k I s r a e l s ist der S o h n G o t t e s. Gott rief seinen S o h n aus Ägypten (Hos. 11, 1). 2. Mose 4, 22 sagt Gott vom ganzen Volk: „I s r a e l i s t m e i n e r s t g e b o r e n e r S o h n." 3. D e r K ö n i g d e s V o l k e s i s t d e r S o h n G o t t e s. 2. Samuel 7, 14 wird dem König verheißen: „Ich will sein Vater sein, und er soll m e i n S o h n sein." 4. Im spätjüdischen Schrifttum in der Zeit zwischen des Abschluß des Alten und der Entstehung des Neuen Testaments sind g u t e Menschen S ö h n e G o t t e s. Sirach 4, 11 wird dem, der sich der Waisen annimmt, verheißen: „Du wirst sein wie e i n S o h n d e s A l l e r h ö c h s t e n, und er wird dich lieber haben, denn dich deine Mutter hat." In allen Fällen ist mit dem Begriff S o h n jemand gemeint, der Gott ganz besonders nahesteht. Was damit im Neuen Testament gemeint ist, zeigen Parallelstellen. Paulus nennt Timotheus s e i n e n S o h n (1. Tim. 2, 1; 1, 18). Timotheus war keineswegs ein Blutsverwandter des Paulus; wohl aber gab es keinen, der wie Paulus sich ausdrückt, so ganz eines Sinnes mit ihm war wie Timotheus (Phil. 2, 19—22). Petrus nennt Markus **seinen Sohn** (1. Petr. 5, 13), weil niemand besser zu deuten wußte, was er meinte, als Markus. Wenn wir diesem Ausdruck in den schlichten Evangelienberichten über Jesus begegnen, dürfen wir ihn also nicht in einem irgendwie philosophischem oder theologischem Sinn, etwa im Sinne des Dogmas von der Dreieinigkeit, auffassen, sondern müssen ihn stets als Ausdruck für die innige Beziehung Jesu zu Gott auffassen, die sich mit keinem anderen Wort besser benennen ließ. Die Besessenen nun hatten die Empfindung, daß in ihnen ein böser Geist sein Wesen treibe, daß im Gegensatz dazu in Jesus ein Gott naher und verwandter Geist wohne und daß sich die bösen Geister in seiner Gottnähe fürchteten.

Wir müssen uns fragen: „Weshalb gebot Jesus ihnen mit solcher Strenge, zu schweigen?" Das hat einen sehr einfachen und zwingenden Grund. Jesus war der Messias, der Gesalbte Gottes; doch seine messianische Auffassung war völlig anders als die landläufige Vorstellung vom Messias. Das Messianische bestand für ihn in einem Weg des Dienens, der Hingabe und der Liebe, an dessen Ende das Kreuz stand, während die landläufige Vorstellung besagte, daß der Messias als siegreicher König einherziehen, mit seinem gewaltigen Heer die Römer verderben und die jüdische Weltmacht begründen würde. Wenn sich daher das Gerücht verbreitete, daß der Messias gekommen sei, so mußte es unweigerlich zu Aufruhr und Erhebungen kommen, besonders in Galiläa, wo die Menschen stets bereit waren, ihren nationalen Anführern zu folgen. Während für Jesus Messias gleichbedeutend war mit Liebe, war der Begriff Messias für das Volk gleichbedeutend mit jüdischem Nationalismus. Bevor bekannt wurde, daß er der Messias war, mußte Jesus das Volk also dahin bringen, sich die wahre Messiasvorstellung anzueignen. Im Augenblick konnte nichts als Schaden und Unglück angerichtet werden, wenn bekannt wurde, daß der Messias gekommen sei; es hätte nur unnötig Krieg und Blutvergießen verursacht. Die ganze Mission Jesu wäre zunichte geworden, wenn die Menschen nicht vor allem erst einmal erfahren hätten, was es mit dem wahren Messiastum auf sich hatte.

BERUFUNG DER ZWÖLF JÜNGER

Markus 3, 13—19

Und er ging auf einen Berg und rief zu sich, welche er wollte, und die gingen hin zu ihm. Und er ordnete zwölf, daß sie bei ihm sein sollten und daß er sie aussendete, zu predigen, und daß sie Vollmacht hätten, die bösen Geister auszutreiben. Und er setzte die Zwölf ein und gab Simon den Namen Petrus; und Jakobus, den Sohn des Zebedäus, und Johannes, den Bruder des Jakobus, und gab ihnen den Namen Boanerges, das ist: Donnerskinder; und Andreas und Philippus und Bartholomäus und Matthäus und Thomas und Jakobus, des Alphäus Sohn, und Thaddäus und Simon Kananäus und Judas Ischarioth, der ihn dann verriet.

Jesus war nunmehr an einem außerordentlich wichtigen Punkt seiner Wirksamkeit angelangt. Natürlich hatte seine Botschaft, die Art seines Wirkens in Galiläa, wo er gepredigt und die Menschen gesund gemacht hatte, ihren Eindruck nicht verfehlt, und er sah sich jetzt vor zwei praktische Probleme gestellt. Erstens mußte er dafür sorgen, daß seine Botschaft auch dann unverfälscht weiter verkündet würde, wenn ihm etwas zustoßen sollte — und er zweifelte nicht daran, daß dies geschehen werde —, und zweitens mußte er auch einen Weg finden, auf dem seine Botschaft sich weltweit ausbreiten konnte. Das war in einer Zeit, als es noch keine gedruckten Bücher und keine Zeitungen gab und damit auch keine Möglichkeit, zahlreiche Menschen gleichzeitig zu erreichen — keine leichte Aufgabe. Es blieb ihm nur eine Möglichkeit, diese beiden Probleme dadurch zu lösen, daß er Männer berief, denen er seine Botschaft einpflanzen konnte, so daß sie sie authentisch mitteilen und weitertragen konnten. Um die Wahl dieser Männer geht es in diesem Abschnitt.
Bezeichnend ist, daß das Christentum mit einer G r u p p e von Menschen begann, daß der christliche Glaube von Anfang an in einer Gemeinschaft erschlossen und gelebt wurde. Während das Wesen des Pharisäertums in der Absonderung von den Mitmenschen bestand — der Name P h a r i s ä e r heißt A b - g e s o n d e r t e —, bindet das Christentum die Menschen seinem Wesen nach an die Mitmenschen und stellt sie vor die Aufgabe, miteinander und füreinander zu leben.

Die Gruppe der Christen war von Anfang an sehr gemischt. Zwei Extreme begegneten sich dort. Matthäus war als Zöllner ein Ausgestoßener und in den Augen seiner Landsleute ein Überläufer und Verräter. Simon wird von Lukas korrekt Simon, der Zelot, genannt. Zeloten aber waren eine Schar eifernder und vor Gewalt nicht zurückschreckender Nationalisten, die ihr Land von der Fremdherrschaft befreien wollten. Diese beiden gegensätzlichen Männer begegneten sich in der Gruppe der Jünger Jesu. Von Anfang an wurde Wert darauf gelegt, daß die unterschiedlichsten Menschen miteinander lebten und auskamen, weil sie alle mit Jesus zusammenlebten, der ihnen die Kraft dazu gab.
Gemessen an den Maßstäben der Menschen hatte Jesus keine besonders qualifizierten Männer ausgewählt. Die er zu sich rief, waren weder reich, noch nahmen sie besondere gesellschaftliche Stellungen ein; sie waren weder besonders gebildet noch theologisch geschult; sie waren weder angesehene Männer in ihren Gemeinden noch sonstwie besonders „kirchlich", sondern ganz einfach zwölf schlichte Männer, die freilich zwei besondere Eigenschaften besaßen: Erstens hatten sie die spezifische Anziehungskraft gespürt, die von Jesus ausging; etwas an ihm erweckte in ihnen den Wunsch, sich ihn zum Vorbild zu nehmen. Zweitens besaßen sie den Mut, zu zeigen, daß sie auf seiner Seite standen. Das erforderte unverkennbar Mut; denn dieser Jesus setzte sich über Satzungen und Bestimmungen hinweg, steuerte geradewegs auf einen Zusammenstoß mit den orthodoxen Anführern der Juden zu und war bereits als Sünder und Ketzer gebrandmarkt. Dennoch besaßen sie den Mut, sich zu ihm zu gesellen und sich an ihn zu binden. Mit sehenderem Auge hat wohl nie eine kleine Schar von Menschen alles auf ein aussichtsloses Unternehmen gesetzt als diese Männer. Diese Zwölf hatten alle möglichen Mängel und Fehler; doch was immer man über sie sagen konnte, sie hatten Jesus lieb und fürchteten sich nicht, dies vor der Welt zu bekennen — das aber heißt: Christ zu sein.
Jesus rief die Zwölf also aus zwei Gründen zu sich. Erstens, **damit sie mit ihm zusammen waren**, damit sie ihn ständig begleiteten. Andere mochten kommen und gehen; die Volksmenge mochte einen Tag da sein, den nächsten nicht, andere mochten Jesus vorübergehend nachfolgen; doch diese Zwölf sollten ihr Leben mit dem seinen identifizieren und ständig mit ihm zusammensein. Zweitens berief Jesus die Jünger, **um sie auszusenden**. Er wollte, daß sie an seiner Statt anderen Menschen von ihm berichteten. Er hatte sie für sich

gewonnen, damit sie andere für ihn gewönnen.
Jesus rüstete sie für ihre Aufgabe mit zweierlei aus. Erstens mit einer konkreten B o t s c h a f t. Sie sollten seine Boten sein. Niemand hat das Recht zu lehren, der nicht etwas Eigenes oder aber die Lehre eines anderen anzubieten hat, für die er sich mit der ganzen Leidenschaft seines Herzens einzusetzen wünscht. Jemandem, der wirklich etwas zu sagen hat, werden die Menschen stets zuhören. Jesus gab seinen Jüngern dieses Etwas. Zweitens gab er ihnen K r a f t. Auch sie sollten böse Geister vertreiben, Kranke heilen und zum Leiden fähig sein. Weil sie Umgang mit ihm hatten, ging davon Kraft auf ihr Leben aus.
Wenn wir erfahren wollen, was es heißt, Jesus nachzufolgen, sollten wir an die ersten Jünger Jesu denken.

JESUS VON DEN SEINEN NICHT VERSTANDEN!

Markus 3, 20. 21

Und er kam nach Hause, und da kam abermals das Volk zusammen, so daß sie nicht vermochten zu essen. Und da es die Seinen hörten, gingen sie aus und wollten ihn halten; denn sie sprachen: Er ist von Sinnen.

Zuweilen macht jemand eine Bemerkung, die nicht anders gedeutet werden kann denn als Produkt bitterer Erfahrung. Als Jesus einmal aufzählte, worauf gefaßt sein müsse, wer ihm nachfolge, sagte er: „Und des Menschen Feinde werden seine eigenen Hausgenossen sein" (Matth. 10, 36). Die Angehörigen Jesu waren zu dem Schluß gekommen, daß Jesus von Sinnen und es daher an der Zeit sei, daß er wieder nach Hause komme. Wir wollen zu begreifen versuchen, wie sie dazu kamen.
1. Jesus hatte sein Zuhause und ein Zimmermannsgeschäft in Nazareth verlassen, bei dem es sich zweifellos um ein blühendes Geschäft gehandelt hatte, von dem er zumindest leben konnte. Plötzlich hatte er alles aufgegeben und war zum Wanderprediger geworden. Kein vernünftiger Mensch, so glaubten sie, könne ein Geschäft, das regelmäßige Einkünfte brachte, aufgeben, um im Lande umherzuziehen.
2. Jesus befand sich offensichtlich auf dem Wege zu einem Zusammenstoß mit den orthodoxen Oberen seiner Zeit. Es gibt Menschen, die uns großen Schaden zufügen können, Menschen,

mit denen man sich am besten gut stellt, weil ihre Feindschaft sehr gefährlich werden kann. Kein vernünftiger Mensch tue so etwas, müssen sie gedacht haben; denn wer sich gegen die herrschenden Mächte auflehne, mußte doch wissen, daß er bei einem Zusammenprall stets den kürzeren ziehen würde. Niemand, der es mit den Pharisäern, den Schriftgelehrten und den orthodoxen Anführern aufnahm, konnte hoffen, im Guten davonzukommen.

3. Jesus hatte neuerdings eine kleine Gemeinschaft um sich geschart — eine sehr merkwürdige Gesellschaft, der einige Fischer, ein bekehrter Zöllner und ein fanatischer Nationalist angehörten. Keiner von ihnen gehörte zu der Klasse von Menschen, an deren Bekanntschaft ehrgeizigen Menschen etwas liegen konnte. Zweifellos waren sie für jemand, der darauf bedacht war, Karriere zu machen, von keinerlei Nutzen. Kein vernünftiger Mensch, müssen sie gedacht haben, würde sich einen solchen Freundeskreis auswählen.

Durch sein Handeln hatte Jesus deutlich bewiesen, daß ihm die drei Grundregeln, nach denen sich die meisten Menschen zu richten pflegen, nichts bedeuteten.

1. Er hatte auf jede **materielle Sicherheit** verzichtet, auf etwas also, was für die meisten Menschen das allerwichtigste im Leben ist; mehr als an allem anderen liegt ihnen an einem Beruf oder an einer Stellung, die ihnen Sicherheit gewähren und das materielle Risiko so gering wie möglich machen.

2. Er hatte auf **persönliche Sicherheit** verzichtet. Die meisten Menschen neigen dazu, auf „Nummer Sicher" zu gehen und achten weniger auf das Ethische als auf die Zweckmäßigkeit ihres Tuns. Sie schrecken instinktiv vor Handlungen zurück, die eine Gefährdung bedeuten.

3. Er hatte sich völlig unberührt gezeigt von **dem Urteil, das die Gesellschaft über ihn fällte**. Er hatte bewiesen, daß er sich nicht sehr um das kümmerte, was die Menschen von ihm sagten. Für die meisten Menschen ist die Stimme des Nachbarn lauter als die Stimme Gottes. „Was werden die Leute dazu sagen?" ist eine der häufigsten Fragen, die die meisten von uns zuerst stellen.

Am meisten waren die Freunde Jesu entsetzt über das Risiko, das er einging, ein Risiko, das nach ihrer Meinung kein vernünftiger Mensch eingehen würde. **Ich will es wagen um deines Namens willen**, das war die Haltung Jesu Gott gegenüber, darin bestand das Wesen seines Lebens. Und das — nicht materielle und persönliche Sicherheit — sollte auch der Wahlspruch aller Christen und ihre Haupttriebfeder sein.

BÜNDNIS MIT DEN BÖSEN GEISTERN ODER SIEG ÜBER SIE?

Markus 3, 22—27

Die Schriftgelehrten aber, die von Jerusalem herabgekommen waren, sprachen: Er hat den Beelzebub und treibt die bösen Geister aus durch ihren Obersten. Und er rief sie zusammen und sprach zu ihnen in Gleichnissen: Wie kann der Satan den Satan austreiben? Wenn ein Reich mit sich selbst uneins wird, kann es nicht bestehen. Und wenn ein Haus mit sich selbst uneins wird, kann es nicht bestehen. Erhebt sich nun der Satan wider sich selbst und ist mit sich selbst uneins, so kann er nicht bestehen, sondern es ist aus mit ihm. Es kann niemand einem Starken in sein Haus dringen und seinen Hausrat rauben, es sei denn, daß er zuvor den Starken binde und alsdann sein Haus beraube.

Die orthodoxen jüdischen Oberen stellten die Kraft Jesu, mit der er böse Geister austrieb, niemals in Frage, weil Geisteraustreibungen im Orient nichts Ungewöhnliches waren. Sie behaupteten lediglich, daß die Macht, die Jesus über die Dämonen besaß, darauf zurückzuführen sei, daß er sich mit dem Obersten der bösen Geister verbündet habe, daß er, wie es in einem Kommentar heißt, mit Hilfe des großen Dämons die kleinen Dämonen ausgetrieben habe. Die Menschen haben zu allen Zeiten an „schwarze Magie" geglaubt, und so unterstellten sie dies damals auch Jesus. Dieses Argument platzen zu lassen, fiel Jesus nicht schwer. Es gehört zum Wesen von Geisterbeschwörungen, daß der Geisterbeschwörer stets eine stärkere Macht um Hilfe anfleht, damit so der schwächere Dämon vertrieben wird. So sagt denn auch Jesus: „Überlegt doch! Wenn Zwietracht in einem Reich herrscht, ist das Reich nicht von Bestand. Wenn eine Familie in sich selbst zerfällt, kann sie nicht bestehen. Und wenn der Teufel seine eigenen bösen Geister bekämpft, dann hört er auf, eine wirksame Macht darzustellen, weil damit auch innere Zwietracht das Reich Satans zerstört."
„Man kann es auch so ausdrücken", sagt Jesus: „Wer einen Starken ausrauben will, hat die Möglichkeit dazu erst, wenn er ihn sich unterwirft. Erst wenn man ihn gebunden hat, kann man ihm seinen Hausrat rauben — aber auch erst dann." Der Sieg über die bösen Geister bewies also nicht, daß Jesus mit dem Satan im Bunde war, sondern vielmehr, daß die Macht

Satans gebrochen war. Ein Stärkerer war gekommen, der den Satan zu überwinden begonnen hatte.

Zweierlei ergibt sich aus diesem Abschnitt.

1. Jesus sieht das Leben als einen Kampf an zwischen der Macht des Bösen und der Macht Gottes. Jesus vergeudete seine Zeit nicht mit Spekulationen über Fragen, auf die es keine Antwort gibt. Er hielt sich nicht damit auf, darüber zu diskutieren, woher das Böse kommt, sondern er setzte sich auf höchst wirksame Weise mit ihm auseinander. Das Sonderbare ist, daß wir zwar viel Zeit auf theoretisierende Erörterungen über die Fragen nach dem Ursprung des Bösen verwenden, sehr viel weniger dagegen auf die Erarbeitung wirksamer Methoden zu seiner Bekämpfung. Jemand hat das einmal so formuliert: „Wer aufwacht und feststellt, daß sein Haus brennt, setzt sich nicht in einen Sessel, um eine ‚Über die Ursache von Bränden in Privathäusern' betitelte Abhandlung zu lesen oder gar abzufassen; sondern er ergreift umgehend Maßnahmen zur Bekämpfung des Feuers." Jesus stellte fest, daß der Kampf zwischen Gut und Böse zum Leben gehört, und statt darüber nachzugrübeln, griff er tatkräftig zu und gab auch anderen die Kraft, das Böse zu überwinden und das Rechte zu tun.

2. Jesus betrachtete die Bekämpfung von Krankheiten als wesentlichen Bestandteil des Kampfes gegen den Satan. Er wollte und konnte Leib und Seele der Menschen retten. Ärzte und Wissenschaftler, die den Kampf gegen die Krankheiten aufnehmen, haben daher an der Niederringung Satans ebenso teil wie die Prediger des Wortes Gottes. Ärzte und Geistliche arbeiten an einer Aufgabe; sie sind — wie Hans Gödan dies in seinem Buch „Heilung des Todes — Vom Aposteldienst moderner Medizin" (Aussaat Verlag) beispielhaft beweist — keine Rivalen, sondern Verbündete Gottes im Kampf gegen die Macht des Bösen.

DIE SÜNDE, DIE NICHT VERGEBEN WIRD

Markus 3, 28—30

Wahrlich, ich sage euch: Alle Sünden werden vergeben den Menschenkindern, auch die Lästerungen, so viel immer sie lästern; wer aber den heiligen Geist lästert, der hat keine Vergebung ewiglich, sondern ist ewiger Sünde schuldig. Denn sie sagten: Er hat einen unsaubern Geist.

Um diese entsetzliche Aussage zu begreifen, müssen wir die Situation zu verstehen suchen, aus der heraus sie gemacht wurde. Jesus äußerte diese Worte, nachdem die Pharisäer und Schriftgelehrten erklärt hatten, er habe die Heilung nicht durch die Kraft Gottes bewirkt, sondern mit Hilfe der Macht des Teufels. Sie hatten es fertiggebracht, die fleischgewordene Liebe Gottes für die fleischgewordene Macht Satans zu halten!
Zunächst müssen wir uns klarmachen, daß Jesus den Ausdruck „H e i l i g e r   G e i s t" nicht im vollen christlichen Sinne des Begriffs gebraucht haben kann, weil die Fülle des Heiligen Geistes erst auf die Menschen kam, nachdem Jesus in seine Herrlichkeit zurückgekehrt war; erst Pfingsten machten die Menschen die eigentliche Erfahrung des Heiligen Geistes. Jesus muß, als er zu den Juden sprach, den Ausdruck H e i l i g e r   G e i s t also im j ü d i s c h e n Sinne des Begriffs gebraucht haben, demzufolge der Heilige Geist zwei Funktionen hatte: Erstens offenbarte er den Menschen die Wahrheit Gottes, und zweitens machte er sie fähig, diese Wahrheit zu erkennen, wo sie ihnen begegnete. Damit haben wir den Schlüssel zu diesem Abschnitt gefunden.
1. Der Heilige Geist machte die Menschen fähig, die Wahrheit Gottes zu erkennen, wenn sie ihnen in ihrem Leben begegnete. Doch wer sich weigert, von einer gottgegebenen Gabe Gebrauch zu machen, wird sie letztlich einbüßen. Wer sehr lange im Dunkeln lebt, kann schließlich nicht mehr sehen. Wer sehr lange bettlägerig ist, kann schließlich nicht mehr gehen. Wer sich weigert, geistige Anstrengungen zu machen, verliert schließlich ganz die Kraft dazu. Und wer sich hartnäckig weigert, sich vom Geist Gottes leiten zu lassen, wird diesen Geist der Wahrheit schließlich auch dann nicht mehr erkennen, wenn er auf ihn stößt. Das Böse wird für ihn zum Guten, das Gute zum Bösen, und wenn er die Güte Gottes am Werk sieht, ist er imstande, sie als das Böse des Satans zu bezeichnen.
2. Weshalb nun soll eine solche Sünde nicht vergeben werden? In einem englischen Kommentar heißt es dazu: „Die Quelle alles Guten mit dem personifizierten Bösen zu identifizieren bedeutet einen sittlichen Ruin, dem selbst die Menschwerdung Gottes nicht abzuhelfen vermag." Jemand anders hat diese Sünde die Quintessenz alles Bösen genannt, und Bengel hat gesagt, alle übrigen Sünden seien m e n s c h l i c h, diese aber s a t a n i s c h. Weshalb ist das so? Denken wir einmal an die Wirkung Jesu auf die Menschen. Die erste Wirkung besteht darin, daß wir erkennen, wie unwürdig wir sind, verglichen mit dem Leben Jesu. „Herr, gehe von mir hinaus!" sagte Petrus, „ich bin

ein sündiger Mensch" (Luk. 5, 8). Als Tokich Ishii, ein japanischer Verbrecher, der vor seiner Hinrichtung Christ wurde, zum erstenmal die Evangelienberichte gelesen hatte, sagte er: „Ich hielt ein. Ich war zutiefst betroffen. Soll ich es die Liebe Christi nennen? Soll ich es sein Erbarmen nennen, was mich erschütterte? Ich weiß es nicht zu benennen. Ich weiß nur, daß ich glaubte und daß mein verhärtetes Herz sich wandelte." Die erste Reaktion war also tiefe Betroffenheit. Die Folge des Gefühls der Unwürdigkeit ist aufrichtige Reue, und aufrichtige Reue wiederum ist die einzige Voraussetzung der Vergebung. Wer sich jedoch mehrfach weigert, auf die Eingebungen des Heiligen Geistes zu hören, der gerät schließlich dahin, daß er an Jesus nichts Besonderes mehr zu erkennen vermag und daß bei seinem Anblick auch gar nicht das Gefühl der eigenen Sündigkeit aufkommt; weil er sich seiner Sündigkeit nicht bewußt ist, empfindet er auch keine Reue, und weil er keine Reue empfindet, kann ihm auch nicht vergeben werden.

In einer Luziferlegende ist davon die Rede, daß einem Priester eines Tages in seiner Gemeinde ein stattlicher junger Mann auffiel, der nach dem Gottesdienst zur Beichte dablieb. Dem Priester standen die Haare zu Berge bei all den vielen und schrecklichen Sünden, die der junge Mann beichtete. „Du mußt lange gelebt haben, daß du dies alles tun konntest", sagt der Priester. „Ich heiße Luzifer und bin seit allem Anfang ein Gefallener des Himmels", sagte der junge Mann. „Dennoch", sagte der Priester, „wenn du sagst, daß es dir leid tut, daß du bereust, was du getan hast, kann dir vergeben werden." Einen Augenblick lang schaute der junge Mann den Priester an. Dann wandte er sich um und schritt von dannen. Das wollte und konnte er nicht; und deshalb mußte er ungetröstet als ein Verdammter weiterleben.

Die einzigen Voraussetzungen, daß uns vergeben werde, sind Reue und Buße. Wer jedoch, indem er sich wiederholt weigert, sich von Gott leiten zu lassen, die Fähigkeit eingebüßt hat, das Gute als solches zu erkennen, wo es ihm begegnet, wessen sittlicher Maßstab sich derart verkehrt hat, daß ihm das Böse gut und das Gute böse erscheint, der wird sich seiner Sünde auch nicht bewußt, wenn er mit Jesus konfrontiert wird. Er empfindet keine Reue, und so kann ihm auch nicht vergeben werden. Das ist die Sünde wider den Heiligen Geist. Solange wir in Christus das Wunderbare erkennen, solange wir unsere Sünden hassen, selbst wenn wir nicht davon lassen können, kann uns vergeben werden, auch wenn wir noch so sehr im Sumpf stecken.

JESU WAHRE VERWANDTE

Markus 3, 31—35

Und es kamen seine Mutter und seine Brüder und standen draußen, schickten zu ihm und ließen ihn rufen. Und das Volk saß um ihn. Und sie sprachen zu ihm: Siehe, deine Mutter und deine Brüder und deine Schwestern draußen fragen nach dir. Und er antwortete ihnen und sprach: Wer ist meine Mutter und meine Brüder? Und er sah rings um sich auf die, die um ihn im Kreise saßen, und sprach: Siehe, das ist meine Mutter und meine Brüder! Wer Gottes Willen tut, der ist mein Bruder und meine Schwester und meine Mutter.

Hier spricht Jesus von dem, was wahre Verwandtschaft ausmacht. Verwandtschaft ist nicht ausschließlich eine Sache des gleichen Blutes. Manchmal stehen uns Menschen, mit denen wir überhaupt nicht blutsverwandt sind, wesentlich näher als die, die uns als Verwandte ganz besonders nahestehen sollten. Worauf beruht also wahre Verwandtschaft?
1. Wahre Verwandtschaft beruht auf g e m e i n s a m e n E r l e b n i s s e n, besonders wenn es sich um Erlebnisse handelt, die zwei Menschen wirklich zusammengebracht haben. Es heißt, wenn zwei Menschen zueinander sagen könnten: „Weißt du noch?", um dann von dem gemeinsam Durchgemachten zu sprechen, dann seien sie wirklich Freunde. Das ist nur allzu wahr. Wahre Verwandtschaft beruht auf gemeinsamen Erfahrungen, freudvollen und leidvollen, und die allen Christen gemeinsame Erfahrung ist die, daß sie Sünder sind, denen vergeben worden ist.
2. Wahre Verwandtschaft beruht auf g e m e i n s a m e n I n t e r e s s e n. Aus dem vor-kommunistischen China wird berichtet, daß es weniger schwer war, Käufer für Bibeln zu finden, als ständige Bibelleser aus ihnen zu machen. Ein jahrelang von Haus zu Haus ziehender Bibelverkäufer verfiel in seiner Enttäuschung hierüber darauf, seine Kunden miteinander in Kontakt zu bringen, so daß sich kleine Gruppen zum Gedankenaustausch bildeten, die im Laufe der Zeit zu regelrechten Gemeinden wurden. Echte Gemeinschaft und wahre Verwandtschaft entstand erst, nachdem die isolierten Einzelpersonen sich zu Gruppen zusammenschlossen, die das gemeinsame Interesse miteinander verband. Das gemeinsame Interesse, das alle Christen miteinander verbindet, besteht darin, daß sie mehr über

Jesus Christus erfahren möchten.

3. Wahre Verwandtschaft beruht **auf gemeinsamem Gehorsam**. Die Jünger waren eine sehr gemischte Gruppe, in der sich alle möglichen Glaubensvorstellungen und Ansichten begegneten. Ein Zöllner wie Matthäus und ein fanatischer Nationalist wie Simon der Zelot hätten einander wie Gift hassen müssen (wie es zweifellos zuvor auch der Fall gewesen war). Doch beide verband miteinander, daß sie Jesus als ihren Herrn und Meister anerkannten. Die Menschen werden zu Freunden, sobald sie denselben Meister anerkennen. Sie können einander nur lieben, wenn sie alle Jesus Christus lieb haben.

4. Wahre Verwandtschaft wird durch **ein gemeinsames Ziel** bewirkt. Nichts verbindet die Menschen mehr als ein Ziel, dem sie gemeinsam zustreben. Dessen sollte sich die Kirche stets bewußt sein. Bei dem neuerlichen Interesse, das an der Bibel besteht, sollte man sich fragen, ob darin nicht ein Hinweis auf eine verbesserte Möglichkeit ökumenischer Annäherung zu sehen ist, die mehr auf biblischen als auf kirchlichen Überlegungen beruhen sollte. Solange Fragen der Ordination, der Kirchenverwaltung, der Austeilung der Sakramente u. dgl. diskutiert werden, werden die Kirchen wohl kaum zusammenkommen. Lediglich das gemeinsame Ziel, Menschen für Christus zu gewinnen, kann sie zusammenbringen. Wenn wahre Verwandtschaft durch ein gemeinsames Ziel gekennzeichnet ist, dann besitzen Christen vor allen anderen den Schlüssel hierzu; denn sie alle trachten danach, Christus besser kennenzulernen und andere seinem Reich zuzuführen. So sehr wir uns sonst auch voneinander unterscheiden mögen, in diesem Punkt stimmen wir alle überein.

VOM LEHREN IN GLEICHNISSEN

Markus 4, 1—2a

Und er fing abermals an, zu lehren am Meer. Und es versammelte sich sehr viel Volks zu ihm, so daß er mußte in ein Schiff treten und auf dem Wasser sitzen; und alles Volk stand auf dem Lande am Meer. Und er lehrte sie vieles in Gleichnissen.

In diesem Abschnitt sehen wir Jesus einen neuen Weg einschlagen. Er lehrt nicht mehr in den Synagoge, sondern am Ufer des Sees. Nachdem er sich auf herkömmliche Weise den Menschen zu nähern versucht hatte, mußte er jetzt zu ungewöhnlichen Mitteln greifen, und wir sollten nicht übersehen, daß Jesus spontan dazu bereit war, indem er religiöse Verkündigung und Unterweisung aus dem herkömmlichen Rahmen in der Synagoge ins Freie, mitten unter das einfache Volk verlegte. Viele orthodoxe Juden müssen den neuen Weg, den Jesus damit beschritt, für reine Sensationsmacherei gehalten haben; doch Jesus war so klug, genau zu wissen, wann neue Wege angebracht waren. Es wäre gut, wenn seine Kirche ebenso weise und wagemutig wäre.

Der neue Weg machte auch eine neue Methode erforderlich; sie bestand darin, daß Jesus in **Gleichnissen** zu den Menschen sprach. **Gleichnis** (= Parabel) heißt wörtlich **vergleichende Nebeneinanderstellung** von zwei Geschehnissen; das heißt: bei einem Gleichnis handelt es sich im Grunde um einen Vergleich, und zwar um den **einer irdischen Begebenheit mit einer Bedeutung, die über das Irdische hinausgeht.** Etwas auf diese Welt Bezogenes wird mit etwas Göttlichem verglichen, damit die göttliche Wahrheit im Lichte eines irdischen Bildes besser erfaßt und verstanden werden kann. Weshalb wählte Jesus diese Methode? und weshalb bediente er sich ihrer in so hohem Maße, daß sie geradezu typisch für ihn wurde und er bis auf den heutigen Tag als Meister des Gleichnisses gilt?

1. Zunächst und vor allem wählte er diese Methode, damit die Leute ihm zuhörten. Er sprach ja nicht zu einer in der Synagoge versammelten Gruppe von Menschen, die mehr oder weniger verpflichtet waren, bis zum Ende des Gottesdienstes oder einer entsprechenden Versammlung dortzubleiben; sondern er sprach im Freien und zu einer Volksmenge, die beliebig kommen und gehen konnte. Das Wichtigste war daher, erst einmal **das Interesse der Leute zu wecken**, weil sie sonst einfach wieder fortgingen. Eine der sichersten Methoden, die Menschen sofort für etwas zu interessieren, besteht darin, daß man ihnen Geschichten erzählt. Das wußte auch Jesus.

2. Außerdem tat Jesus damit etwas, was den jüdischen Lehrern und ihren Zuhörern keineswegs fremd, sondern äußerst vertraut war. Das berühmteste Gleichnis des Alten Testaments, das Nathan David erzählt, handelt von dem einzigen Schaflamm eines armen Mannes, das ein reicher Mann, der viele Rinder und Schafe besaß, nahm, um es einem Gast vorzusetzen, weil ihm eins seiner eigenen Tiere zu schade dazu war. Nathan erzählte es David, als dieser den Hethiter Uria erschlagen und Bathseba zur Frau genommen hatte (2. Sam. 12, 1—7). Die Rab-

binen pflegten bei der Unterweisung Gleichnisse zu gebrauchen. So sagte man von Rabbi Meir, er spreche zu einem Drittel von dem, was das Gesetz bestimme; zu einem Drittel sei das, was er sage, Auslegung und Erklärung der Gesetze, und zu einem weiteren Drittel spreche er in Gleichnissen. — Nachstehend zwei Beispiele für rabbinische Gleichnisse, von denen das erste von Rabbi Juda dem Fürsten (etwa 190 n. Chr.) stammt, den der römische Kaiser Antonius gefragt hatte, wieso es im Jenseits gerechte Strafen geben könne; da Leib und Seele nach ihrer Trennung keine Sünden begangen haben könnten, würden sie sich doch gegenseitig die Schuld für die auf Erden begangenen Sünden zuschieben. Darauf antwortete der Rabbi mit folgendem Gleichnis:

> Es war einmal ein König, der einen wunderbaren Garten besaß, in dem herrliche Früchte gediehen, und der zwei Wächter hierfür einsetzte, einen blinden und einen lahmen. Der Lahme sagte zum Blinden: „Ich sehe herrliche Früchte. Trage mich dorthin, damit ich sie pflücke und wir sie gemeinsam essen können." Der Blinde war einverstanden, und beide aßen von den Früchten. Nach einigen Tagen kam der Herr des Gartens und fragte die Wächter nach den Früchten. Der Lahme sagte: „Da ich nicht gehen kann, konnte ich nicht zu ihnen gelangen. Ich bin also unschuldig." Und der Blinde sagte: „Ich konnte sie nicht einmal sehen, bin also unschuldig." Was tat der Besitzer des Gartens? Er hieß den Blinden, den Lahmen zu tragen, und verurteilte somit beide. So wird auch Gott Leib und Seele der Menschen wieder zusammenfügen und beide zusammen für ihre Sünden bestrafen.

Als Abin, der Sohn Rabbi Chiyyas, im jugendlichen Alter von achtundzwanzig Jahren starb, hielt Rabbi Zera eine Leichenrede in Gestalt eines Gleichnisses, das folgendermaßen lautet:

> Es war einmal ein König, der viele Tagelöhner in seinem Weinberg für sich arbeiten ließ, von denen einer ganz besonders tüchtig war. Was tat der König? Er holte diesen Tagelöhner von seiner Arbeit fort, spazierte mit ihm durch den Weinberg und unterhielt sich mit ihm. Als die Tagelöhner am Abend kamen, um ihren Lohn in Empfang zu nehmen, war unter ihnen auch der besonders Tüchtige und erhielt vom König seinen vollen Tagelohn. Die anderen waren darüber sehr erzürnt und sprachen: „Wir haben den ganzen Tag gearbeitet, dieser dagegen nur zwei Stunden. Weshalb gibt der König ihm den glei-

chen Lohn wie uns?" Der König sprach zu ihnen: „Weshalb zürnt ihr? Er hat in zwei Stunden mehr geschafft als ihr den ganzen Tag über." So verhält es sich auch mit Rabbi Abin ben Chiyya. Er hat in den achtundzwanzig Jahren seines Lebens mehr gelernt als andere in hundert Jahren. Er hat sein Lebenswerk vollendet und ist daher berechtigt, früher als andere von seiner Arbeit auf Erden fort ins Paradies gerufen zu werden, und von seinem Lohn wird ihm nichts entgehen.

Wenn Jesus in Gleichnissen sprach, wandte er damit also eine Methode des Lehrens an, die den Juden durchaus bekannt und verständlich war.

3. Hinzu kam, daß er mit dieser Lehrweise abstrakte Gedanken in konkrete Bilder umsetzte. Nur sehr wenige Menschen sind imstande, abstrakte Gedankengänge zu erfassen. Die meisten Menschen denken in Bildern. So können wir lange über das Wesen der S c h ö n h e i t sprechen, ohne daß jemand deswegen klüger würde; können wir dagegen auf jemand zeigen und sagen: „Das ist ein schöner Mensch", dann wird sofort deutlich, was mit Schönheit gemeint ist. Auch darüber, was Güte und Gutsein heißt, läßt sich lange diskutieren, ohne daß es zu einer befriedigenden Definition kommt; dagegen erkennt jeder eine gute Tat sofort als solche, wenn sie ihm begegnet. In gewisser Hinsicht muß j e d e s Wort Fleisch werden, muß jeder Gedanke in einer Person und einem Geschehen faßbar und wirklich sein. Wenn im Neuen Testament vom Glauben die Rede ist, wird dieser Gedanke am Beispiel der Person Abrahams zu Fleisch und Blut. Jesus war ein weiser Lehrer. Er wußte, daß es sinnlos ist, schlichten Gemütern mit abstrakten Ideen zu kommen, und so kleidete er diese in konkrete Beispiele, er setzte sie in Handlung um und in Personen, so daß alle Menschen sie begriffen.

4. Der Wert solcher Gleichnisse liegt darin, daß sie die Menschen zum Nachdenken zwingen. Sie nehmen ihnen das Denken nicht ab, sondern zwingen sie, weiterzudenken und selbst die Wahrheit herauszufinden, die darin steckt. Das Schlimmste, was man einem Kind antun kann, ist, daß man ihm seine Arbeit abnimmt und sie selbst verrichtet. Es bedeutet keine Hilfe für das Kind, wenn andere seine Rechenaufgaben erledigen, seine Schulaufsätze schreiben, Probleme ausarbeiten oder Übersetzungen anfertigen. Eine wesentliche Hilfe besteht hingegen darin, ihm die erforderlichen Hilfsmittel an die Hand zu geben, so daß es selbst mit der Arbeit fertig wird. Darauf war auch Jesus bedacht. Alle Wahrheiten, alle Erkenntnisse sind im Grunde nur insofern wertvoll, als wir selbst sie entdecken und

an uns erfahren. Jesus wollte die Menschen zum Nachdenken bringen; er wollte sie geistig aktiv und beweglich machen. Er wollte ihnen nicht Verantwortung abnehmen, sondern sie zu selbstverantwortlichen Menschen machen. Er sprach nicht deshalb in Gleichnissen zu ihnen, um ihnen das Denken abzunehmen, sondern im Gegenteil: er hielt ihnen Wahrheiten vor Augen, deren Richtigkeit sie selbst nachprüfen konnten, so daß sie wirklich und wahrhaftig in den Besitz dieser Wahrheiten gelangten.

VOM SÄEMANN

Markus 4, 2b—9

Und in seiner Predigt sprach er zu ihnen: Höret zu! Siehe, es ging ein Säemann aus, zu säen. Und es begab sich, indem er säte, fiel etliches an den Weg; da kamen die Vögel und fraßen's auf. Etliches fiel auf das Felsige, wo es nicht viel Erde hatte, und ging bald auf, darum daß es nicht tiefe Erde hatte. Da nun die Sonne hochstieg, verwelkte es, und weil es nicht Wurzel hatte, verdorrte es. Und etliches fiel unter die Dornen, und die Dornen wuchsen empor und erstickten's, und es brachte keine Frucht. Und etliches fiel auf gutes Land und ging auf und wuchs und brachte Frucht und trug dreißigfältig und sechzigfältig und hundertfältig. Und er sprach: Wer Ohren hat, zu hören, der höre!

Wir wollen die Deutung dieses Gleichnisses zurückstellen, bis wir an die Auslegung kommen, die Markus selbst uns gibt, und im Augenblick lediglich ein Beispiel für die Lehrweise Jesu darin sehen. Schauplatz der Handlung ist das Seeufer! Jesus sitzt in einem Boot auf dem Wasser in unmittelbarer Nähe des Ufers, das zum Wasser hin leicht abfällt und ein natürliches Amphitheater für die Volksmenge bildet. Während er spricht, sieht Jesus vor seinem geistigen Auge, vielleicht auch im Blickfeld gegenüber, einen Säemann, der damit beschäftigt ist, auf den hier sichtbaren Feldern Saat auszustreuen. „Seht nur!" sagte er. „Der Säemann ist beim Säen." Damit sind wir bereits bei dem, was das Wesen der gleichnishaften Lehrweise aus-
1. Vom H i e r u n d J e t z t ausgehend gelangte Jesus zum D o r t u n d D a n n. Er begann mit einem derzeitigen Geschehnis auf Erden, um die Gedanken der Menschen auf den

Himmel zu lenken; er begann mit etwas, was alle kannten oder sehen konnten, um auf etwas zu kommen, was unsichtbar ist. Er begann mit etwas allen Menschen Vertrautem, um ihnen etwas faßlich zu machen, dessen sie sich bisher noch nie bewußt geworden waren. Das Entscheidende an der Lehrweise Jesu ist, daß er nicht von etwas ausging, was die Menschen verwirrte, was ihnen fremd, schwerverständlich, dunkel und verworren sein mußte, sondern von etwas ganz Alltäglichem, das jedes Kind verstand.

2. Dadurch bewies Jesus, daß er an die wahre Verwandtschaft zwischen Himmel und Erde, zwischen Gott und den Menschen glaubte. Für ihn war die Erde kein „Jammertal", keine traurige Wüste; sondern er glaubte daran, daß die Menschen in allem Alltäglichen Gott erkennen konnten. Eine neue Aussage hierzu lautet: „Jesus lehrte die Menschen erkennen, daß Gott in der Gleichmäßigkeit alles Normalen am Werk ist — in der aufgehenden Sonne, im Fallen des Regens und im Wachstum der Pflanzen." Auch Paulus ging von dieser Vorstellung aus, als er sagte, daß die sichtbare Welt dazu da sei, damit das unsichtbare Wesen Gottes ersehen werde (Röm. 1, 20). Die Welt ist für Jesus nicht verloren und böse, sondern das Kleid des lebendigen Gottes. Die alltäglichen Dinge des Lebens bilden für ihn eine unerschöpfliche Quelle von Hinweisen, die die Menschen zu Gott führen, sofern sie sie nur richtig zu deuten verstehen.

3. Das Wesen der Gleichnisse besteht darin, daß diese spontan, unvorbereitet und ohne vorherige Probe erzählt werden, ohne lange Überlegung. Jesus sieht den Säemann, und schon wird dieser zu seinem Text. Gleichnisse sind bei Jesus keine in der Stille eines Studierzimmers ausgearbeiteten, sorgfältig durchdachten und geschliffenen Erzählungen; vielmehr besteht die eigentliche Größe dieser unsterblichen Kurzgeschichten darin, daß Jesus sie aus einer Eingebung des Augenblicks heraus erzählte. Sie entsprangen den Erfordernissen des Augenblicks und bildeten hieb- und stichfeste Waffen bei den Auseinandersetzungen. In einer jüngeren Abhandlung hierüber heißt es mit Recht: „Gleichnisse sind Kunstwerke, die sowohl für den Gottesdienst als auch für die kämpferische Auseinandersetzung nutzbar gemacht werden; deshalb gibt es so wenige Gleichnisse. Sie erfordern ein hohes Maß an Können. In seiner typischen Verwendung stellt das Gleichnis eine Waffe der Auseinandersetzung dar, und dies nicht etwa in Gestalt eines in aller Ruhe verfaßten Gedichtes, sondern in einer aus dem Stegreif improvisierten Form, mit der einer unvorhergesehenen Situation Rechnung getragen werden soll. Dichterische Sensitivität,

Scharfsinn, schnelle Reaktionsfähigkeit, die Wendigkeit des Vorkämpfers und nicht zuletzt Mut kommen darin zum Ausdruck, ein Mut, der ohne Rücksicht auf eine etwa damit verbundene tödliche Gefahr den Sprecher aussprechen läßt, was er als richtig erkannt hat." Wir haben die Gleichnisse Jesu gewiß stets bewundert; doch wenn wir bedenken, daß es sich dabei um unvorbereitete, aus dem Augenblick geborene Stücke handelt, dann werden sie für uns noch um ein Vielfältiges großartiger.

4. Gleichnisse waren ursprünglich nicht zum Lesen, sondern zum Anhören gedacht. Bei der Gelegenheit, bei der sie zum erstenmal ausgesprochen wurden, konnte niemand sich hinsetzen und sie Satz für Satz und Wort für Wort untersuchen. Sie wurden ohnehin nicht erzählt, um ausführlich und in aller Muße durchforscht zu werden, sondern um einen unmittelbaren Eindruck und eine ebenso unmittelbare Reaktion hervorzurufen. Das heißt: **Gleichnisse dürfen nicht wie Allegorien behandelt werden**, bei denen jeder Einzelheit eine besondere innere Bedeutung zukommt. Allegorien — wie etwa die in England vielgelesene „Pilgerreise" John Bunyans — wollen genau studiert und erforscht sein, weil jedem Ereignis, jeder Person und jeder Einzelheit eine spezifische Bedeutung zukommt. Gleichnisse dagegen sind etwas einmalig Gehörtes, und wir müssen beachten, daß darin nicht jede Einzelheit einen symbolischen Hinweis beinhaltet, und uns fragen, worin der eine großartige Gedanke besteht, der blitzartig aus ihnen aufleuchtet. Wir sollten uns bei Gleichnissen also nicht mit haarspalterischen Einzelfragen abmühen, sondern die Grundfrage stellen: „Welcher Gedanke durchzuckte uns, als wir das Gleichnis zum erstenmal hörten?"

DAS GEHEIMNIS DES REICHES GOTTES

Markus 4, 10—12

Und da er allein war, fragten ihn die um ihn waren, samt den Zwölfen, über die Gleichnisse. Und er sprach: Euch ist das Geheimnis des Reiches Gottes gegeben; denen aber draußen widerfährt es alles durch Gleichnisse, auf daß sie es mit sehenden Augen sehen und doch nicht erkennen, und mit hörenden Ohren hören und doch nicht verstehen, auf daß sie sich nicht etwa bekehren und ihnen vergeben werde.

Dieser Abschnitt hat von jeher zu den Evangelienabschnitten gehört, die zu verstehen nicht leicht ist. Wir dürfen dabei jedoch nicht vergessen, daß das Wort G e h e i m n i s in der Wendung „das Geheimnis des Reiches Gottes" im Griechischen ein t e r - m i n u s t e c h n i c u s, ein Fachausdruck ist, mit dem keineswegs etwas besonders Kompliziertes oder Geheimnisvolles gemeint ist, sondern lediglich etwas, was nur denjenigen unklar ist, die nicht in seine Bedeutung eingeweiht sind. In der neutestamentlichen Zeit spielten in der heidnischen Welt die sogenannten Mysterienreligionen eine große Rolle, Kulte, die den Menschen eine Vereinigung, ja ein Einssein mit irgendeinem Gott verhießen, wodurch alle Furcht vor dem Leben und dem Tode von ihnen genommen werde. Fast alle Mysterienreligionen beruhten auf der Geschichte eines Gottes, der gelitten hatte, gestorben und wieder auferstanden war, einer Fabel, die vielfach nach Art eines Passionsspiels dargeboten wurde. Besonders berühmt war beispielsweise der Isiskult, zu dem es wie folgt kam: Der weise König Osiris von Ägypten folgte einer Einladung seines Bruders Seth, der ihn haßte, und anderer Verschwörer zu einem Gastmahl, bei dem man ihn überredete, sich in einen geschickt gearbeiteten Sarg zu legen, in den er genau hineinpaßte. Dann klappten sie den Deckel zu und warfen den Sarg in den Nil. Seine treue Gemahlin Isis fand den Sarg nach langem Suchen und ließ ihn voller Trauer nach Hause bringen. In ihrer Abwesenheit stahl der böse Seth den Leichnam, zerlegte ihn in vierzehn Stücke, die er über ganz Ägypten verstreuen ließ. Wieder machte sich Isis auf die Suche und fand mit Hilfe ihrer Zauberkräfte schließlich alle Stücke, fügte sie zusammen und erweckte Osiris zu neuem Leben. Seitdem wurde er zum unsterblichen König sowohl der Toten als auch der Lebendigen. Daraus entstand ein Kult, für den der Anwärter sich gründlich vorbereiten mußte. Dazu gehörten Reinigungszeremonien, Fasten, Askese und Unterweisung über den inneren Sinn des Ganzen. Dann wurde die dramatische Begebenheit in ihrer ganzen Schmerzlichkeit mitsamt der Auferstehung und dem triumphierenden Schluß im Beisein des Anwärters als Spiel aufgeführt, wobei Musik, Weihrauch und Beleuchtung zusammen mit einer prächtigen Liturgie die ohnehin gefühlsgeladene Atmosphäre noch beträchtlich steigerten. Die Teilnehmer fühlten sich eins mit dem leidenden und später triumphierenden Gott, mit dem zusammen sie durch den Tod hindurch zur Unsterblichkeit gelangten. Für Uneingeweihte war das Ganze bedeutungslos, während es für Eingeweihte einen tiefen Sinn hatte. Hierauf deutet in diesem Zusammenhang das griechische Wort **mysterion**. Wenn im Neuen Testament vom **Geheimnis** des Reiches Gottes die Rede ist, dann heißt das also nicht, daß es sich um ein schlechthin fernes, verborgenes Reich handelt, sondern daß es zwar allen, die sich Jesus nicht ergeben, unverständlich bleibt, daß jedoch allen, die sich haben „einweihen" lassen, die also Jesus zu ihrem Herrn und Meister ausersehen haben, völlig klar ist, was mit dem „Geheimnis des Reiches Gottes" gemeint ist.

Die eigentliche Schwierigkeit dieses Abschnitts bedeutet jedoch erst der anschließende Teil, der, oberflächlich gesehen, klingt, als ob Jesus bewußt in Gleichnissen gesprochen habe, um einfache Männer und Frauen über deren Bedeutung absichtlich im Unklaren zu lassen. Das aber hat Jesus ganz bestimmt nicht gesagt; denn wenn etwas eindeutig feststeht, dann dies: Jesus sprach nicht in Gleichnissen, um deren Bedeutung und Wahrheit zu verbergen, sondern um den Menschen zu helfen, die Wahrheit zu erkennen.

Wie — so fragen wir — kommt es dann aber, daß diese Stelle so formuliert wurde? Es handelt sich dabei um ein Zitat nach Jesaja 6, 9. 10. Schon mehr als zweihundert Jahre, bevor Jesus davon Gebrauch machte, hatte diese Aussage den Menschen zu schaffen gemacht. Der hebräische Text lautet wörtlich: „Gehe hin und sprich zu diesem Volke: Hörend höret, und verstehet nicht; und sehend seht, und erkennet nicht! Mache das Herz dieses Volkes fett, und mache seine Ohren schwer, und verklebe seine Augen: damit es mit seinen Augen nicht sehe und mit seinen Ohren nicht höre, und sein Herz nicht verstehe, und es nicht umkehre und geheilt werde." Das sieht zunächst aus, als ob Gott Jesaja befohlen habe, eine Botschaft auszurichten, die bewußt dazu angetan war, daß die Leute sie nicht verstünden. Als im dritten vorchristlichen Jahrhundert die heiligen Schriften aus dem Hebräischen ins Griechische übersetzt wurden, wurde die griechische Fassung, die sogenannte Septuaginta, zu einem der einflußreichsten Bücher, weil sie das Alte Testament überall dort bekannt machte, wo Griechisch gesprochen wurde. Da den Übersetzern der Septuaginta diese merkwürdige Stelle Kummer machte, übersetzten sie sie nicht so, als ob die Menschen nach Gottes Willen so schwer von Begriff sein sollten, daß sie nicht verstünden; vielmehr heißt es darin, daß sie sich selbst so dumm gemacht hätten, daß sie nicht verstehen konnten. Diese Umakzentuierung erklärt sich u. a. daraus, daß niemand den Ton, in dem etwas gesprochen oder gedruckt wird, mit übersetzen kann. Aus den Worten Jesajas sprach halb Zorn, halb Verzweiflung, insgesamt freilich Liebe.

Er dachte bei sich: Gott hat mich dazu ausersehen, daß ich den Menschen seine Wahrheit verkünde. Doch bei dem, was ich erreiche, ist es, als ob ich gegen eine Mauer spreche; man könnte meinen, daß Gott ihre Herzen verschlösse. Jesus erzählte seine Gleichnisse gewiß, um die Menschen aufgeschlossen zu machen für die Wahrheit Gottes. Doch an den Augen vieler Menschen konnte er ablesen, daß sie ihn ganz einfach nicht verstanden; ihre Vorurteile und irdischen Sehnsüchte hatten sie blind und taub gemacht, zu träge zum Nachdenken. Darum wandte er sich an die Jünger und sagte zu ihnen: „Erinnert ihr euch daran, was Jesaja einst gesagt hat? Er sagte, sie seien so ohne jedes Verständnis für die Botschaft Gottes gewesen, mit der er zum Volke Israels kam, daß man denken könne, Gott habe ihren Sinn verschlossen, statt ihn zu öffnen. Dasselbe Gefühl habe auch ich heute." Jesus sagte das gewiß weder zornig noch entrüstet oder verbittert, eher im Ton verlangender Liebe, und aus ihm sprachen der Schmerz und die Trauer dessen, der den Menschen etwas Gewaltiges schenken will, sie aber zu blind findet, als daß sie danach greifen. Wenn wir beim Lesen dieser Stelle nicht den Ton strafender Entrüstung heraushören, sondern den bedauernder Liebe, dann klingt sie auf einmal völlig anders; dann spricht sie zu uns nicht von einem Gott, der die Menschen absichtlich blind macht und seine Wahrheit vor ihnen verbirgt, sondern von so verständnislosen Menschen, daß es sinnlos sein mußte, zu versuchen, den eisernen Vorhang ihrer Begriffsstutzigkeit zu durchbrechen. Gott behüte uns davor, daß wir seine Wahrheit in dieser Weise vernehmen!

DIE ERNTE IST GEWISS

Markus 4, 13—20

Und er sprach zu ihnen: Versteht ihr dies Gleichnis nicht, wie wollt ihr dann die andern alle verstehen? Der Säemann sät das Wort. Das aber sind die an dem Wege: wo das Wort gesät wird, und wenn sie es gehört haben, so kommt alsbald der Satan und nimmt das Wort weg, das in sie gesät war. Desgleichen die, bei denen auf das Felsige gesät ist: wenn sie das Wort gehört haben, nehmen sie es bald mit Freuden auf, aber sie haben keine Wurzel in sich, sondern sind wetterwendisch; wenn sich Trübsal oder Verfolgung um des Wortes willen erhebt, so nehmen sie alsbald Ärgernis. Und andere sind die, bei denen unter die Dornen gesät ist: die hören das Wort, aber die Sorgen der Welt und der Betrug des Reichtums und die Begierden nach allem anderen dringen ein und ersticken das Wort, und es bleibt ohne Frucht. Jene aber sind die, bei denen auf gutes Land gesät ist: die hören das Wort und nehmen's an und bringen Frucht, dreißigfältig und sechzigfältig und hundertfältig.

Alle Einzelheiten des Gleichnisses waren dem Alltagsleben entnommen und daher für die Zuhörer unmittelbare Wirklichkeit. Jesus erwähnt darin vier verschiedene Bodenarten. 1. Da ist einmal der festgetretene Boden des Weges, auf den die Saat auf zweierlei Weise fallen konnte. Die Felder in Palästina waren lange schmale Streifen, die durch Gräspfade voneinander getrennt wurden. Letztere durfte jedermann benutzen. Das hatte zur Folge, daß sie festgetreten und oft hart wie Pflastersteine waren. Beim Ausstreuen konnte manches Samenkorn auf diese Pfade fallen, ohne dort wachsen zu können. Doch in Palästina kannte man noch eine zweite Art der Aussaat. Bisweilen wurde ein Esel mit einem Sack Saatgut bepackt, in dessen einen Zipfel ein Loch geschnitten war, so daß der Samen herausfiel, wenn das Tier auf dem Feld hin- und hergeführt wurde. Wenn der Esel die Straße entlang aufs Feld ging, ließ es sich nicht vermeiden, daß Saatkörner auf die Straße fielen, die dann sofort von Vögeln aufgepickt wurden. Manche Menschen erweisen sich der christlichen Wahrheit gegenüber als unzugänglich, weil es ihnen an Interesse fehlt und an Aufgeschlossenheit, was auf die Unfähigkeit zurückgeht, sich der Wichtigkeit der Entscheidung für Christus bewußt zu werden. Vielen sagt der christliche Glaube deshalb so wenig, weil sie ihm gegenüber völlig gleichgültig, keineswegs jedoch feindlich eingestellt sind; sie meinen, ohne ihn ebenso gut auskommen zu können, und halten ihn für unwichtig. Wenn das Leben immer glatt verliefe und es keine Krisenzeiten und Tränen gäbe, träfe dies vielleicht zu; tatsächlich aber kommt für jeden im Leben der Augenblick, in dem er es aus eigener Kraft nicht mehr schafft. Leider erkennen viele Menschen das erst, wenn es zu spät ist.

2. Bei dem Felsigen handelt es sich nicht um einen Boden voller Steine, sondern um eine dünne Erdschicht oberhalb von Kalkgestein, wie sie in Galiläa vielfach anzutreffen war. Auf vielen Feldern trat der Felsgrund durch die dünne Erdschicht darüber zutage. Samen, der dorthin fiel, ging zwar auf; doch da der

Boden kaum Feuchtigkeit und Nährstoffe enthielt, verdorrte die sprießende Saat rasch in der Sonnenhitze und starb ab. Eine Sache anfangen, ist stets leichter, als sie bis zu Ende durchzuführen. Ein bekannter Evangelist hat einmal gesagt: „Wir haben die Erfahrung gemacht, daß fünf Prozent Anstrengung nötig sind, um die Menschen für Christus zu gewinnen, fünfundneunzig Prozent dagegen, um sie ihm zu erhalten und zu echten Gliedern der Gemeinde zu machen." Manch einer beginnt zwar, ein christliches Leben zu führen; doch viele bleiben auf der Strecke liegen. Dieses Versagen hat zwei Ursachen. Die meisten überdenken und durchdenken eine Sache nie gründlich und machen sich vorher nicht klar, welchen Preis sie dafür bezahlen müssen. Ebenso gibt es Tausende von Menschen, die sich vom Christentum zwar angezogen fühlen, ihm jedoch niemals Zugang in die innersten Lebensbezirke gewähren; sie begnügen sich vielmehr damit, ihm einen Platz an der Peripherie ihres Lebens zuzuweisen. Doch beim Christentum heißt es: alles oder nichts. Nur wer sich Christus ganz ergibt, ist wirklich sicher.

3. Die dritte Bodenart war voller Dornen. Die palästinensischen Bauern waren nicht gerade emsig. Sie entfernten das Unkraut zwar, soweit es sichtbar war, und brannten es sogar ab, so daß das Feld sauber aussah; doch unter der Oberfläche wucherten die Wurzeln weiter, und nach einiger Zeit kam das Unkraut in alter Frische wieder zum Vorschein. Es wuchs so schnell und kräftig, daß darunter die Saat erstickte. Nur zu leicht befassen wir uns mit so vielen Interessengebieten, daß daneben für Christus kein Platz mehr bleibt. Je komplizierter das Leben wird, umso nötiger ist es, daß wir erkennen, was Vorrang haben muß; denn es gibt — gerade heute — unzählige Dinge, die dazu angetan sind, Jesus Christus von dem ihm gebührenden Platz in unserem Leben zu verdrängen.

4. Die vierte Bodenart schließlich war gutes, sauberes Land, auf dem die Saat gedeihen konnte. Wenn wir wirklich Nutzen haben wollen von der christlichen Botschaft, dann heißt uns dieses Gleichnis dreierlei tun. a) Wir sollen das Wort h ö r e n. Nur wenn wir wirklich zuhören, verstehen wir, was gesagt wird. Bezeichnend für viele von uns ist, daß wir so sehr mit unserem eigenen Reden beschäftigt sind, daß uns keine Zeit bleibt zum Hören; die Darlegung unserer Ansichten und Meinungen beansprucht uns so, daß uns keine Zeit bleibt, auf die Worte Christi zu hören. Wir sind ständig derart in Bewegung, daß es uns daneben an aufmerksamer Stille fehlt. b) Wir sollen das Wort a n n e h m e n. Wir müssen die christliche Botschaft

innerlich verarbeiten. Es ist etwas Merkwürdiges und Gefährliches um den menschlichen Geist. In weiser Vorsehung der Schöpfung schließen sich unsere Augen automatisch, wenn sie von einem Fremdkörper bedroht werden; dabei handelt es sich um eine instinktive Reflexbewegung. Auch unser Geist verschließt sich so vor Dingen, die er nicht hören möchte, oder er vergißt sie. Die Wahrheit tut zuweilen weh; doch wenn wir gesund bleiben wollen, müssen wir zuweilen bittere Medizin schlucken. Sich vor der Wahrheit zu verschließen, wenn sie uns unangenehm ist, heißt einen Weg einschlagen, der ins Unglück führt. c) Wir sollen das Wort **in die Tat umsetzen**. Der Ertrag in dem Gleichnis ist dreißigfältig, sechszigfältig und hundertfältig. Das ist ein hoher Ertrag; doch war der vulkanische Boden Galiläas wegen der dort erzielten Ernten bekannt und berühmt.

All das sagt uns das Gleichnis, **sofern wir uns in Muße damit befassen**. Wir haben Zeit zum Nachdenken, wenn wir es lesen. Doch daß all das eben Gesagte den Menschen durch den Sinn schoß, die es damals zum erstenmal hörten, ist ausgeschlossen, zumal wir nicht vergessen dürfen, daß das Gleichnis einer großen Volksmenge erzählt wurde. Was war es also, was damals der Menge unmittelbar aufging, als sie das Gleichnis hörte? Sicherlich dies: **Daß schließlich eine prächtige Ernte zu verzeichnen war, obwohl die Saat nur teilweise aufging**. Dieses Gleichnis bedeutet gewissermaßen das Ende der Verzweiflung. Wie oft sieht es aus, als sei all unsere Mühe umsonst und unsere Arbeitskraft vergeudet. Das empfanden auch die Jünger, als sie mitansehen mußten, wie Jesus aus den Synagogen ausgeschlossen wurde und man ihm mit Mißtrauen begegnete. Vielerorts schien seine Botschaft vergeblich gewesen zu sein, und sie waren mutlos und niedergeschlagen. Doch das Gleichnis lehrte sie damals und lehrt uns heute: „Geduld! Verrichte nur deine Arbeit, säe die Saat aus und überlaß alles übrige Gott. Die Ernte ist gewiß."

VOM LICHT, DAS GESEHEN SEIN WILL

Markus 4, 21

Und er sprach zu ihnen: Zündet man auch ein Licht an, daß man's unter den Scheffel oder unter die Bank setze? Mitnichten, sondern daß man's auf den Leuchter setze.

Die Verse 21—25 sind insofern interessant, als sie deutlich machen, vor welche Probleme sich die Verfasser der Evangelienberichte gestellt sahen. Die Verse enthalten vier verschiedene Aussagen Jesu. Vers 21 enthält den Ausspruch über das Licht, Vers 22 den über das Offenbarwerden des Verborgenen; Vers 24 gibt den Ausspruch wieder, daß uns mit dem Maß zugemessen werden wird, mit dem wir gemessen haben, und Vers 25 den, daß dem, der da hat, noch mehr gegeben werden wird. Bei Markus folgen diese Verse unmittelbar aufeinander, bei Matthäus dagegen kehren Vers 21 in Matthäus 5, 15, Vers 22 in Matthäus 10, 26, Vers 24 in Matthäus 7, 2 und Vers 25 in Matthäus 13, 12 und 25, 29 wieder; das heißt: vier aufeinanderfolgende Verse des Markusevangeliums finden sich bei Matthäus über das ganze Evangelium verstreut. Daraus folgt für unsere Untersuchung der Verse, daß wir nicht unbedingt nach einer Verbindung zwischen ihnen suchen sollten. Wir müssen sie vielmehr nacheinander vornehmen.
Wie läßt sich das erklären? Wie kommt es, daß diese Jesusworte bei Markus nacheinander genannt werden, während sie bei Matthäus über das ganze Evangelium verstreut wiederkehren? Das liegt daran, daß Jesus sich sehr anschaulich und prägnant auszudrücken pflegte, so daß sich seine Worte dem Gedächtnis der Zuhörer unauslöslich einprägten. Außerdem muß er vieles mehr als einmal gesagt haben, zumal er ja von Ort zu Ort zog und ständig vor neuen Zuhörern sprach. Die Folge war, daß die Menschen zwar behielten, was Jesus gesagt hatte — er hatte es mit solcher Eindrücklichkeit getan, daß man es einfach nicht vergessen konnte —; doch die Gelegenheit, bei der er es gesagt hatte, war allmählich ihrem Gedächtnis entfallen. Daher gibt es eine Menge vereinzelter Aussprüche Jesu, die sich den Menschen auf immer eingeprägt haben, ohne daß diese sich später noch an den umgreifenden Zusammenhang erinnern konnten. Wir tun daher gut, jedes dieser anschaulichen Worte für sich zu untersuchen.
Zu den denkwürdigsten Jesusworten gehört die Aussage, daß man ein Licht nicht anzündet, um es dann unter den Scheffel zu stellen — das wäre, als ob man eine Schüssel darüber stülpte — oder unter eine Bank zu setzen. Das Licht ist dazu da, gesehen zu werden und den Menschen zu ermöglichen, etwas zu sehen; man stellt es infolgedessen an einen für alle sichtbaren Platz. Dieser Ausspruch lehrt uns zweierlei:
1. **Die Wahrheit ist dazu da, um erkannt zu werden.** Sie will nicht verborgen bleiben, sondern offenbar werden. Auch wenn zuweilen der sicherste Weg zum Verfolgt-

werden und zu Trübsal darin besteht, daß wir die Wahrheit sagen, sollen wir als Christen uns stets zur Wahrheit bekennen. Als Luther sich entschloß, seinen Standpunkt gegenüber der römisch-katholischen Kirche zu behaupten, richtete sich sein Angriff zunächst vor allem gegen den **Ablaßhandel**, bei dem es sich im Grunde um nichts anderes handelte als um den Loskauf von Sünden, indem man den entsprechenden Geldpreis dafür entrichtete. Er schlug seine 95 Thesen über die Kraft des Ablasses am 31. Oktober 1517 an die Tür der Schloßkirche zu Wittenberg, um nach akademischer Sitte der Zeit zu einer Disputation darüber aufzufordern; Wittenberg hatte damals eine Universität. Es war am Tag vor Allerheiligen, und die Menschen kamen in großen Scharen zusammen, weil es sich zugleich um den Jahrestag der Gründung der Kirche handelte. So fanden die Thesen ein unerwartet großes Echo in der Öffentlichkeit. Wäre Luther ein vorsichtiger und auf seine Sicherheit bedachter Mann gewesen, hätte er nicht so gehandelt. Doch Luther spürte, daß er die Wahrheit entdeckt hatte, und dachte an nichts anderes, als ihr zum Sieg zu verhelfen. In unser aller Leben gibt es Augenblicke, in denen wir genau wissen, was die Wahrheit von uns verlangt, was das Rechte zu tun heißt, was wir als Christen tun sollen, ebenso freilich auch Augenblicke, in denen wir in dieser Hinsicht versagen, weil das Rechte tun bedeuten würde, daß wir uns unbeliebt machen, wenn nicht gar Schlimmeres die Folge wäre. Wir sollten nicht vergessen, daß das Licht der Wahrheit hochgehalten, nicht aber im Interesse eines feigen Sicherheitsbedürfnisses verborgen gehalten sein will.

2. **Unser Christentum ist dazu da, daß man es sieht.** In der Zeit des Urchristentums konnte es den Tod bedeuten, wenn man sich zu Christus bekannte. Das römische Reich war ein riesiges Weltreich, und um etwas alle Verbindendes zu schaffen, wurde der Kaiserkult eingeführt. Der Kaiser war der personifizierte Staat, und ihm wurde göttliche Verehrung zuteil. An bestimmten festgesetzten Tagen mußte jedermann der Gottheit des Kaisers opfern, wobei es sich in Wirklichkeit um einen Test der politischen Zuverlässigkeit und Treue gegenüber Rom handelte. Wer dem Kaiser göttliche Verehrung erwies, erhielt im Anschluß an die Zeremonie eine entsprechende Bescheinigung und konnte im übrigen nach Belieben andere Götter anbeten. Christen brauchten, um sicher zu sein, also lediglich diesen feierlichen Akt zu vollziehen, so daß sie die Bescheinigung erhielten, loyale Untertanen des Kaisers zu sein. Es ist geschichtlich erwiesen, daß Tausende von Chri-

sten lieber starben, als die bei der Zeremonie übliche Formel „Herr ist der Kaiser" auszusprechen und damit ihren Herrn, Jesus, zu verleugnen. Sie hätten unschwer verbergen können, daß sie Christen waren, und nur insgeheim dem Christentum anhängen können. Doch für sie war der christliche Glaube etwas, was bezeugt werden, etwas, zu dem man sich vor allen Menschen bekennen mußte. Sie waren stolz auf ihren Glauben; alle Menschen sollten sehen, auf welcher Seite sie standen. Ihnen verdanken wir, daß auch wir heute Christen sind. Oft ist es leichter, zu verschweigen, daß wir Christus und zu seiner Kirche gehören; doch unser Christentum sollte stets wie ein Licht sein, das alle Menschen sehen können.

WAHRHEIT, DIE SICH NICHT UNTERDRÜCKEN LÄSST

Markus 4, 22. 23

Denn es ist nichts verborgen, das nicht soll offenbar werden, und ist nichts Heimliches, das nicht soll an den Tag kommen. Wer Ohren hat, zu hören, der höre!

Es war die gewisse Überzeugung Jesu, daß die Wahrheit letztlich nicht verborgen bleibt. Dieser Satz läßt sich in zwei Richtungen anwenden.
1. E r l ä ß t s i c h a u f d i e W a h r h e i t a n w e n d e n.
Die Wahrheit hat etwas Unzerstörbares. Auch wenn die Menschen sich weigern, der Wahrheit ins Gesicht zu schauen, auch wenn sie versuchen, die Wahrheit zu unterdrücken oder gar auszulöschen, auch wenn sie sich weigern, die Wahrheit anzuerkennen, gilt: „Groß ist die Wahrheit. Sie wird siegen." Als zu Beginn des sechzehnten Jahrhunderts der Astronom Kopernikus entdeckte, daß die Erde nicht den Mittelpunkt des Universums darstellt, sondern daß sie um die Sonne kreist und nicht umgekehrt die Sonne um die Erde, war er so vorsichtig, daß die weitere Öffentlichkeit erst dreißig Jahre später, als er schon ein vom Tode gezeichneter Mann war, Kunde erhielt von dieser Entdeckung. Er konnte einen Drucker dazu bewegen, sein Hauptwerk, die „Sechs Bücher über die Umläufe der Himmelskörper", zu drucken. Kopernikus starb noch im gleichen Jahr (1543), und erst die nach ihm Kommenden gerieten in den Sturm, den seine Erkenntnisse ausgelöst hatten. So mußte Galilei, der sich öffentlich zu der Lehre des Kopernikus bekannt hatte, im Jahre 1616 in Rom seine Äußerungen widerrufen,

weil die Behauptung, daß die Sonne den Mittelpunkt unseres Universums bilde und sich nicht um die Erde bewege, töricht, absurd und ketzerisch sei, zumindest aber vom theologischen Standpunkt aus mit dem wahren Glauben im Widerspruch stehe. Galilei gab nach; sich fügen ist leichter als sterben. Jahrelang schwieg Galilei. Als dann im Jahre 1623 ein neuer Papst den hl. Stuhl bestiegen hatte, Urban VIII., den er für aufgeschlossener als seinen Vorgänger hielt, trat er aufs neue mit seiner Theorie hervor, sah sich jedoch in seinen Hoffnungen getäuscht und mußte einen Widerruf unterschreiben, wenn er nicht gefoltert werden wollte. Die Widerrufung bewahrte ihn zwar vor dem Tode, doch nicht vor dem Gefängnis; und als er schließlich starb, wurde ihm sogar die Beisetzung in der Familiengruft verweigert. Freilich — nicht nur die katholische Kirche versuchte der Wahrheit auszuweichen. Doch wenn man auch den Menschen, die der Wahrheit auf die Spur kommen, Folterqualen androht oder sie als Narren verspottet, ändert das nichts an der Richtigkeit ihrer Erkenntnisse. Es steht nicht in unserer Macht, die Wahrheit zu hängen oder zu verbannen. Auch wenn man die Wahrheit attackiert, wenn man sie verschleiert, unterdrückt und verspottet, — die Zeit wird ihre Rächerin sein, und die Wahrheit wird sich durchsetzen. Wir sollten uns daher hüten, gegen die Wahrheit anzukämpfen.

2. **Dieses Jesuswort läßt sich auf uns und unser Leben und Verhalten anwenden.** Wer etwas Falsches oder Böses getan hat, versucht dies instinktiv zu verbergen. Das taten schon Adam und Eva, als sie das Gebot Gottes übertraten (1. Mose 3, 8). Doch die Wahrheit wird stets an den Tag kommen. Letzten Endes kann niemand die Wahrheit vor sich selbst verbergen, und wer ein Geheimnis mit sich herumträgt, ist kein glücklicher Mensch. Auch das klügste Täuschungsmanöver hält auf die Dauer nicht stand. Und wo es um letzte Dinge geht, kann niemand etwas vor Gott verheimlichen. Hier trifft buchstäblich zu, daß nichts Heimliches ist, das vor Gott nicht an den Tag kommt. Wenn wir das bedenken, sollten wir alle von dem Wunsch erfüllt sein, daß unser Leben vor Gott und den Menschen offen daliege, ohne daß wir uns dessen zu schämen brauchten.

GLEICHGEWICHTE DES LEBENS

Markus 4, 24

Und er sprach zu ihnen: Sehet zu, was ihr höret! Mit welcherlei Maß ihr messet, wird man euch wieder messen, und man wird euch noch zugeben.

Im Leben wird stets für Ausgleich gesorgt. Was der Mensch empfängt, wird von dem abhängen, was er gibt.

1. D a s   g i l t   f ü r   j e d e   A r t   d e s   L e r n e n s. Je mehr Mühe wir auf einen Gegenstand verwenden, umsomehr werden wir davon profitieren. Das alte Volk der Parther soll den jungen Männern erst dann etwas zu essen vorgesetzt haben, wenn sie zuvor bei der Arbeit in Schweiß geraten waren. So verhält es sich auch mit dem Lernen und Studieren. Die Freude und die Befriedigung, die beide gewähren, stehen in einem bestimmten Verhältnis zu der Mühe, die wir dafür aufzubringen bereit sind. Das gilt ganz besonders für das Studium der Bibel. Es kommt vor, daß uns bestimmte Teile der Bibel überhaupt nicht reizen; doch stellt sich, wenn wir uns dennoch mit ihnen befassen, oftmals heraus, daß gerade sie es sind, die den größten Gewinn für uns bedeuten. Was wir oberflächlich betreiben, weckt in uns vielfach keinerlei Interesse, während ein intensives Studium uns nicht wieder losläßt vom Gegenstand unserer Untersuchung; erweist sich dieser dann doch als außerordentlich fesselnd.

2. Das gilt auch für den G o t t e s d i e n s t. Je mehr wir selbst zum Gottesdienst beitragen, desto mehr haben wir davon. Es gibt drei Möglichkeiten, auf die falsche Weise zum Gottesdienst zu kommen. a) Wenn wir lediglich kommen, um etwas zu empfangen, dann ist die Wahrscheinlichkeit groß, daß wir Orgelspiel und Chor kritisieren oder allerlei an der Predigt auszusetzen haben, weil wir nämlich den Gottesdienst als etwas betrachten, das ausschließlich unserer persönlichen Erbauung oder gar Unterhaltung zu dienen habe. Statt dessen sollten wir bereit sein, auch unsererseits etwas beizutragen; dürfen wir doch nicht vergessen, daß es sich beim gemeindlichen Gottesdienst um einen korporativen Vorgang handelt. Wer nicht fragt: „Was kann mir der Gottesdienst geben?", sondern: „Was kann ich meinerseits dazu beitragen?", der wird wesentlich mehr davon haben als jemand, der nur gekommen ist, um

etwas für sich selbst mitzunehmen. b) Wenn wir zum Gottesdienst kommen, ohne etwas von ihm zu erwarten, so ist das freilich ebenso falsch. Möglicherweise kommen wir nur aus Gewohnheit, weil der Kirchenbesuch fester Bestandteil unseres Wochenfahrplans ist. Wir sollten jedoch kommen, um Gott zu begegnen. Wenn dies der Fall ist, kann vielerlei geschehen. c) Wenn wir unvorbereitet zum Gottesdienst kommen, so ist auch das falsch. Ohne jede innere Vorbereitung am Gottesdienst teilzunehmen, ist zwar bequem; doch ganz anders sähe es aus, wenn wir ein paar Augenblicke der Stille und des Schweigens vorhergehen lassen würden, um zu Gott zu beten. So lehrten denn auch die jüdischen Rabbinen: „Mit anderen zusammen kann am besten beten, wer zuvor für sich allein gebetet hat."
3. Das gilt nicht zuletzt **für die zwischenmenschlichen Beziehungen**. Zu den wichtigen Sachverhalten des Lebens gehört, daß wir in anderen unser eigenes Spiegelbild erkennen. Wenn wir verstimmt, reizbar oder schlecht gelaunt sind, mißfallen uns auch die andern Menschen. Wenn wir ständig Kritik üben, an allem etwas auszusetzen haben, dann werden wir wahrscheinlich feststellen, daß es anderen genau so ergeht. Wenn wir mißtrauisch und ohne Selbstvertrauen sind, dann werden sich höchstwahrscheinlich andere uns gegenüber ebenso verhalten. Wer möchte, daß andere ihn liebhaben, muß zunächst einmal die anderen liebhaben. Wer sich nach Freunden sehnt, muß sich anderen gegenüber freundschaftlich verhalten. Die Menschen glaubten an Jesus, weil Jesus an sie glaubte.

DAS GESETZ DES WACHSTUMS

Markus 4, 25

Denn wer da hat, dem wird gegeben werden; und wer nicht hat, von dem wird man auch das nehmen, was er hat.

Auf den ersten Blick scheint dies ein hartes Wort zu sein; doch das Leben lehrt uns, daß es ein zutiefst wahres Wort ist.
1. Das Wort gilt im Hinblick auf unser **Wissen**. Je mehr wir wissen, umso mehr vermögen wir aufzunehmen. Der Reichtum der griechischen Literatur beispielsweise erschließt sich uns erst,

nachdem wir uns durch die griechische Grammatik hindurchgeackert haben; wer die Grundlagen der Grammatik beherrscht, dem wird aus dieser Kenntnis ein noch größerer Besitz erwachsen. Von der Musik hat nur der wirklich etwas, der sich in ihren Gesetzen auskennt; ist dies der Fall, dann erschließt sich ihm die Schönheit der Musik mehr und mehr. Ebenso läßt sich nicht leugnen, daß wir unser allgemeines Wissen ständig erweitern und vertiefen müssen, wenn es uns am Ende nicht ganz verlorengehen soll. Wer seine in der Schule erworbenen Sprachkenntnisse nicht pflegt, wird am Ende auch das bißchen vergessen, was er dort gelernt hat. Im Hinblick auf unser Wissen gilt: Je mehr wir wissen, desto mehr können wir erkennen und erreichen. Wer nicht ständig darauf bedacht ist, sein Wissen zu vergrößern, wird auch dieses Wissens bald verlustig gehen. Ein merkwürdiger, aber sehr bezeichnender Ausspruch der alten jüdischen Lehrer besagte, Schüler müßten wie Färsen (junge Kühe) behandelt werden: jeden Tag müsse man ihnen eine um ein geringes größere Last aufbürden. Wissen und Erkenntnis dulden keinen Stillstand; ständig etwas hinzulernen oder aber das bereits Erworbene wieder verlieren, sind die beiden einzigen Möglichkeiten.

2. Das Wort gilt im Hinblick auf unsere L e i s t u n g s f ä h i g k e i t. Je größer die physische Kraft, desto mehr können wir innerhalb der Grenzen unserer Konstitution erreichen. Je mehr wir den Körper trainieren, desto leistungsfähiger wird er; andererseits büßen wir unsere ursprüngliche Tauglichkeit ein, wenn wir unserem Körper überhaupt nichts mehr zumuten. Es wäre gut, wenn wir uns zuweilen daran erinnerten, daß unser Leib Gott ebenso gehört wie unsere Seele. Manch einer wird an der Durchführung eines Werkes nur dadurch gehindert, daß er sich, ohne es vielleicht zu merken, körperlich untauglich dazu gemacht hat.

3. Das Wort gilt im Hinblick auf unsere G e s c h i c k l i c h k e i t u n d K u n s t f e r t i g k e i t u n d u n s e r K ö n n e n. Je mehr wir die Geschicklichkeit unserer Augen, unserer Sinne, unserer Hände fördern, desto mehr sind wir imstande, sie weiterzuentwickeln. Wer sich treiben läßt, wer nie etwas Neues versucht, wer niemals bereit ist, neue Techniken anzuwenden, wird bald hinterherhinken. Wer die Gebiete, auf denen er besonders geschickt ist, vernachlässigt, wird bald seine diesbezügliche Fähigkeit ganz einbüßen.

4. Das Wort gilt im Hinblick auf unsere V e r a n t w o r t u n g s b e r e i t s c h a f t. Je mehr Verantwortung wir auf uns nehmen, desto mehr sind wir imstande zu übernehmen. Je öfter

wir uns zu Entscheidungen zwingen, desto besser gelingen sie uns. Wer jedoch vor Verantwortung zurückschreckt, Entscheidungen ausweicht und ständig schwankt, der wird schließlich zu einem schwachen, haltlosen Geschöpf, das unfähig ist, Verantwortung zu wagen oder irgendwelche Entscheidungen zu treffen. Immer wieder geht Jesus in seinen Gleichnissen von der Annahme aus, daß der Lohn guter Werke in noch mehr Arbeit besteht. Eins der wichtigsten Lebensgesetze, ein Gesetz, das wir nur auf eigene Gefahr mißachten können, lautet: Je mehr der Mensch erworben hat, desto mehr kann er erwerben; wer sich jedoch nicht ständig bemüht und anstrengt, wird auch das einst Erworbene wieder einbüßen.

DIE VON SELBST WACHSENDE SAAT

Markus 4, 26—29

Und er sprach: Das Reich Gottes ist so, wie wenn ein Mensch Samen aufs Land wirft und schläft und steht auf Nacht und Tag; und der Same geht auf und wächst, ohne daß er's weiß. Denn die Erde bringt von selbst Frucht, zuerst den Halm, danach die Ähre, danach den vollen Weizen in der Ähre. Wenn sie aber die Frucht gebracht hat, so schickt er alsbald die Sichel hin; denn die Ernte ist da.

Dies ist das einzige Gleichnis, das außer bei Markus in keinem der Evangelien enthalten ist. Mit dem Reich Gottes ist die Herrschaft Gottes gemeint, der Tag, an dem die ganze Welt sich dem Willen Gottes fügt, an dem der Wille Gottes auf Erden ebenso vollkommen geschieht wie im Himmel. Das ist das Ziel, das Gott für die ganze Welt verfolgt. Dieses Gleichnis steckt trotz seiner Kürze voller unmißverständlicher Wahrheiten.

1. Es handelt von der Hilflosigkeit der Menschen. Nicht der Bauer läßt die Saat wachsen; er weiß letztlich nicht einmal, wie sie wächst. Sie birgt das Geheimnis des Lebens und Wachstums in sich selbst. Niemand hat je über das Geheimnis des Lebens verfügt; niemand hat je etwas im vollen und wörtlichen Sinne des Begriffs erschaffen. Wir können manches wohl erforschen, ändern und entwickeln; doch erschaffen können wir es nicht, auch nicht das Reich Gottes. Es ist Gottes. Wir kön-

nen es wohl zu vereiteln und ihm hinderlich zu sein suchen, und wir können andererseits Verhältnisse in der Welt schaffen, die die Voraussetzung dafür bilden, daß es schneller und in ausgeprägterer Weise kommt; doch hinter allem steht Gott, stehen die Macht und der Wille Gottes.

2. Wir erfahren darin etwas über **das Reich Gottes**. Wir sollten nicht übersehen, daß Jesus sehr oft Bilder vom Wachstum in der Natur gebraucht, um das Kommen des Reiches Gottes zu beschreiben. a) Das Wachstum in der Natur vollzieht sich vielfach **unmerklich**. Wir sehen Pflanzen nicht eigentlich wachsen. Wir stellen das Wachstum nur fest, indem wir die Saat aufsprießen sehen, dann fortgehen und nach einiger Zeit zurückkehren und den Unterschied zu vorher wahrnehmen. So verhält es sich auch mit dem Reich Gottes. Es kann nicht der geringste Zweifel daran bestehen, daß es im Kommen begriffen ist, wenn wir nicht das kleine Heute mit dem Gestern, sondern etwa unser Jahrhundert mit den vorhergehenden vergleichen und beispielsweise die damaligen Verhältnisse im Gesundheits-, im Gefängniswesen, in der Entlohnung der Arbeiter u. dgl. mit unseren heutigen Verhältnissen vergleichen. Weshalb sind Dinge, die damals alltäglich waren, heute weithin unmöglich? Weil das Reich Gottes im Kommen begriffen ist. Auch wenn es von Tag zu Tag nicht wahrnehmbar ist, so wird das Wachstum doch offenkundig, wenn man in größeren Zeiträumen denkt. b) Beim Wachstum in der Natur handelt es sich um ein **stetiges Wachstum**, das Tag und Nacht weitergeht. Bei Gott gibt es nichts Sprunghaftes, wie es leider bei den Menschen, auch in ihrem Bemühen, gut zu sein, der Fall ist. Wenn wir an einem Tag einen Schritt vorwärtskommen, fallen wir am nächsten zwei Schritte zurück. Das Werk Gottes dagegen vollzieht sich in kontinuierlicher Stille; unaufhörlich wirkt Gott an der Verwirklichung seines Plans. c) Das Wachstum in der Natur vollzieht sich **unaufhaltsam**. Nichts ist mächtiger als ihr Wachstum. Bäume können mit ihrer Kraft des Wachstums feste Steindecken sprengen, und Unkraut steckt seinen Kopf sogar durch winzige Spalten im Asphalt hervor. Nichts vermag dem Wachsen Einhalt zu gebieten. So verhält es sich auch mit dem Reich Gottes. Trotz der Auflehnung und des Ungehorsams der Menschen geht Gottes Werk weiter, und letztlich kann nichts dem göttlichen Ratschluß und seiner Verwirklichung Einhalt gebieten.

3. Wir erfahren darin, daß es ein Ziel, **eine Vollendung** gibt. Es kommt der Tag der Ernte, an dem zweierlei geschieht — es handelt sich dabei um die entgegengesetzten Seiten ein und

derselben Sache —: Die gute Frucht wird eingebracht, das Unkraut wird vernichtet. Ernte und Gericht gehen Hand in Hand. Im Hinblick auf diesen Tag sind wir zu drei Dingen verpflichtet: a) Zu G e d u l d. Als Geschöpfe des Augenblicks denken wir in zeitlichen Begriffen. Gott aber hat die ganze Ewigkeit als Wirkungsbereich. „Denn tausend Jahre sind vor dir wie der Tag, der gestern vergangen ist, und wie eine Nachtwache" (Ps. 90, 4). Statt ungeduldig, verdrießlich, reizbar und gehetzt zu sein, sollten wir uns in Geduld üben und lernen, Gottes Wirken abzuwarten. b) Zur H o f f n u n g. Wir leben in einer Atmosphäre unterschwelliger Verzweiflung. Die Menschen verzweifeln an der Welt mitsamt der Kirche und blicken der Zukunft mit schauderndem Entsetzen entgegen. „Der Mensch, der sein Dasein in Höhlen und hinter Windschirmen begann, wird in verseuchten Elendsquartieren enden", hat der englische Schriftsteller H. G. Wells einmal gesagt. Viele Menschen glauben, d a s S p i e l s e i a u s ; doch dieser Ansicht sein u n d an Gott glauben ist unmöglich. Wenn Gott der Gott ist, an den wir glauben, dann ist in unserem Leben kein Platz für Pessimismus. Gewissensnot, Reue, Selbstanklage und Zerknirschung, Herzensangst und das Bewußtsein, versagt zu haben und ein Sünder zu sein, das alles bleibt; doch Verzweiflung gibt es dann nicht. c) Wir sollen b e r e i t s e i n. Wenn es ein Ende gibt, dann müssen wir darauf vorbereitet sein; ist es doch zu spät, damit anzufangen, wenn es über uns kommt. Wir müssen immer gerüstet sein, vor unseren Gott zu treten. Gerüstet durch die Gnade Gottes aber wird sein, wer in unerschütterlicher Geduld lebt, wer voll jener Hoffnung ist, die an der Verzweiflung nicht zuschanden wird, wer sein Leben im Lichte der Ewigkeit zu leben bemüht ist.

VOM SENFKORN

Markus 4, 30—32

Und er sprach: Wem sollen wir das Reich Gottes vergleichen, und durch welches Gleichnis wollen wir es abbilden? Es ist wie ein Senfkorn: wenn es gesät wird aufs Land, so ist's das kleinste unter allen Samen auf Erden; und wenn es gesät ist, so geht es auf und wird größer als alle Sträucher und treibt große Zweige, so daß die Vögel unter dem Himmel unter seinem Schatten wohnen können.

Dieses Gleichnis enthält zwei Bilder, deren Sinn jeder Jude ohne weiteres erkannte. Erstens: Mit dem Senfkorn wurde alles denkbar Kleinste sprichwörtlich verglichen. So bedeutete zum Beispiel ein „Glaube, der wie ein Senfkorn ist" den denkbar geringsten Glauben. In Palästina erreichte die Senfstaude eine baumartige Höhe. Palästinareisende berichteten von Stauden, die Pferd mitsamt seinem Reiter überragt hatten. Die Vögel schätzten den kleinen schwarzen Samen, und eine Wolke von Vögeln über einer Senfstaude war und ist nichts Ungewöhnliches. Zweitens: Im Alten Testament gehört zu den häufigsten Sinnbildern mächtiger Reiche der Baum, und die Vögel darin versinnbildlichen die Völker, die diesem Reich unterstanden und Schutz im Schatten seiner Zweige fanden (Hes. 17, 22 ff.; 31, 1 ff; Dan. 4, 20. 21). Der Baum mit den Vögeln auf seinen Zweigen verkörpert also ein mächtiges Reich und die Völker, die ihm angehören.

1. Das Gleichnis lehrt uns: **Laßt euch durch einen bescheidenen Anfang nicht entmutigen.** Auch wenn es im Augenblick so aussieht, als ob wir kaum eine Wirkung erzielen, so kann bei ständiger Wiederholung doch eine große Wirkung daraus werden. Bei dem Versuch, die Wirkung von Farbstoffen nachzuweisen, werden gemeinhin ein großes Gefäß mit klarem Wasser und ein kleines Reagenzglas mit Farbstoff verwendet. Tropfen auf Tropfen tropft die Farbe in das klare Wasser. Sie scheinen zunächst keine Wirkung zu haben; das Wasser scheint sich nicht im geringsten zu färben, bis es sich dann plötzlich zu verfärben beginnt und die Färbung allmählich immer stärker wird, bis schließlich das ganze Wasser die Farbe des Farbstoffes angenommen hat. Die Vielzahl der Farbtropfen bewirkt dieses Ergebnis. Oft haben wir das Gefühl, daß es sich kaum lohnt, etwas anzufangen, weil wir nur so wenig tun können. Doch sollten wir dabei stets bedenken: **Irgendjemand** muß stets den Anfang machen; **alles** muß einmal begonnen werden. Nichts ist von vornherein ausgewachsen. Unsere Aufgabe ist es, alles in unseren Kräften Stehende zu tun; der sich addierende Effekt aller kleinen Kraftanstrengungen kann schließlich ein erstaunliches Ergebnis zeitigen.

2. Das Gleichnis spricht zu uns vom **Reich der Kirche.** Baum und Vögel versinnbildlichen, wie wir gesehen haben, ein mächtiges Reich und die Völker, die darin Schutz finden. Am Anfang der Kirche steht ein einzelner, aber sie ist dazu da, am Ende alle zu umfassen. Das gilt in doppelter Richtung. a) Die Kirche ist ein Reich, in dem auf der gleichen Grundlage viele

Meinungen und theologischen Ansichten Platz finden sollten. Wir neigen dazu, jeden, der anders denkt als wir, als Ketzer zu brandmarken. Beispielhaft in seiner Toleranz war John Wesley, der Begründer des Methodismus. „Denken und denken lassen", pflegte er zu sagen, und: „Ich habe ebensowenig ein Recht, jemandem vorzuwerfen, daß er andere Ansichten vertritt als ich, wie ich ein Recht dazu habe, mich mit jemandem zu streiten, weil er eine Perücke trägt, ich dagegen nicht." Es ist gut, wenn man uns versichert, daß wir recht haben; doch ist das kein Grund, davon überzeugt zu sein, daß alle anderen unrecht haben. b) Die Kirche ist ein Reich, in dem Menschen aller Erdteile einander begegnen, Menschen aller Alters- und Kulturstufen, aller Hautfarben und Rassen. Die Kirche ist die Familie Gottes, und in ihr, die als kleines Senfkorn in Palästina begann, ist Platz für alle Völker der Welt. In der Kirche Gottes gibt es keine Schranken. Menschen haben sie errichtet, Gott aber hat sie in Christus niedergerissen.

DER KLUGE LEHRER UND DER KLUGE SCHÜLER

Markus 4, 33. 34

Und durch viele solche Gleichnisse sagte er ihnen das Wort so, wie sie es zu hören vermochten. Und ohne Gleichnis redete er nicht zu ihnen; aber wenn sie allein waren, legte er seinen Jüngern alles aus.

In diesem Abschnitt wird kurz, aber treffend geschildert, wie kluge Lehrer und kluge Lernende sich verhalten. Jesus paßte seine Unterweisung dem Fassungsvermögen derer an, die ihm zuhörten. Das ist oberster Grundsatz aller echten Lehrer.
Kluge Lehrer müssen um jeden Preis zwei Gefahren meiden. a) Sie müssen jede Selbst-Zurschaustellung meiden. Die Aufgabe des Lehrenden besteht nicht darin, daß er die Aufmerksamkeit auf sich lenkt. Er soll sie auf den Gegenstand seines Unterrichts lenken und nicht mit seinem Wissen glänzen wollen. Wer mehr auf geistreiche Formulierungen als auf die Sache, um die es geht, bedacht ist, wer seine eigene Gelehrsamkeit zur Schau stellen möchte und sich infolgedessen so gelehrt und kompliziert ausdrückt, daß einfache Menschen ihm nicht folgen können, der ist kein guter Lehrer. Über den Kopf der Hörer hinwegzusprechen, ist alles andere als eine Tugend. „Wer über das Ziel hinausschießt, beweist damit nur, daß er

ein schlechter Schütze ist." Die Liebe guter Lehrer sollte dem Gegenstand ihres Lehrens im Blick auf die Hörer gelten, nicht sich selbst. b) Sie müssen d a s G e f ü h l d e r Ü b e r l e g e n - h e i t meiden. Echte Lehre besteht nicht drin, daß man den Menschen von seinem Wissen etwas erzählt, sondern darin, daß man gemeinsam lernt. Sokrates war sogar der Meinung, Lehren bestünde darin, daß man aus den Menschen und ihrem Gedächtnis nur etwas zutage fördern könne, was bereits darin sei. Wer von einem Piedestal herunter spricht, wird als Lehrer keinen Erfolg haben. Echtes Lehren besteht im gemeinsamen Erkennen der Wahrheit, in der gemeinsamen Erforschung des Gegenstandes.

Jeder Lehrende sollte stets bemüht sein, in den Besitz bestimmter Eigenschaften zu gelangen. a) Lehrer sollten V e r s t ä n d - n i s haben für ihre Schüler. Sie sollten lernen, die Dinge mit den Augen ihrer Schüler zu sehen; denn nur so kann man sie ihnen richtig erklären und ihnen etwas von seinen eigenen Kenntnissen vermitteln. b) Lehrer sollten G e d u l d haben. Rabbi Hillel erklärte einst, reizbare Menschen eigneten sich nicht als Lehrer; für diese sei Ausgeglichenheit die erste Voraussetzung. Eine jüdische Vorschrift besagte, wer als Lehrer feststelle, daß seine Schüler ihn nicht verstanden hätten, solle nochmals beginnen, ihnen die Sache zu erklären, ohne irgendwelchen Ärger oder Groll deswegen zu hegen. Das hat auch Jesus stets getan. c) Lehrer sollten f r e u n d l i c h u n d g ü - t i g sein. Bei den Juden waren übertriebene Strafen beim Unterricht verboten, vor allem solche, die eine Demütigung für den Schüler dargestellt hätten. Aufgabe der Lehrer ist es, die Schüler zu ermutigen, nicht aber, sie mutlos zu machen. Man soll junge Menschen nie einschüchtern. Für Lehrer ist es ein Leichtes, nachhinkende Schüler zu Zielscheiben ihres Spotts zu machen. Gütige Lehrer werden so etwas nie tun.

Doch in diesem Abschnitt erfahren wir auch, wie kluge Schüler sich verhalten. Wir bekommen eine Vorstellung von dem engen Kreis derer, denen Jesus wirklich alles vollständig erklären konnte. a) Kluge Lernanfänger gehen nicht einfach fort und vergessen das Gehörte, sondern denken auch hinterher darüber nach. Sie kauen so lange daran herum, bis sie es wirklich verdaut haben. Dem Stoiker Epiktet machten manche seiner Schüler Kummer, und er pflegte zu sagen, die Philosophie sei nicht dazu da, daß man über sie spreche, sondern dazu, daß man danach lebe. Wie Schafe das Gras, das sie gefressen hätten, nicht wieder ausspien, um dem Schäfer zu beweisen, wieviel sie gefressen hätten, sondern wie sie es verdauten und dadurch Wolle und Milch produzierten, so gingen auch kluge Schüler von ihrem Lehrer nicht fort, um das Gelernte zu vergessen oder sich damit zu brüsten, sondern um herauszufinden, welche Bedeutung es für ihr Leben habe, und um ihr Leben danach auszurichten. b) Vor allem suchen kluge Lernanfänger die Nähe ihres Meisters. Wenn Jesus gesprochen hatte, zerstreute sich die Volksmenge wieder; doch eine kleine Schar blieb bei ihm. Ihnen erklärte er alles. Letzten Endes möchten wir, wenn jemand ein wirklich großer Lehrer ist, weniger seine Lehre als ihn selbst kennenlernen. Seine eigentliche Botschaft kommt weniger in dem, was er sagt, als in dem, was er ist, zum Ausdruck. Wer von Christus lernen möchte, muß sich in seiner Nähe aufhalten; dann wird der Gewinn für ihn nicht nur in Wissen bestehen, sondern in lebendigem Leben.

DER FRIEDE SEINER GEGENWART

Markus 4, 35—41

Und an demselben Tage des Abends sprach er zu ihnen: Laßt uns hinüberfahren. Und sie ließen das Volk gehen und nahmen ihn mit, wie er im Schiff war, und es waren noch andere Schiffe bei ihm. Und es erhob sich ein großer Windwirbel, und die Wellen schlugen in das Schiff, so daß das Schiff schon voll ward. Und er war hinten auf dem Schiff und schlief auf dem Kissen. Und sie weckten ihn auf und sprachen zu ihm: Meister, fragst du nichts danach, daß wir verderben? Und er stand auf und bedrohte den Wind und sprach zu dem Meer: Schweig und verstumme! Und der Wind legte sich, und es ward eine große Stille. Und er sprach zu ihnen: Was seid ihr so furchtsam? Wie habt ihr denn keinen Glauben? Und sie fürchteten sich sehr und sprachen untereinander: Wer ist der? Selbst Wind und Meer sind ihm gehorsam!

Der See Genezareth war bekannt für seine plötzlichen Böen. Der Sturm brach hier buchstäblich aus heiterem Himmel los. In einer neueren Beschreibung heißt es: „Daß bei klarem Wetter plötzlich schreckliche Böen losbrechen auf diesem Gewässer, das normalerweise so ruhig daliegt, ist nichts Ungewöhnliches. Die zahlreichen Schluchten, die die Flüsse in das im Nordosten und Osten an den See grenzende Hochland gegraben haben, wirken wie große Trichter, in denen sich die Winde vom Hauran-Gebirge, vom Lavaplateau Trachonitis und vom Gipfel des Berges Hermon verfangen und derart komprimiert werden, daß sie mit ungeheurer Gewalt durch die Engpässe hindurchfegen und dann, wenn sie plötzlich wieder ins Freie kommen, den kleinen See Genezareth auf schreckliche Weise aufwühlen." Reisende, die den See überquerten, konnten jederzeit von derartigen Stürmen überrascht werden.

Jesus wurde in dem Boot so behandelt, wie man vornehme Gäste zu befördern pflegte. Es heißt, der Platz für vornehme Fremde sei in diesen kleinen Booten ein Sitz im Heck des Schiffes gewesen, auf dem sich eine Decke und ein Kissen befanden. Der Steuermann habe ein wenig weiter vorn gestanden, um besser Ausschau nach vorn halten zu können, aber immer noch in der Nähe des Hecks.

Interessant ist, daß Jesus Wind und Wogen mit denselben Worten anspricht wie den Besessenen Markus 1, 25. Die gleiche zerstörerische Gewalt wie in dem Besessenen war auch im Sturm am Werke; überall im Reich der Natur trieben die bösen Geister ihr Wesen.

Wir ließen dieser Geschichte keineswegs Gerechtigkeit widerfahren, wenn wir sie nur wörtlich nähmen, wenn darin nur von dem naturwissenschaftlichen Wunder der Stillung eines Sturmes die Rede wäre. Wesentlich größer ist der Wert der Geschichte, wenn wir sie noch anders verstehen. Aus dem Sturm wurde nämlich Stille, als den Jüngern zum Bewußtsein kam, daß Jesus bei ihnen war, als ihnen klar geworden war: Wo er ist, da ist Stille. Da erfüllte Friede ihre Herzen, und sie ängstigten sich nicht mehr. Mit Jesus über den See fahren, heißt: selbst im Sturm in Frieden fahren. Das gilt allgemein. Was damals geschah, war nicht etwas Einmaliges, sondern geschieht heute noch und kann auch uns widerfahren. Wenn Jesus bei uns ist, können wir selbst in den wildesten Stürmen des Lebens inneren Frieden haben.

1. Er schenkt uns Frieden in Leid und Trübsal. Wenn Schmerz und Kummer uns zu überwältigen drohen, dann spricht er zu uns von der Herrlichkeit des künftigen Lebens. Er verwandelt die Finsternis des Todes, wie sie uns immer wieder, vor allem beim Heimgang eines geliebten Menschen bedroht, in die Herrlichkeit des Gedankens an das ewige Leben. Er spricht zu uns von der Liebe Gottes. Ein Gärtner, der eine Blume in seinem Garten ganz besonders liebte, mußte eines Tages feststellen, daß sie fehlte. Als er noch heftig darüber jammerte, kam der Besitzer des Gartens daher, den er sofort

mit seinen Klagen überfiel. „Sachte!" sagte der Besitzer, „ich habe sie für mich selbst gepflückt." In unserer größten Trauer sagt Jesus uns, daß die, die wir lieben, bei Gott sind, und schenkt uns damit die Gewißheit, daß wir sie dereinst wiedersehen werden.

2. Er schenkt uns Frieden, wenn das Leben mit seinen P r o b l e m e n Stürme der Verzweiflung, Spannungen und Unsicherheit in uns auslöst. Manchmal wissen wir nicht, was wir tun sollen, wenn wir an Kreuzwegen des Lebens angekommen sind. Wenn wir uns in solchen Augenblicken an Jesus wenden und sagen: „Herr, was willst du, daß ich tue?", dann wird uns klar, welchen Weg wir gehen müssen. Die eigentliche Tragödie besteht nicht darin, daß wir nicht wissen, was wir tun sollen, sondern darin, daß wir uns so oft nicht seiner Führung anvertrauen. Nach seinem Willen forschen und sich ihm ergeben, ist in solchen Zeiten der einzige Weg zum Frieden.

3. Er schenkt uns Frieden in den Stürmen der A n g s t, denen wir in diesem Leben ausgesetzt sind. Die Sorgen, die wir uns unsertwegen oder um derentwegen, die wir liebhaben, machen, sind der Feind unseres inneren Friedens. Jesus spricht zu uns von dem Vater, der seinen Kindern keine unnützen Tränen verursachen wird, und von einer Liebe, die weder uns noch die, die wir lieben, je verlassen wird. In den Stürmen unserer Ängste und Besorgnisse bringt Jesus uns den Frieden der Liebe Gottes.

DIE BÖSEN GEISTER VERBANNEN

Markus 5, 1—13

Und sie kamen ans andere Ufer des Meeres in die Gegend der Gerasener. Und als er aus dem Schiff trat, lief ihm alsbald von den Gräbern entgegen ein Mensch mit einem unsaubern Geist, der seine Wohnung in den Grabhöhlen hatte. Und niemand konnte ihn mehr binden, auch nicht mit Ketten; denn er war oft mit Fesseln und Ketten gebunden gewesen und hatte die Ketten zerrissen und die Fesseln zerrieben; und niemand konnte ihn bändigen. Und er war allezeit, Tag und Nacht, in den Grabhöhlen und auf den Bergen, schrie und schlug sich mit Steinen. Da er aber Jesus sah von ferne, lief er hinzu und fiel vor ihm nieder, schrie laut und sprach: Was willst du von mir, o Jesu, du Sohn Gottes, des Allerhöch-

sten? Ich beschwöre dich bei Gott, daß du mich nicht quälest! Denn er sprach zu ihm: Fahre aus, du unsauberer Geist, von dem Menschen! Und er fragte ihn: Wie heißest du? Und er antwortete: Legion heiße ich; denn wir sind viele. Und er bat Jesus sehr, daß er sie nicht aus der Gegend triebe. Es war aber daselbst am Berge eine große Herde Säue auf der Weide. Und die unsauberen Geister baten ihn und sprachen: Laß uns in die Säue fahren! Und er erlaubte es ihnen. Da fuhren die unsauberen Geister aus und fuhren in die Säue, und die Herde stürzte sich den Abhang hinunter ins Meer, ihrer waren aber bei zweitausend, und ersoffen im Meer.

Hier haben wir eine anschauliche, ziemlich unheimliche Geschichte vor uns, eine Geschichte, bei der wir versuchen müssen, zwischen den Zeilen zu lesen, weil ihre Gedankenwelt und Ausdrucksweise den Menschen damals in Palästina zwar sehr vertraut war, uns jedoch verhältnismäßig fremd ist.
Wenn das hier Geschilderte im Zusammenhang mit den Vorhergehenden zu sehen ist — wie Markus es zweifellos beabsichtigt —, dann muß es sich am späten Abend oder bei anbrechender Nacht, in der Dämmerung oder im Dunkeln also zugetragen haben. Gesehen von den Schatten der Nacht wird die Geschichte noch unheimlicher und furchterregender. Markus 4, 35 heißt es, es sei Abend gewesen, als Jesus mit den Jüngern auf den See hinausfuhr. Die größte Länge des Sees wird mit 21 Kilometern angegeben, die größte Breite mit 12 Kilometern; an der hier beschriebenen Stelle war er etwa 8 Kilometer breit. Bei der Überfahrt waren sie in einen Sturm geraten und hatten jetzt das jenseitige Ufer erreicht, wo es in dem felsigen Kalkgestein manche Höhlen gab, die vielfach als Grabkammern benutzt wurden. Die Gegend war also ohnehin schon ein wenig unheimlich, erst recht bei Nacht. Aus den Gräbern hervor kam ihnen ein Besessener entgegen, was insofern nicht verwunderlich war, als man ja zu wissen meinte, daß die bösen Geister sich in Wäldern, Gärten, Weinbergen und an unsauberen Plätzen, verlassenen Stellen und in Gräbern aufhielten. Der Besessene lebte dort, wo die Dämonen wohnten, die in der Nacht bis zum ersten Hahnenschrei besonders aktiv waren. Nachts allein in einem unbewohnten Haus zu schlafen, galt als gefährlich, ebenso, jemanden im Dunkeln zu grüßen, weil es sich bei ihm ja um einen bösen Geist handeln konnte. Ort und Stunde waren also gefahrvoll, wie der Mann selbst ja auch gefährlich war.

Wie sehr der Mann sich selbst als einen Besessenen empfand, geht aus seiner Sprechweise hervor. Manchmal benutzt er den Singular, so, als ob er selbst spreche, manchmal dagegen den Plural, so, als ob die bösen Geister aus ihm sprächen. So sehr war er von den Dämonen in sich überzeugt, daß er sie aus sich selbst sprechen hörte. Auf die Frage nach seinem Namen antwortete er: „Legion". Das hatte wahrscheinlich zwei Gründe. Legionen waren römische Truppeneinheiten von etwa 6 000 Mann Stärke. Vermutlich hatte der Mann eine dieser Legionen einmal vorbeimarschieren sehen, so daß er jetzt das Gefühl hatte, so viele böse Geister seien in ihm. Dazu muß man wissen, daß die Juden glaubten, niemand könne überleben, wenn er sich der Zahl der bösen Geister bewußt sei. Eine damalige Redensart besagte: „Eine Legion verderblicher Geister lauert dem Menschen auf und spricht: ,Wann wird er einem von uns in die Hände fallen?'" Zweifellos war diesem Unglücklichen das alles bekannt, und er war sicher, daß eine solche Menge Dämonen in ihn gefahren waren. Hinzu kam, daß Palästina ein von den Römern besetztes Land war und daß die Truppen zuweilen Grausamkeiten begingen, die das Blut in den Adern erstarren ließen. Möglicherweise hatte dieser Mann gesehen oder zu spüren bekommen, wie es als Folge der Besetzung zu Plünderei und Totschlag gekommen war. Mit dem Wort L e g i o n jedenfalls beschwor er eine Vision von Schrecken, Tod und Zerstörung herauf, fest überzeugt, daß böse Geister in dieser Zahl in ihn gefahren seien.

Erst wenn wir klar erkennen, um einen wie ernsten Fall von Besessenheit es sich bei diesem Manne handelt, werden wir diese Geschichte begreifen. Vers 8 ist davon die Rede, daß Jesus dem Geist gebieterisch befahl, auszufahren. Dann aber fragte er noch nach dem Namen des bösen Geistes, weil man nach damaliger Auffassung Macht über den Geist erlangte, sobald man seinen Namen erfuhr. Eine alte Zauberformel lautete: „Ich beschwöre dich, böser Geist, wer du auch seist, sage, wer du bist." Als die unsauberen Geister sich daraufhin zu erkennen gaben und anschließend um ein gnädiges Gericht baten, gewährte Jesus ihnen das Überwechseln von dem Besessenen auf eine in der Nähe befindliche Schweineherde, mit der zusammen sie dann umkamen. Fraglos hat der Besessene in dem letzten Ereignis eine Bestätigung dafür gesehen, daß er nun nicht nur für heute, sondern für immer geheilt war.

Leute mit allzu großen Bedenken machen Jesus Vorwürfe, weil die Heilung des Mannes den Tod der Säue zur Folge hatte; sie jammern über die Grausamkeit gegenüber den von diesem

Wunder betroffenen Tieren. Das zeugt von einzigartiger Blindheit. Wie kann man das Geschick der Schweine mit dem eines Menschen vergleichen? Vermutlich hat kaum jemand etwas dagegen, Schweinefleisch zu essen, auch wenn das bedeutet, daß zuvor irgendein Schwein geschlachtet werden muß. Wenn wir Tiere töten, um zu vermeiden, daß wir hungern müssen, dann dürfen wir sicherlich auch nichts dagegen einwenden, wenn Geist und Seele eines Menschen nur dadurch gerettet werden konnten, daß eine Herde Schweine sich zu Tode stürzte. Es gibt eine billige Sentimentalität, die bewirkt, daß die Menschen vor Kummer vergehen, wenn einem Tier etwas Unschönes widerfährt; dieselben Menschen würden aber vielfach nicht einen Finger dafür krümmen, das Elend von Millionen Menschenkindern lindern zu helfen. Das heißt nicht, daß wir den Tieren, Geschöpfen Gottes wie wir, keine Fürsorge angedeihen lassen sollen; wohl aber heißt es, daß wir den Sinn für Proportionen nicht verlieren dürfen. Nach göttlichem Maßstab aber ist nichts so wichtig wie die Seele des Menschen.

CHRISTUS BITTEN FORTZUGEHEN

Markus 5, 14—17

Und ihre Hirten flohen und verkündeten das in der Stadt und auf dem Lande. Und sie gingen hinaus, zu sehen, was da geschehen war, und kamen zu Jesus und sahen den, der von den unsauberen Geistern besessen gewesen war, wie er dasaß und war bekleidet und vernünftig, und sie fürchteten sich. Und die es gesehen hatten, sagten ihnen, was dem Besessenen widerfahren war, und von den Säuen. Und sie fingen an und baten ihn, daß er aus ihrer Gegend zöge.

Selbstverständlich gingen die Männer, deren Obhut die Herde anvertraut worden war, in die Stadt und auf die Höfe, um dort die Nachricht von dem verblüffenden Ereignis zu verkünden. Die Leute, die aus Neugier herbeikamen, sahen den Mann, der vordem so von Sinnen gewesen war, in voller Kleidung und im Besitz aller seiner Geisteskräfte dasitzen. Aus einem nackten, wahnsinnigen Wilden war ein gesunder, vernünftiger Mensch geworden. Und dann erleben wir etwas Überraschendes, etwas Paradoxes, etwas, was niemand erwartet hätte: Statt daß sie sich freuten, waren sie entsetzt über das, was geschehen war. Statt Jesus anzuflehen, er möge bei ihnen bleiben und weiter Gebrauch machen von seiner wunderbaren Macht, flehten sie ihn an, so schnell wie möglich ihre Gegend zu verlassen. Wie war das möglich? Zwar war ein Mensch geheilt worden; doch ihre Säue waren dahin, und deshalb wollten sie ihn los sein. Sie waren aus ihrem alltäglichen Geleise aufgestört worden und wollten das störende Element so schnell wie möglich wieder los sein.

1. Ganz instinktiv sagen die Menschen: „**Stör mich nicht in meiner Ruhe und Bequemlichkeit.**" Wenn jemand zu uns, denen es ziemlich gut geht, käme und sagte: „Ich kann dir eine Welt verschaffen, die für die Masse aller besser ist; doch dann mußt du zumindest eine Zeitlang darauf gefaßt sein, gestört zu werden und mit weniger auszukommen, um der anderen willen", dann würden die meisten sagen: „Mir wäre lieber, es bliebe alles beim alten." Das ist ungefähr die Situation in unseren Tagen. Wir leben in einer Zeit des Willens zur Neuverteilung, in der das Leben für viele Menschen schon besser geworden ist, als das früher der Fall war, wenn auch noch viel zu tun verbleibt. Doch das bedeutet zugleich, daß das Leben für eine ganze Reihe von Menschen nicht mehr so bequem wie ehedem ist, weshalb denn auch Verstimmung und Ärger darüber herrschen, daß es mit mancherlei Annehmlichkeiten vorbei ist. Es wird viel darüber geredet, was das Leben uns schuldig sei. Doch das Leben schuldet uns nichts; wir sind im Gegenteil seine Schuldner. Als Christen sind wir Nachfolger des einen, der die Herrlichkeit des Himmels mit der Enge des irdischen Lebens vertauschte, der auf die göttliche Freude verzichtete und die Pein des Kreuzestodes auf sich nahm. Menschlich ist, daß wir uns in unserer Ruhe und Bequemlichkeit nicht aufstören lassen möchten; göttlich ist, sich darin aufstören zu lassen.

2. Instinktiv sagen viele: „Nur keine Unruhe, was die Eigentumsverhältnisse betrifft!" Gewiß, niemand gibt gern etwas auf, was er besitzt; je älter wir werden, desto mehr klammern wir uns daran. Ein Kenner der Zigeuner schreibt, ihre Wahrsagerei ziele darauf ab, jungen Menschen die unterschiedlichsten Vergnügungen zu versprechen, älteren dagegen Reichtum; denn „sie kennen das menschliche Herz gut genug, um zu wissen, daß Habsucht die Leidenschaft ist, die als letzte erlischt". Wir können rasch erkennen, wie weit es mit dem Glauben eines Menschen wirklich her ist und inwiefern er an seine Grundsätze glaubt, indem wir erkunden, ob er bereit ist, um ihretwillen erforderlichenfalls ärmer zu werden.

3. Instinktiv sagen wir Menschen: „Laß mir meinen Glauben und beunruhige mich nicht mit Glaubensfragen." a) Wir möchten uns unsere Glaubenswelt nicht durch unerfreuliche Themen in Unruhe bringen lassen. Es ist viel weniger beunruhigend, über theologische Ansichten und Lehrmeinungen zu predigen, als über die Not der Menschen und den Mißbrauch des Lebens zu sprechen. Bemerkenswert ist, daß Jesus nicht durch seine Aussagen über Gott in Schwierigkeiten geriet, sondern durch das, was er den Rechtgläubigen seiner Zeit Beunruhigendes über die Menschen und ihre Nöte sagte. b) Es gibt Menschen, die sich in ihrem Glaubensleben durch ihre persönlichen Bindungen gestört fühlen, die meinen, ihre Religiosität werde beispielsweise durch familiäre Verpflichtungen beeinträchtigt. Sie sind mehr für Versammlungen und Stille Stunden als für Hausarbeit, Erziehung und praktischen Dienst an den mit ihnen verbundenen Menschen. Sie brüsten sich damit, daß sie der Kirche dienen; doch — vor Gott sieht es genau umgekehrt aus. c) Die Menschen sagen: „Laß mir meine Glaubensvorstellungen. Was für meine Vorfahren richtig war, ist auch für mich das Rechte." Es gibt viele, die sich allem Neuen verschließen, aus Furcht, daß sie manches überdenken müßten und dabei womöglich zu anderen Schlüssen kämen. Geistesträgheit, Schläfrigkeit und Angst vor den Folgen des Denkens sind etwas Schreckliches.
Die Gerasener vertrieben Jesus, weniger, weil sie Schaden erlitten hatten, als vielmehr deshalb, weil er sie störte. Die Menschen versuchen diese Ausweisung immer noch.

EIN ZEUGE CHRISTI

Markus 5, 18—20

Und da er in das Schiff trat, bat ihn der Besessene, daß er bei ihm bleiben dürfte. Aber Jesus ließ es ihm nicht zu, sondern sprach zu ihm: Gehe hin in dein Haus zu den Deinen und verkündige ihnen, wie große Wohltat dir der Herr getan und sich deiner erbarmt hat. Und er ging hin und fing an, zu verkündigen in den Zehn Städten, wie große Wohltat ihm Jesus getan hatte, und jedermann verwunderte sich.

Interessant an diesem Abschnitt ist, daß wir darin erfahren, wo genau sich dies alles abspielte, nämlich in Dekapolis oder den Zehn Städten, wie es wörtlich übersetzt heißt. In der Nähe des

Jordans, vor allem im Ostjordanland lagen zehn Städte, mit denen es eine besondere Bewandtnis hatte. Die Bevölkerung war überwiegend griechisch. Die Städte hießen Skythopolis — dies war die einzige auf der Westseite des Jordans gelegene Stadt —, Pella, Dion, Gerasa, Philadelphia, Gadara, Raphana, Kanatha, Hippos und Damaskus. Zur Zeit Alexanders des Großen waren die Griechen bis nach Palästina und Syrien vorgedrungen. Die damals gegründeten Städte nahmen einen merkwürdigen Status ein: Obwohl sie innerhalb Syriens lagen, waren sie weitgehend unabhängige, freie Städte, die sich zu einem Bund zusammengeschlossen hatten und ein eigenes Münzsystem besaßen. Sie verwalteten sich und die umliegende Gebiet selbst, leisteten sich gegenseitig Beistand und trieben Handel miteinander. Diese verhältnismäßig große Unabhängigkeit dauerte bis zur Zeit der Makkabäer, also bis etwa Mitte des zweiten vorchristlichen Jahrhunderts. Die Makkabäer unterwarfen die meisten dieser Städte, die fortan unter jüdischer Herrschaft standen, bis der römische Feldherr und Staatsmann Pompejus sie um das Jahr 63 v. Chr. von dieser Herrschaft befreite. Auch danach hatten sie eine merkwürdige Stellung inne. Bis zu einem gewissen Grade waren sie unabhängig, waren Rom aber steuer- und kriegsdienstpflichtig. Die Römer stationierten in den Städten zwar keine Soldaten; doch wurde in ihnen häufig das Hauptquartier der im Osten des Reiches kämpfenden Legionen aufgeschlagen. Da Rom diese Gebiete größtenteils der Regierung tributpflichtiger Könige unterstellte, bedeutete dies, daß Rom diesen Städten wenig Schutz gewähren konnte. Die Folge war, daß sie sich deshalb zu einer Art Verteidigungsbündnis gegen jüdische und arabische Übergriffe zusammenschlossen und hartnäckig an der griechischen Kultur festhielten. In den herrlichen Städten gab es Tempel griechischer Götter und Amphitheater. Interessant an unserm Abschnitt ist nun, daß sich hier ein erster schwacher Hinweis auf die Zukunft abzeichnet. Es gab zwar Juden dort, doch vorwiegend Griechen. Hier beginnt sich abzuzeichnen, daß das Christentum die Fesseln des Judentums sprengen und in alle Welt hinausgehen wird. Wie stark diese Städte vom Hellenismus geprägt waren, geht aus der Tatsache hervor, daß allein aus Gadara sowohl der Philosoph Philodemus, ein Anhänger Epikurs und Zeitgenosse Ciceros, stammt, als auch der Epigrammatiker Meleager, ferner der berühmte Satiriker Menippus und der Rhetor Theodorus, der Lehrer des römischen Kaisers Tiberius war. An einem Tag, als Jesus das Gebiet der Zehn Städte betrat, geschah etwas Besonderes.

Wir erkennen jetzt, daß Jesus den Mann aus gutem Grund zurückschickte.
1. Er sollte ein lebendiges Zeugnis und der unwiderlegbare Beweis dessen sein, was Jesus für die Menschen tun kann. Unsere Herrlichkeit besteht nicht in dem, was wir für Christus tun können, sondern in dem, was Christus für uns zu tun vermag. Der unwiderlegbare Beweis unseres Christentums ist, daß wir durch unseren Glauben zu neuen Menschen werden.
2. Er war das erste Samenkorn, aus dem zu gegebener Zeit eine mächtige Ernte heranreifen sollte. Die erste Berührung mit der Welt des Hellenismus erfolgte in Dekapolis. Irgendwo muß ein Anfang gemacht werden; und die Herrlichkeit des christlichen Glaubens, der eines Tages auch den griechischen Geist und Genius durchdringen und verändern sollte, nahm ihren Anfang bei einem Mann, der von Dämonen besessen gewesen und von Jesus geheilt worden war. Bei irgend jemand muß Jesus Christus stets anfangen. Weshalb sollten nicht wir es sein in unserem kleinen Kreis und in der Gemeinschaft, der wir angehören?

IN DER STUNDE DER NOT

Markus 5, 21—24

Und da Jesus wieder herübergefahren war im Schiff, versammelte sich viel Volks zu ihm, und er war an dem Meer. Da kam einer von den Obersten der Synagoge, mit Namen Jairus. Und da er Jesus sah, fiel er ihm zu Füßen und bat ihn sehr und sprach: Meine Tochter liegt in den letzten Zügen; du wollest kommen und deine Hände auf sie legen, daß sie gesund werde und lebe. Und er ging hin mit ihm; und es folgte ihm viel Volks nach, und sie drängten ihn.

Hier haben wir den Stoff zu einer Tragödie vor uns. Im Verlaufe des Berichts werden wir noch erfahren, daß das kranke Kind zwölf Jahre alt war. Nach jüdischer Sitte galten Mädchen als erwachsen, wenn sie zwölf Jahre und einen Tag alt wurden. Das Mädchen stand also an der Schwelle des Frauentums, und es ist doppelt tragisch, wenn der Tod in einem solchen Augenblick eintritt.
Wir erfahren in der Geschichte auch etwas über den Vater des Mädchens, der einer der Obersten der Synagoge war, also ein

Mann, der als einer, dem die Verwaltung der Synagoge oblag, beträchtliches Ansehen genoß. Er stand dem Ältestenrat vor und war für den ordnungsgemäßen Verlauf der Gottesdienste bzw. Versammlungen verantwortlich. Gewöhnlich war er nicht selbst daran beteiligt; doch mußte er die erforderlichen Anweisungen treffen und dafür sorgen, daß sie geziemend befolgt wurden. Der Oberste der Synagoge war also einer der wichtigsten und angesehensten Männer der Gemeinde. Als seine Tochter krank wurde und er sich an Jesus erinnerte, geschah etwas mit ihm.

1. Er vergaß seine V o r u r t e i l e. Fraglos hat er in Jesus zunächst einen Außenseiter gesehen, einen Irrlehrer, den möglichst jeder mied, der Wert auf seine Rechtgläubigkeit legte, zumal ihm auch die Türen der Synagogen verschlossen worden waren. Doch war er groß genug, sich in der Stunde der Not über seine Vorurteile hinwegzusetzen. Vorurteil heißt ja: i m v o r a u s e i n U r t e i l f ä l l e n, noch ehe man selbst etwas in Augenschein genommen hat, sich weigern, den Fall sachlich zu prüfen. Wieviele Dinge werden durch Vorurteile verzögert! Fast alle Fortschritte bedeuteten zunächst einen Kampf gegen Vorurteile. Als beispielsweise Chloroform als Betäubungsmittel entdeckt worden war, insbesondere bei Geburten, hielt man es für „einen Teufelsköder, der nur scheinbar eine Wohltat für die Frauen sei, sie aber letztlich nur verhärte, und Gott der tiefen, ernsten Schreie beraube, die in Zeiten der Trübsal zu ihm emporsteigen müßten". Durch Vorurteile schließen die Menschen sich selbst von manchen Segnungen aus.

2. Er vergaß seine W ü r d e. Er, der Oberste der Synagoge, kam und fiel Jesus, dem Wanderprediger, zu Füßen. Nicht selten müssen wir all unsere Würde vergessen, um Leib und Seele zu retten. Das mußte auch Naëmann, der Feldhauptmann des Königs von Aram, tun (2. Kön. 5), der zu Elisa kam, um sich von seinem Aussatz heilen zu lassen. Elisas Rezept lautete, er solle hingehen und sich siebenmal im Jordan waschen. So konnte man einen aramäischen Feldhauptmann denn doch nicht behandeln, zumal Elisa nicht einmal persönlich zu ihm gesprochen, sondern ihm die Nachricht durch einen Boten hatte zukommen lassen! Gab es in Syrien nicht Flüsse mit viel besserem Wasser als dem des schmutzigen kleinen Jordanflusses? Das war die erste Reaktion Naëmans; doch dann schluckte er seinen Hochmut hinunter und wurde von seinem Aussatz geheilt. Häufig bestehen die Menschen auf ihrer Würde und fallen in Sünde und Elend.

3. Er vergaß seinen S t o l z. Es muß den Obersten der Synagoge

viel gekostet haben, sich so weit zu demütigen, daß er kam und Jesus von Nazareth um Hilfe bat. Niemand möchte gern eines anderen Schuldner und ihm zu Dank verpflichtet sein. Am liebsten möchten wir alle allein mit dem Leben fertigwerden. Wer sich bewußt wird, daß wir stets in Gottes Schuld stehen, hat damit den ersten Schritt zu einer christlichen Lebensführung getan.

4. Auch wenn wir damit den Boden der Vermutungen betreten, scheint mir, daß wir behaupten dürfen, dieser Mann habe seine F r e u n d e vergessen. Es kann nämlich durchaus sein, daß sie ihm Vorwürfe gemacht hatten, weil er diesen Jesus zu sich rufen wollte. Mindestens ist es merkwürdig, daß er selbst ging, statt einen Boten zu schicken. Es ist sehr unwahrscheinlich, daß er von vornherein bereit war, seine Tochter im Sterben zu verlassen; möglicherweise kam er, weil niemand sonst gehen wollte. In seinem Hause war man dann verdächtig schnell dabei, ihm zu sagen, er brauche Jesus nicht mehr zu bemühen; fast klingt es, als ob die Seinen froh waren, diese Hilfe nicht mehr erbitten zu müssen. Es kann also durchaus sein, daß der Mann der öffentlichen Meinung und dem Rat der Seinen trotzte, indem er Jesus zu sich bat. Manch einer handelt dann am klügsten, wenn seine weltklugen Freunde der Ansicht sind, er handele wie ein Narr.

Hier also haben wir einen Mann vor uns, der alles andere vergaß und nur daran dachte, daß er die Hilfe Jesu brauchte. Und weil er alles vergaß, behielt er auf immer, daß Jesus der Retter ist.

DIE LETZTE HOFFNUNG EINER KRANKEN FRAU

Markus 5, 25—29

Und da war eine Frau, die hatte den Blutfluß seit zwölf Jahren und hatte viel erlitten von vielen Ärzten und hatte all ihr Gut darauf verwendet, und es half ihr nichts, sondern vielmehr ward es ärger mit ihr. Da die von Jesus hörte, kam sie im Volk von hinten herzu und rührte sein Kleid an. Denn sie sagte sich: Wenn ich auch nur seine Kleider könnte anrühren, so würde ich gesund. Und alsbald versiegte die Quelle ihres Blutes, und sie fühlte es am Leibe, daß sie von ihrer Plage geheilt war.

Die Frau, von der hier die Rede ist, litt an einem weit verbreiteten Übel, dem nur schwer beizukommen war. Im Talmud werden nicht weniger als elf Mittel dagegen genannt. Bei manchen von ihnen handelt es sich um stärkende und zusammenziehende Mittel, andere dagegen sind Ausgeburten puren Aberglaubens, wie zum Beispiel dieses: Die Asche eines Straußeneis im Sommer in einem Leinenlappen, im Winter in einem Baumwoll-Lappen bei sich tragen oder auch ein Gerstenkorn, das im Kot einer weißen Eselin gefunden wurde. Zweifellos hatte die arme Frau selbst solche Mittel alle versucht. Das Schlimme war, daß sie mit dem hierdurch nicht behobenen Leiden nach den religiösen Vorschriften als unrein galt, wodurch sie vom Gottesdienst und von der Gemeinschaft mit ihren Freunden ausgeschlossen blieb (3. Mose 15, 25—27).

Obwohl die Frau alle erreichbaren Ärzte aufgesucht, viel erlitten und alles, was sie besaß, hergegeben hatte, war ihr Leiden statt besser nur noch schlimmer geworden. Das jüdische Schrifttum zum Thema „Ärzte" ist recht aufschlußreich. In der Mischna, der um 200 n. Chr. abgeschlossenen Aufzeichnung der bis dahin mündlich überlieferten jüdischen Religionsgesetze, ist an einer Stelle die Rede von den Berufen, die man seine Söhne lehren kann. „Rabbi Juda sagt: ‚Die meisten Eseltreiber sind gottlos, die meisten Kameltreiber sind ordentliche Leute, die meisten Schiffer sind fromm, der beste der Ärzte ist für die Gehenna bestimmt, und der anständigste unter den Schlachtern ist ein Genosse Amaleks.'" Glücklicher- und gerechterweise gibt es aber auch anderslautende Stimmen. Eine der größten Huldigungen an die Ärzte ist in dem apokryphen Buche Jesus Sirach enthalten, einem der in der Zeit zwischen dem Alten und dem Neuen Testament entstandenen Bücher, wo es im 38. Kapitel heißt:

> Ehre den Arzt mit gebührender Verehrung, daß du ihn habest zur Not; denn der Herr hat ihn geschaffen, und die Arznei kommt von dem Höchsten, und Könige ehren ihn. Die Kunst des Arztes erhöht ihn und macht ihn groß bei Fürsten und Herren. Der Herr läßt die Arznei aus der Erde wachsen, und ein Vernünftiger verachtet sie nicht... Und er hat solche Kunst den Menschen gegeben, daß er gepriesen würde in seinen Wunderwerken. Damit heilt er und vertreibt die Schmerzen; und der Apotheker macht Arznei daraus... Es kommen Zeiten, da dem Kranken auch durch jene muß geholfen werden; denn auch sie werden den Herrn bitten, daß er's ihnen gelingen lasse, auf daß es mit ihm besser werde.

Dieser Frau hatten die Ärzte nicht helfen können. Nun hatte sie zwar von Jesus gehört; doch das Problem bestand für sie darin, wie sie an ihn herankommen könnte. Sich offen unter das Volk zu mischen und sich Jesus zu offenbaren, wagte sie aus verständlichen Gründen nicht, und so beschloß sie, Jesus heimlich zu berühren. Alle frommen Juden trugen zur Zeit Jesu Gewänder mit Quasten an den vier Zipfeln. Damit befolgten sie das Gebot 4. Mose 15, 38—40 und waren so für andere als Angehörige des erwählten Volkes Gottes kenntlich; zugleich erinnerten die Quasten sie selbst an die Gebote. Eine dieser Quasten am Gewande Jesu rührte die Frau heimlich von hinten an und spürte danach, daß sie geheilt war.

Die Frau hatte bei Jesus ihre letzte Zuflucht gesucht, nachdem sie alles probiert und keines der Heilmittel ihr geholfen hatte. Manch einer sucht bei Jesus erst dann Hilfe, wenn er mit seinem Witz am Ende ist, so daß er die Hände ausstreckt und ruft: „Herr, rette mich! Ich kann nicht mehr!" — sei es nun, daß er ausgepumpt ist von einer Arbeit und nach einer Stärke verlangt, die nicht die seine ist, sei es, daß er sich vergeblich bemüht hat, von sich aus ein guter Mensch zu werden. Obwohl niemand erst durch die Macht der Verhältnisse zu Jesus getrieben zu werden brauchte, ist dies doch häufig der Fall. Jedoch selbst dann schickt er uns nicht mit leeren Händen fort. Wenn alle andere Hilfe versagt, steht er uns bei.

PREIS DES HEILENS

Markus 5, 30—34

Und Jesus fühlte alsbald an sich selbst, daß eine Kraft von ihm ausgegangen war, und wandte sich um in der Menge und sprach: Wer hat meine Kleider angerührt? Und seine Jünger sprachen zu ihm: Du siehst, daß dich das Volk drängt, und sprichst: Wer hat mich angerührt? Und er sah sich um nach der, die das getan hatte. Die Frau aber fürchtete sich und zitterte, denn sie wußte, was an ihr geschehen war, kam und fiel vor ihm nieder und sagte ihm die ganze Wahrheit. Er sprach aber zu ihr: Meine Tochter, dein Glaube hat dich gesund gemacht; gehe hin in Frieden und sei gesund von deiner Plage!

In diesem Abschnitt erfahren wir etwas über mehrere Menschen.

1. Wir erfahren darin etwas über Jesus, nämlich etwas von dem, was es ihn kostete, zu heilen. Jedesmal, wenn Jesus jemand heilte, mußte er etwas von sich hergeben. Das ist ein Gesetz des Lebens. Nur wenn wir bereit sind, etwas von uns selbst herzugeben, wenn wir bereit sind, uns zu verausgaben, werden wir etwas Bedeutendes bewirken. Um ein großer Pianist zu sein, genügt es nicht, die Technik des Klavierspiels zu beherrschen, sondern es muß ein äußerster Einsatz persönlicher Natur hinzukommen, wenn ein wirklicher Erfolg erzielt werden soll. Ebenso genügt es nicht, wenn Schauspieler ihre Rollen, die entsprechende Mimik und Gestik beherrschen; sie müssen selbst in die Rolle schlüpfen, die sie darstellen, ihre Tränen und ihre Gefühle müssen echt nachempfunden sein, wenn sie etwas erreichen wollen mit ihrer Kunst. So, wird auch kein wirklicher Prediger die Kanzel ohne das Gefühl verlassen, damit etwas von sich selbst hergegeben zu haben. Wer den Menschen helfen will, muß bereit sein, sich selbst zu verausgaben. Dabei ist unsere Einstellung gegenüber unseren Mitmenschen das Entscheidende. Niemand, der die Menschen verachtet und geringschätzig auf sie herabblickt, vermag ihnen wirklich zu helfen. Wie anders war da Mose! Als das Volk ein goldenes Kalb gemacht hatte, während er auf dem Berge war, flehte er Gott an, er möge ihn aus dem Buch der Erinnerung tilgen, wenn er nur dem Volk verzeihe, was es getan habe (2. Mose 32, 30—32). Auch Paulus setzte sich und sein Leben dafür ein, der heidnischen Welt die frohe Botschaft von Jesus Christus zu verkünden. Die Größe Jesu besteht darin, daß er bereit war, den Preis zu bezahlen, den es kostete, anderen zu helfen: sein eigenes Leben. Nur dann sind wir echte Nachfolger Christi, wenn wir willens sind, uns selbst und unsere Kraft für andere zu verausgaben.

2. Wir erfahren darin etwas über die Jünger und über die Begrenztheit des sogenannten gesunden Menschenverstandes, von dem die Jünger hier ausgingen. Wie konnte Jesus es vermeiden, in einer derartigen Menschenmenge berührt und geschubst zu werden? Das war, wenn man es vernünftig betrachtete, doch gar nicht möglich! Hier zeigt sich auf schmerzliche Weise, daß sie noch gar nicht bemerkt hatten, daß ihnen noch gar nicht zum Bewußtsein gekommen war, was es Jesus kostete, andere gesund zu machen. Zum Schmerzlichsten im Leben gehört die Unempfindlichkeit des Menschen gegenüber dem, was andere durchmachen. Weil wir selbst nicht die entsprechenden Erfahrungen gemacht haben, denken wir nicht daran, was es andere gekostet haben könnte. Weil uns be-

stimmte Dinge sehr leicht fallen, machen wir uns niemals klar, wie mühsam sie für andere sind. Daran liegt es, daß wir gerade die Menschen so oft verletzen, die wir liebhaben. Wohl tun wir gut daran, Gott um gesunden Menschenverstand und natürliche Vernunft zu bitten; doch sollten wir auch nicht vergessen, ihn um jenes Einfühlungsvermögen zu bitten, das uns Einblick in die Herzen anderer verschafft.

3. Wir erfahren darin etwas über die Frau, nämlich über die Erleichterung, die sie empfand, nachdem sie Jesus die Wahrheit gesagt hatte. Das war gar nicht so einfach und sehr demütigend. Doch nachdem sie Jesus die ganze Wahrheit gesagt hatte, hörte ihr Zittern auf, und sie fürchtete sich nicht mehr. Eine Woge der Erleichterung erfaßte sie, als sie spürte und sah, wie gütig Jesus zu ihr war. Jemandem etwas zu beichten, der Verständnis zeigt wie Jesus, fällt nicht schwer.

VERZWEIFLUNG UND ZUVERSICHT

Markus 5, 35—39

Da er noch redete, kamen etliche aus dem Hause des Obersten der Synagoge und sprachen: Deine Tochter ist gestorben; was bemühst du weiter den Meister? Jesus aber hörte mit an, was da gesagt ward, und sprach zu dem Obersten: Fürchte dich nicht, glaube nur! Und ließ niemand mitgehen als Petrus und Jakobus und Johannes, den Bruder des Jakobus. Und sie kamen in das Haus des Obersten, und er sah das Getümmel und wie sie sehr weinten und heulten. Und er ging hinein und sprach zu ihnen: Was lärmet und weinet ihr? Das Kind ist nicht gestorben, sondern es schläft. Und sie verlachten ihn.

Die jüdischen Trauerbräuche waren sehr lebhaft und genau detailliert. Sie dienten dazu, den Gram und Jammer über die endgültige Trennung, die der Tod bedeutete, erregend zum Ausdruck zu bringen und dadurch mittelbar zu mildern. Die Juden kannten ja die freudige Zuversicht des christlichen Glaubens nicht.

Sobald jemand gestorben war, setzte lautes Wehgeschrei ein, damit alle erfuhren, daß der Tod zugepackt hatte; die Wehklage erfolgte am Grabe nochmals. Bei der Totenklage beugte man sich über den Leichnam und flehte gewissermaßen um eine Antwort der stummen Lippen. Man schlug sich an die

Brust, raufte sich das Haar und zerriß die Kleider. Das Zerreißen der Kleider geschah nach bestimmten Vorschriften, unmittelbar bevor der Leichnam zugedeckt wurde. Die Kleider wurden dabei von oben bis an die Brust zerrissen, so daß man die Haut sah, niemals jedoch über den Nabel hinaus. Waren Vater oder Mutter gestorben, wurde die linke, die Herzseite zerrissen, in anderen Fällen die rechte Seite. Frauen zerrissen ihre Kleider insgeheim, nachdem sie vorher das Untergewand umgekehrt hatten, so daß dessen Rückseite nach vorne kam und der Körper nicht zu sehen war, weil ja das äußere Gewand zerrissen wurde. Dreißig Tage mußten die so zerrissenen Kleider getragen werden, wobei sie allerdings nach sieben Tagen wieder grob zusammengeheftet werden durften, doch so, daß man die Risse noch deutlich erkannte. Nach Ablauf der dreißig Tage wurden die Kleider dann richtig ausgebessert. Wichtig waren auch die Flötenspieler. Fast überall, in Rom, in Griechenland, in Phönizien, in Assyrien und in Palästina waren in der Antike Flötenspiel und Totenklage unlöslich miteinander verknüpft. So lautete denn auch eine Vorschrift, daß ein Mann, dessen Frau gestorben war, mindestens zwei Flötenspieler zum Begräbnis bestellen mußte, einerlei, wie arm er war. Die wehklagende Flötenmusik, das Geweine der Trauernden, die schreiende Totenklage, die zerrissenen Kleider und das zerraufte Haar müssen jüdische Sterbehäuser am Trauertag zu einem von leidenschaftlichen Schmerzäußerungen erfüllten Ort gemacht haben

Wenn ein Todesfall eintrat, durften die Trauernden weder arbeiten noch sich salben noch Schuhe tragen. Selbst bei den Ärmsten mußte die Arbeit drei Tage ruhen. Mit Waren unterwegs zu sein, war ebenfalls verboten, und das Arbeitsverbot erstreckte sich auch auf die Bediensteten. Der Trauernde durfte Bart und Haupt nicht scheren. Er durfte weder das Gesetz noch die Propheten lesen, weil diese Bücher zu lesen Freude bedeutete; lesen durfte er dagegen das Buch Hiob, den Propheten Jeremia und die Klagelieder. Im übrigen durfte er nur bei sich zu Hause essen und weder Fleisch noch Wein zu sich nehmen. Dreißig Tage lang durfte er sein Dorf oder seine Stadt nicht verlassen. Es war Brauch, nicht am Tisch zu essen, sondern auf dem Boden sitzend, wobei ein Stuhl als Tisch diente. Ebenso war es Brauch — ein Brauch, der sich bis heute erhalten hat — in Asche und Salz getauchte Eier zu essen. Merkwürdig war sodann der Brauch, alles Wasser im Trauerhaus und in den drei angrenzenden Nachbarhäusern auszuleeren; hieß es doch, der Engel des Todes bewerkstellige den Tod mit einem Schwert,

das in unmittelbar zur Hand befindliches Wasser getaucht war. Besonders ergreifend war die Sitte, eine Art Hochzeitszeremoniell als Bestandteil des Begräbnisrituals zu vollziehen, wenn ein junger unverheirateter Mensch gestorben war. Während der Trauerzeit war der Trauernde von der Einhaltung des eigentlichen Gesetzes befreit, weil man davon ausging, daß er vor Gram ganz außer sich sei. Der Trauernde mußte allerdings die Synagoge aufsuchen, wo die Menschen bei seinem Eintritt ihm ihr Gesicht zuwandten und sagten: „Gelobt sei, der da tröstet die Trauernden."
Vor dem Hintergrund der rückhaltlosen Wehklagen, in denen der Gram der Trauernden zum Ausdruck kam, müssen wir die Begebenheit mit dem Mädchen sehen, das gestorben war.

WELCHEN UNTERSCHIED DER GLAUBE BEWIRKT

Markus 5, 40—43

Er aber trieb sie alle hinaus und nahm mit sich den Vater des Kindes und die Mutter und die bei ihm waren, und ging hinein, wo das Kind lag, und ergriff das Kind bei der Hand und sprach zu ihm: Talitha kumi! das ist verdolmetscht: Mägdlein, ich sage dir, stehe auf! Und alsbald stand das Mädchen auf und ging umher; es war aber zwölf Jahre alt. Und sie entsetzten sich alsbald über die Maßen. Und er gebot ihnen hart, daß es niemand wissen sollte, und sagte, sie sollten ihr zu essen geben.

„Talitha kumi! — Mägdlein, stehe auf!" heißt es in dieser Geschichte. Wie gelangte dieser aramäische Ausdruck in das griechische Neue Testament? Das kann nur darauf zurückzuführen sein, daß Markus, wie wir wissen, seine Informationen Petrus verdankte, der zwar außerhalb Palästinas auch griechisch gesprochen haben muß, der aber als einer, der gewiß dabei gewesen war, als dies geschah, nicht vergessen konnte, was Jesus damals gesagt hatte. Die Worte „Talitha kumi!" hörte er sein ganzes Leben hindurch, als habe Jesus sie eben erst gesprochen. Die Liebe, die Güte und die Zärtlichkeit, die aus seiner Stimme geklungen hatte, waren ihm unvergeßlich geblieben, so daß er die Worte, einfach in der Sprache wiedergeben m u ß t e, in der Jesus sie gesprochen hatte.
Dieser Abschnitt ist ein Abschnitt der Gegensätze.
1. Da ist einmal der Gegensatz zwischen der V e r z w e i f -

lung der Trauernden und der Zuversicht Jesu. „Wozu weiter den Meister bemühen?" fragten jene. „Niemand kann mehr etwas für sie tun." „Fürchte dich nicht, glaube nur", sagte Jesus. Hoffnungslosigkeit auf der einen Seite, auf der anderen die Stimme der Zuversicht.

2. Da ist zum zweiten der Gegensatz zwischen u n g e h e m m t e r T r a u e r und stiller G e l a s s e n h e i t. Während die Trauernden unaufhörlich klagten und weinten, sich ihr Haar rauften und die Kleider zerrissen, war Jesus still, ruhig, gelassen und beherrscht.

Woher dieser Unterschied? Er kam daher, daß Jesus Gott unbegrenzt vertraute. Wenn Gott unser Verbündeter ist, können wir der schlimmsten Trübsal tapfer und mutig ins Auge sehen und mit ihr fertig werden. Die Trauergäste verlachten Jesus, weil sie seine Zuversicht für töricht hielten und seine Ruhe für einen Irrtum. Doch das Wunderbare ist ja gerade, daß mit Gott möglich ist, was völlig unmöglich zu sein scheint. Was vom Menschen her gesehen viel zu gut ist, um wahr zu sein, wird Wirklichkeit, wenn Gott uns beisteht. Sie verlachten ihn zwar; doch ihr Spott muß sich in Staunen, ja in Entsetzen gewandelt haben, als ihnen deutlich wurde, was Gott zu tun vermag. In der Liebe Gottes in Jesus Christus, unserm Herrn, können wir allem standhalten und alles überwinden — selbst den Tod.

VERWERFUNG IN NAZARETH

Markus 6, 1—6

Und er ging aus von dannen und kam in seine Vaterstadt, und seine Jünger folgten ihm nach. Und da der Sabbat kam, hob er an, zu lehren in der Synagoge. Und die Menge, die zuhörte, verwunderte sich, und sie sprachen: Woher kommt dem solches? Und was für Weisheit ist es, die ihm gegeben ist? Und solche mächtigen Taten, die durch seine Hände geschehen! Ist er nicht der Zimmermann, Marias Sohn, und der Bruder des Jakobus und Joses und Judas und Simon? Sind nicht auch seine Schwestern allhier bei uns? Und sie nahmen Ärgernis an ihm. Jesus aber sprach zu ihnen: Ein Prophet gilt nirgend weniger als in seinem Vaterland und bei seinen Verwandten und in seinem Hause. Und er konnte allda nicht eine einzige Tat tun; nur wenigen Kranken legte er die Hände auf und heilte sie. Und er verwunderte sich ihres Unglaubens. Und er ging rings umher in die Dörfer und lehrte.

Als Jesus in seine Vaterstadt kam, setzte er sich damit einer sehr strengen Prüfung aus. Nirgendwo begegnet man uns kritischer als dort, wo wir aufgewachsen sind. Jesus kam keineswegs bloß, um sein Elternhaus und seine Familie wiederzusehen; sondern er kam als Rabbi, begleitet von seinen Jüngern. Die Rabbinen pflegten mit einem kleinen Kreis von Schülern im Lande umherzuziehen, und auch Jesus kam so mit seinen Schülern, um die Menschen zu unterweisen.
Als er in die Synagoge ging und dort lehrte, begrüßte man ihn dort nicht mit Staunen, sondern mit einer gewissen Geringschätzung. „Sie nahmen Ärgernis an ihm." Sie waren empört darüber, daß ein Mann, der aus solchen Verhältnissen kam wie Jesus, Derartiges sagen und tun konnte. Die Bekanntschaft von früher her bewirkte, daß sie ihn mißachteten.
Aus zwei Gründen weigerten sie sich, auf das zu hören, was er zu sagen wußte.
1. Sie sagten: „Ist er nicht der Zimmermann?" Das in diesem Zusammenhang verwendete griechische Wort t e k t ō n bedeutet jedoch nicht nur Zimmermann, sondern **H a n d w e r k e r** überhaupt. Bei Homer heißt es, der t e k t ō n habe Schiffe gebaut, Häuser und Tempel errichtet. Früher, in kleinen Dörfern aber bis in unsere Zeit, gab es Handwerker, die vom Hühnerstall bis zum Wohnhaus alles bauten, Männer, die zu zeichnen, zu mauern, Dächer auszubessern und Gitter zu reparieren verstanden; ohne oder mit bescheidensten Mitteln und Werkzeugen verstanden sie alles zu machen. So verhielt es sich auch mit Jesus. Doch die Leute von Nazareth verachteten Jesus gerade, **w e i l   e r   e i n   H a n d a r b e i t e r   w a r**, ein einfacher ungelernter Mann aus dem Volk. Das ist nichts Ungewöhnliches; Ähnliches kann man auch heute noch erleben. Die Bewohner von Nazareth wollten von Jesus nichts wissen, weil er einer wie sie selber war. Gerade darin jedoch besteht für uns seine Herrlichkeit; kommt darin doch zum Ausdruck, daß Gott, als er in die Welt kam, für sich keine Ausnahmestellung beanspruchte. Er nahm vielmehr ein ganz alltägliches Leben mit ganz alltäglichen Aufgaben auf sich. Wahres Menschentum hat nichts zu tun mit den zufälligen Besonderheiten des Stammbaums und der Schulbildung. Wir sollten uns hüten, die Menschen nach gesellschaftlichen Zufälligkeiten oder nach ihrer Herkunft zu bewerten.

2. Sie sagten: „Ist er nicht Marias Sohn? Kennen wir nicht seine Geschwister?" Dem Umstand, daß sie ihn M a r i a s S o h n nennen, können wir entnehmen, daß Joseph nicht mehr am Leben gewesen sein muß. Damit haben wir den Schlüssel zu einem Rätsel des Lebens Jesu. Jesus war dreiunddreißig Jahre alt, als er starb, und doch verließ er Nazareth erst im Alter von dreißig Jahren (Luk. 3, 23). Weshalb wartete er so lange damit? Weshalb blieb er in Nazareth, obwohl die Welt danach verlangte, erlöst zu werden? Der Grund, wenigstens der äußere, ist darin zu sehen, daß Joseph früh gestorben war und daß Jesus für seine Mutter und Geschwister zu sorgen hatte. Erst als sie selbst dazu in der Lage waren, ging er fort. Weil er im Kleinen treu war, gab Gott ihm schließlich so Großes zu tun auf. Die Bewohner von Nazareth aber verachteten ihn, weil sie seine Familie kannten. Zuweilen bewirkt familiäre Vertrautheit da, wo sie wachsende Achtung bewirken sollte, mißachtende Vertraulichkeit; zuweilen stehen wir den Menschen zu nahe, um ihre Größe erkennen zu können.

Die Folge dieser Einstellung war, daß Jesus in Nazareth nicht viele Taten zu bewirken vermochte. Manches ist nur in einer bestimmten Atmosphäre, auf einem bestimmten Nährboden möglich.

1. Immer noch gilt, daß jemand nur dann geheilt werden kann, wenn er sich nicht gegen das Gesundwerden sträubt. Wenn es dem Patienten an Lebenswillen fehlt oder wenn er gar einen bösen inneren Widerstand leistet, kann kein Arzt ihm helfen.

2. Bei der Verkündigung kommt es nicht nur auf den Predigenden, sondern auch auf die Zuhörer an, weshalb es in vielen unserer Gemeinden wesentlich anders aussähe, wenn die Versammelten bedächten, daß sie mehr als die Hälfte zur Predigt beitragen. In einer Atmosphäre der Erwartung kann schon der kleinste Funke aus den Bemühungen des Predigenden überspringen und zünden; in einer Atmosphäre kritischen Abstandes oder skeptischer Gleichgültigkeit dagegen fallen die Worte auch da auf toten Boden, wo sie entschieden von Heiligem Geist erfüllt sind.

3. Auch Friede kann nur in einer entsprechenden Atmosphäre gestiftet werden. Wenn die Menschen zusammenkommen, um Haß zu äußern, dann werden sie auch nur Haß empfangen. Wenn sie sich versammeln, um außer ihrem Standpunkt keinen anderen gelten zu lassen, dann werden sie auch keinen anderen verstehen. Wenn die Menschen sich aber in der Liebe zu Christus und in dem Wunsch, einander zu lieben, versam-

meln, dann können selbst die unterschiedlichsten Naturen in Christus sich finden.
Wir tragen die Verantwortung dafür, ob das Werk Jesu Christi behindert oder gefördert wird. Wir können ihm die Tür weit öffnen — oder aber sie ihm vor der Nase zuschlagen.

AUSSENDUNG DER ZWÖLF JÜNGER

Markus 6, 7—11

Und er rief die zwölf zu sich und hob an und sandte sie je zwei und zwei und gab ihnen Vollmacht über die unsaubern Geister und gebot ihnen, daß sie nichts mitnähmen auf den Weg als allein einen Stab, kein Brot, keine Tasche, kein Geld im Gürtel, wohl aber Schuhe an den Füßen, und daß sie nicht zwei Röcke anzögen. Und er sprach zu ihnen: Wo ihr in ein Haus gehen werdet, da bleibet, bis ihr von dannen ziehet. Und wo man euch nicht aufnimmt noch hören will, aus dem Ort gehet hinaus und schüttelt den Staub von euren Füßen ihnen zum Zeugnis.

Wenn wir vor Augen haben, wie die Juden zur Zeit Jesu in Palästina gekleidet waren und was sie bei sich trugen, werden wir die Hinweise in diesem Abschnitt wesentlich besser verstehen. Fünf Dinge gehörten zur Kleidung.
1. Bei dem Unterkleid, dem c h i t ō n, dem s i n d ō n oder der T u n i c a, einer Art Hemdrock, handelte es sich um ein langes, doppelt gelegtes Stück Stoff. Um zu dokumentieren, daß es sich um neue Ware handelte, wurden die meisten nur mit den beiden Armlöchern versehen, jedoch ohne Halsausschnitt verkauft, den jeder hinterher nach seinen Wünschen anbrachte. So trugen die Frauen zum Beispiel tiefere Ausschnitte, um die Säuglinge besser stillen zu können. Dieses Untergewand war in seiner einfachsten Form also eine Art Sack, der bis fast auf die Füße reichte und bei dem Hals- und Armlöcher ausgespart wurden. Vornehmer war das Gewand mit langen Ärmeln, das zuweilen auch wie ein Chorrock vorne geknöpft wurde.
2. Das Obergewand, das h i m a t i o n, diente tagsüber als Mantel und nachts als Schlafdecke. Es bestand aus einem großen Stück Tuch von etwa 3 Meter Breite und 1,30 Meter Länge, das seitlich in Falten gelegt, dann etwa über die linke Schulter geschlagen und unter der rechten Achsel durchgezogen

wurde, das aber auch Löcher für die Arme haben konnte und durch die Faltung nahezu quadratisch wirkte. Normalerweise wurde es aus zwei Stoffbahnen hergestellt. Nur in besonderen Fällen war das h i m a t i o n aus einem Stück gewebt, wie es bei dem Gewand Jesu der Fall war (Joh. 19, 23). Das h i m a t i o n war das Hauptkleidungsstück.

3. Der G ü r t e l, der darüber getragen wurde, bestand aus einem breiten, vielfach zusammengewickelten Stück Tuch, in dem man allerlei aufbewahren konnte, z. B. sein Geld. Da das Obergewand bei der Arbeit abgelegt wurde, diente der Gürtel bei der Arbeit auch dazu, die Rockschöße des Untergewandes zu schürzen, so daß man ungehindert arbeiten konnte.

4. Bei der Kopfbedeckung handelte es sich um ein etwa 1 Quadratmeter großes Stück Leinen oder Baumwollzeug, weiß, blau oder auch schwarz. Manchmal wurde sie auch aus bunter Seide hergestellt. Der Stoff wurde diagonal gefaltet und dann derart über den Kopf gelegt, daß Hinterkopf, die Wangenknochen und Augen vor Hitze und Sonnenstrahlen geschützt waren. Festgehalten wurde er durch ein halb-elastisches Wollband, das um den Kopf getragen wurde.

5. Die Fußbekleidung bestand aus Sandalen, d. h. Sohlen aus Leder, Holz oder geflochtenem Gras, an denen Riemchen zur Befestigung am Fuß angebracht wurden.

Bei den Taschen, von denen in diesem Abschnitt die Rede ist, kann es sich um zweierlei gehandelt haben. a) Erstens um Reisetaschen aus Ziegenleder, wobei die Tierhaut vielfach als Ganzes verwendet, Beine, Schwanz und Kopf des Tieres in ihrer ursprünglichen Gestalt also mitverarbeitet wurden. An beiden Seiten der Taschen befand sich ein Riemen, mit dem man sie über der Schulter tragen konnte. Hirten, Pilger und Reisende bewahrten darin soviel Brot, Rosinen, Oliven, Käse usw. auf, daß sie ein oder zwei Tage damit auskamen. b) Es gibt aber noch eine andere Vermutung bezüglich der Tasche. Das entsprechende Wort des griechischen Urtextes, p ē r a, kann außer Reisetasche oder Ranzen auch S a m m e l b e u t e l heißen. Priester und Verehrer eines Gottes gingen damit umher, um Beiträge für ihren Tempel und ihren Gott zu sammeln. Man hat sie „fromme Räuber, deren Beute von Dorf zu Dorf zunimmt" genannt. Auf einer Inschrift nennt jemand sich „Sklave der syrischen Göttin" und sagt, er habe auf jeder Reise siebzig Beutel voll für seine Göttin gesammelt. — Wenn wir uns für die erste Bedeutung des Wortes entscheiden, dann wollte Jesus, daß seine Jünger keinen Vorrat mit auf die Reise nähmen, sondern in allem auf Gott vertrauten. Entscheiden wir uns für die zweite Bedeutung, dann heißt das: Sie sollten nicht sein wie die raubgierigen Priester. Sie sollen hinausgehen, um den Menschen etwas zu geben, nicht, um ihnen etwas zu nehmen.

Interessant sind auch die beiden folgenden Sachverhalte.

1. Nach rabbinischem Recht mußte jeder, der die Tempelvorhöfe betrat, seinen Stab, seine Schuhe und seinen Geldgürtel ablegen. Beim Betreten der geheiligten Stätte mußte alles Alltägliche beiseitegeschoben werden. Vielleicht wollte Jesus mit seinen Worten daher auch zum Ausdruck bringen, daß die bescheidenen Häuser, die seine Jünger betreten würden, ebenso geheiligt seien wie die Tempelvorhöfe.

2. Gastfreundschaft zu üben galt im Orient als heilige Pflicht. Kam ein Fremder ins Dorf, oblag es nicht ihm, um Gastfreundschaft nachzusuchen, sondern die Dorfbewohner hatten sie ihm anzubieten. Jesus hieß die Jünger, den Staub von ihren Füßen zu schütteln und den Ort zu verlassen, an dem man sie nicht aufnehme, an dem man Türen und Ohren vor ihnen verschließe. Die rabbinischen Vorschriften besagten u. a., daß der Staub heidnischer Häuser und Länder beschmutzt sei, daß jeder, der aus einem anderen Land zurückkehre, beim Betreten Palästinas allen Staub des unreinen Landes abschütteln müsse. Damit wurde bildlich zum Ausdruck gebracht, daß Juden nicht einmal mit dem Staub der heidnischen Länder etwas zu tun haben durften. Es ist daher, als ob Jesus gesagt hätte: „Wenn sie sich weigern, auf euch zu hören, dann könnt ihr euch ihnen gegenüber nur so verhalten, wie orthodoxe Juden es gegenüber den Häusern von Heiden tun. Zwischen ihnen und euch kann es dann keine Gemeinschaft geben."

Die Jünger Jesu sollte man also an ihrer Einfachheit, an ihrem Vertrauen und an ihrer Freigiebigkeit erkennen, daran, daß sie mehr darauf bedacht waren, etwas zu geben, als darauf, etwas zu empfangen.

DIE BOTSCHAFT UND BARMHERZIGKEIT DES KÖNIGS

Markus 6, 12. 13

Und sie gingen aus und predigten, man sollte Buße tun, und trieben viele böse Geister aus und salbten viele Kranke mit Öl und machten sie gesund.

Hier erhalten wir einen kurzen Überblick über das Wirken der zwölf Jünger, die Jesus ausgesandt hatte.

1. Sie verkündeten die Botschaft Jesu. Bei dem in diesem Zusammenhang im Urtext verwendeten griechischen Wort handelt es sich um das bei A n k ü n d i g u n g e n v o n H e r o l d e n übliche Wort. Als die Apostel ausgingen und predigten, waren sie die Ü b e r b r i n g e r , nicht die S c h ö p f e r einer Botschaft. Sie sagten den Leuten, was Gott sie geheißen hatte zu sagen. Sie sprachen nicht von ihren eigenen Ansichten zu den Menschen, sondern von der Wahrheit Gottes. Die Botschaft der Propheten begann stets mit den Worten: „So spricht der Herr." Wer mit seiner Botschaft etwas Grundlegendes bewirken will, muß sie von Gottt empfangen haben.

2. Sie kamen mit der K ö n i g s b o t s c h a f t : „Tut Buße!" Das war zweifellos eine beunruhigende Botschaft. Buße tun heißt, umdenken, sich innerlich wandeln und seine Handlungsweise diesem Wandel anpassen. Buße heißt innerer wie auch äußerer Wandel des Lebens. Buße ist etwas Schmerzliches; denn sie schließt die bittere Erkenntnis ein, daß der bisher von uns verfolgte Weg falsch war. Buße ist also etwas B e u n r u h i g e n d e s , weil sie völlige Umkehr bedeutet. Deshalb tun so wenige Menschen wirklich Buße; heißt es doch in seiner bisherigen Lebensweise gestört zu werden. Jemand hat einmal sehr anschaulich von uns Menschen als von Wesen gesprochen, „die dem Tod entgegentrödeln". Das ist tatsächlich sehr häufig der Fall. Jede angestrengte Tätigkeit ist einem verhaßt; das Leben soll ein ständiger Feierabend sein. In gewisser Hinsicht sind aktive, draufgängerische Sünder, die ihrem selbstgewählten Ziel entgegenstürmen, fast sympathischer als tatenlose Bummler, die sich ohne jedes Rückgrat und ohne jede Richtung einfach treiben lassen. Was geschieht denn, wenn die Menschen sich selbst überlassen bleiben wollen? Ein anderer Mensch zu werden, ist allemal ein schmerzlicher Vorgang, auch wenn es sich nicht um den drastischen Wandel vom Räuber, Dieb, Mörder oder Ehebrecher zum Christen handelt, sondern um die Aufgabe der bisherigen Lebensweise, um den Wandel von einer egozentrischen Haltung zu einer Lebensführung, bei der Gott im Mittelpunkt steht. Bei echter Buße handelt es sich nicht um ein sentimentales Gefühl des Bedauerns, sondern um ein revolutionierendes Ereignis. Das ist der Grund, weshalb so wenige Menschen Buße tun.

3. Sie waren Überbringer der göttlichen Gnade und Barmherzigkeit. Außer der Aufforderung zur Buße brachten sie den Menschen auch Hilfe und Heilung, indem sie arme, auch von

bösen Geistern besessene, Männer und Frauen, gesund machten. Das Christentum hat von Anfang an danach getrachtet, Leib und Seele des Menschen zu heilen; nie ist es ihm bloß um das Seelenheil der Menschen gegangen, sondern stets um das Heil des ganzen Menschen. Das Christentum hat den Menschen die Hand nicht nur hingestreckt, um sie aus den Trümmern eines sittlich verfehlten Lebens zu retten, sondern auch, um sie von Krankheiten und Leiden des Leibes zu befreien (s. o.). Bemerkenswert ist dabei das Salben mit Öl. Letzteres war in der Antike als Heilmittel allgemein geschätzt. So hat Galenus, nächst Hypokrates der bedeutendste Arzt des Altertums, einmal gesagt: „Öl ist das beste Heilmittel zur Gesundung des Leibes." In der Hand der Verkündiger Jesu erlangten die alten Heilmittel neue Kraft. Das Merkwürdige dabei ist, daß den bisherigen, dem Erkenntnisstand der damaligen Zeit entsprechenden bescheidenen Heilmitteln diese neue Kraft in dem Maße zuteil wurde, wie der Geist Christi die Heilenden erfüllte. Der feste Glaube bewirkte, daß die Kraft Gottes sich auch in alltäglichen Dingen erwies.
Die Zwölf waren also die Überbringer der Botschaft von der siegenden Gnade und Barmherzigkeit des Königs, und das ist auch heute noch die große Aufgabe der Kirche.

DREI URTEILE ÜBER JESUS

Markus 6, 14. 15

Und es kam vor den König Herodes; denn der Name Jesu war nun bekannt. Und die Leute sprachen: Johannes der Täufer ist von den Toten auferstanden; darum tut er solche Taten. Etliche aber sprachen: Er ist Elia; etliche aber: Er ist ein Prophet wie einer der Propheten.

Mittlerweile hatte sich die Nachricht von Jesus und seinem Wirken im ganzen Lande herumgesprochen und war auch Herodes zu Ohren gedrungen. Daß dies nicht schon früher geschehen war, mag auf den Umstand zurückzuführen sein, daß die offizielle Residenz des Herodes in Galiläa sich in Tiberias befand, einer großenteils heidnischen Stadt, die Jesus, soweit uns bekannt, niemals betreten hat. Doch durch die Aussendung der Zwölf war der Name und Ruhm Jesu in ganz Galiläa bekannt geworden, und überall sprach man von ihm. Dieser Abschnitt nun enthält drei Urteile über Jesus.

1. Ein Urteil entsprang dem sich schuldig fühlenden Gewissen der Menschen. Wie wir noch sehen werden, war Herodes schuld an der Hinrichtung Johannes des Täufers, und der Gedanke an das, was er getan hatte, quälte ihn jetzt. Wenn wir etwas Böses tun, wird die ganze Welt zu unserm Feind. Unsere Gedanken lassen sich von uns nicht befehligen und kehren immer wieder zu dem zurück, was wir Böses getan haben; wir sind der Stimme in uns, die uns anklagt, wehrlos ausgeliefert. Ständig leben wir in der Furcht, daß wir entdeckt, daß die Folgen unseres Tuns an den Tag kommen werden. Ein aus dem Gefängnis entwichener Sträfling sagte, als er nach achtundvierzig Stunden in der Freiheit wieder gefangengenommen wurde — durchfroren, hungrig und erschöpft —, es habe sich nicht gelohnt. „Nicht eine ruhige Minute. Ständig gehetzt und gejagt, ohne Aussicht, den Verfolgern zu entgehen. Keine Zeit zum Essen, keine Zeit zum Schlafen." G e h e t z t   u n d   g e j a g t, das trifft zu auf das Leben aller, die etwas Böses getan haben. Als Herodes von Jesus erfuhr, durchzuckte ihn zuerst der Gedanke, daß es sich hier um den von ihm umgebrachten Johannes den Täufer handele, der jetzt zurückgekommen sei, um mit ihm abzurechnen. Weil ein sündiges Leben gleichbedeutend ist mit einem von Erinnerungen heimgesuchten Leben, lohnt die Sünde sich in keinem Fall.

2. Das zweite Urteil war das der Nationalisten. Manche dachten, mit Jesus sei Elias wiedergekommen. Mit der jüdischen Messiaserwartung waren die verschiedensten Vorstellungen verknüpft; die landläufigste war, daß der Messias als siegreicher König einherziehen, die Juden befreien und anschließend in den siegreichen Kampf über die ganze Welt führen werde. Wesentlicher Bestandteil dieser Glaubensvorstellung war, daß als Sendbote vor dem Messias Elias, der größte der Propheten, kommen werde, als sein Vorläufer. Die Juden lassen, wenn sie das Passahfest feiern, auch heute noch einen Stuhl, den sogenannten Eliasstuhl, frei am Tisch. Auf dem Platz davor steht ein gefülltes Weinglas, und während der Passahfeier gehen sie an die Tür und öffnen sie weit, damit Elias hereintreten und endlich die langersehnte Nachricht vom Kommen des Messias bringen möge. Hier handelt es sich um die Vorstellung derer, die in Jesus die Verwirklichung ihrer eigenen ehrgeizigen Pläne sehen. Für sie ist Jesus nicht jemand, dem man sich ergeben und dem man gehorchen muß, sondern jemand, den sie sich zunutze machen wollen. Solche Menschen denken mehr an ihre eigenen Ambitionen auf Erden als an den Willen Gottes.

3. Das Urteil derer, die auf die Stimme Gottes warteten, lau-

tete, Jesus sei ein Prophet. Die Juden jener Zeit waren sich schmerzlich bewußt, daß seit dreihundert Jahren die Stimme der Propheten verstummt war. Die Menschen lauschten zwar den Argumenten und der Gesetzesauslegung der Rabbinen wie auch den Schriftverlesungen in der Synagoge, doch nicht mehr den Stimmen, die verkündet hatten: „So spricht der Herr." Es verlangte sie danach, die authentische Stimme Gottes zu hören; in Jesus vernahmen sie sie. Wohl war Jesus mehr als ein Prophet — er überbrachte den Menschen nicht nur das Wort, sondern die Kraft und das Leben Gottes, Gott selbst —; doch selbst diejenigen, die in Jesus nur einen Propheten sahen, hatten zumindest mehr recht als der von seinem Gewissen geplagte Herodes oder die erwartungsvollen Nationalisten. Wenn jene immerhin Jesu Prophetentum anzuerkennen vermochten, dann war nicht auszuschließen, daß sie eines Tages noch einen Schritt weitergehen und in ihm den Sohn Gottes erkennen würden.

DIE RACHE EINER BÖSEN FRAU

Markus 6, 16—29

Da es aber Herodes hörte, sagte er: Johannes, den ich enthauptet habe, der ist auferstanden. Denn er, Herodes, hatte ausgesandt und Johannes gegriffen und ins Gefängnis gelegt um der Herodias willen, der Frau seines Bruders Philippus, denn er hatte sie zum Weib genommen. Denn Johannes hatte zu Herodes gesagt: Es ist nicht recht, daß du deines Bruders Frau hast. Herodias aber stellte ihm nach und wollte ihn töten und konnte nicht. Denn Herodes fürchtete den Johannes, weil er wußte, daß er ein frommer und heiliger Mann war, und verwahrte ihn; und wenn er ihn gehört hatte, ward er sehr unruhig; und doch hörte er ihn gerne. Und es kam ein gelegener Tag, da Herodes an seinem Geburtstag ein Mahl gab seinen Großen und den Obersten und den Vornehmsten in Galiläa. Da trat herein die Tochter der Herodias und tanzte und gefiel wohl dem Herodes und denen, die am Tische saßen. Da sprach der König zu dem Mädchen: Bitte von mir, was du willst, ich will dir's geben. Und er schwur ihr einen Eid: Was du wirst von mir bitten, will ich dir geben, bis an die Hälfte meines Königreichs. Und sie ging hinaus und sprach zu ihrer Mutter: Was soll ich bitten? Die sprach: Das Haupt Johannes des

Täufers. Und sie ging alsbald hinein mit Eile zum König, bat und sprach: Ich will, daß du mir gebest jetzt zur Stunde auf einer Schüssel das Haupt Johannes des Täufers. Und der König ward sehr betrübt; doch um des Eides willen und derer, die am Tische saßen, wollte er sie nicht lassen eine Fehlbitte tun. Und alsbald schickte der König den Henker hin und hieß sein Haupt herbringen. Der ging hin und enthauptete ihn im Gefängnis und trug her sein Haupt auf einer Schüssel und gab's dem Mädchen, und das Mädchen gab's seiner Mutter. Und da das seine Jünger hörten, kamen sie und nahmen seinen Leib und legten ihn in ein Grab.

Hier haben wir eindeutig ein großes Drama vor uns. Betrachten wir zunächst einmal den S c h a u p l a t z der Handlung. Die Herodesfeste Machärus, auf einsamer Höhe, umgeben von Felsschluchten östlich des Toten Meers gelegen, war eine der uneinnehmbaren Festungen der damaligen Welt, deren Burgverlies bis auf den heutigen Tag erhalten geblieben ist, so daß man an den Kerkermauern immer noch die Krampen und Eisenhaken sehen kann, an die Johannes gefesselt gewesen sein muß. Auf jener öden, einsamen Festung spielte sich der letzte Akt im Leben des Johannes ab.

Weiter wollen wir einen Blick auf d i e P e r s o n e n d e r H a n d l u n g werfen. Die Eheverhältnisse der Herodäer, einer halbjüdischen Familie, waren so verwickelt, daß sie sich nur schwer nachzeichnen lassen. Zur Zeit der Geburt Jesu war Herodes der Große König, der für den Kindermord zu Bethlehem verantwortlich war (Matth. 2, 16—18). Herodes der Große war mehrfach verheiratet und wurde gegen Ende seines Lebens so krankhaft mißtrauisch, daß er einen seiner Familienangehörigen nach dem anderen umbringen ließ. Eine jüdische Redensart besagte denn auch: „Die Schweine des Herodes sind sicherer als seine Söhne." In erster Ehe war er mit Doris verheiratet, von der er einen Sohn hatte, Antipater, den er ermorden ließ. Dann heiratete er die Makkabäerin Mariamne, von der er zwei Söhne hatte, Alexander und Aristobulus, die er ebenfalls beseitigen ließ. Herodias, die Schurkin, von der in diesem Abschnitt die Rede ist, war die Tochter dieses Aristobulus. Danach heiratete Herodes der Große zum zweitenmal eine Mariamne, Mariamne die Boëthusäerin, von der er einen Sohn hatte, Herodes Philippus. Dieser Herodes Philippus heiratete Herodias, die Tochter seines Halbbruders Aristobulus, also seine Nichte, mit der zusammen er eine Tochter hatte, Salome, die in unserem Abschnitt vor Herodes, dem König von Galiläa, tanzt. Herodes Philippus, der ursprünglich mit Herodias verheiratet und der Vater der Salome war, war bei der Aufteilung des Reiches Herodes des Großen in Vierfürstentümer nicht berücksichtigt worden und lebte als wohlhabender Privatmann in Rom. Dort besuchte ihn Herodes Antipas — der Herodes unseres Abschnitts —, verführte seine Frau Herodias und überredete sie, ihren Gatten zu verlassen und ihn zu heiraten. Halten wir also folgende Angaben über Herodias fest: a) Sie war die Tochter seines Halbbruders Aristobulus und daher seine Nichte. b) Sie war die Frau seines Halbbruders Herodes Philippus und daher seine Schwägerin. Zuvor war Herodes Antipas mit einer Tochter des Königs der arabischen Nabatäer verheiratet gewesen, die zu ihrem Vater geflohen war; dieser fiel in das Reich des Herodes Antipas ein, um die Ehre seiner Tochter zu retten, und besiegte Herodes gründlich. Um diese erstaunliche Galerie zu vervollständigen: Herodes der Große heiratete schließlich noch Kleopatra von Jerusalem, von der er einen Sohn hatte, den Vierfürsten Philippus. Dieser Philippus heiratete Salome, die gleichzeitig a) die Tochter des Herodes Philippus, seines Halbbruders, und b) die Tochter der Herodias, ihrerseits eine Tochter des Aristobulus, eines anderen Halbbruders von ihm war. Salome war also gleichzeitig seine Nichte und Großnichte.

Nur selten kann es eine Reihe derartig verwickelter Eheverhältnisse gegeben haben wie bei den Herodäern. Durch die Heirat mit Herodias, der Frau seines Bruders, hatte Herodes das jüdische Gesetz übertreten (3. Mose 18, 16; 20, 21) und außerdem gegen das Gesetz von Sitte und Anstand verstoßen.

Wegen seiner ehebrecherischen Heirat und weil er absichtlich die Frau seines Bruders verführt hatte, hatte Johannes Herodes öffentlich getadelt. Es gehörte Mut dazu, einem orientalischen Despoten öffentlich Vorwürfe zu machen, weil dieser über Leben und Tod seiner Untertanen Gewalt hatte. Doch obwohl Johannes ihm Vorwürfe gemacht hatte, fürchtete und respektierte Herodes ihn auch weiterhin, vielleicht gerade wegen seiner Aufrichtigkeit. Mit Herodias verhielt es sich anders. Sie war von einer unerbittlichen Feindschaft gegen Johannes erfüllt und entschlossen, ihn früher oder später zu beseitigen. Die Gelegenheit dazu bot sich ihr am Geburtstag des Herodes, den er zusammen mit seinen Höflingen und Offizieren feierte. Während des Gastmahls kam Salome, die Tochter der Herodias, herein und tanzte. Diese Tatsache allein ist bereits unerhört; denn bei den Solotänzen jener Zeit und in solcher Umgebung handelte es sich um eine widerliche, eindeutig obszöne automimische Darbietung. Daß eine Prinzessin aus königlichem Geblüt sich derartig bloßstellte und erniedrigte, war etwas Unglaubliches; denn derartige Tänze wurden sonst nur von berufsmäßigen Prostituierten aufgeführt. Daß Salome es dennoch tat, wirft ein bezeichnendes Licht auf sie und ihre Mutter, die es zuließ, ja sie geradezu dazu ermutigte. Herodes aber gefiel das Ganze, und er bot ihr beliebig hohen Lohn dafür an. Auf diese Weise erhielt Herodias die Gelegenheit, auf die sie so lange gewartet hatte, und Johannes wurde hingerichtet.

Aus jedem der Charaktere können wir etwas lernen.

1. Offen liegt der Charakter des Herodes vor uns. a) Er stellte eine sonderbare Mischung dar. Er fürchtete und achtete Johannes gleichzeitig; er fürchtete dessen Zunge und lauschte ihm dennoch mit Vergnügen. Nichts auf der Welt stellt eine so sonderbares Gemisch dar wie der Mensch. Ein neuerer Schriftsteller hat einmal bekannt, er habe, während er in der Kirche am Gottesdienst teilgenommen habe, den Plan gefaßt, am gleichen Abend noch eine Straßendirne aufzugreifen; und in den Erinnerungen eines Richters heißt es, daß die meisten Angeklagten eine Sehnsucht nach dem Guten gehabt, auch wenn sie ständig wieder versagt hätten. Das Böse und das Gute wohnen oft nebeneinander. Herodes vermochte zu sündigen, konnte gleichzeitig jedoch Johannes fürchten und gernhaben; er konnte dessen Botschaft hassen und sich doch nicht freimachen von der Faszination, die sie auf ihn ausübte. Herodes war ganz einfach ein Mensch. Sind wir so sehr anders als er? b) Herodes war ein impulsiv handelnder Mann. Er machte Salome, ohne einen Augenblick nachzudenken, ein leichtfertiges Versprechen; vielleicht war er schon ziemlich betrunken, als er das tat. Wir sollten uns daher vorsehen, erst ruhig überlegen und dann sprechen. Wir sollten nicht durch allzugroße Nachgiebigkeit einer Situation oder uns selbst gegenüber dahin gelangen, daß wir unsere Urteilskraft verlieren und etwas äußern, was uns hinterher außerordentlich leid tut. c) Herodes war besorgt darüber, was die Menschen wohl sagen könnten. Er hielt sein Salome gegebenes Versprechen, weil er es vor seinen Hofleuten und Gästen gemacht hatte und nicht brechen zu können meinte. Er fürchtete ihr Gelächter, ihren Spott; er fürchtete, daß sie ihn für einen Schwächling halten könnten. Manch einer tut etwas, was er später bitter bereut, nur weil er nicht den Mut aufbringt, unbekümmert um die Folgen das Rechte zu tun. Da er den Spott seiner Umgebung oder seiner sogenannten Freunde fürchtet, macht mancher sich schlechter, als er ist.

2. Offen liegen auch die Charaktere der Salome und der Herodias vor uns. Salome zeigt sich uns als gefallsüchtiges Triebwesen, während der Herodias immerhin eine gewisse Größe nicht abzusprechen ist. Als Jahre später Herodes in Rom um den Königstitel nachsuchte und statt dessen vom Kaiser wegen der darin zum Ausdruck kommenden Unbotmäßigkeit und Frechheit nach Gallien verbannt wurde und man Herodias sagte, daß sie die Verbannung nicht mit ihm zu teilen brauche, erwiderte sie stolz, dorthin, wohin ihr Mann gehe, ginge auch sie. Herodias ist im übrigen ein Beispiel dafür, wohin der Haß eine Frau zu treiben vermag. Eine wunderliche Redensart der Rabbinen besagte, eine gute Frau könne ruhig einen schlechten Mann heiraten; denn dadurch würde sie ihn schließlich zu einem ebenso guten Menschen machen, wie sie selbst einer sei. Dagegen solle ein guter Mann niemals eine schlechte Frau heiraten, weil diese ihn unweigerlich auf ihr eigenes Niveau hinabziehen würde. Das Schlimme an Herodias war, daß sie den Menschen zu beseitigen wünschte, der den Mut besaß, ihr ihre Sündigkeit vorzuhalten. Sie wollte das, weil dann niemand mehr sie an das Sittengesetz erinnern, sie mithin in Ruhe sündigen könnte; sie vergaß dabei nur, daß sie, auch wenn Johannes nunmehr beseitigt war, sich dereinst vor Gott verantworten mußte.

3. Auch der Charakter Johannes des Täufers liegt offen vor uns. Er war ein Mensch, der Mut besaß. Als Wüstensohn, der an die Weite des Raumes gewöhnt war, muß er den finsteren Kerker der Feste Machärus als sehr fürchterlich empfunden haben. Doch Johannes zog der Lüge die Qual und den Tod vor; er lebte und starb für die Wahrheit. Er handelte als das Gewissen der Menschen, indem er mit der Stimme Gottes zu ihnen sprach. Manch einer läßt sein Gewissen gern beschwichtigen; wer aber seine Stimme für Gott erhebt, muß einkalkulieren, daß er damit womöglich sein Leben aufs Spiel setzt.

DIE ERGRIFFENHEIT DER VOLKSMENGE

Markus 6, 30—34

Und die Apostel kamen bei Jesus zusammen und verkündeten ihm alles, was sie getan und gelehrt hatten. Und er sprach zu ihnen: Geht ihr allein an eine einsame Stätte und ruhet ein wenig. Denn ihrer waren viele, die ab und zu gingen; und sie hatten nicht Zeit genug, zu essen. Und sie fuhren in einem Schiff an eine einsame Stätte für sich allein. Und das Volk sah sie wegfahren, und viele merkten es und liefen dahin miteinander zu Fuß aus allen Städten und kamen ihnen zuvor. Und Jesus stieg aus und sah das große Volk; und es jammerte ihn derselben, denn sie waren wie Schafe, die keinen Hirten haben. Und er fing an eine lange Predigt.

Als die Jünger ihren Auftrag ausgeführt hatten und zu Jesus zurückgekehrt waren, berichteten sie ihm alles, was sie getan und gelehrt hatten. Die Volksmenge verlangte so beharrlich nach ihnen, daß Jesus sagte, sie sollten mit ihm an eine einsame Stätte kommen am jenseitigen Ufer des Sees, damit sie sich dort ein wenig ausruhen könnten.
Hier erkennen wir den R h y t h m u s d e r c h r i s t l i c h e n L e b e n s f ü h r u n g, wie wir es vielleicht nennen dürfen. Für Christen bedeutet das Leben ein ständiges Kommen und Gehen von Gott zu den Menschen, von den Menschen zu Gott. Es ist wie der Rhythmus des Schlafens und des Arbeitens. Wir können nur arbeiten, wenn auch Zeit zum Ausruhen da ist; und wir können nur schlafen, wenn die Arbeit uns müde gemacht hat. Zwei Gefahren bedrohen unser Leben. Einmal die Gefahr allzu großer, ununterbrochener Aktivität, die niemand auf die Dauer durchzuhalten vermag. Wer arbeitet, muß auch Ruhepausen einlegen, und niemand kann ein christliches Leben führen, wenn er sich keine Zeit für Gott gönnt. Möglicherweise besteht all unser Kummer nur darin, daß wir Gott keine Möglichkeit geben, zu uns zu sprechen, weil wir gar nicht mehr still sein und zuhören können. Wir räumen Gott nicht die Zeit ein, die nötig ist, um uns mit geistlicher Kraft und Stärke zu erfüllen, weil wir keine Zeit haben, auf Gott zu warten. Wie können wir mit der Last des Lebens fertigwerden, wenn wir keinen Kontakt zu dem haben, der der Herr alles guten Lebens ist? Wie können wir Gottes Werk anders als mit Gottes Kraft verrichten? Wie kann uns diese Kraft anders zuteil werden als dadurch, daß wir in der Stille und Einsamkeit vor Gott danach suchen? Die andere Gefahr besteht in allzu großer Zurückgezogenheit. Frömmigkeit ist nur dann echte Frömmigkeit, wenn sie sich im Tun auswirkt. Gebete sind nur dann echte Gebete, wenn sie unsere Taten bestimmen. Wir sollten die Gemeinschaft mit Gott niemals suchen, um die Gemeinschaft mit den Menschen zu meiden; wir sollten sie vielmehr suchen, damit wir dadurch für das Miteinander mit den Menschen umso besser geeignet werden. Der Rhythmus des christlichen Lebens

besteht darin, daß wir wechselweise Gott in der Stille und die Menschen auf dem Marktplatz des Lebens aufsuchen.
Doch die Ruhepause für sich und die Jünger sollte Jesus nicht gestattet sein. Das Volk sah Jesus mit den Jüngern fortgehen. Dort, wo man sich befand, betrug die Entfernung zum anderen Ufer etwa 6,5 Kilometer mit dem Boot und etwa 15 Kilometer zu Fuß um die Seespitze herum. An windstillen Tagen oder bei Gegenwind konnte es eine Zeitlang dauern, bis die Boote am jenseitigen Ufer anlangten, und rüstige Fußgänger konnten den Weg um den See herum zu Fuß in der gleichen Zeit zurücklegen, ja womöglich noch vor den Booten dort sein. Letzteres geschah auch jetzt. Als Jesus und die Jünger aus dem Boot stiegen, wartete die Volksmenge, der sie auf kurze Zeit hatten entgehen wollen, bereits wieder auf sie.
Jeder normale Mensch wäre darüber äußerst verärgert gewesen. Die Ruhe, nach der Jesus sich so gesehnt und die er so sehr verdient hatte, blieb ihm versagt; ein Privatleben gab es für ihn nicht. Während andere darüber erbost wären, empfand Jesus nur tiefes Mitleid mit der Menge. Er schaute sie an. Sie waren ungeheuer hilfsbedürftig und sehnten sich so sehr nach dem, was allein er ihnen geben konnte. Sie kamen ihm vor wie „Schafe ohne einen Hirten". Was meinte er damit?
1. Schafe ohne Hirten finden den rechten Weg nicht. Wenn wir uns selbst überlassen bleiben, sind wir verloren. Das Leben kann uns in die Irre führen, und oft stehen wir an Kreuzwegen, ohne zu wissen, welchen Weg wir einschlagen sollen. Nur wenn wir uns von Jesus leiten lassen, können wir den Weg finden, indem wir ihm nachfolgen.
2. Schafe ohne Hirten finden ihre Weide und ihr Futter nicht. In diesem Leben müssen wir für unseren Unterhalt sorgen. Dazu brauchen wir Kraft, um durchzuhalten, und göttliche Erleuchtung, die uns über uns selbst hinaushebt. Suchen wir sie anderswo, bleiben wir unbefriedigt; unser Herz ist unruhig, unsere Seele ungetröstet. Stärke und Kraft zum Leben kann nur der geben, der das Brot des Lebens ist.
Schafe ohne Hirten können sich nicht gegen Gefahren wehren, von denen sie bedroht sind, weder gegen Räuber noch wilde Tiere. Eins sollte das Leben uns alle gelehrt haben: daß niemand sicher für sich allein sein kann. Niemand kann sich, nur auf sich selbst gestellt, gegen die Versuchungen wehren, die an ihn herantreten, und gegen das Böse in der Welt. Nur in Jesus, nur wenn er bei uns ist, können wir mit unbefleckten Kleidern durchs Leben gehen. Ohne ihn sind wir wehrlos; mit ihm sind wir sicher und geschützt.

WENIG IST VIEL IN DEN HÄNDEN JESU

Markus 6, 35—44

Da nun der Tag fast dahin war, traten seine Jünger zu ihm und sprachen: Es ist öde hier, und der Tag ist bald dahin; laß sie von dir, daß sie hingehen umher in die Höfe und Dörfer und kaufen sich Brot. Er aber antwortete und sprach zu ihnen: Gebt ihr ihnen zu essen! Und sie sprachen zu ihm: Sollen wir denn hingehen und für zweihundert Silbergroschen Brot kaufen und ihnen zu essen geben? Er aber sprach zu ihnen: Wieviel Brote habt ihr? Gehet hin und sehet! Und da sie es erkundet hatten, sprachen sie: Fünf und zwei Fische. Und er gebot ihnen, daß sie sich alle lagerten tischweise auf das grüne Gras. Und sie setzten sich in Gruppen zu hundert und zu fünfzig. Und er nahm die fünf Brote und zwei Fische und sah auf gen Himmel, dankte und brach die Brote und gab sie den Jüngern, daß sie ihnen vorlegten, und die zwei Fische teilte er unter sie alle. Und sie aßen alle und wurden satt. Und sie hoben auf die Brocken, zwölf Körbe voll, und von den Fischen. Und die da die Brote gegessen hatten, waren fünftausend Mann.

Kein Wunder scheint die Jünger so sehr beeindruckt zu haben wie dieses; ist es doch das einzige Wunder Jesu, von dem in allen vier Evangelien berichtet wird. Wie bereits festgestellt, enthält das Markusevangelium das Predigtmaterial des Petrus. Beim Lesen dieser so schlicht und doch spannend erzählten Geschichte haben wir den Eindruck, als handele es sich hier um einen Augenzeugenbericht. Wenden wir uns jetzt einigen anschaulichen, realistischen Einzelheiten der Begebenheit zu.

Sie lagerten sich auf d a s g r ü n e G r a s, heißt es. Es ist, als ob Petrus die ganze Begebenheit nochmals vor sich sähe. Dieser kleinen beschreibenden Wendung verdanken wir eine ganze Menge an Informationen. Die einzige Zeit, in der das Gras grün war, war die Zeit des Spätfrühlings, Mitte April. Zu diesem Zeitpunkt muß das Wunder also geschehen sein. Die Sonne ging in dieser Zeit um achtzehn Uhr unter; es muß also Spätnachmittag gewesen sein. Markus berichtet, daß sie sich in G r u p p e n z u Hundert und Fünfzig lagerten. Das in diesem Zusammenhang für G r u p p e n gebrauchte Wort p r a - s i a i heißt auch Gartenbeet und weckt in uns somit eine sehr malerische Vorstellung. Nachdem alle gegessen hatten, hoben die Jünger z wölf Körbe voll Resten auf. Kein orthodoxer Jude begab sich ohne einen Korb (kopinos) auf die Reise, so daß die Römer über die Juden und ihre Körbe oft spotteten. Es handelte sich um Flechtkörbe in Form eines enghalsigen Kruges, der sich nach unten zu weitet. In diesem Korbe führte man Lebensmittel mit sich, die nach den Zeremonialvorschriften rein waren; Juden, die bettelten, diente der Korb auch dazu, das Erbettelte aufzunehmen. Daß es gerade zwölf Körbe waren, liegt einfach daran, daß die Zahl der Jünger zwölf betrug; aus Sparsamkeit sammelten diese die Reste in ihren Körben auf, damit nichts umkam.

Bemerkenswert an dieser Geschichte ist, daß in ihrem Verlauf unausgesprochen ständig ein Gegensatz zwischen Jesus und seinen Jüngern zum Ausdruck kommt.

1. Wir ersehen daraus zwei mögliche Reaktionsweisen gegenüber der Not der Menschen. Als die Jünger feststellten, wie spät es war und wie müde und hungrig das Volk aussah, sagten sie: „Laß sie gehen, damit sie sich etwas zu essen besorgen können." In Wirklichkeit sagten sie damit: „Die Leute sind müde und hungrig. Sieh zu, daß du sie los wirst, und laß andere sich um sie kümmern." Jesus dagegen sagte: „Gebt i h r ihnen zu essen!" Damit brachte er zum Ausdruck: „Diese Menschen sind hungrig und müde. Dagegen müssen wir etwas tun." Es wird immer Menschen geben, die zwar durchaus wahrnehmen, wenn andere sich in Schwierigkeiten befinden oder Kummer haben, die Verantwortung dafür, daß etwas dagegen unternommen wird, jedoch gern anderen zuschieben; und ebenso wird es stets Menschen geben, die sich in solchen Fällen verpflichtet fühlen, selbst etwas zu unternehmen. Die einen sagen: „Mögen andere sich darum kümmern", die anderen: „Ich muß mich der Not meines Bruders annehmen."

2. Wir ersehen daraus zwei Reaktionsweisen im Blick auf die den Menschen zur Verfügung stehenden Hilfsquellen. Als Jesus die Jünger bat, den Leuten etwas zu essen zu geben, wiesen sie darauf hin, daß zweihundert „Silbergroschen" nicht ausreichten, um Brot für sie alle zu kaufen. Bei dem mit S i l b e r g r o s c h e n übersetzten Wort handelt es sich um den etwa einer Mark entsprechenden römischen D e n a r und um den Durchschnittslohn eines Tagelöhners. In Wirklichkeit sagten die Jünger damit also: „Unser Verdienst von mehr als sechsmonatiger Arbeit reicht nicht aus, um für diese Volksmenge eine Mahlzeit zu beschaffen." Sie sagten: „Alles was wir haben, nützt nichts." Jesus dagegen sagte: „Wieviel Brote habt ihr?" Die Jünger hatten fünf Brote, Brote, die indessen nicht un-

seren heutigen Brotlaiben gleichen, sondern eher Brötchen waren. Im Johannesevangelium (6, 9) erfahren wir, daß es sich um Gerstenbrote gehandelt hat, um die Speise der Ärmsten der Armen, um die billigste Brotsorte, aus Schrot gebacken. Die Jünger hatten zwei Fische, die etwa sardinengroß waren. Tarichäa — der Name bedeutet Salzfischstadt — war ein am See gelegener und wegen seiner Salzfischausfuhr in der ganzen damaligen Welt bekannter Ort. Diese kleinen Salzfische wurden als nahrhafte und pikante Beigabe zu den Brötchen gegessen. Was vorhanden war, war also alles andere als viel. Doch Jesus nahm es und bewirkte Wunder damit. Wenig in Jesu Händen ist und wird stets viel. Auch wenn wir meinen, Jesus nur wenig an Talenten oder Substanz geben zu können, ist das kein Grund, pessimistisch zu sein, wie es die Jünger waren. Verhängnisvoll ist es, zu sagen: „Was ich tun kann, ist so wenig, daß es sich nicht lohnt, überhaupt etwas zu tun." Wenn wir uns Jesus Christus in die Hände geben, dann können wir nicht vorausberechnend wissen, was er mit und durch uns zu tun vermag.

JESUS WANDELT AUF DEM MEER

Markus 6, 45—52

Und alsbald trieb er seine Jünger, daß sie in das Schiff träten und vor ihm hinüberführen nach Bethsaida, bis daß er das Volk von sich ließe. Und da er sie von sich gelassen hatte, ging er hin auf einen Berg, zu beten. Und am Abend war das Schiff mitten auf dem Meer und er auf dem Lande allein. Und er sah, daß sie Not litten beim Rudern, denn der Wind war ihnen entgegen. Und um die vierte Nachtwache kam er zu ihnen und wandelte auf dem Meer und wollte an ihnen vorübergehen. Und da sie ihn sahen auf dem Meer wandeln, meinten sie, es wäre ein Gespenst, und schrien; denn sie sahen ihn alle und erschraken. Aber alsbald redete er mit ihnen und sprach zu ihnen: Seid getrost, ich bin's; fürchtet euch nicht! und trat zu ihnen ins Schiff, und der Wind legte sich. Und sie entsetzten sich über die Maßen; denn sie waren um nichts verständiger geworden über den Broten, sondern ihr Herz war verhärtet.

Unmittelbar, nachdem der Hunger der Volksmenge gestillt worden war, schickte Jesus die Jünger fort, noch ehe er die Menge gehen ließ. Warum er dies tat, erfahren wir nicht von Markus; höchstwahrscheinlich jedoch findet sich die Erklärung dafür in dem Bericht des Johannes hierüber, demzufolge sich nach der Speisung der Menge gezeigt hat, daß diese Jesus greifen und gegen seinen Willen zu ihrem König machen wollte. Das war das letzte, wonach Jesus verlangte; den Weg der Gewalt hatte er ein für allemal verworfen, als ihn der Teufel versucht hatte. Da er dies kommen sah und nicht wollte, daß seine Jünger womöglich von dieser nationalistischen Welle erfaßt wurden — Galiläa war eine Brutstätte für derartige Vorgänge, und ein Aufruhr solcher Art hätte alles verderben können — schickte Jesus die Jünger vorher fort. Und dann beruhigte er die Menge und hieß sie gehen.

Danach ging er allein auf einen Berg, um zu beten. Dicht aneinander drängten sich die bedrohlichen Fakten, denen er sich ausgesetzt sah. Da war die Feindseligkeit der orthodoxen Bevölkerung, da waren die Bestürzung und das Mißtrauen des Herrschers von Galiläa, des Herodes Antipas, und da waren die politischen Ruhestörer, die ihn gegen seinen Willen zu einem nationalistischen Messias machen wollten. Gerade zu diesem Zeitpunkt beschäftigten und belasteten Jesus mancherlei Probleme.

Für ein paar Stunden blieb er daher auf dem Berg mit Gott allein. Wie schon gesagt, muß sich dies alles etwa Mitte April zugetragen haben, zur Zeit des Passafestes also, das damals wie heute am ersten Vollmond des Frühlings gefeiert wurde. Die Nacht dauerte bei den Juden von 6 Uhr nachmittags bis 6 Uhr morgens und war in vier Nachtwachen eingeteilt: von 18 bis 21, von 21 bis 24 Uhr, von Mitternacht bis 3 Uhr morgens und von 3 bis 6 Uhr morgens. Etwa um drei Uhr morgens überblickte Jesus vom Berg aus den See, der an dieser Stelle nur etwa sechs Kilometer breit war und vor ihm im Mondschein dalag. Wind war aufgekommen, und er sah, wie die Männer in ihrem Boot hart gegen ihn ankämpften, um ans andere Ufer zu gelangen. Als Jesus seine Freunde sich so abmühen sah, dachte er nicht mehr an sich, sondern ging, seinen Freunden zu helfen. Hier zeigt sich der Wesenskern Jesu. Der Ruf menschlicher Not hatte für ihn Vorrang vor allem anderen, auch dem Gebet. Seine Freunde brauchten ihn; also mußte er zu ihnen gehen.

Was und wie das geschah, wissen wir nicht; die Begebenheit bleibt geheimnisumhüllt und läßt sich schwer erklären. Wohl

aber wissen wir, daß er zu ihnen ging und daß der Wind sich legte. Mit Jesus an ihrer Seite war alle ihre Sorge dahin.
Augustin schreibt über dieses Geschehen: „Er kam auf den Wogen des Meeres daher; so macht er es auch mit dem Lärm und Aufruhr des Lebens. Christen — warum fürchtet ihr euch?" Es ist eine schlichte Tatsache, eine Tatsache, die sich an unzähligen Tausenden von Männern und Frauen jeder Generation erwiesen hat, daß aus Sturm Stille, aus Aufruhr Friede, aus Unmöglichem Mögliches, aus Unerträglichem Tragbares wird und daß Menschen, die ihre Belastungsgrenze überschreiten, nicht zerbrechen, wenn Jesus bei ihnen ist. Mit Christus wandeln heißt auch für uns den Sturm besiegen.

DIE FORDERNDE VOLKSMENGE

Markus 6, 53—56

Und da sie hinübergefahren waren, kamen sie ans Land nach Genezareth und legten an. Und da sie aus dem Schiff traten, erkannten die Leute ihn alsbald und liefen im ganzen Land umher und hoben an, die Kranken umherzutragen auf Betten, wo sie hörten, daß er war. Und wo er in Dörfer, Städte und Höfe hineinging, da legten sie die Kranken auf den Markt und baten ihn, daß sie auch nur den Saum seines Kleides anrühren dürften; und alle, die ihn anrührten, wurden gesund.

Kaum war Jesus am jenseitigen Ufer an Land gegangen, da versammelten sich die Menschen bereits wieder in Scharen um ihn. Zuweilen muß Jesus mit einer gewissen Wehmut über die Menge geblickt haben; denn kaum jemand war unter ihnen, der nicht etwas von ihm wollte. Sie kamen mit beharrlichen Forderungen; sie kamen, um sich seiner zu bedienen. Wie anders wäre es gewesen, wenn sich wenigstens einige wenige darunter befunden hätten, die gekommen wären, etwas zu geben statt nehmen zu wollen. In gewisser Weise ist es zwar ganz natürlich, daß wir zu Jesus kommen, um etwas zu empfangen, denn vieles vermag nur er zu geben; doch beschämend ist, wenn wir stets nur nehmen, ohne je selbst etwas geben zu wollen.
1. Es gibt Menschen, die ihr Elternhaus ganz einfach ausnutzen, vor allem junge Menschen. Sie betrachten ihr Elternhaus als eine Versorgungsanstalt, die für ihre Bequemlichkeit zu

sorgen hat; sie essen und schlafen dort und lassen alles mögliche für sich machen. Ganz gewiß aber sind Elternhaus und Familie dazu da, daß jeder seinen Teil zu alledem beiträgt, nicht aber, daß wir sie ständig nur für uns selbst in Anspruch nehmen.

2. Es gibt Menschen, die ihre Freunde schlicht ausnutzen. Manche schreiben nur dann Briefe, wenn sie etwas wollen. Manche sind der Ansicht, die anderen seien nur dazu da, ihnen beizustehen, wenn sie ihre Hilfe brauchen; im übrigen könne man sie links liegen lassen.

3. Es gibt Menschen, die die Kirche als Institution betrachten, die dazu da ist, daß man sich bei der Taufe der Kinder, bei Hochzeiten und Beerdigungen ihrer bediene. Im übrigen lassen sie sich nur selten in der Kirche blicken. Es ist ihnen gar nicht bewußt, daß sie sich damit so verhalten, als ob die Kirche nur dazu da sei, ihnen nutzbar zu sein, ohne daß sie selbst ihr gegenüber irgendwie verpflichtet wären.

4. Es gibt Menschen, die Gott, schlicht gesagt, auszunutzen versuchen. Erst wenn sie ihn brauchen, denken sie an ihn. Ihre Gebete stellen lediglich Bitten, ja Forderungen an Gott dar. Manche Menschen betrachten Gott als eine Art Hotelpagen, der auf ein Klingelzeichen hin bei den Gästen zu erscheinen habe, um ihre Wünsche entgegenzunehmen und auszuführen; nur im Bedarfsfalle wenden sie sich an Gott.

Wenn wir uns selbst diesbezüglich prüfen, müssen wir feststellen, daß wir uns alle bis zu einem gewissen Grad in sämtlichen genannten Punkten schuldig machen. Es würde das Herz Jesu erfreuen, wenn wir etwas weniger oft zu ihm kämen, um ihn um Hilfe zu bitten, und etwas häufiger, um ihm unsere Liebe, unsern Dienst und unsere Ergebenheit zu zeigen.

REIN UND UNREIN

Markus 7, 1—4

Und es versammelten sich bei ihm die Pharisäer und etliche von den Schriftgelehrten, die von Jerusalem gekommen waren. Und sie sahen etliche seiner Jünger mit unreinen Händen, das heißt: ohne Waschung der Hände, ihr Brot essen. Denn die Pharisäer und alle Juden essen nicht, sie waschen denn die Hände mit einer Handvoll Wasser und halten so die Satzungen der Ältesten; und wenn sie vom Markt kommen, essen sie nicht, sie wa-

> *schen sich denn. Und es sind viele andre Dinge, die sie zu halten angenommen haben, wie: Trinkgefäße und Krüge und Kessel zu waschen.*

Die Auseinandersetzung zwischen Jesus und den Pharisäern und Gesetzesexperten, von der dieses Kapitel handelt, ist insofern von größter Bedeutung, als wir daraus erkennen, worin der entscheidende Unterschied zwischen der Auffassung Jesu und der seiner orthodoxen jüdischen Zeitgenossen bestand.
Es geht hier um die Frage: Weshalb halten Jesus und seine Jünger sich nicht an die Überlieferung der Ältesten? Worin bestand diese Tradition, was steht als Antriebskraft dahinter? Mit dem Gesetz bezeichneten die Juden ursprünglich zweierlei: erstens und vor allem die Zehn Gebote und zweitens die ersten fünf Bücher des Alten Testaments, die fünf Bücher Mose oder der „Pentateuch", wie sie auch genannt werden. Nun enthält der Pentateuch zwar eine gewisse Zahl detaillierter Vorschriften und Anweisungen; doch in ethischer Hinsicht sind darin lediglich eine Reihe wichtiger Grundsätze festgehalten, die von den Menschen selbst ausgelegt und im einzelnen angewandt werden mußten. Lange Zeit gaben die Juden sich damit zufrieden. Im fünften und vierten Jahrhundert vor Christus jedoch bildete sich eine Gruppe von Gesetzesexperten, die wir unter der Bezeichnung S c h r i f t g e l e h r t e kennen. Sie gaben sich mit den großen Prinzipien nicht mehr zufrieden; sondern von einer Leidenschaft zur Definition (anders kann man es nicht nennen) erfaßt, wollten sie diese wichtigen Grundlagen der Ethik weiter ausführen, genauer darstellen und zergliedern, bis daraus Tausende und Abertausende kleiner Satzungen und Bestimmungen wurden, die auf jede Handlung und jede nur denkbare Lebenssituation angewendet werden sollten. Nicht Sittengesetze von entscheidender Wichtigkeit, sondern Einzelvorschriften beherrschten das Leben der Menschen, und zwar solche, die erst nach der Zeit Jesu aufgeschrieben, bis dahin dagegen nur mündlich überliefert wurden. Dieses m ü n d l i c h ü b e r l i e f e r t e G e s e t z hieß die T r a d i t i o n d e r Ä l t e s t e n, wobei mit „Ältesten" in diesem Zusammenhang nicht die Obersten der Synagoge gemeint sind, sondern eher d i e A l t e n, die Kenner des Gesetzes in alter Zeit, wie zum Beispiel Hillel und Shammai. Erst sehr viel später, im dritten nachchristlichen Jahrhundert wurden all diese Vorschriften und Bestimmungen zusammengefaßt und in der M i s c h n a niedergeschrieben und festgehalten. Zwei Aspekte dieser Satzungen spielen in der Auseinandersetzung des vorliegenden

Abschnitts eine Rolle. Bei dem einen handelt es sich um die **Waschung der Hände**. Pharisäer und Schriftgelehrte warfen den Jüngern Jesu vor, sie äßen mit unreinen Händen. Gebraucht wird in diesem Zusammenhang das griechische Wort **koinos**, das normalerweise „gewöhnlich" heißt, weiter tadelnd auch „gemein, unheilig und unrein" und damit „ungeeignet zum Gottesdienst". Es gab genaue und strenge Vorschriften für die Waschung der Hände, wobei wir beachten müssen, daß diese Waschungen **nicht** im Interesse hygienischer Sauberkeit erfolgten, sondern es ging hier um **Reinheit im Sinne des Zeremonialrechts**. Vor jeder Mahlzeit und zwischen den einzelnen Gängen mußten die Hände gewaschen werden, und zwar in einer ganz bestimmten Weise. Sie mußten frei von Sand und Mörtel, frei von Kies o. dgl. sein, und das Wasser für die Waschungen mußte in besonderen großen Steinkrügen aufbewahrt werden, die gewährleisten sollten, daß es nicht für andere Zwecke verwendet, daß nichts hineingefallen und daß es unvermischt war. Bei der Waschung wurden die Hände zunächst mit den Fingerspitzen nach oben gehalten; dann wurde Wasser darüber gegossen, das zumindest bis zum Handgelenk hinunterlaufen mußte, wobei mindestens anderthalb Eierschalen voll Wasser verwendet werden mußten. Die feuchten Hände mußten jeweils mit der geballten Faust der anderen Hand gereinigt werden. Da das Wasser, weil es unreine Hände berührt hatte, nunmehr selbst unrein war, mußten die Hände als nächstes mit den Fingerspitzen nach unten gehalten werden, worauf Wasser über das Handgelenk bis zu den Spitzen hinablief und abtropfte. Erst danach galten die Hände als rein.

Wer diese Waschungen unterließ, galt bei den Juden nicht als ein Mensch mit schlechten Manieren, er war nicht schmutzig im hygienischen Sinne; sondern er galt Gott gegenüber als unrein und war damit den Angriffen des bösen Geistes Shibta, der Armut und dem Verderben ausgesetzt. Wer Brot mit unreinen Händen aß, aß damit gewissermaßen Kot. Ein Rabbi, der ein einziges Mal versäumt hatte, diese Zeremonie vorzunehmen, wurde als Exkommunizierter begraben; ein anderer Rabbi, der von den Römern eingekerkert war, benutzte das ihm zur Verfügung gestellte Wasser statt zum Trinken lieber für die Waschung, was zur Folge hatte, daß er vor Durst beinahe umgekommen wäre.

Die Pharisäer und Schriftgelehrten hielten diese Dinge für Religion. Gott dienen hieß für sie im wesentlichen, solche zeremoniellen Anweisungen zu befolgen. Der ethische Glaubensgehalt lag unter einer Masse von Tabus, Satzungen und Vorschriften begraben.

Die letzten Verse dieses Abschnitts befassen sich noch mit einer weiteren Vorstellung von dem, was Unreinheit bedeute. Auch wenn ein Gegenstand im üblichen Sinne völlig sauber war, konnte er rituell unrein sein; Kapitel 11—15 des 3. Buches Mose geben uns einen Begriff von dieser Anschauung. Bestimmte Tiere galten als unrein (3. Mose 11), ferner Frauen nach der Geburt von Kindern, Aussätzige sowie Personen, die einen Leichnam berührt hatten. Auch von Heiden berührte Speisen waren unrein, ebenso alle von Heiden berührten Gefäße. Strenggläubige Juden wuschen, wenn sie vom Markt nach Hause zurückkehrten, den ganzen Körper in reinem Wasser, um damit jede denkbare Verunreinigung zu beseitigen.

Gefäße konnten sehr leicht unrein werden, wenn unreine Menschen oder unreine Speisen mit ihnen in Berührung gekommen waren. Das ist im vorliegenden Abschnitt mit dem Waschen der Trinkgefäße, Krüge und Kessel gemeint. Die Mischna enthält nicht weniger als zwölf Abhandlungen über diese Art der Unreinheit. Wie weit man dabei ging, mögen ein paar Beispiele zeigen. H o h l g e f ä ß e aus Ton konnten wohl i n n e n, jedoch nicht außen unrein sein; das heißt: es kam nicht darauf an, wer oder was von außen, sondern nur darauf, was an der Innenseite mit ihnen in Berührung kam. Waren sie unrein geworden, mußen sie zerschlagen werden, und es durften keine größeren Stücke zurückbleiben als solche, die das zum Salben der kleinen Zehe erforderliche Öl aufzunehmen vermochten. Flache Teller ohne Rand konnten nicht unrein werden, wohl dagegen Teller mit Rand. Mit Leder, Knochen oder Glas verarbeitete f l a c h e Gefäße konnten gleichfalls nicht unrein werden; waren sie dagegen a u s g e h ö h l t, konnten sie sowohl i n n e n wie auch a u ß e n unrein werden. Waren sie unrein, mußten sie zerbrochen werden, und zwar derart, daß ein mittelgroßer Granatapfel durch das jeweilige Loch hindurchging. Irdene Gefäße mußten zerschlagen werden, um die Unreinheit zu beseitigen; andere mußten gewaschen, gekocht und — sofern es sich um Metallgefäße handelte — im Feuer geläutert und poliert werden. Ein dreibeiniger Tisch konnte unrein werden, allerdings nicht, wenn er nur ein oder zwei Beine verlor; bei dem Verlust von drei Beinen dagegen war es wiederum möglich, weil er dann als Brett verwendet werden konnte, und Bretter konnten unrein werden. Metallgeräte mit Ausnahme von Türen, Riegeln, Schlösser, Angeln, Türklopfern und Rinnen konnten unrein werden, Holz an Metallgegenständen und Metall

an Holzgegenständen dagegen nicht. Auch Holzschlüssel mit Metallbart konnten unrein werden, Metallschlüssel mit Holzbart dagegen nicht.
Schriftgelehrte und Pharisäer hielten all diese Vorschriften für außerordentlich wichtig, während Jesus sie bekämpfte. Sie einhalten hieß für sie: Gott gefallen; sie übertreten: sündigen. Das war ihre Vorstellung von Frömmigkeit und vom Gottesdienst. Jesus und diese Männer sprachen also verschiedene Sprachen, was den Glauben anging. Weil er all diese Bestimmungen für überflüssig hielt, war er für sie ein unfrommer schlechter Mensch. Hier tut sich eine entscheidende Kluft auf: die zwischen denjenigen, für die Glaube eine Sache der Formalien ist, und denjenigen, für die er eine Sache der Liebe zu Gott und den Mitmenschen ist.
Es wird sich zeigen, daß der Glaube Jesu nichts mit den religiösen Vorstellungen der Pharisäer und Schriftgelehrten zu tun hatte.

DIE GEBOTE GOTTES UND DIE SATZUNGEN DER MENSCHEN

Markus 7, 5—8

Da fragten ihn die Pharisäer und Schriftgelehrten: Warum wandeln deine Jünger nicht nach den Satzungen der Ältesten, sondern essen ihr Brot mit unreinen Händen? Er aber sprach zu ihnen: Gar fein hat von euch Heuchlern Jesaja geweissagt, wie geschrieben steht (Jes. 29, 13): „Dies Volk ehrt mich mit den Lippen; aber ihr Herz ist ferne von mir. Vergeblich dienen sie mir, weil sie lehren solche Lehren, die nichts als Menschengebote sind." Ihr verlasset Gottes Gebot und haltet der Menschen Satzungen.

Die Pharisäer und Schriftgelehrten, die sahen, daß die Jünger Jesu sich nicht peinlich genau an die Tradition und den Wortlaut des mündlich überlieferten Gesetzes bezüglich der Handwaschungen hielten, fragten Jesus nach dem Grund dafür. Jesus begann darauf eine Stelle aus Jesaja (29,13) zu zitieren, wo der Prophet den Menschen seiner Zeit vorgeworfen hatte, sie ehrten Gott zwar mit den Lippen, doch ihre Herzen seien ferne von ihm. Jesus warf den Pharisäern und Schriftgelehrten damit grundsätzlich zweierlei vor.

1. Er warf ihnen **Heuchelei** vor. Das in diesem Zusammenhang verwendete griechische Wort **hypokritēs** hat eine interessante, aufschlußreiche Entwicklung durchgemacht. Ursprünglich hieß es **jemand, der antwortet**; dann entwickelte es sich dahin, daß es **Schauspieler** bedeutete, jemand also, der in einem festgesetzten Dialog oder Gespräch antwortet, bis schließlich nicht bloß der Schauspieler im Theater damit gemeint war, sondern **jeder, dessen ganzes Leben eine Art Schauspiel ohne jede Aufrichtigkeit dahinter darstellt**. Jeder, für den Religion eine Sache des Gesetzes unter Beachtung bestimmter Tabus bedeutet, ist in diesem Sinne ein Heuchler; glaubt er doch, ein guter Mensch zu sein, wenn er gewisse Äußerlichkeiten korrekt beachtet, **gleichviel, wie es in seinem Herzen aussieht**. Um bei dem Beispiel des gesetzestreuen Juden zur Zeit Jesu zu bleiben: Ob ihm seine Mitmenschen zutiefst zuwider waren, ob er Neid, Eifersucht oder Stolz empfand, all das spielte keine Rolle, wenn er nur die Vorschriften betreffs der Waschung der Hände und dessen, was rein und was unrein war, einhielt. Die Gesetzesreligion achtet auf das äußere Verhalten der Menschen, ohne sein Inneres zu berücksichtigen. Wer in allen Äußerlichkeiten Gott peinlich genau dient, ihm jedoch im wesentlich Entscheidenden ungehorsam ist, ist ein Heuchler. Die Gefahr, den Glauben mit der Einhaltung äußerer Religionsvorschriften gleichzusetzen, ist daher die größte Glaubensgefahr. Kirchgang, Bibellesen, finanzielle Unterstützung der Kirche, Einhaltung festgesetzter Gebetszeiten u. dgl. machen uns noch längst nicht zu wirklich frommen guten Menschen. Entscheidend bleibt, wie wir innerlich zu Gott und zu unseren Mitmenschen stehen. Wo Feindseligkeit, Bitterkeit, Groll und Hochmut in uns schwelen, da nützt alle äußere Religiosität nichts; da sind und bleiben wir Heuchler.

2. Der zweite Vorwurf, den Jesus unausgesprochen gegen die Legalisten, die gesetzlich Denkenden, erhob, bestand darin, **daß sie die Stimme Gottes durch menschlichen Scharfsinn zu ersetzen versuchten**. Ihre Lebensführung beruhte nicht darauf, daß sie auf Gott hörten, sondern darauf, daß sie auf die klugen Argumente, Spitzfindigkeiten und geistreichen Auslegungen ihrer Gesetzesexperten hörten. Intellekt und Klugheit aber als Grundlagen echten Glaubens sind undenkbar. Glaube ist nicht ein Produkt des menschlichen Verstandes, sondern kommt aus dem Horchen auf die Stimme Gottes.

FREVELHAFTE SATZUNGEN

Markus 7, 9—13

> *Und er sprach zu ihnen: Gar fein hebt ihr Gottes Gebot auf, auf daß ihr eure Satzungen haltet. Denn Mose hat gesagt (2. Mose 20, 12; 21, 17): „Du sollst deinen Vater und deine Mutter ehren", und: „Wer Vater oder Mutter flucht, der soll des Todes sterben." Ihr aber sagt: Wenn einer spricht zu Vater oder Mutter: Korban, das heißt Opfergabe, soll sein, was dir sollte von mir zukommen, so laßt ihr ihn hinfort nichts tun für seinen Vater oder seine Mutter und hebt so Gottes Wort auf durch eure Satzungen, die ihr aufgestellt habt; und dergleichen tut ihr viel.*

Der genaue Sinn dieses Abschnitts erschließt sich aus der Beschäftigung mit dem Wort „K o r b a n". Es scheint, als habe das Wort K o r b a n bei den Juden zwei Bedeutungsphasen durchlaufen.

1. Das Wort bedeutet zunächst G a b e. Etwas Gott Dargebrachtes wurde so genannt. Etwas, was K o r b a n war, war so, als ob es bereits auf dem Altar dargebracht worden sei; das heißt: es diente keinerlei gewöhnlichen Zwecken und wurde Eigentum Gottes. Wollte jemand etwas von seinem Geld oder Besitz Gott darbringen, erklärte er es zum K o r b a n, womit es später nicht mehr für gewöhnliche, weltliche Zwecke verwendet werden durfte. Anscheinend konnte das Wort schon auf dieser Bedeutungsstufe sehr schlau gebraucht werden. Hatte ein Gläubiger zum Beispiel einen Schuldner, der sich weigerte, zu zahlen, dann konnte der Gläubiger sagen: „Was du mir schuldest, ist K o r b a n", das heißt: „Was du mir schuldest, ist Gott geweiht." Von diesem Augenblick an begann der Schuldner, nicht einem Mitmenschen, sondern Gott etwas zu schulden, was wesentlich schlimmer war. Es kann durchaus sein, daß der Gläubiger sich durch eine winzige symbolische Zahlung an den Tempel seiner Verpflichtung entledigte und den Rest für sich selbst behielt. Auf jeden Fall bedeutete diese Art der Verbindung des K o r b a n s mit dem Schuldwesen eine Art religiöser Erpressung; der K o r b a n -Gedanke scheint hier bereits dem Mißbrauch ausgesetzt gewesen zu sein. Soweit ein solcher Gedanke hinter unserem Abschnitt steht, besagt er: wer sein Eigentum zum K o r b a n erklärt, als sei es bereits auf dem Altar dargebracht, der sagt, wenn seine Eltern in Not sind: „Es

tut mir leid, daß ich euch nichts geben kann; denn alles, was ich besitze, ist bereits Gott geweiht." Das Gelübde diente als Entschuldigung oder Vorwand dafür, daß der Betreffende seinen in Not befindlichen Angehörigen nicht half. Das Gelübde, auf dessen Einhaltung die Gesetzesfanatiker bestanden, war mithin ein Gelübde, das die Übertretung eines der Zehn Gebote, also des eigentlichen Gesetzes Gottes, beinhaltete.

2. Anscheinend wurde das Wort K o r b a n später in einem wesentlich erweiterten Sinne als Schwur verwendet. Wenn jemand etwas zum K o r b a n erklärte, entfremdete er es demjenigen, zu dem er sprach, sonderte es gleichsam von ihm ab. Sagte jemand beispielsweise: „K o r b a n sei, was ich von dir profitiere", so verpflichtete er sich damit, nichts von dem, was der so Angesprochene besaß, zu berühren, zu kosten oder in die Hand zu nehmen. Sagte jemand dagegen: „K o r b a n sei, was du von mir profitierst", so verpflichtete er sich damit, dem so von ihm Angesprochenen niemals mit dem, was ihm selbst gehörte, zu helfen oder beizustehen. Ist das Wort in unserm Abschnitt in diesem Sinne gebraucht, so besagt das, daß jemand, der irgendwann einmal, vielleicht in einem Anfall von Wut, zu seinen Eltern gesagt hatte: „K o r b a n sei alles, womit ich euch jemals helfen könnte!", daran nach Auffassung der Legalisten für immer gebunden sei und seinen Eltern nie wieder beistehen dürfe. Welche Auslegung auch zutreffen mag, soviel steht fest: gemeint waren Fälle, in denen die strikte Einhaltung von Satzungen es den Menschen unmöglich machte, die Zehn Gebote zu befolgen.

Jesus attackierte ein System, bei dem irgendwelche Vorschriften den Vorrang vor menschlicher Not hatten. Nach den Geboten Gottes kam zuerst, was die Liebe und die menschlichen Bande erforderten; nach den Geboten der Schriftgelehrten kamen zuerst die Anforderungen der Satzungen. Jesus war sich ganz sicher, daß alle Vorschriften, die die Menschen daran hinderten, Hilfe zu gewähren, wo Hilfe nottat, mit dem Gesetz Gottes unvereinbar seien. Auch wir sollten uns hüten, daß unsere Barmherzigkeit und Liebe über Richtlinien aller Art nicht zu kurz kommt. Gott wird nie etwas gutheißen, was uns hindert, unsern Mitmenschen zu helfen.

WAS DIE MENSCHEN WIRKLICH UNREIN MACHT

Markus 7, 14—23

Und er rief das Volk wieder zu sich und sprach zu ihnen: Höret mir alle zu und fasset es! Es ist nichts, was von außen in den Menschen hineingeht, das ihn könnte unrein machen; sondern was aus dem Menschen herauskommt, das ist's, was den Menschen unrein macht. Und da er von dem Volk ins Haus kam, fragten ihn seine Jünger über dies Gleichnis. Und er sprach zu ihnen: Seid ihr denn auch so unverständig? Merket ihr nicht, daß alles, was von außen in den Menschen hineingeht, ihn nicht unrein machen kann? Denn es geht nicht in sein Herz, sondern in den Bauch, und geht aus durch den natürlichen Gang. So erklärte er alle Speisen für rein. Er sagte aber: Was aus dem Menschen herauskommt, das macht den Menschen unrein; denn von innen, aus dem Herzen der Menschen, kommen die bösen Gedanken, Unzucht, Dieberei, Mord, Ehebruch, Habsucht, Bosheit, List, Schwelgerei, Mißgunst, Lästerung, Hoffart, Unvernunft. All diese bösen Dinge kommen von innen heraus und machen den Menschen unrein.

Auch wenn es heute nicht mehr so zu sein scheint, so war doch das, was in diesem Abschnitt gesagt wird, nahezu die revolutionierendste Stelle des Neuen Testaments. Nachdem Jesus sich mit den Schriftgelehrten über die mündlich überlieferte religiöse Tradition auseinandergesetzt, ihnen die Unwichtigkeit der Handwaschungen klargemacht und sie darauf hingewiesen hat, daß die strikte Einhaltung ihrer Vorschriften sogar Ungehorsam gegen das Gesetz Gottes bedeuten kann, sagt er hier etwas noch Verblüffenderes, indem er erklärt, nichts, was von außen in die Menschen eingehe, könne diese unrein machen. Das hatten Juden zu keiner Zeit geglaubt, und das glauben orthodoxe Juden auch heute nicht. 3. Mose 11 enthält eine lange Liste von Tieren, die unrein sind und daher nicht gegessen werden dürfen. Wie ernst man es damit nahm, erkennen wir an vielen Ereignissen aus der Makkabäerzeit. In jenen Tagen beschloß der König von Syrien, Antiochus Epiphanes, den jüdischen Glauben auszurotten, und dazu gehörte auch, daß er von den Juden verlangte, daß sie Schweinefleisch aßen. Doch die Juden starben lieber zu Hunderten, als daß sie dies taten. „Aber viele vom Volk Israel waren beständig und wollten nichts Unreines essen und ließen sich lieber töten, denn daß sie sich verunreinigten, und wollten nicht vom heiligen Gesetz Gottes abfallen; darum wurden sie umgebracht (1. Makk. 1, 65—67). 2. Makkabäer 7 wird vom Märtyrertod von sieben Brüdern und ihrer Mutter berichtet. Man verlangte von ihnen, daß sie Schweinefleisch essen sollten. Als sie sich weigerten, wurde dem ersten der Brüder die Zunge herausgeschnitten, die Hände und Füße abgehauen und er selbst dann lebendig in der Pfanne gebraten. Dem zweiten zog man die Kopfhaut samt den Haaren ab. Einer nach dem andern wurde zu Tode gepeinigt, und die Mutter stand dabei und sprach ihnen Mut zu; sie alle wollten eher sterben, als daß sie unreines Fleisch aßen. Angesichts dieser Geschehnisse stellte Jesus die umstürzende Behauptung auf, daß nichts von dem, was in die Menschen hineingeht, sie unrein machen kann. Mit einer einzigen Geste fegte er Gesetze vom Tisch, um deretwillen viele Juden heldenhaft gelitten hatten und gestorben waren. Kein Wunder, daß selbst die Jünger darüber betroffen waren!

In Wirklichkeit sagte Jesus damit, daß Speisen und D i n g e im eigentlichen religiösen Sinne niemals rein oder unrein sein, daß nur M e n s c h e n wirklich unrein sein können; ihre Handlungen nämlich, die das Produkt ihrer Herzen darstellen, können sie unrein machen. Das war fürwahr eine neue, eine erschütternd neue Lehre. Die Juden hatten (und haben bis heute) ein ganzes System im Blick auf das entwickelt, was „rein" und „unrein" ist. Das alles erklärte Jesus jetzt ganz einfach für unwichtig, indem er behauptete, daß Unreinheit nur etwas mit dem zu tun habe, was aus dem Inneren der Menschen komme.

Betrachten wir einmal, was Jesus als von daher kommend und uns unrein machend, aufzählt.

Er beginnt mit den b ö s e n G e d a n k e n (d i a l o g i s m o i). Jedem äußeren Akt der Sünde geht ein innerer Akt der Überlegung und Entscheidung voraus; darum beginnt Jesus mit den bösen Gedanken, auf die alle bösen Taten zurückgehen. Als nächstes nennt er U n z u c h t (p o r n e i a), später außerdem noch E h e b r u c h (m o i c h e i a i); bei dem ersten Wort handelt es sich um den umfassenderen Ausdruck, mit dem jede Art sexueller Sünde gemeint ist. Es folgt D i e b e r e i (k l o p a i). Im Griechischen gibt es zwei Wörter für D i e b : k l e p t ē s und l ē s t ē s. L ē s t ē s ist ein Straßenräuber; Barabbas z. B. war ein l ē s t ē s (Joh. 18, 40). Räuber konnten, obwohl geächtet, sehr tapfer sein. K l e p t ē s heißt D i e b ; Judas war ein k l e p t ē s, als er sich Geld aus dem Beutel nahm (Joh. 12, 6).

Ein k l e p t ē s ist ein gemeiner, ehrloser Langfinger, der nicht einmal einen gewissen Mut braucht wie der Straßenräuber. Als nächste nennt Jesus M o r d und E h e b r u c h, an deren Sinn kein Zweifel besteht. Anschließend folgt H a b s u c h t (p l e o - n e x i a). P l e o n e x i a ist ein zusammengesetztes Wort und bedeutet M e h r h a b e n w o l l e n, also B e g e h r l i c h k e i t. Das Wort kennzeichnet die Gesinnung eines Menschen, der an sich zu reißen versucht, worauf er kein Anrecht hat, um es anschließend nicht wie ein Geizhals zu horten, sondern für die Befriedigung seiner Begierden auszugeben. Es handelt sich dabei nicht nur um den Wunsch nach Geld und materiellen Gütern, sondern auch um Machtgier und um unstillbares fleischliches Verlangen. Plato hat einmal gesagt: „Die Begierden des Menschen sind wie ein Sieb oder wie ein durchlöchertes Gefäß, das er beständig zu füllen versucht, ohne daß es ihm je gelingt." P l e o n e x i a ist jene Habgier im Herzen der Menschen, die ihr Glück schlechthin im Materiellen statt in Gott suchen. Als nächstes nennt Jesus B o s h e i t. Im Griechischen gibt es zwei Wörter für böse: k a k o s, womit etwas in sich Böses bezeichnet wird, und p o n ē r o s für Personen oder etwas a k t i v B ö s e s. Hier wird das Wort p o n ē r i a i verwendet. Wer p o - n ē r o s ist, der möchte anderen Schaden zufügen. Er ist, wie es bei Bengel heißt, „in allen Verbrechen geübt und bereit, allen Menschen etwas Böses zuzufügen". Jemand anders hat p o n ē - r i a als „Eignung zu krummen Touren und zur Schadenfreude" bezeichnet; p o n ē r i a verdirbt nicht nur den, der sie besitzt, sondern auch andere. P o n ē r o s — der Böse — ist die Bezeichnung für den Satan. Es gibt keine schlechteren Menschen als die, die Satans Werk tun, die nicht nur selbst schlecht sind, sondern auch andere zu schlechten Menschen zu machen suchen. Als nächstes folgt L i s t. D o l o s, wie es im Griechischen heißt, bedeutet Arglist, Gaunerei und Betrug; Mausefallen wurden so genannt. Als die Griechen Troja belagerten und die Stadt nicht einnehmen konnten, schickten sie den Trojanern ein großes hölzernes Pferd als Geschenk, als ob dies ein Zeichen ihres guten Willens sei. Doch in dem Pferd befanden sich Griechen, die in der Nacht hervorkrochen und Tod und Verderben über Troja brachten. Genau das ist d o l o s : schlaue, listige, verschlagene, kluge Tücke. Als nächstes folgt bei der Aufzählung S c h w e l g e r e i (a s e l g e i a). Die Griechen bezeichneten a s e l g e i a als Abneigung gegen jede Zucht und als die Haltung von Menschen, die keinerlei Beschränkungen dulden und den Launen nachgeben, die ihre Unverschämtheit ihnen eingibt. Wer sich der a s e l g e i a schuldig macht, kennt weder Anstand noch Schicklichkeit. Während böse Menschen ihre Sünden zu verbergen suchen, kennt jemand, der der **a s e l - g e i a** verfallen ist, keine Gewissensbisse und schockiert seine Mitmenschen ohne Scheu. Ein klassisches Beispiel für **a s e l - g e i a** ist Jesebel, die in der heiligen Stadt Jerusalem einen heidnischen Altar errichten ließ. Bei **M i ß g u n s t** handelt es sich im griechischen Text wörtlich um **d a s b ö s e A u g e**, um jemanden also, der scheel auf Erfolg und Glück anderer blickt und am liebsten einen bösen Zauber dagegen aussprechen würde, wenn er dies vermöchte. Als nächstes folgt **L ä s t e r u n g** ; wenn sie sich gegen Gott richtet, sprechen wir (mit dem griechischen Ausdruck) von Blasphemie. Lästern heißt die Menschen oder Gott beleidigen. Sodan folgt **H o f f a r t (h y p e r ē p h a - n i a)**. Das griechische Wort heißt eigentlich „vor anderen sichtbar". Die Haltung von Menschen, die allen Menschen, mit Ausnahme von sich selbst, eine gewisse Geringschätzung entgegenbringen, wird so bezeichnet. Interessant an diesem Wort ist nach griechischem Sprachgebrauch, daß damit eine Verhaltensweise gekennzeichnet wurde, die unter Umständen niemals deutlich zum Vorschein kam, weil der Betreffende sich nur insgeheim mit anderen verglich, weil er äußerlich Demut vortäuschen und doch innerlich hochmütig sein konnte. Zuweilen freilich wird der Hochmut augenscheinlich. Die griechische Mythologie weiß von den Riesen, den Söhnen des Tartarus und der Gē zu berichten, daß sie in ihrem Hochmut den Himmel zu stürmen versuchten, jedoch von Herkules wieder hinabgeschleudert wurden. Das ist **h y p e r ē p h a n i a** : sich Gott gegenüber anmaßend verhalten, in seine Hoheitsrechte eingreifen. Deshalb ist Hoffart auch als „Gipfel aller Laster" bezeichnet worden, und deshalb „widersteht Gott den Hoffärtigen" (Jak. 4, 6). Den Beschluß bildet **U n v e r n u n f t (a p h r o s y n ē)**. Damit ist nicht Torheit als Folge eines schwachen Verstandes gemeint, sondern sittliche Torheit und Unbesonnenheit.

Die Liste dessen, was aus dem Herzen der Menschen kommt und von Jesus hier zitiert wird, ist wahrhaft erschreckend; wenn wir uns in sie vertiefen, schaudert uns. Gleichwohl stellt sie eine Aufforderung an uns zu ehrlicher Selbstprüfung dar und soll uns keineswegs bloß abschrecken.

DIE KANAANÄISCHE FRAU

Markus 7, 24—30

Und er stand auf und ging von dannen in die Gegend von Tyrus und ging in ein Haus und wollte es niemand wissen lassen und konnte doch nicht verborgen bleiben. Sondern alsbald hörte eine Frau von ihm, deren Töchterlein einen unsaubern Geist hatte, und sie kam und fiel nieder zu seinen Füßen; es war aber eine griechische Frau aus Syrophönizien, und sie bat ihn, daß er den bösen Geist von ihrer Tochter austriebe. Jesus aber sprach zu ihr: Laß zuvor die Kinder satt werden; es ist nicht fein, daß man den Kindern ihr Brot nehme und werfe es vor die Hunde. Sie antwortete aber und sprach zu ihm: Ja, Herr; aber doch essen die Hunde unter dem Tisch von den Brosamen der Kinder. Und er sprach zu ihr: Um dieses Wortes willen gehe hin; der böse Geist ist von deiner Tochter ausgefahren. Und sie ging hin in ihr Haus und fand das Kind auf dem Bette liegen, und der böse Geist war ausgefahren.

Vor dem Hintergrund des Geschehens und dem, was darin unausgesprochen zum Ausdruck kommt, wird dieser Vorfall zu einer der ergreifendsten und ungewöhnlichsten Begebenheiten im Leben Jesu.

Werfen wir zunächst einen Blick auf den Schauplatz der Handlung. Tyrus war eine phönizische Stadt und gehörte zu Syrien. Phönizien erstreckte sich vom Karmel im Norden aus unmittelbar an der Küste entlang, so daß es Galiläa dadurch den direkten Zugang zur Küste versperrte; Phönizien „umschloß" Galiläa, wie der jüdische Geschichtsschreiber Josephus sich ausdrückt. Tyrus lag etwa 65 Kilometer nordwestlich von Kapernaum; der Name bedeutet: d e r F e l s e n. So hieß die Stadt wegen zwei großer, vor der Küste gelegener und durch einen etwa 1 km langen Kamm miteinander verbundener Felsen. Dadurch entstand eine natürliche Buhne, und Tyrus gehörte denn auch seit den ältesten Zeiten zu den großen natürlichen Welthäfen. Die Felsen dienten aber nicht nur als Wellenbrecher, sondern auch der Verteidigung, weshalb Tyrus nicht nur eine berühmte Hafenstadt, sondern auch eine berühmte Festung war. Aus Tyrus und Sidon kamen die ersten Schiffer, die sich an den Sternen orientierten. Bevor die Menschen lernten, ihren

Kurs nach den Sternen zu bestimmen, war die Seefahrt reine Küstenseefahrt, und die Schiffe mußten nachts vor Anker gehen. Doch die phönizischen Seefahrer hatten das ganze Mittelmeer umschifft und waren durch die „Säulen des Herkules" (Meerenge von Gibraltar) hindurch bis nach Britannnien vorgedrungen. Sidon lag etwa vierzig Kilometer nordöstlich von Tyrus, verfügte ebenfalls über eine natürliche Buhne und war als Hafen und Stadt so alt, daß niemand wußte, wer es gegründet hatte. Obwohl die phönizischen Städte zu Syrien gehörten, waren sie alle unabhängig und rivalisierten miteinander. Sie hatten eigene Herrscher, eigene Götter und ein eigenes Münzsystem und herrschten je in einem Umkreis von etwa 25 bis 30 Kilometern. Ihr Blick war einerseits aufs Meer, andererseits auf Damaskus gerichtet. Schiffe und Karawanen aus vielen Ländern kamen dorthin, bis Sidon schließlich seine Bedeutung als Handelsstadt und damit seine Größe einbüßte und immer mehr verkam. Der Ruhm der phönizischen Seefahrer aber, die als erste lernten, sich bei der Schiffahrt nach dem Stand der Sterne zu orientieren, wird nicht vergehen.

1. Die erste Besonderheit, die wir festhalten müssen, ist die, d a ß J e s u s s i c h a u f h e i d n i s c h e m B o d e n a u f h ä l t. Wird die Begegnung mit dem kanaanäischen Weib nur zufällig an dieser Stelle berichtet? Vorangegangen war, daß Jesus den Unterschied zwischen reinen und unreinen Speisen vom Tisch gefegt hatte. Könnte es sein, daß Jesus hier nun symbolisch mit dem Unterschied zwischen reinen und unreinen Menschen aufräumt? Ebensowenig, wie die Juden ihre Lippen mit verbotenen Speisen verunreinigten, verunreinigten sie ihr Leben nicht durch die Berührung mit unreinen Heiden. Es ist durchaus möglich, daß Jesus hier anschaulich zum Ausdruck bringen will: die Heiden sind nicht unrein; sondern auch für sie ist Platz im Reiche Gottes. Jesus muß in diese nördliche Gegend gekommen sein, um dort vorübergehend Zuflucht zu suchen; in seiner Heimat war er ständigen Angriffen von allen Seiten ausgesetzt. Schon lange zuvor hatten Pharisäer und Schriftgelehrte ihn als Sünder gebrandmarkt, weil er die Satzungen und Vorschriften nicht beachtete. Herodes fühlte sich durch ihn bedroht, die Bewohner von Nazareth hatten sich über ihn empört und ihrem Mißfallen Ausdruck gegeben. Die Stunde würde kommen, in der er seinen Gegnern mit flammender Herausforderung entgegentreten würde; doch noch war diese Stunde nicht gekommen. Bevor es soweit war, suchte Jesus zunächst in aller Abgeschiedenheit Ruhe und Frieden; und in dieser Zurückgezogenheit wurde der Grundstein zum

Reiche Gottes unter den Heiden gelegt, hier zeigte sich zum erstenmal, in welcher Richtung das Christentum sich entwikkeln würde. Die Verwerfung Jesu durch die Juden — sie stellte eine Chance dar für die Heiden.

2. Doch noch etwas anderes kommt hinzu. Ideell gesehen gehörten diese phönizischen Städte zu Israel. Als unter Josua das Land verteilt wurde, war das Land bis nach Sidon, der großen Stadt, und bis zu der festen Stadt Tyrus dem Stamm Asser zugewiesen worden (Jos. 19, 28. 29). Dieser war jedoch nicht imstande gewesen, das Land zu unterwerfen, und seine Leute hatten es nie betreten. Ist nicht auch das symbolisch? Wo die Gewalt der Waffen versagte, da siegte die alles überwindende Liebe Jesu Christi. Dem irdischen Israel war es versagt geblieben, die Bewohner Phöniziens einzubringen —: jetzt war das wahre Israel über sie gekommen. Jesus kam nicht in ein beliebiges unbekanntes Land, sondern in ein Land, das Gott ihm bereits lange zuvor zu eigen gegeben hatte. Er trat eher ein Erbe an, als daß er zu Fremden kam.

3. Die Begebenheit will mit Einsicht gelesen sein. Als die Frau vor Jesus trat, um ihn um Hilfe für ihre Tochter zu bitten, antwortete Jesus, es sei nicht fein, daß man den Kindern ihr Brot wegnehme und es vor die Hunde werfe. Dieser Satz wirkt zunächst schockierend, und wir müssen außerdem noch klarmachen, daß Hunde damals nicht, wie heute, beliebte Haustiere und Wächter waren, sondern weitgehend das Symbol von Schmach und Schande; die Griechen verstanden unter dem Wort schamlose, dreiste Frauen. Auch bei den Juden war es ein Ausdruck von Verachtung. „Ihr sollt das Heilige nicht den Hunden geben" (Matth. 7, 6; vgl. Phil. 3, 2; Offb. 22, 15). Mit dem Wort „Hund" brachten die Juden zeitweilig sogar ihre Verachtung für die Heiden zum Ausdruck. Rabbi Josua ben Levi spricht in einem Gleichnis von den Wohltaten Gottes, deren sich die Heiden erfreuen, und fragt: „Wenn die Heiden, die das Gesetz nicht haben, sich solcher Segnungen erfreuen, wieviel größerer Segnungen wird sich dann Israel, das Volk Gottes, erfreuen?" „Es ist wie bei dem König, der ein Fest veranstaltete und die Gäste vor der Tür seines Palastes Platz nehmen hieß. Sie sahen, wie die Hunde mit Fasanen, mit den Köpfen gemästeter Vögel und Kälber im Maul herauskamen und sprachen untereinander: ‚Wenn die Hunde so etwas bekommen, wie üppig wird dann erst das eigentliche Mahl sein!' Und die Völker der Welt werden mit Hunden verglichen, wie gesagt ist (Jes. 56, 11): ‚Es sind gierige Hunde, die nie satt werden können.'" Der Ausdruck Hund war, von welcher Seite wir

die Sache auch betrachten, eine Beleidigung. Wie sollen wir dann aber erklären, daß Jesus ihn hier benutzt? a) Er benutzte nicht das übliche Wort, mit dem die in den Straßen umherstreunenden Hunde bezeichnet wurden, sondern eine Diminutivform, mit der kleine Schoßhunde bezeichnet wurden. Solche Verkleinerungsformen jedoch sind im Griechischen Ausdruck einer besonderen Zärtlichkeit, und Jesus nahm damit dem Wort Hund den Stachel. b) Zweifellos war auch der Ton, in dem er zu der Frau sprach, ausschlaggebend. Jedes Wort kann, je nachdem in welchem Ton es gesprochen wird, eine tödliche Beleidigung oder ein Ausdruck der Zuneigung sein. „Du alter Lump" kann ebensogut ein Ausdruck der Verachtung wie der Zuneigung sein, je nachdem, in welchem Ton wir ihn aussprechen. Der Ton, in dem Jesus das Wort hier aussprach, entzog ihm fraglos alles Gift. c) Auf jeden Fall verschloß Jesus die Tür n i c h t vor der Frau. Z u v o r, sagte er, müßten die Kinder satt werden, doch eben auch nur zuerst; danach bleibe noch genug übrig für die Schoßhündchen. Z u e r s t wurde zwar Israel das Evangelium angeboten, doch eben nur zuerst; andere sollten später drankommen. Die Frau war Griechin, Griechen aber waren besonders feinfühlig und schlagfertig. Sie erkannte sofort, daß die Tür noch nicht zugeschlagen war, sondern in den Angeln hin- und herpendelte. Da man damals weder Messer noch Gabeln noch Servietten benutzte, sondern mit den Händen aß, wurden diese an Brotstücken gereinigt, die anschließend den Hunden vorgeworfen wurden. Deshalb sagte die Frau: „Ich weiß, daß die Kinder zuerst an die Reihe kommen; aber kann ich nicht wenigstens die Brocken haben, die von den Kindern fortgeworfen werden?" Und Jesus hatte sie lieb, weil er hier einem Glauben begegnete, der sich mit einem Nein als Antwort nicht zufriedengab. Diese vom Unglück heimgesuchte Frau, die eine kranke Tochter hatte, ließ sich nicht unterkriegen und antwortete ihm mit einem Lächeln auf dem Gesicht. Ihr Glaube hatte die Probe bestanden, er war echt; und so wurde ihr Gebet erhört. Sie verkörpert symbolisch jene heidnische Welt, die so begierig nach dem Himmelsbrot griff, das die Juden zurückgewiesen und fortgeworfen hatten.

HEILUNG EINES TAUBSTUMMEN

Markus 7, 31—37

Und da er wieder fortging aus der Gegend von Tyrus, kam er durch Sidon an das Galiläische Meer, mitten in das Gebiet der Zehn Städte. Und sie brachten zu ihm einen, der taub und stumm war, und sie baten ihn, daß er die Hand auf ihn legte. Und er nahm ihn von dem Volk besonders und legte ihm die Finger in die Ohren und berührte mit Speichel seine Zunge und sah auf gen Himmel, seufzte und sprach zu ihm: Hephata! das ist: Tu dich auf! Und alsbald taten sich seine Ohren auf, und das Band seiner Zunge ward los, und er redete recht. Und er gebot ihnen, sie sollten's niemand sagen. Je mehr er aber verbot, desto mehr breiteten sie es aus. Und sie wunderten sich über die Maßen und sprachen: Er hat alles wohl gemacht; die Tauben macht er hören und Sprachlose reden.

Diese Begebenheit beginnt mit der Schilderung einer auf den ersten Blick erstaunlichen Reise. Jesus ging von Tyrus in die am Galiläischen Meer gelegene Gegend, von Tyrus im Norden also nach Galiläa im Süden, zunächst aber, dem Bericht zufolge, nach Sidon, und das heißt: auf seiner Wanderung nach Süden begab er sich nordwärts! Deshalb sind manche der Ansicht, der Text sei falsch; Sidon dürfe hier gar nicht vorkommen. Mit größerer Wahrscheinlichkeit jedoch ist der Text in seiner jetzigen Form korrekt. Ein bedeutender Theologe ist der Ansicht, diese Reise habe nicht weniger als acht Monate gedauert, und das dürfte in der Tat weit eher zutreffen, als die Vermutung, Sidon habe hier nichts zu suchen. Es kann sich bei diesem langen Wanderweg durchaus um eine Art Stille vor dem Sturm handeln, um eine lange Zeit der Gemeinsamkeit mit den Jüngern, ehe der Sturm endgültig losbrach. Schon im nächsten Kapitel macht Petrus die Entdeckung, daß Jesus der Christus ist (Mark. 8, 27—29), und es ist durchaus vorstellbar, daß dieser Eindruck sich in Petrus in der langen, gemeinschaftlich verbrachten Zeit zur Gewißheit verfestigt hatte. Jesus benötigte diese lange Zeit mit den Seinen im Blick auf das bevorstehende Ende.

Als Jesus alsdann wiederum in die Gegend von Galiläa kam, in das Gebiet der Zehn Städte, brachte man einen zu ihm, der taub und stumm war. „Er war taub und konnte nur mühsam sprechen" heißt es in modernen Übersetzungen. Zweifellos war das eine die Folge des anderen; die Unfähigkeit, zu hören, bewirkte, daß der Mann auch nur unvollkommen sprechen konnte. Kaum ein Wunder zeigt schöner, wie Jesus die Menschen behandelte.

1. Jesus nahm den Mann beiseite, so daß er allein mit ihm war. Darin zeigt sich seine verständnisvolle Rücksichtnahme. Taube Menschen geraten leicht in Verlegenheit, und in gewisser Hinsicht ist Taubsein schwerer als Blindheit. Wenn jemand aus der Menge einem Tauben etwas zuschreit und sich ihm verständlich zu machen versucht, dann werden Taube vor Aufregung oft noch hilfloser, als sie es ohnehin schon sind. Jesus legte zarteste Rücksichtnahme gegenüber den Gefühlen eines Menschen an den Tag, für den das Leben sehr schwer war.

2. Während des ganzen Wunders bediente Jesus sich der Gebärdensprache. Er legte dem Mann die Finger in die Ohren und benetzte seine Zunge. (Damals glaubte man, daß Speichel eine Heilwirkung habe.) Dann sah er zum Himmel auf, um zu zeigen, daß die eigentliche Hilfe von Gott komme, und sagte: „Tu dich auf!", worauf der Mann geheilt wurde. Die ganze Begebenheit zeigt auf anschauliche Weise, daß Jesus den Mann nicht als „Fall" betrachtete, sondern als individuellen Menschen. Jesus befaßte sich mit der besonderen Not dieses Mannes auf die denkbar rücksichtsvollste Weise, so daß dieser in seiner Empfindsamkeit geschont wurde und ihn verstehen konnte.

Hinterher erklärten die Menschen, er habe alles „wohlgemacht". Dasselbe sagt Gott ganz im Anfang von seiner Schöpfung auch (1. Mose 1, 31). Als Jesus kam, um Leib und Seele der Menschen gesund zu machen und zu retten, begann er damit das Schöpfungswerk von neuem. Am Anfang war alles gut gewesen; durch die Sünde der Menschen war es verdorben. Jetzt aber brachte Jesus der Welt aufs neue die Schönheit Gottes, die durch die Sündigkeit der Menschen verunstaltet worden war.

ERBARMEN UND HERAUSFORDERUNG

Markus 8, 1—10

Zu der Zeit, da wieder viel Volks da war und sie nichts zu essen hatten, rief Jesus die Jünger zu sich und sprach zu ihnen: Mich jammert des Volks, denn sie haben nun schon drei Tage bei mir ausgeharrt und haben nichts zu essen. Und wenn ich sie ohne Speise ließe heimgehen, würden sie auf dem Wege verschmachten; denn etliche sind von ferne gekommen. Seine Jünger antworteten ihm: Wie kann sie jemand hier in der Wüste mit Brot sättigen? Und er fragte sie: Wieviel Brote habt ihr? Sie sprachen: Sieben. Und er gebot dem Volk, daß sie sich auf die Erde lagerten. Und er nahm die sieben Brote, dankte und brach sie und gab sie seinen Jüngern, daß sie sie vorlegten, und sie legten dem Volk vor. Und sie hatten etliche Fischlein, und er dankte und hieß diese auch vorlegen. Sie aßen aber und wurden satt und hoben die übrigen Brocken auf, sieben Körbe. Und ihrer waren bei viertausend; und er ließ sie von sich. Und alsbald trat er in das Schiff mit seinen Jüngern und kam in die Gegend von Dalmanutha.

Zwei Dinge sind bei diesem Vorfall eng miteinander verflochten.
1. Da ist einmal das Mitleid Jesu. Immer wieder sehen wir, wie Jesus von Mitleid zu den Menschen erfaßt wird und sich ihrer erbarmt. Am meisten überrascht uns seine unendliche Aufmerksamkeit ihnen gegenüber, seine Teilnahme, die stets auch die Einzelheiten des Lebens bedenkt. Jesus erinnerte sich beim Anblick der Menschen, die seit drei Tagen bei ihm waren, daran, daß sie einen weiten Heimweg vor sich hatten. Man hätte denken können, daß er, dessen Aufgabe darin bestand, zu den Menschen von dem Glanz und der Majestät der Wahrheit und der Liebe Gottes zu sprechen, gar keinen Sinn dafür gehabt hätte, was den um ihn Versammelten auf dem Heimweg passieren könnte. Doch so war Jesus gerade nicht. Wo immer er sich einer verirrten Seele gegenüber oder einen müden Körper vor sich sah, trieb es ihn, zu helfen. Leider treibt nur allzuviele Menschen ihr erster Instinkt dazu, n i c h t zu helfen. Ja, es scheint allgemein-menschlich zu sein, daß wir die Mühe des Helfens scheuen; göttlich dagegen ist, wenn Mitleid und Erbarmen uns nötigen zu helfen.
2. Da ist zum anderen die Herausforderung Jesu. Als Jesus Mitleid mit der Menge hatte und ihr etwas zu essen geben wollte, wiesen die Jünger sofort auf die Schwierigkeiten hin, die dies insofern machte, als sie sich in der Wüste befanden, wo meilenweit nichts zu essen zu bekommen war. Doch Jesus war um eine Antwort nicht verlegen. „Was habt i h r bei euch,

womit ihr ihnen helfen könntet?" fragt er sie. Sein Mitleid wird zu einer Aufforderung an die Jünger. In Wirklichkeit sagt Jesus zu ihnen: „Versucht nicht, die Verantwortung auf jemanden anders abzuwälzen. Sagt nicht, daß unter den gegebenen Verhältnissen Hilfe unmöglich sei; sondern nehmt, was ihr habt. Gebt es ihnen, und seht, was weiter geschieht. Zu den größten Freudenfesten der Juden gehörte das Purimsfest, das auf den 14. März fällt und das die Erinnerung an die Errettung der Juden wachhält, von der im Buche Esther die Rede ist. Es war vor allem ein Fest des Schenkens, und eine Vorschrift lautete, einerlei, wie arm jemand sei, er müsse jemanden ausfindig machen, der noch ärmer als er selbst sei, und ihm etwas schenken. Jesus wartet nicht mit dem Helfen, bis die Umstände es erlauben; Jesus sagt vielmehr: „Wenn jemand in Not ist, hilf ihm mit dem, was du hast. Du weißt nie, was du damit womöglich bewirkst."

Zweierlei ist im Hinblick auf den Hintergrund dieser Begebenheit interessant.

Erstens: Dieser Vorfall ereignete sich am jenseitigen Ufer des Galiläischen Meeres im Gebiet der sogenannten Zehn Städte. Weshalb versammelte sich dort eine so gewaltige Menge von 4 000 Menschen um Jesus? Fraglos trug die Heilung des tauben sprachbehinderten Mannes dazu bei, das Interesse der Volksmenge zu wecken, so daß sie zu ihm kamen. In einem neueren Kommentar wird in diesem Zusammenhang eine sehr interessante Vermutung geäußert. Markus 5, 1—20 haben wir davon gehört, wie Jesus den besessenen Gerasener heilte. Auch das war im Gebiet der Zehn Städte geschehen und hatte im Augenblick nur bewirkt, daß sie Jesus anflehten, fortzugehen. Wenn wir uns aber daran erinnern, daß der geheilte Gerasener Jesus hatte folgen wollen, von diesem aber zu den Seinen zurückgeschickt worden war, damit er ihnen erzähle, was der Herr Großes an ihm getan hatte, dann wäre es durchaus denkbar, daß ein Teil der Volksmenge aufgrund der missionarischen Tätigkeit des geheilten Geraseners gekommen war. Sollte sich uns hier die Perspektive auftun, was alles ein einziger Zeuge Christi zu bewirken vermag? Befanden sich in der Menge an jenem Tage Menschen, die deshalb zu Christus und damit zu sich selbst gefunden hatten, weil jener Mann ihnen erzählt hatte, was Jesus für ihn getan hatte. Von einem bekannten religiösen Schriftsteller wissen wir, daß er seine Bekehrung dem Umstand verdankte, das Gespräch dreier alter in der Sonne dasitzender Frauen mitangehört zu haben, die sich über „die neue Geburt, das Werk Gottes in ihren Herzen" unterhielten, über das also, was Gott für sie getan hatte. Es kann durchaus sein, daß an jenem Tage in den Zehn Städten viele gekommen waren, weil sie jemanden von dem hatten sprechen hören, was an und mit ihm geschehen war.

Zweitens: Merkwürdigerweise wird in dieser Geschichte ein anderes Wort für K o r b verwendet als in der sehr ähnlichen Geschichte Markus 6. Markus 6, 43 ist die Rede vom k o p h i n o s, dem Korb, in dem die Juden ihre Speisen mit sich zu führen pflegten, einem oben engen, sich nach unten weitenden Korb, der eher die Form eines Wasserkruges hatte. Hier jedoch wird das Wort s p y r i s verwendet, die Bezeichnung für Packkorb. Dabei handelte es sich um runde geflochtene Körbe der gleichen Art wie der Korb, in dem Paulus von der Mauer in Damaskus herabgelassen wurde (Apg. 9, 25), um eine Korbart also, die bei den Heiden üblich war. Da dieser Vorfall sich, wie bereits erwähnt, am jenseitigen Ufer des Galiläischen Meers im Gebiet der Zehn Städte mit überwiegend heidnischer Bevölkerung zutrug, ist nicht auszuschließen, daß wir Markus 6 sehen, wie das Brot Gottes zu den Juden, hier dagegen, wie es zu den Heiden kommt. Könnte es sein, daß sich hinter diesen beiden Begebenheiten die Vorahnung, das Sinnbild dafür verbirgt, daß Jesus gekommen ist, um den Hunger der Juden und Heiden gleichermaßen zu stillen? Daß in ihm wahrhaftig der Gott war, der seine Hände allem Lebendigen entgegenstreckt und allem Genüge tut?

BLINDHEIT, DIE EIN ZEICHEN FORDERT

Markus 8, 11—13

Und die Pharisäer kamen heraus und fingen an, mit ihm zu streiten, versuchten ihn und begehrten von ihm ein Zeichen vom Himmel. Und er seufzte in seinem Geist und sprach: Was sucht doch dies Geschlecht ein Zeichen? Wahrlich, ich sage euch: Es wird diesem Geschlecht kein Zeichen gegeben werden. Und er ließ sie und trat wiederum in das Schiff und fuhr hinüber.

Das Zeitalter, in dem Jesus lebte, neigte dazu, Gott im Ungewöhnlichen zu suchen. Man glaubte, wenn der Messias komme, würden erstaunliche, umwälzende Ereignisse eintreten. Noch vor Schluß dieses Kapitels werden wir ausführlicher auf die Art der Zeichen zu sprechen kommen, die man erwartete. Im

Augenblick soll uns die Feststellung genügen, daß stets, wenn ein falscher Messias auftrat (was sehr häufig der Fall war), die Menschen damit verlockt wurden, ihm zu folgen, daß dieser ihnen die erstaunlichsten Zeichen zu tun versprach. So verhießen solche Irreführer zum Beispiel, das Wasser des Jordans zu spalten, so daß sie trockenen Fußes hinübergehen könnten, oder sie verhießen, auf ein Wort hin von ihnen würden die Mauern der heiligen Stadt einstürzen. Ein ähnlich spektakuläres Zeichen verlangten die Pharisäer jetzt auch von Jesus, ein Zeichen, das den Gesetzen der Natur widerspreche und die Menschen in Staunen versetze. In den Augen Jesu beruhten derartige Forderungen jedoch nicht auf dem Wunsch, die Hand Gottes zu erkennen, sondern gerade darauf, daß die Menschen blind waren gegenüber der Hand Gottes. Für Jesus war die ganze Welt voller Zeichen Gottes: Das Getreide auf dem Feld, der Sauerteig des Brotes, die roten Anemonen am Berghang, sie alle sprachen zu ihm von Gott. Er war nicht der Ansicht, daß Gott von außen her in verblüffender Weise in die Welt einbrechen müsse; er wußte vielmehr, daß Gott für jeden, der Augen hatte, zu sehen, in dieser Welt zu erkennen war. Wahrhaft gläubige Menschen gehen nicht in die Kirche, um Gott dort zu finden; sondern sie sind daran zu erkennen, daß sie Gott überall finden, daß sie nicht eine Vielzahl heiliger Stätten schaffen, sondern daß sie gewöhnliche Stätten heiligen. Das haben auch die echten Dichter zu allen Zeiten gewußt und zum Ausdruck gebracht; Elizabeth Barret-Browning hat es einmal so formuliert: „Voll des Himmels ist die Erde, aus jedem kleinsten Strauche leuchtet Gott hervor; doch nur der Sehende streift ehrfurchtsvoll die Schuhe ab, die andern sitzen da und naschen von den Beeren." Für alle, die Augen haben und ein verständnisvolles Herz, sind das täglich neue Wunder von Tag und Nacht und der täglich neue Glanz auf allem Alltäglichen Zeichen Gottes genug.

AUS ERFAHRUNGEN NICHTS LERNEN IST EIN VERSÄUMNIS

Markus 8, 14—21

Und sie hatten vergessen, Brot mit sich zu nehmen, und hatten nicht mehr mit sich im Schiff als ein Brot. Und er gebot ihnen und sprach: Schauet zu und sehet euch vor vor dem Sauerteig der Pharisäer und vor dem Sauerteig des Herodes. Und sie dachten hin und her und sprachen untereinander: Das ist's, daß wir nicht Brot haben. Und Jesus merkte das und sprach zu ihnen: Was bekümmert ihr euch doch, daß ihr nicht Brot habt? Verstehet ihr noch nicht und begreifet ihr nicht? Habt ihr denn ein verhärtetes Herz in euch? Ihr habt Augen, und sehet nicht? habt Ohren, und höret nicht? Und denkt ihr nicht daran: als ich die fünf Brote brach unter die fünftausend, wieviel Körbe voll Brocken hobt ihr da auf? Sie sprachen: Zwölf. Als ich die sieben brach unter die viertausend, wieviel Körbe voll Brocken hobt ihr da auf? Sie sprachen: Sieben. Und er sprach zu ihnen: Begreifet ihr denn noch nicht?

Dieser Abschnitt wirft ein anschauliches Licht auf die Jünger, die auf die andere Seite des Galiläischen Meeres hinüberfuhren und vergessen hatten, Brot mitzunehmen. Der Sinn dieser Stelle erschließt sich uns am besten, wenn wir sie eng mit dem verknüpfen, was vorausgegangen war. Jesus dachte an die Forderung der Pharisäer nach einem Zeichen, und ebenso dachte er daran, wie erschrocken Herodes auf ihn reagiert hatte. „Nehmt euch vor dem Sauerteig der Pharisäer und vor dem Sauerteig des Herodes in acht!" Sauerteig galt bei den Juden weithin als Sinnbild des Bösen. Beim Sauerteig handelte es sich um einen Teigrest, der vom vorhergegangenen Backtag aufgehoben worden und in Gärung geraten war. Gärung war für die Juden gleichbedeutend mit Fäulnis, und so kam es, daß Sauerteig das Böse verkörperte. Manchmal verwendeten die Juden das Wort Sauerteig im Sinne unseres Begriffs E r b s ü n d e, also im Sinne der von Haus aus bösen Natur des Menschen. Bei Rabbi Alexander heißt es einmal: „Es ist offenbar geworden vor dir, daß es unser Wille ist, deinen Willen zu tun. Was hindert uns daran? Der Sauerteig im Teig und die Sklaverei der Reiche dieser Welt. Möge es dein Wille sein, uns aus ihren Händen zu erretten." Es war sozusagen die Verderbtheit der menschlichen Natur, die Erbsünde, der verderbliche Sauerteig, der die Menschen daran hinderte, den Willen Gottes zu tun. Mit diesen Worten brachte Jesus also zum Ausdruck: „Nehmt euch in acht vor dem bösen Einfluß der Pharisäer und des Herodes! Geht nicht denselben Weg, den diese bereits eingeschlagen haben!"
Worum geht es hier? Welche Verbindung besteht möglicherweise zwischen den Pharisäern und Herodes? Die Pharisäer hatten Jesus soeben um ein Zeichen gebeten. Nichts fiel den

Juden leichter — wir werden das in Kürze noch sehen —, als daß sie im Zusamenhang mit dem Messias an Wunder, Siege, erstaunliche Geschehnisse, an nationalen Triumph und politische Vorherrschaft dachten. Herodes hatte durch Macht, Reichtum, Einfluß und Ansehen Glück zu erlangen versucht. In gewisser Hinsicht war sowohl für die Pharisäer als auch für Herodes das Reich ein irdisches Reich, das auf augenfälliger Macht und militärischen Siegen beruhte. Es ist, als habe Jesus die Jünger mit diesem für sich dastehenden Hinweis bereits auf etwas hindeuten wollen, das sehr bald eintreten sollte; es ist, als ob er zu ihnen sagt: „Vielleicht wird euch schon bald dämmern, daß ich der Gesalbte Gottes, der Messias bin. Wenn euch dieser Gedanke kommt, dann denkt an den Christus nicht im Sinne irdischer Macht und Herrlichkeit, wie die Pharisäer und Herodes es tun." Von der wahren Bedeutung des Messias sprach er in diesem Augenblick noch nicht. Diese Offenbarung stand ihnen noch bevor.
Tatsächlich war dieser Hinweis Jesu denn auch reinweg über die Köpfe der Jünger hinweg gesprochen, weil diese an nichts anderes als an die vergessenen Brote und daran zu denken vermochten, daß sie hungrig bleiben müßten, wenn nicht etwas geschähe. Jesus bemerkte wohl, wie sehr sie in dem Gedanken an das Brot befangen waren, und es kann durchaus sein, daß er sie nicht zornig, sondern wie jemand fragte, der versucht, geistig schwerfällige Kinder dahinzubringen, offen zutageliegende Wahrheiten zu erkennen. Er erinnerte sie daran, daß er zweimal eine riesige Anzahl von Menschen gesättigt hatte und daß trotzdem noch etwas übriggeblieben war. Es ist, als ob er gesagt hätte: „Warum sorgt ihr euch? Erinnert ihr euch nicht mehr an das, was zuvor geschehen ist? Hat die Erfahrung euch nicht gelehrt, daß ihr euch um derartige Dinge keine Gedanken zu machen braucht, wenn ich bei euch bin?"
Merkwürdigerweise lernen wir meist nur zur Hälfte etwas aus unseren Erfahrungen. Allzu oft lehren uns diese nur, pessimistisch zu sein in bezug auf das, was wir zu tun vermögen, und dem Leben gegenüber eine Haltung skeptischer Resignation einzunehmen. Dabei haben wir doch auch anderes erfahren. Trauer und Schmerz blieben nicht aus, und wir sind aufrecht hindurchgegangen; Versuchungen blieben nicht aus, und irgendwie sind wir ihnen dennoch nicht erlegen. Wir wurden krank und doch wieder gesund. Wir schienen vor unlösbaren Problemen zu stehen, und dann wurden diese doch gelöst; wir waren mit unserem Witz am Ende, und doch ging es irgendwie weiter. Das Maß des Erträglichen schien überschritten zu sein,

und dennoch zerbrachen wir nicht daran. Ach, was sind wir blind! Wenn wir nur richtig verstünden, was die Erfahrung uns lehrt, dann würde sie uns nicht pessimistisch machen im Blick auf das, was nicht sein kann, sondern zuversichtlich und voller Staunen darüber, daß Gott uns bisher sicher geleitet hat und daß die Vergangenheit uns lehrt: Gott hilft uns durch alles hindurch, was es auch sein mag.

EIN BLINDER LERNT SEHEN

Markus 8, 22—26

Und sie kamen nach Bethsaida. Und sie brachten zu ihm einen Blinden und baten ihn, daß er ihn anrührte. Und er nahm den Blinden bei der Hand und führte ihn hinaus vor das Dorf und tat Speichel auf seine Augen und legte seine Hände auf ihn und fragte ihn: Siehest du etwas? Und er sah auf und sprach: Ich sehe die Menschen umhergehen, als sähe ich Bäume. Danach legte er abermals die Hände auf seine Augen. Da sah er deutlich und ward wieder zurechtgebracht und konnte alles scharf sehen. Und er schickte ihn heim und sprach: Gehe nicht hinein in das Dorf.

Blindheit war und ist eine der großen Heimsuchungen, besonders im Orient. Sie wurde dort teils durch Augenentzündungen, teils durch die erbarmungslos helle Sonne verursacht. Erschwerend kam hinzu, daß die Menschen keine Ahnung von Hygiene und Sauberkeit hatten; häufig sah man jemanden mit dickverkrusteten Augen dasitzen, auf denen ständig Fliegen herumkrabbelten. Dadurch übertrug sich die Krankheit vielfältig, und Blindheit stellte geradezu eine Geißel Palästinas dar.
Obwohl so viel Interessantes darin enthalten ist, wird diese Begebenheit doch nur von Markus berichtet.
1. Auch hier wieder zeigt sich, wie einzigartig rücksichtsvoll Jesus vorging. Er nahm den Blinden bei der Hand und führte ihn aus der Menge hinaus vor das Dorf, um mit ihm allein zu sein. Weshalb? Der Mann war offenbar blind geboren. Wenn er plötzlich inmitten der Menschenmenge sein Augenlicht wiedergewonnen hätte, hätte ihn der Anblick von Hunderten von Menschen, Dingen und Farben womöglich beängstigend verwirrt. Das wußte Jesus, weshalb er ihn an einen Ort führte, wo er dem allen nicht so unvermittelt ausgesetzt war. Gute

Ärzte und Lehrer zeichnen sich dadurch aus, daß sie sich ganz in ihre Patienten bzw. Schüler hineinversetzen können. Sie haben Verständnis für deren Hoffnungen und Befürchtungen; sie fühlen mit ihnen mit. Gute Erzieher erkennen die Probleme, Schwierigkeiten und Hindernisse, mit denen ihre Pfleglinge zu kämpfen haben. Auch darin zeigt sich die Größe Jesu, daß er sich in die Menschen, denen er zu helfen suchte, voll hineinzuleben verstand, daß er ihre Gedanken und Empfindungen genau nachvollziehen konnte. Möge Gott auch uns etwas von dieser Christusgabe gewähren!

2. Jesus wandte bei der Heilung ein dem Manne verständliches Verfahren an. Der Glaube an die Heilkraft des Speichels war, wie wir gesehen haben, in der Antike außerordentlich groß, was indessen gar nicht so seltsam ist, wenn wir bedenken, daß auch wir instinktiv den Finger in den Mund stecken, wenn wir uns geschnitten oder verbrannt haben. Natürlich wußte der Blinde von der Heilkraft, die dem Speichel zugeschrieben wurde, und Jesus heilte ihn auf eine ihm einleuchtende Weise. Er begann nicht mit Worten und Methoden, die den Horizont einfacher Menschen weit überstiegen, sondern sprach zu ihnen und behandelte sie in einer für sie faßbaren Art. Es hat Zeiten gegeben, in denen Unverständlichkeit als Weisheit und als Zeichen von Größe galt. Mehr Größe bewies Jesus: solche nämlich, die auch dem einfachsten Menschen einleuchtete und half.

3. In einer Beziehung ist dieses Wunder einmalig —: es ist das einzige Wunder, das sich stufenweise vollzog. Normalerweise handelt es sich bei den Wundern Jesu um ebenso plötzliche wie vollständige Wunder; hier aber erhält der Blinde sein Augenlicht allmählich zurück. Dieser Vorgang ist eine symbolische Wahrheit. Niemand erkennt die ganze Wahrheit Gottes allemal auf einmal. Zu den Gefahren einer gewissen Art von Evangelisation gehört, daß sie die Menschen in der Vorstellung bestärkt, mit der einmal getroffenen Entscheidung, mit der sie sich zu Christus bekannt haben, seien sie auch schon „mündige" Christen. Ebensowenig besagt unsere Kirchenzugehörigkeit, auch wenn diese in noch so feierlicher Form vollzogen wurde, daß wir am Ende des Weges angelangt sind. Das Bekenntnis zu Christus und das Gelöbnis bei der Aufnahme in die Gemeinde sind vielmehr erst der Anfang zu einer christlichen Lebensführung; sie bedeuten, daß wir den unerschöpflichen Reichtum Christi grundsätzlich erkannt haben, ebenso aber auch, daß hundert, ja tausend und millionen Jahre nicht ausreichen werden, ihn auszuschöpfen, daß wir immer mehr zunehmen müssen an Gnade und Erkenntnis des unendlichen

Wunders Jesus Christus. Es ist zwar wahr, daß eine plötzliche Bekehrung eine Gnadenmöglichkeit darstellt; ebenso wahr aber ist, daß wir uns täglich aufs neue zu Christus bekehren müssen. Angesichts der Gnade und Herrlichkeit Gottes können wir unser ganzes Leben hindurch lernen, ja wir brauchen die Ewigkeit dazu, um ihn nur annähernd so zu kennen, wie er uns kennt.

DAS BEKENNTNIS DES PETRUS

Markus 8, 27—30

Und Jesus ging fort mit seinen Jüngern in die Dörfer bei Cäsarea Philippi. Und auf dem Wege fragte er seine Jünger und sprach zu ihnen: Wer sagen die Leute, daß ich sei? Sie antworteten: Sie sagen, du seiest Johannes der Täufer; etliche sagen, du seiest Elia; etliche, du seiest der Propheten einer. Und er sprach zu ihnen: Ihr aber, wer saget ihr, daß ich sei? Da antwortete Petrus und sprach zu ihm: „Du bist der Christus!" Und er bedrohte sie, daß sie niemand von ihm sagen sollten.

Cäsarea Philippi lag außerhalb Galiläas und zwar nicht auf dem Gebiet des Herodes, sondern auf dem, das Philippus unterstand; es war eine Stadt mit einer erstaunlichen Vergangenheit. In ältester Zeit hieß die Stadt B a l i n a s ; denn sie war einst ein bedeutender Mittelpunkt des Baalskultes gewesen. Bis heute noch wird die Stadt B a n j a s, abgeleitet von P a - n e a s = Ort des Hirtengottes Pan, genannt; oberhalb der Stadt befand sich eine Höhle, in der dieser griechische Gott geboren sein sollte. Aus einer anderen Höhle ergoß sich ein Strom, der als Jordanquelle galt. Weiter hinauf erhob sich ein schimmernd weißer Marmortempel, den Philippus zu Ehren des Kaisers Augustus, des römischen Kaisers und Herrschers über die damalige Welt, errichtet hatte; der Kaiser genoß göttliche Verehrung. Erstaunlich, daß Petrus die Tatsache, daß der heimatlose Zimmermann aus Galiläa der Sohn Gottes war, gerade hier bekannte, wo die ganze Luft die alte Religion Palästinas atmete, wo so vieles an Baal erinnerte und wo auch die Götter Griechenlands heimisch waren. Die Jordanquelle ließ die Erinnerung an die Eroberung des Landes durch Israel Episode um Episode aufsteigen, und strahlend in der Sonne des Orients schimmerte und gleißte der Marmor des Heiligtums, daran erinnernd, daß der Kaiser als Gott zu verehren sei. Vor diesem geschichtlichen und religiösen Hintergrund er- und bekannte Petrus, daß der Wanderprediger aus Nazareth, der sich auf dem Wege zum Kreuz befand, der Sohn Gottes war. Stärker als hier erweist sich die Kraft der Persönlichkeit Jesu wohl kaum an irgendeiner anderen Stelle.

Dieses Ereignis steht bewußt in der Mitte des Markusevangeliums; denn hier ist ein Höhepunkt des Evangeliums erreicht. In gewisser Hinsicht handelt es sich hier zumindest um einen Wendepunkt im Leben Jesu. Was seine Jünger auch denken mochten —, er wußte mit Bestimmtheit, daß vor ihm der Kreuzestod lag, dem er nicht entgehen konnte. So wie bisher konnte es nicht sehr viel länger mehr gehen; seine Widersacher versammelten sich, um zuzuschlagen. Die Frage, die Jesus beschäftigte, lautete daher: Hatte er das Entscheidende bewirkt und erreicht? Anders ausgedrückt: Hatte irgendjemand erkannt, wer er wirklich war? Wenn er unter den Menschen gelebt und gelehrt hätte, ohne daß jemand etwas von Gott in ihm wahrgenommen hatte, dann wäre seine ganze Mühe, sein ganzes Wirken umsonst gewesen. Es gab nur eine Möglichkeit, den Menschen seine Botschaft zuverlässig zu hinterlassen: Er mußte sie einigen Menschen ins Herz schreiben. Daher ließ Jesus es in diesem Augenblick auf eine Art Probe ankommen; er fragte die Jünger, für wen ihn die Menschen hielten, und erfuhr von ihnen, daß es sich um die gängigen Gerüchte und Aussagen handelte. Nach einer kurzen Pause des Schweigens stellte er dann die bedeutungsvolle Frage: „Ihr aber, wer saget i h r, daß ich sei?" Da kam Petrus plötzlich zum entscheidenden Bewußtsein, was er im tiefsten Herzen immer schon gewußt hatte: Jesus war der Messias, der Christus, der Gesalbte, der Sohn Gottes. Und mit dieser Antwort bestätigte er Jesus, daß er nicht umsonst gewirkt hatte.

Damit kommen wir zu einer Frage, die schon mehr als einmal halbwegs gestellt und halbwegs beantwortet worden ist, die jetzt jedoch in allen Einzelheiten beantwortet werden muß, weil sich uns sonst der ganze Evangelienbericht nicht vollständig erschließt. Kaum hatte Petrus seine Erkenntnis ausgesprochen, da hieß Jesus ihn und die andern auch schon, niemandem etwas davon zu sagen. Weshalb tat Jesus das? Er tat es, weil er Petrus und die andern Jünger zunächst einmal lehren mußte, was es mit dem Messiasgedanken wirklich auf sich hatte.

DIE JÜDISCHEN MESSIASVORSTELLUNGEN

Die Juden vergaßen zu keiner Zeit, daß sie in einem besonderen Sinne das auserwählte Volk Gottes waren, und es war ganz natürlich, daß sie daher auch in der Welt einen besonderen Platz einzunehmen trachteten. In alter Zeit versuchten sie, diese Stellung auf natürlichem Wege, wie man vielleicht sagen könnte, zu erlangen. Die Zeit König Davids betrachteten sie stets als die größte Zeit ihrer Geschichte, weshalb sie davon träumten, daß ein anderer König aus Davids Geschlecht hervorgehen werde, ein König, der sie groß machen werde in Gerechtigkeit und Kraft (Jes. 9, 7; 11, 1; Jer. 22, 4; 23, 5; 30, 9). Im Laufe der Zeit jedoch wurde ihnen erbarmungslos klar, daß ihr Traum von Größe sich auf natürlichem Wege niemals verwirklichen lassen werde. Wurden die zehn Stämme doch nach Assyrien fortgeführt und schienen auf immer verloren; die Babylonier kamen als Sieger ins Land, zerstörten Jerusalem und führten die Juden als Gefangene fort. Danach gerieten sie unter die Herrschaft der Perser, anschließend unter griechische und schließlich unter römische Herrschaft. Jahrhundertelang wußten die Juden nicht einmal, was es hieß, wirklich frei und unabhängig zu sein, geschweige denn, daß ihnen der Gedanke an ein großes eigenes Reich kam. Statt dessen nahmen ihre Gedanken eine andere Richtung: zwar schwand die Vorstellung von einem großen König aus Davids Geschlecht nie ganz dahin und blieb unterschwellig Bestandteil ihres Denkens; doch mehr und mehr begannen sie von einer Zeit zu träumen, in der Gott selbst in die Geschichte eingreifen und mit übernatürlichen Mitteln erreichen würde, was auf natürlichem Wege nicht erreicht werden konnte. Sie hoffen also darauf, daß göttliche Macht bewirken werde, wozu menschliche Macht augenscheinlich nicht imstande war. In der Zeit zwischen dem Alten und dem Neuen Testament entstand eine ganze Flut von Büchern, in denen dieser Traum von einem neuen Weltzeitalter und dem Eingreifen Gottes seinen Niederschlag gefunden hat. Sie werden als a p o k a l y p t i s c h e s S c h r i f t t u m bezeichnet, in dem die Vorstellungen von den endzeitlichen Ereignissen niedergelegt wurden; hier sollte die Zukunft e n t s c h l e i e r t werden. An sie müssen wir uns also halten, wenn wir herausfinden wollen, in welcher Weise die Juden zur Zeit Jesu an einen Messias glaubten, sowie an das neue Zeitalter. Ihren Träumen, Visionen und Hoffnungen müssen wir die Aussage Jesu gegenüberstellen.

In den genannten Büchern kommen bestimmte Grundgedanken immer wieder vor. (Wir folgen hier der Klassifizierung dieser Vorstellungen, wie sie Schürer in seinem Buch „**Geschichte des jüdischen Volkes im Zeitalter Christi**" vorgenommen hat.)

1. Dem Kommen des Messias würde eine Zeit furchtbarer **Trübsal** vorausgehen, als Zeichen der Geburtswehen einer neuen Zeit. Alle nur vorstellbaren Schrecken würden über die Welt hereinbrechen; alle Sittenmaßstäbe würden zunichte und die Welt insgesamt zu einem Chaos werden.

> Und die Ehre wird sich wandeln zu Schande,
> Und die Stärke wird erniedrigt werden zu verächtlicher Schwäche,
> Und die gesunde Kraft wird schwinden,
> Und die Schönheit wird zur Gemeinheit werden ...
> Alsdann wird Eifersucht aufsteigen in denen, die nichts von sich hielten,
> Und die Leidenschaft wird packen den, der ruhig war,
> Und viele werden in zornige Aufregung versetzt werden, so daß sie vielen Leuten Schaden zufügen werden.
> Und sie werden die Heere aufreizen, daß sie Blut vergießen,
> Und mit ihnen werden schließlich allesamt untergehen.
> (Syr. Baruchapokalypse 48, 35—37)

Es würden sein „Empörung in den Ländern, Verwirrung in den Völkern, Anschläge unter den Nationen, Unruhen unter den Fürsten, Gärung unter den Herrschern" (4. Esra 9, 3).

„Vom Himmel werden feurige Schwerter auf die Erde fallen; wiederum große Fackeln werden kommen, mitten unter die Menschen hineinleuchtend. Die allesgebärende Erde wird in jenen Tagen bewegt werden durch die unsterbliche Hand, und die Fische im Meer und alle Tiere der Erde und die unzähligen Arten der Vögel und alle Seelen der Menschen und das ganze Meer wird schaudern vor dem unsterblichen Antlitz, und es wird Schrecken sein. Die jähen Gipfel der Berge und die ungeheuren Hügel wird er zerreißen, und das schwarze Dunkel wird sichtbar sein. Neblige Schluchten in den hohen Bergen werden voll von Leichen sein; es werden strömen die Felsen von Blut, und jeder Gießbach wird die Ebene füllen ... Und Gott wird alle richten mit Krieg und Schwert und Feuer und alles überschwemmendem Regen, und es wird Schwefel vom Himmel kommen, dazu Sturm und Hagel, viel und hart; Tod wird über das Vieh kommen ... Auch die Erde selbst wird trinken von dem

Blute der Umkommenden; die wilden Tiere werden sich sättigen am Fleische" (Sibyll. Orakel 3, 673 ff.).

In der „Mischna" werden folgende Zeichen aufgezählt, die dem Kommen des Messias vorhergehen werden:

„Zunehmende Anmaßung, Ehrgeiz, teurer Wein, obwohl die Erträge der Weinberge gut sind. Die Herrschenden wenden sich Irrlehren zu. Es ist keine Unterweisung. Die Synagoge verfällt der Unzucht. Galiläa wird vernichtet, Gablan verwüstet. Die Bewohner des Landes gehen von Stadt zu Stadt, ohne daß man sich ihrer erbarmt. Man haßt die Weisheit der Gebildeten, Gottesfürchtigkeit wird verachtet, Wahrheit gibt es nicht. Knaben beleidigen alte Männer, alte Männer müssen in Gegenwart der Kinder stehen. Der Sohn beraubt den Vater, die Tochter lehnt sich gegen die Mutter auf, die Schwiegertochter gegen die Schwiegermutter. Die Feinde des Mannes sind seine Hausgenossen."

Die dem Kommen des Messias vorhergehende Zeit würde also eine Zeit sein, in der die Welt in Stücke geht und alle bisher gültigen Bande zerreißen. Physisch und moralisch würde die Ordnung der Welt zusammenbrechen.

2. In dieses Chaos würde E l i a als Vorläufer und Bote des Messias kommen und heilen, was zerbrochen ist, sowie Ordnung in das Chaos bringen, um so dem dann bald kommenden Messias den Weg zu bereiten; insbesondere sollte er alle Streitigkeiten beilegen. Tatsächlich bestimmte denn auch das mündlich überlieferte Recht der Juden, daß mit der Schlichtung von schwierigen Streitfällen, in denen der Besitz von Geld oder sonstigem Eigentum umstritten war, gewartet werden solle, „bis Elia kommt".

3. Danach werde der Messias kommen. Das Wort M e s s i a s bedeutet dasselbe wie C h r i s t u s ; M e s s i a s ist das hebräische, C h r i s t u s das griechische Wort für d e r G e s a l b t e. Wie Könige bei ihrer Krönung gesalbt wurden, so war der Messias der von Gott gesalbte König. Wichtig ist, daß wir nicht vergessen: C h r i s t u s ist kein N a m e, sondern ein T i t e l. Manchmal stellte man sich den Messias als einen König aus Davids Geschlecht vor, häufiger jedoch als eine große, göttliche, übermenschliche Gestalt, die in die Geschichte eingriff, um die Welt zu erneuern und das Volk Gottes schließlich zu rechtfertigen.

4. Die Völker würden sich verbünden und insgesamt gegen den Helden Gottes anstürmen.

„Aber wiederum werden die Könige der Völker gegen dieses Land insgesamt einen Ansturm machen, sich selbst den Tod bringend. Denn den Tempel des großen Gottes und die trefflichsten Männer werden sie verderben wollen. Wenn sie in das Land gekommen sind, werden die schändlichen Könige rings um die Stadt jeder seinen Thron aufstellen, bei sich habend ein ungehorsames Volk. Und Gott wird mit lauter Stimme reden zu dem ganzen unerzogenen, eitel denkenden Volk, und das Gericht wird ihnen kommen vom großen Gott, und sie werden alle umkommen durch die unsterbliche Hand" (Sibyllin. Orakel 3, 363—372).

„Dann, wenn alle Völker seine (des Messias) Stimme vernehmen, werden sie alle ihre Länder und wechselseitigen Kriege lassen; so wird sich ein unzählbares Heer an einem Punkte sammeln, wie du gesehen hast, daß sie von sich aus herankamen und ihn angriffen" (4. Esra 13, 33. 34).

5. Das Ergebnis würde die völlige Vernichtung dieser feindlichen Mächte sein. Der jüdisch-hellenistische Philosoph Philon von Alexandrien spricht davon, daß der Messias in den Kampf ziehen und große und zahlreiche Völker vernichten werde.

„Er wird ihnen die Gottlosigkeit vorhalten, die Ungerechtigkeiten strafen, die Frevel vor Augen führen. Denn er wird sie zunächst lebendig vor Gericht stellen; dann aber, nachdem er sie überwiesen, wird er sie vernichten" (4. Esra 12, 32. 33).

„In jenen Tagen wird keiner sich retten, weder mit Gold noch mit Silber, noch wird einer entfliehen können. Es wird kein Eisen für den Krieg geben noch einen Kleiderstoff zur Anfertigung für einen Brustpanzer. Erz wird nichts nütze sein, noch Zinn etwas frommen oder geschätzt sein, und Blei wird nicht begehrt werden. Alle diese Dinge werden vernichtet und von der Oberfläche der Erde vertilgt werden" (Hen. 52, 7—9).

Der Messias wird der gewalttätigste Eroberer der Geschichte sein, der seine Feinde bis zum letzten ausrotten wird.

6. Daran würde sich die Erneuerung Jerusalems anschließen, wobei man entweder an eine Reinigung und Läuterung der bereits existierenden Stadt dachte, häufiger jedoch noch an ein neues, vom Himmel herabkommendes Jerusalem. Das alte Haus würde „eingewickelt" und fortgetragen werden, während in dem neuen gelte: „Alle seine Säulen waren neu, auch seine

Verzierungen waren neu und größer als die des ersten alten, das er hinausgeschafft hatte" (Hen. 90, 29).
7. Die in der ganzen Welt zerstreut lebenden Juden würden dann in das neue Jerusalem eingebracht werden, was noch heute in der Bitte des jüdischen Tagesgebetes zum Ausdruck kommt, in dem es heißt: „... daß wir versammeln die zerstreut Lebenden und uns versammeln von den vier Enden der Welt." Ein eindrucksvolles Bild von jener Rückkehr enthält der elfte Psalm Salomos:

„Posaunet in Zion mit der Lärmposaune für die Heiligen,
laßt in Jerusalem des Siegesboten Stimme hören,
denn Gott hat sich Israels erbarmt, es heimgesucht!
Tritt hin, Jerusalem, auf eine Warte und sieh deine Kinder,
vom Aufgang und Niedergang zusammengebracht vom Herrn!
Vom Norden kommen sie, frohlockend über ihren Gott,
von den Gestaden fernher hat Gott sie vereint.
Hohe Berge hat er ihnen zuliebe zur Ebene erniedrigt;
die Hügel flohen vor den Heimziehenden weg.
Die Wälder liehen ihnen Schatten auf ihrem Zug;
allerlei wohlduftende Hölzer ließ Gott ihnen aufsprießen,
daß Israel dahinziehe unter dem Schirm der Herrlichkeit ihres Gottes.
Tue an, Israel, deine Ehrenkleider,
lege zurecht dein heiliges Gewand;
denn Gott hat das Heil Israels beschlossen für immer und ewig."

Es ist unschwer zu erkennen, wie jüdisch diese neue Welt sein würde; das nationalistische Element ist die ganze Zeit über vorherrschend.
8. Palästina würde zum Mittelpunkt der Welt werden, die ihm untertan sein würde. Alle Völker würden ihm unterworfen sein, wobei man zuweilen an eine friedliche Unterjochung dachte.

„Und dann werden alle Inseln und Städte sagen, wie sehr der unsterbliche Gott jene Männer liebt; denn alles wirkt für sie mit und steht ihnen bei ... Kommt, niederfallend zur Erde laßt uns alle anflehen den unsterblichen König, den großen und ewigen Gott. Laßt uns zum Tempel schicken; denn er allein ist der Herrscher" (Sibyll. Orakel 3, 710 ff.).

Häufiger jedoch heißt das Schicksal der Heiden völlige Vernichtung, worüber Israel frohlocken und sich freuen wird.

> „Er wird offen hervortreten, um die Heiden zu strafen,
> und alle ihre Götzenbilder vernichten.
> Dann wirst du glücklich sein, Israel,
> und auf Nacken und Flügel des Adlers hinaufsteigen,
> und die Tage des Adlers werden sich erfüllen.
> (Der Adler ist Rom)
> Und Gott wird dich erhöhen ...
> Dann wirst du von oben herabschauen und deine Feinde
> auf Erden sehen
> und sie erkennen und dich freuen"
> (Himmelfahrt Mose 10, 7—10).

Das ist ein düsteres Bild. Israel wird sich freuen, wenn es sieht, wie seine Feinde zerbrochen sind.
9. Danach wird endlich die neue Zeit des Heils, die Zeit des Friedens und der Güte anbrechen und ewig währen.

Das sind die Messiasvorstellungen der Menschen, zu denen Jesus kam, kämpferische, nationalistische, zerstörerische, rachsüchtige Gedanken. Zwar endeten sie mit der vollständigen Herrschaft Gottes; doch der Weg dorthin führte durch ein einziges Blutbad. Wenn wir uns Jesus vor einem derartigen Hintergrund vorstellen, dann wundert es uns nicht, daß er seine Jünger im Hinblick auf ihre Messiaserwartungen umerziehen mußte und — daß er schließlich als Ketzer gekreuzigt wurde. In einer solchen Vorstellungswelt ist wenig Raum für den Opfertod und die leidende Liebe Jesu Christi.

ERSTE LEIDENSANKÜNDIGUNG

Markus 8, 31—33

Und er hob an, sie zu lehren: Des Menschen Sohn muß viel leiden und verworfen werden von den Ältesten und Hohenpriestern und Schriftgelehrten und getötet werden und nach drei Tagen auferstehen. Und er redete davon frei und offen. Und Petrus nahm ihn beiseite und fing an, ihm zu wehren. Er aber wandte sich um und sah seine Jünger an und bedrohte Petrus und sprach: Hebe dich, Satan, von mir! denn du meinst nicht, was göttlich, sondern was menschlich ist.

Wir müssen diesen Abschnitt vor dem Hintergrund der allgemeinen Messiasvorstellungen sehen, die wir soeben dargelegt haben. Als Jesus seine messianische Sendung mit Leiden und Tod in Verbindung brachte, waren dies für seine Jünger unbegreifliche Feststellungen. Nachdem sie ihr Leben lang an den Messias im Sinne eines siegreichen Eroberers gedacht hatten, wurden sie hier mit einer geradezu bestürzenden Vorstellung konfrontiert. Deshalb auch widersetzte sich Petrus so nachdrücklich; das Ganze kam ihm unmöglich vor.

Weshalb tadelte Jesus Petrus so streng und unerbittlich? Weil Petrus in Worte faßte, was Jesus selbst an Versuchungen bestürmt hatte. Jesus wußte, daß er über Kräfte verfügte, die er durchaus in den Dienst jener Vorstellungen vom Messias als von dem siegreichen Eroberer hätte stellen können. In diesem Augenblick erinnerte er sich des Kampfes, den er seinerzeit gegen den Versucher in der Wüste gekämpft hatte. Der Teufel ersuchte ihn abermals, umzufallen und ihm statt Gott zu dienen.

Es ist merkwürdig und schrecklich, daß der Versucher zuweilen in Gestalt eines wohlmeinenden Freundes zu uns spricht. Wenn wir uns entschlossen haben, einen Kurs einzuschlagen, der zweifellos richtig ist, aber zwangsläufig Schwierigkeiten mit sich bringt und uns Opfer abverlangt, dann kommt womöglich ein Freund, der es gut mit uns meint und in der besten Absicht versucht, uns von unserem Vorhaben abzubringen. Gerade wenn uns jemand liebhat, ist es durchaus möglich, daß er uns vor Risiken bewahren möchte und wünscht, daß wir auf Nummer Sicher gehen.

Wenn aus den Worten derer, die uns lieben und wirklich meinen, sie seien auf unser Wohl bedacht, insgeheim doch der Versucher zu uns spricht, so sind das die wohl schlimmsten Attacken auf unser Inneres. Und das erfuhr auch Jesus an jenem Tage, und deshalb reagierte er so streng darauf. Darf doch nicht einmal die bittende Stimme der Liebe die gebieterische Stimme Gottes in uns zum Schweigen bringen.

DER WEG DERER, DIE JESUS NACHFOLGEN

Markus 8, 34

Und er rief zu sich das Volk samt seinen Jüngern und sprach zu ihnen: Wer mir will nachfolgen, der verleugne sich selbst und nehme sein Kreuz auf sich und folge mir nach.

Mit dieser Stelle des Markusevangeliums sind wir dem Kern des christlichen Glaubens so nahegekommen, daß wir sie nahezu Satz für Satz vornehmen müssen. Wenn wir jeden Tag mit einem dieser Sätze beschlössen und unser Leben davon bestimmen ließen, wäre das mehr als genug.
Auf den ersten Blick fällt uns hier zweierlei auf.
1. Da ist einmal die immer wieder verblüffende Aufrichtigkeit Jesu. Niemand konnte behaupten, er sei Jesus aufgrund einer Vorspiegelung falscher Tatsachen nachgefolgt. Jesus hat nie versucht, die Menschen dadurch zu bestechen, daß er ihnen einen leichten Weg versprach; er bot den Menschen nicht Frieden, sondern seine Herrlichkeit an. Den Menschen zu sagen, sie müßten damit auch bereit sein, ihr Kreuz auf sich zu nehmen, war gleichbedeutend mit der Zumutung, als Verbrecher angesehen zu werden und zu sterben. Jesus versuchte die Menschen nicht zu ködern, indem er ihnen ein bequemes Leben versprach; vielmehr forderte er sie auf, die in ihnen schlummernden Kräfte dadurch zu wecken, daß sie einen Weg einschlügen, wie er größer und schwerer nicht sein könnte. Er ist nicht gekommen, um den Menschen das Leben leicht zu machen, sondern um sie wesentlich zu machen.
2. Zweitens fällt auf, daß Jesus die Menschen niemals aufforderte, etwas zu tun oder durchzustehen, wozu er selber nicht gleicherweise bereit war. Er handelte nicht wie ein Generalstäbler oder gar wie ein Anführer, der mit dem Leben anderer wie mit Schachfiguren spielt. Er verlangte aber von ihnen, allem die Stirn zu bieten, dem auch er sie zu bieten willens war. Jesus hat fürwahr ein Recht dazu, uns aufzufordern, unser Kreuz auf uns zu nehmen; hat er doch selber sein Kreuz als erster auf sich genommen.
3. Jesus sagt von denen, die ihm nachfolgen wollen, sie müßten sich selbst verleugnen. Der Sinn dieser Forderung erschließt sich uns am besten, wenn wir sie sinngemäß so verstehen: „Der sage nein zu sich selbst." Wer Jesus nachfolgen will, muß in der Tat nein zu sich selbst und ja zu Jesus sagen. Er muß nein sagen zu seiner natürlichen Vorliebe für alles Bequeme und Angenehme, ferner zu jeder Handlungsweise, die egoistisch und eigenwillig ist, und er muß nein sagen zu allem, was ihn treibt, Verbotenes zu berühren, zu probieren oder sich sonstwie damit zu befassen. Er muß unbedenklich ja sagen zu allem, was Jesus Christus ihm gebietet, und muß imstande sein, mit Paulus zu sagen, daß nicht mehr er, sondern Christus in ihm lebt. Nicht mehr der eigene Wille gilt, sondern der des Herrn; indem wir diesem folgen und dienen, werden wir frei.

UNSER LEBEN ERHALTEN, INDEM WIR ES VERLIEREN

Markus 8, 35

Denn wer sein Leben erhalten will, der wird's verlieren; und wer sein Leben verliert um meinetwillen und um des Evangeliums willen, der wird's erhalten.

Es gibt Dinge, die wir verlieren, indem wir sie festzuhalten versuchen, und ebenso andere, die uns erhalten bleiben, indem wir Gebrauch davon machen. Das gilt zum Beispiel für alle Talente. Nutzen wir sie, werden sie gefördert und nehmen zu; tun wir es nicht, verkümmern sie schließlich ganz. Erst recht gilt dies für das uns gegebene Leben insgesamt.
Die Geschichte ist voller Beispiele von Menschen, die das ewige Leben gewannen, indem sie ihr leibliches Leben preisgaben. Irgendwo im Orient lebte ausgangs des 4. Jahrhunderts ein Mönch namens Telemach, der beschlossen hatte, seine Seele zu retten, indem er sein Leben in der Einsamkeit betend, meditierend und fastend zubrachte; er suchte so nichts als die Gemeinschaft mit Gott. Dennoch empfand er, daß irgend etwas nicht stimmte, und als er sich eines Tages von den Knien erhob, dämmerte ihm plötzlich, daß sein jetziges Leben nicht auf selbstloser, sondern auf eigennütziger Liebe zu Gott beruhte; ihm wurde klar, daß er den Menschen dienen müsse, wenn er Gott dienen wolle, daß er als Christ nicht in der Wüste, sondern unter den Menschen in den Städten leben müsse, die voller Sünde und Not waren. Er beschloß daher, der Wüste Lebewohl zu sagen und sich in die Metropole der Welt zu begeben. Über Land und Meer bettelte er sich also nach Rom durch, das zu dieser Zeit offiziell bereits eine christliche Stadt war. Als er dort anlangte, hatte der römische Feldherr Stilicho gerade einen großen Sieg über die Goten errungen, so daß er im Triumphzug durch Rom ziehen sollte. Im Unterschied zu früher strömten die Menschen jetzt in christliche Kirchen statt zu heidnischen Tempeln und nahmen an Prozessionen und Abendmahlsfeiern teil. Stilicho fuhr im Triumph durch die Straßen der Stadt, mit dem jungen Kaiser Honorius an seiner Seite. Etwas jedoch hatte sich auch im „christlichen" Rom nicht geändert: Immer noch fanden in der Arena Gladiatorenkämpfe statt. Zwar wurden jetzt nicht mehr Christen den Löwen vorgeworfen; dafür aber mußten Kriegsgefangene miteinander kämpfen und sich gegenseitig zum Vergnügen des Volkes abschlachten. Immer noch brüllten die Menschen vor Blutgier,

wenn die Gladiatoren miteinander kämpften. Auch Telemach ging in die Arena, wo achtzigtausend Menschen zugegen waren. Die Wagenrennen gingen eben zu Ende, und die Menge wartete gespannt auf die Kämpfe der Männer, die mit dem Gruß „Heil dir, Kaiser! Die Todgeweihten grüßen dich!" die Arena betraten. Entsetzen packte Telemach, als der Kampf begann. Hier töteten Menschen einander, für die Christus gestorben war, zur Selbstbefriedigung einer angeblich bekehrten Bevölkerung! Mit einem Sprung setzte er über die Schranken und trat zwischen die Kämpfenden, die einen Augenblick lang innehielten. „Weiter!" brüllte die Menge. Die Kämpfenden stießen den alten Mann im Einsiedlergewand beiseite; doch wieder trat er dazwischen. Die Menschen begannen, Steine nach ihm zu werfen; man forderte die Gladiatoren auf, ihn zu töten, damit er ihnen nicht länger im Wege stünde, und auf Geheiß des Kampfleiters stieß tatsächlich einer der Kämpfenden Telemach sein Schwert durch die Brust. Da verstummte die Menge auf einmal; sie war plötzlich entsetzt darüber, daß ein augenscheinlich frommer Mann auf diese Weise umgekommen war, und unversehens kam der Masse zum Bewußtsein, was es mit dem Töten hier auf sich hatte. Die Folge war, daß die Kämpfe dieses Tages abgebrochen wurden, um niemals wieder aufgenommen zu werden. Telemach hatte sie durch sein Sterben für immer beendet und damit der Menschheit einen größeren Dienst erwiesen als mit seinem Leben. Indem er dieses verlor, bewirkte er mehr, als er in der Einsamkeit der Wüste je hätte bewirken können.

Gott hat uns unser Leben geschenkt, damit wir es gebrauchen. Wir verlieren es, wenn wir ständig allzu ängstlich und selbstisch damit umgehen, wenn wir stets zuerst an unsere Sicherheit denken und darauf bedacht sind, eine möglichst lange, sorgenfreie Zeitstrecke vor uns zu haben und uns für niemanden als für uns selbst anzustrengen. Dagegen erhalten, ja gewinnen wir unser Leben, wenn wir in dem Verlangen, etwas für die Menschen zu tun, um deretwillen Jesus gestorben ist, uns selbst vergessen, d. h. nicht nur an unsere Gesundheit, unsere Zeit, unser Geld und Gut und an unsere Bequemlichkeit denken. Leben ist nur dann Leben, wenn wir vor seinen Risiken nicht zurückschrecken und uns erforderlichenfalls verausgaben. Zwar — dieser Weg ist anstrengend und ermüdend, oft bis zur Erschöpfung; doch ist es besser, daß wir täglich etwas mehr verbrennen, als daß wir täglich mehr verrosten; denn die Bereitschaft zum Opfer ist nun einmal der einzige Weg zum Glück und zu Gott.

DAS HÖCHSTE IM LEBEN

Markus 8, 36. 37

Denn was hülfe es dem Menschen, wenn er die ganze Welt gewönne und nähme an seiner Seele Schaden? Denn was kann der Mensch geben, damit er seine Seele löse?

Es ist durchaus möglich, daß jemand außerordentlich erfolgreich ist und dennoch ein Leben führt, das sich nicht lohnt. Die eigentliche Frage Jesu lautet daher: „Wo liegen die Schwerpunkte deines Lebens, worin erblickst du seine entscheidenden Werte?" Möglicherweise entdecken wir erst, wenn es zu spät ist, daß wir das Eigentliche des Lebens in falscher Richtung gesucht und in falschen Dingen gesehen haben.

1. Wir geben womöglich um des Gewinns willen unseren guten Namen preis, indem wir in dem Wunsch, zu materiellem Wohlstand zu gelangen, es nicht allzu genau mit dem Wie nehmen. Tausendfältig sind die Versuchungen, die uns Vorwärtsstrebenden zu unredlichen Menschen machen können. Die eigentliche Frage, die Frage, der wir uns alle früher oder später stellen müssen, lautet: „Wie sieht unsere Lebensbilanz vor Gott aus?" Gott ist der Revisor, dem wir alle schließlich Rechenschaft ablegen müssen.

2. Wir geben womöglich um der Beliebtheit willen unsere Grundsätze preis. Vielleicht erspart sich jemand, der sich mit allem einverstanden erklärt und sich geschmeidig verhält, eine Menge Schwierigkeiten und Kummer, während jemand, der unnachgiebig an seinen Grundsätzen festhält, nicht besonders beliebt ist. Jedoch nicht das Urteil der anderen, nicht das der öffentlichen Meinung, sondern das Urteil Gottes ist entscheidend für unser Geschick.

3. Wir geben möglicherweise etwas, was Bestand hat, um vorübergehender Dinge willen preis. Billige Erfolge sind stets verhältnismäßig leicht zu erzielen, sei es, daß ein Autor um des augenblicklichen Erfolges willen auf eine wirklich bedeutende Leistung verzichtet oder sei es, daß ein Musiker, obwohl er mehr könnte, kurzlebige, aber einträgliche Stücke schreibt, daß wir einen Beruf ergreifen, der schnell Geld einbringt, statt einen, der uns und unsern Mitmenschen hilft, oder sei es gar, daß wir unser Leben mit lauter Nichtigkeiten zubringen. Vielleicht ziehen Frauen ein Leben der sogenannten Freiheit und des wechselvollen Vergnügens einem Leben vor, das der Fa-

milie oder einem verantwortungsreichen außerhäuslichen Beruf gewidmet ist. Im Laufe der Jahre aber stellt sich in jedem Fall heraus, worin die wahren Werte des Lebens bestehen, und ganz von selbst entlarven sich damit die falschen Werte als solche. Wohlfeile Dinge sind niemals von Dauer.

4. Zusammenfassend ließe sich sagen: Wir Menschen sind alle versucht, um des Augenblicks willen womöglich die Ewigkeit preiszugeben. Wenn wir alles in deren Lichte betrachteten, würden wir vor mancherlei Irrtümern bewahrt bleiben; denn vieles, was uns im Augenblick erfreut, erweist sich auf die Dauer als verderblich. Der Ewigkeitstest, der Versuch, die Dinge zu sehen, wie Gott sie sieht, ist der nüchternste und sicherste Test, den es gibt.

Wer die Dinge mit Gottes Augen zu sehen versucht, wird sein Leben nicht mit Dingen verbringen, die ihn womöglich die Seele kosten.

WENN DER KÖNIG KOMMT

Markus 8, 38 — 9, 1

Wer sich aber mein und meiner Worte schämt unter diesem abtrünnigen und sündigen Geschlecht, dessen wird sich auch des Menschen Sohn schämen, wenn er kommen wird in der Herrlichkeit seines Vaters mit den heiligen Engeln. Und er sprach zu ihnen: Wahrlich, ich sage euch: Es stehen etliche hier, die werden den Tod nicht schmecken, bis daß sie sehen das Reich Gottes kommen mit Kraft.

Was uns in diesem Abschnitt sofort in die Augen springt, sind das Vertrauen und die Zuversicht Jesu, die daraus sprechen. Obwohl er soeben erst davon gesprochen hat, daß er sterben werde, obwohl er nicht daran zweifelt, daß der Kreuzestod vor ihm liegt, ist er ganz sicher, daß der Triumph letztlich nicht ausbleiben wird. Im ersten Teil dieses Abschnitts wird eine schlichte Wahrheit ausgesprochen: Wenn der König in sein Reich kommt, wird er sich denen gegenüber als loyal erweisen, die ihm treu gewesen sind. Niemand jedoch, der allen Schwierigkeiten aus dem Wege gegangen ist, kann erwarten, daß er an Segnungen teilhaben wird. Jesus sagt: „Das Christentum sieht sich einer feindlichen Welt gegenüber. Wer sich schämt, unter diesen Umständen Christ zu sein, wer Angst hat, zu erkennen zu geben, auf wessen Seite er steht, der kann auch keinen Ehrenplatz erwarten, wenn das Reich Gottes kommt," Der letzte Teil dieses Abschnitts hat manchen Menschen ernste Bedenken verursacht. Jesus sagt, etliche stünden hier, die den Tod nicht schmecken würden, bis sie das Reich Gottes kommen sähen mit Kraft. Bezieht man das auf sein persönliches Wiederkommen, dann würde es nämlich nicht stimmen; doch hier handelt es sich keineswegs um einen Hinweis auf seine Wiederkunft. Das wird uns klar, wenn wir uns die Situation vergegenwärtigen, aus der heraus Jesus sprach. Bis jetzt hatte er sich nur einmal außerhalb Palästinas aufgehalten, war er nur wenig über die Grenze hinaus, bis nach Tyrus und Sidon, gekommen. Nur verhältnismäßig wenige Menschen eines kleinen Landes hatten bisher von ihm gehört; erstreckte sich Palästina doch in nordsüdlicher Richtung nur über ein Gebiet von knapp 200 Kilometer Länge, dessen Breite etwa 65 Kilometer betrug und das von insgesamt höchstens vier Millionen Menschen bewohnt wurde. Hier im Sinne eines Welteroberers zu sprechen, dürfte daher wohl kaum Jesu Absicht gewesen sein, zumal er sich bereits die Feindschaft der orthodoxen Anführer zugezogen hatte und die einzige Aussicht für ihn darin bestand, als Irrlehrer zu sterben. Angesichts dieser Situation müssen viele seiner Hörer und Freunde in ihrer Verzweiflung geglaubt haben, das Christentum habe überhaupt keine Zukunft und werde in Kürze gänzlich eliminiert werden; menschlich gesehen, hatten diese Pessimisten sogar recht. Wenn wir nun aber bedenken, was tatsächlich geschah: daß nämlich kaum dreißig Jahre später ganz Kleinasien von der neuen Lehre erfaßt, daß Antiochien zu einer großen Gemeinde geworden, daß das Christentum bis nach Ägypten vorgedrungen und besonders in Alexandrien erstarkt war, daß es über das Meer hinweg nach Rom gelangt war und auch Griechenland erfaßte, daß es sich wie eine unaufhaltsame Flut über die damalige Welt ausbreitete, dann war buchstäblich noch zu Lebzeiten vieler Zeitgenossen Jesu wider alles Erwarten das Christentum „mit Kraft" gekommen. Jesus hat sich also nicht etwa geirrt, sondern genau recht gehabt.

Erstaunlich ist, daß Jesus niemals verzweifelte. Selbst angesichts der Trägheit der Menschen, angesichts ihrer Gegnerschaft, ja angesichts der Kreuzigung und des Todes zweifelte Jesus niemals an seinem endgültigen Triumph, weil er niemals an Gott zweifelte. Er war gewiß, daß bei Gott durchaus möglich ist, was bei den Menschen ganz und gar unmöglich ist.

VERKLÄRUNG JESU

Markus 9, 2—8

Und nach sechs Tagen nahm Jesus zu sich Petrus, Jakobus und Johannes und führte sie auf einen hohen Berg, nur sie allein, und ward vor ihnen verklärt. Und seine Kleider wurden ganz leuchtend weiß, wie sie kein Bleicher auf Erden so weiß machen kann. Und es erschien ihnen Elia mit Mose, und sie redeten mit Jesus. Und Petrus fing an und sprach zu Jesus: Rabbi, hier ist für uns gut sein. Und wir wollen drei Hütten machen, dir eine, Mose eine und Elia eine. Er wußte aber nicht, was er redete; denn sie waren bestürzt. Und es kam eine Wolke, die überschattete sie. Und eine Stimme geschah aus der Wolke und sprach: „Das ist mein lieber Sohn; den sollt ihr hören!" Und auf einmal, als sie um sich blickten, sahen sie niemand mehr bei sich als Jesus allein.

Hier sehen wir uns einem geheimnisumgebenem Erlebnis im Leben Jesu gegenüber, angesichts dessen unsere Bemühungen um Verständnis nur Versuche bleiben müssen. Markus sagt, das hier Geschilderte habe sich sechs Tage nach den Geschehnissen bei Cäsarea Philippi zugetragen, während Lukas hier von acht Tagen spricht. Bei der damals unterschiedlichen Art des Zählens liegt hier kein Widerspruch vor; wollten beide doch zum Ausdruck bringen: „Etwa eine Woche später." Sowohl in der Ost- als auch in der Westkirche wird der Gottesdienst zum Gedächtnis an die Verklärung Jesu jeweils am 6. August abgehalten, was auch uns an dieses Geschehen erinnern sollte. Der Tradition zufolge fand die Verklärung auf dem Berge Tabor statt, und in der Ostkirche wird denn auch das Fest der Verklärung Jesu T a b o r i o n genannt. Vielleicht beruht die Wahl des Berges Tabor darauf, daß dieser Berg Psalm 89, 13 erwähnt wird; doch handelt es sich dabei keineswegs um eine überzeugende Wahl. Der Tabor liegt nämlich im S ü d e n Galiläas, Cäsarea Philippi, in dessen Nähe Jesus war, nördlich davon. Der Tabor ist nicht höher als 400 Meter, und zur Zeit Jesu befand sich auf der Höhe eine Festung. Sehr viel wahrscheinlicher ist daher, daß sich dies alles im ewigen Schnee des 2 760 Meter hohen, Cäsarea Philippi zudem wesentlich näher gelegenen, Berges Hermon zugetragen hat, wo auch gewiß die Einsamkeit größer war.

Wir wissen nicht, was dort genau geschah, sondern können uns nur ehrfurchtsvoll vor dem Geschehen verneigen. Markus spricht davon, daß die Kleider Jesu ganz l e u c h t e n d weiß wurden, und benutzt in diesem Zusammenhang das Wort s t i l b e i n (= g l ä n z e n, l e u c h t e n), mit dem der schimmernde Glanz blanken Messings oder Goldes wie auch polierten Stahls ebenso gekennzeichnet wurde wie der Glanz des Sonnenlichtes. Gegen Ende des Geschehens wurden sie von einer Wolke überschattet, wobei wir nicht vergessen dürfen, daß im jüdischen Denken die Gegenwart Gottes gewöhnlich mit einer Wolke verknüpft ist. In der Wolke sah Mose Gott; in einer Wolke kam Gott zur Stiftshütte, und eine Wolke erfüllte den Tempel Salomos bei der Tempelweihe. Die Juden träumten davon, daß die Herrlichkeit des Herrn in der Wolke zum Tempel zurückkehren werde, wenn der Messias komme (2. Mose 16, 10; 19, 9; 33, 9; 1. Kön. 8, 10; 2. Makk. 2, 8). Mit dem Herabkommen der Wolke wurde also zum Ausdruck gebracht, daß der Messias gekommen war, und alle Juden verstanden dies.

Die Verklärung Jesu ist von zwiefacher Bedeutung.

1. Sie war für Jesus von unschätzbarem Wert. Jesus mußte sich selbst entscheiden, nach Jerusalem zu gehen, und diese Entscheidung war gleichbedeutend mit der Annahme des Kreuzestodes. Auf dem Berge der Verklärung wurde ihm die Richtigkeit seiner Entscheidung und Wahl zwiefach bestätigt. a) Mose und Elia erschien ihm. Mose war derjenige, der dem Volk Israel das Gesetz gegeben hatte, und Elia war der erste und größte Prophet gewesen. Die Menschen schauten auf ihn als auf den, aus dem die Stimme Gottes zu ihnen gesprochen hatte. Als diese beiden bedeutenden Gestalten Jesus erschienen, bedeutete dies, daß der größte Gesetzgeber und der größte Prophet zu Jesus sagten: „Du hast dich recht entschieden." Es bedeutete, daß sie in Jesus den Vollender dessen erblickten, wovon sie einst geträumt hatten. Es bedeutete, daß sie in Jesus denjenigen grüßten, nach dem die Welt sich stets gesehnt, auf den sie gehofft und dem sie entgegengeblickt hatte. Es ist, als ob Jesus in diesem Augenblick bestätigt wurde, daß er sich auf dem richtigen Wege befinde, weil die ganze Geschichte ein Weg zum Kreuz hin gewesen war. b) Gott sprach zu Jesus. Wie stets, befragte Jesus nicht sich selbst und seine Wünsche; sondern er ging zu Gott und sagte: „Was willst du, daß ich tue?" Er breitete seine Pläne und Absichten vor Gott aus. Und Gott sprach zu ihm: „Du handelst, wie mein lieber Sohn handeln soll und muß." Auf dem Berg der Verklärung empfing

Jesus die Gewißheit, daß der Weg, den er eingeschlagen hatte, der Weg zum Kreuzestod, der richtige Weg war.

2. Die Verklärung Jesu bedeutete für die Jünger etwas unendlich Wertvolles. a) Die Aussage Jesu, er werde nach Jerusalem gehen und dort sterben, hatte sie sehr erschüttert; denn das schien ihnen die völlige Negierung und das Gegenteil von dem zu sein, was sie bisher unter dem Messias verstanden hatten. Sie waren beunruhigt, verwirrt und ohne Verständnis dafür; sie standen hier vor einem Rätsel. Was sie auf dem Berg der Verklärung erlebten, war etwas, woran sie sich halten konnten und mußten, auch wenn sie es nicht begriffen. Sie hatten die Stimme Gottes vernommen, mit der dieser Jesus seinen Sohn genannt hatte. b) Sie wurden dadurch in einem ganz besonderen Sinne zu Zeugen. Hier auf dem Berg der Verklärung war ihnen die Herrlichkeit Jesu bezeugt worden, wovon sie zwar nicht im Augenblick, doch wenn es soweit war, zu den Menschen sprechen sollten.

DAS SCHICKSAL DES VORLÄUFERS

Markus 9, 9—13

Da sie aber vom Berge herabgingen, gebot ihnen Jesus, daß sie niemand sagen sollten, was sie gesehen hatten, bis des Menschen Sohn auferstünde von den Toten. Und sie behielten das Wort und befragten sich untereinander: Was mag das heißen: auferstehen von den Toten? Und sie fragten ihn und sprachen: Die Schriftgelehrten sagen doch, daß zuvor Elia kommen muß. Er aber sprach zu ihnen: Ja, zuvor kommt Elia und bringt alles wieder zurecht. Und wie steht geschrieben von des Menschen Sohn, daß er viel leiden soll und verachtet werden? Aber ich sage euch: Elia ist schon gekommen, und sie haben an ihm getan, was sie wollten, wie von ihm geschrieben steht.

Es war ganz natürlich, daß die drei Jünger während des Abstiegs vom Berg über das Erlebte nachdachten und Fragen stellten.

Als erstes verbot Jesus ihnen, zu irgend jemand von dem zu sprechen, was sie gesehen hatten, weil er nämlich genau wußte, daß sie sich innerlich noch nicht von der Vorstellung des in Macht und Stärke daherkommenden Messias freigemacht hatten. Wie konnte das, was auf dem Berge geschehen, wo die

Herrlichkeit Gottes erschienen war und ebenso auch Mose und Elia, wie konnte das mit den herkömmlichen Messiaserwartungen in Einklang gebracht werden? Wie konnte man es als Vorspiel des Eingreifens Gottes als rächender Macht gegenüber den Völkern der Welt glaubhaft machen? Die Jünger mußten lernen, was es mit der messianischen Sendung in Wahrheit auf sich hatte. Dazu aber war nur eins imstande: der Kreuzestod und die Auferstehung Jesu. Erst wenn der Kreuzestod sie gelehrt hatte, was mit dem Kommen des Messias gemeint war, erst wenn die Auferstehung Jesu sie davon überzeugt hatte, daß Jesus wirklich der Messias war, d a n n, erst dann durften sie von der Herrlichkeit auf dem Berge erzählen; denn erst dann würden sie sie richtig sehen: als ein Vorspiel, aber nicht als ein Vorspiel der losbrechenden Gewalt, sondern als das der ans Kreuz geschlagenen Liebe Gottes.
Die Jünger ließ das Erlebte einfach nicht los. Sie hatten nicht verstanden, was Jesus mit den Worten von der Auferstehung gemeint hatte. Als Jesus ans Kreuz geschlagen wurde, bedeutete dies infolgedessen in ihren Augen das Ende. Wir dürfen die Jünger deswegen nicht tadeln; denn sie waren in einer so gänzlich anderen Messiaserwartung aufgewachsen, daß sie buchstäblich nicht aufnahmefähig waren für das, was Jesus ihnen gesagt hatte.
Danach fragten sie etwas, was ihnen rätselhaft vorkam. Die Juden glaubten, bevor der Messias komme, werde Elia als sein Bote und Vorläufer wiederkommen. Nach rabbinischer Tradition sollte Elia drei Tage vor dem Messias kommen. Am ersten Tage würde er von den Bergen Israels herab das Elend des Landes beklagen, und man würde seine Stimme vom einen Ende der Welt bis zum andern hören, wenn er rufe: „Der F r i e d e kommt! Der F r i e d e kommt!" Am zweiten Tage werde er rufen: G o t t kommt! G o t t kommt!" und am dritten Tage: „J e s h u a h (das H e i l, die R e t t u n g) naht! J e s h u a h naht!" Elia würde alles wiederherstellen. Er würde die zerrissenen Familienbande wieder knüpfen, alle strittigen Punkte des Rituals und Zeremoniels bereinigen und das Volk Israels reinigen, indem er alle zurückbrächte, die zu Unrecht ausgeschlossen worden waren, und indem er alle austriebe, die zu Unrecht einbeschlossen gewesen waren. Elia nahm im Denken Israels einen erstaunlichen Platz ein; er war im Himmel und auf Erden unausgesetzt in ihrem Interesse tätig und zudem der Bote künftiger Vollendung. Die Jünger konnten daher gar nicht anders, als zu fragen: „Wenn Jesus der Messias ist, wie verhält es sich dann mit Elia?" Jesus antwortete ihnen

darauf in einer Weise, die alle Juden verstanden: „Elia ist schon gekommen", sagte er, „und sie haben an ihm getan, was sie wollten; sie sind eigenmächtig mit ihm verfahren und haben den Willen Gottes nicht beachtet." Damit wies Jesus auf die Gefangennahme und den Tod Johannes des Täufers hin, den Herodes hatte umbringen lassen, und damit brachte er sie stillschweigend wieder auf den Gedanken zurück, dem sie sich verschlossen und dem sie sich doch stellen mußten. Unausgesprochen stellte er ihnen damit die Frage: „Wenn sie das seinem Vorläufer getan haben, was werden sie dann erst mit dem Messias machen?" Jesus stieß alle vorgefaßten Meinungen und Vorstellungen seiner Jünger um. Während sie dem Auftreten Elias, dem Kommen des Messias, dem Eingreifen Gottes in die Zeit und dem Sieg des Himmels entgegensahen, den sie mit dem Triumph Israels identifizierten, versuchte Jesus, sie dazu zu bringen, zu erkennen: Der Bote war grausam umgebracht worden, und der Messias muß am Kreuz sterben. Sie verstanden ihn jedoch noch nicht, und ihre Begriffsstutzigkeit war, wie stets bei den Menschen, darauf zurückzuführen, daß sie sich an ihre Art, die Dinge zu betrachten, klammerten und sich weigerten, sie mit den Augen Gottes zu sehen. Sie wollten, daß ihre Wünsche in Erfüllung gingen, nicht aber das, was Gott ihnen verordnet hatte. Die Irrtümer menschlicher Denkungsart hatten sie blind gemacht gegenüber der Offenbarung der Wahrheit Gottes.

NACH DEM ABSTIEG VOM BERGE

Markus 9, 14—18

Und sie kamen zu den Jüngern und sahen viel Volks um sie und Schriftgelehrte, die sich mit ihnen stritten. Und alsbald, da alles Volk ihn sah, entsetzten sie sich, liefen herzu und grüßten ihn. Und er fragte sie: Was streitet ihr euch mit ihnen? Einer aber aus dem Volk antwortete: Meister, ich habe meinen Sohn hergebracht zu dir, der hat einen sprachlosen Geist. Und wo er ihn erwischt, so reißt er ihn; und er schäumt und knirscht mit den Zähnen und wird starr. Und ich habe mit deinen Jüngern geredet, daß sie ihn austrieben, und sie konnten es nicht.

Was hier vor sich geht, hatte Petrus zu meiden versucht, als er auf dem Berge der Verklärung gesagt hatte: „Hier ist für uns gut sein." Er hatte drei Hütten für Jesus, Mose und Elia bauen und mit ihnen zusammen in der Herrlichkeit bleiben wollen, weil das Leben dort so viel besser, so viel gottnäher war. Weshalb überhaupt wieder hinuntergehen? Doch gerade das heißt leben, daß wir vom Berge der Verklärung wieder hinabsteigen müssen. In der Welt des Glaubens geht es ohne Zeiten des Alleinseins und der Einsamkeit nicht, wir brauchen diese, wenn wir mit Gott zusammen sind; doch wenn wir uns dabei von unseren Mitmenschen abschließen, wenn wir unsere Ohren vor dem Schrei der menschlichen Not verschließen, dann ist das keineswegs christlich. Die Einsamkeit soll uns nicht zu Einzelgängern, sondern soll uns fähig machen, den an uns gestellten Forderungen desto besser gerecht zu werden.

Die Situation, die Jesus vorfand, als er vom Berge herabkam, war äußerst prekär. Ein Vater hatte seinen Sohn, bei dem es sich, den Symptomen nach zu schließen, offenbar um einen Epileptiker handelte, zu den Jüngern gebracht; doch sahen diese sich außerstande, in diesem Fall zu helfen. Infolgedessen hielten die Schriftgelehrten, die Gesetzesexperten, ihre Chance für gekommen. Die Ohnmacht der Jünger bot ihnen eine vorzügliche Gelegenheit, nicht nur das Ansehen der Jünger zu schmälern, sondern auch das ihres Meisters. Eben dies machte die Situation so heikel — genau so wie heute entsprechende Situationen für Christen. Ihr Verhalten, ihre Worte, ihre Fähigkeit oder Unfähigkeit, den Anforderungen des Augenblicks oder des Lebens gerecht zu werden, benutzt man als Maßstab nicht nur für sich selbst, sondern auch für die Beurteilung Jesu Christi. Es kommt daher nicht auf hochtönende Beteuerungen an, sondern auf unser Verhalten und Handeln; danach werden wir und unser Meister von den Menschen beurteilt. Die Schriftgelehrten erblickten in dieser speziellen Situation unwillkürlich eine vom Himmel gesandte Gelegenheit, um Jesus herabzusetzen.

Und dann kam Jesus selbst. Als das Volk ihn sah, entsetzten sie sich, wobei wir keinesfalls annehmen dürfen, daß noch etwas von dem besonderen Glanz der Verklärung auf ihm gelegen habe; denn damit hätte er seine eigenen Anweisungen hinfällig gemacht, striktes Schweigen über das Vorgefallene zu bewahren. Die Volksmenge war vielmehr so vertieft in das gewesen, was sie zur Zeit beschäftigte, daß sie Jesus, der nun gerade im rechten Augenblick mitten unter sie trat, gar nicht hatten kommen sehen. Es war seine plötzliche, unerwartete Ankunft genau im richtigen Moment, die sie so überraschte.

Wir erfahren hier zweierlei über Jesus.

1. Er war ebenso bereit, sich dem Kreuzestod zu stellen wie jeder anderen Aufgabe auch. Bezeichnend für uns Menschen ist, daß wir zwar in kritischen Augenblicken des Lebens durchaus Würde bewahren können, daß wir uns dagegen von den täg-Beanspruchungen des Lebens irritieren und kribbelig machen lassen. Wirklich schweren Schlägen des Lebens begegnen wir mitunter mit einem gewissen Heroismus; doch über lächerliche Nadelstiche regen wir uns werweißwie auf oder lassen uns von ihnen quälen. Manch einer, der einen schweren Verlust mit heiterer Gelassenheit zu tragen vermag, verliert über einer mißratenen Mahlzeit oder wegen eines versäumten Zuges jede Beherrschung. An Jesus dagegen ist zu beachten, daß er gelassen dem Kreuzestod entgegensehen und mit der gleichen Ruhe sich um die Alltagsnöte der Menschen kümmern konnte. Gott war für ihn nicht nur ein Gott der Krisensituationen, sondern auf allen seinen Wegen bei ihm.

2. Er war gekommen, um die Welt zu retten, und doch konnte er sich unbeirrt der Hilfe für einzelne Menschen hingeben. Für uns ist es vielfach sehr viel leichter, die Liebe zu den Menschen zu predigen, als einzelne, nicht besonders liebenswerte Sünder zu lieben. Jesus dagegen besaß die königliche Gabe, sich jedem ganz zu schenken, mit dem er gerade zusammen war — trotz der Aufgaben und Leiden, die ihn erwarteten.

DER SCHREI DES GLAUBENS

Markus 9, 19—24

Er antwortete ihnen aber und sprach: O du ungläubiges Geschlecht, wie lange soll ich bei euch sein? Wie lange soll ich euch ertragen? Bringet ihn her zu mir! Und sie brachten ihn her zu ihm. Und alsbald, da ihn der Geist sah, riß er ihn. Und er fiel auf die Erde und wälzte sich und schäumte. Und Jesus fragte den Vater: Wie lange ist's, daß ihm das widerfährt? Er sprach: Von Kind auf. Und oft hat er ihn ins Feuer und ins Wasser geworfen, daß er ihn umbrächte. Kannst du aber was, so erbarme dich unser und hilf uns! Jesus aber sprach zu ihm: Wie sprichst du: Kannst du was? „Alle Dinge sind möglich dem, der da glaubt." Alsbald schrie des Kindes Vater und sprach: „Ich glaube; hilf meinem Unglauben!"

Der Abschnitt beginnt mit einer spontanen Äußerung, die sich dem Herzen Jesu entringt. Er war auf dem Berg gewesen und hatte der gewaltigen Aufgabe ins Auge geschaut, die vor ihm lag; er war in seinem Entschluß bestätigt worden, sein Leben dafür einzusetzen, daß die Welt erlöst würde. Und jetzt mußte er erleben, daß seine engsten Freunde, die von ihm erwählten Jünger sich geschlagen gaben, daß sie verwirrt, hilflos und ohne jede Wirkung auf die Menschen waren. Das muß selbst Jesus einen Augenblick zu schaffen gemacht, muß ihn getroffen haben in seinem Bemühen, aus Weltkindern Gotteskinder zu machen. Wie überwand er diesen Augenblick? „Bringt das Kind zu mir!" sagte er. Wenn wir mit den letzten Fragen nicht fertigwerden, dann sollten wir uns mit den Gegebenheiten befassen, mit denen wir im Augenblick konfrontiert werden. Es ist, als ob Jesus gesagt hätte: „Ich weiß zwar noch nicht, wie ich diese meine Jünger je ändern kann; doch jetzt vermag ich wenigstens diesem Jungen zu helfen. Laßt mich also tun, was im Augenblick zu tun ist, und nicht an der Zukunft verzweifeln." Immer wieder ist dies der einzige Weg, um der Verzweiflung zu entgehen. Wenn wir dasitzen und über die Zustände in der Welt nachdenken, dann könnten wir wohl verzweifeln. Deshalb sollten wir lieber zur Tat schreiten und in unserer winzigen Ecke tun, was wir tun können, auch in der Kirche, an der wir verzweifeln möchten. Jesus hat sich von der Trägheit des menschlichen Geistes nie lähmen lassen, sondern jeweils der gegebenen Situation Rechnung getragen. Der sicherste Weg, dem Pessimismus und der Resignation zu entgehen, heißt: unmittelbar tätig werden und zupacken.
Dem Vater des Jungen nannte Jesus die Voraussetzungen eines Wunders. „Alle Dinge sind möglich dem, der da glaubt", sagte er. Es war, als ob Jesus damit sagen wollte: „Die Heilung deines Jungen hängt nicht von mir, sondern von dir ab." Hier handelt es sich nicht um eine spezielle theologische, sondern um eine allgemeingültige Wahrheit. Voller Hoffnungslosigkeit an etwas herangehen, heißt, es von vornherein aussichtslos machen; gläubig an etwas herangehen, heißt dagegen, es möglich machen. Nicht nur Staatsmänner brauchen den „Sinn für das Mögliche", sondern wir alle, die wir meist nur einen Sinn für das haben, was uns unmöglich erscheint. Das aber ist der Grund dafür, daß keine Wunder geschehen.
Das Verhalten des Vaters des Jungen ist sehr aufschlußreich. Er war ursprünglich gekommen, um Jesus selbst aufzusuchen. Da Jesus jedoch noch auf dem Berge oder unterwegs war, mußte er sich mit den Jüngern begnügen. Die Erfahrungen, die

er mit ihnen gemacht hatte, waren entmutigend. Sein Glaube war durch sie so erschüttert worden, daß er, als Jesus kam, nur noch sagen konnte: „Hilf mir, **wenn du kannst**." Und dann, als er Jesus Auge in Auge gegenüberstand, flammte sein Glaube plötzlich von neuem auf. „Ich glaube!" schrie er. „Wenn noch Mutlosigkeit und Zweifel in mir sind, nimm sie mir und erfülle mich mit blindem Glauben!" Die Kirche oder auch manche Geistliche geben den Menschen zuweilen weniger, als diese es von ihnen erhofft haben, so daß sie sich in ihren Erwartungen getäuscht sehen. In solchen Fällen sollten die Menschen sich bemühen, bis hinter die Kirche zu dem Herrn der Kirche, bis hinter ihre Amtsträger zu Christus selbst vorzudringen. Die Kirche und die Diener Gottes mögen uns zwar zuweilen enttäuschen; doch wenn wir uns zu Jesus Christus selbst durchkämpfen, werden wir niemals enttäuscht werden.

DIE URSACHE DES VERSAGENS

Markus 9, 25—29

Da nun Jesus sah, daß das Volk herzulief, bedrohte er den unsaubern Geist und sprach zu ihm: Du sprachloser und tauber Geist, ich gebiete dir, daß du von ihm ausfahrest und fahrest hinfort nicht in ihn! Da schrie er und riß ihn sehr und fuhr aus. Und der Knabe ward, als wäre er tot, so daß die Menge sagte: Er ist tot. Jesus aber ergriff ihn bei der Hand und richtete ihn auf, und er stand auf. Und da er heimkam, fragten ihn seine Jünger allein: Warum konnten wir ihn nicht austreiben? Und er sprach: Diese Art kann durch nichts ausfahren als durch Beten und Fasten.

Jesus muß Vater und Sohn beiseitegeführt haben; doch das Volk war, als es Vater und Sohn hatte schreien hören, herbeigelaufen. Dann hatte Jesus gehandelt. Noch ein letzter Anfall erfolgte, ein Anfall bis zur völligen Erschöpfung; danach war der Knabe geheilt.
Als sie wieder allein mit Jesus waren, fragten die Jünger nach der Ursache ihres Versagens; fraglos dachten sie daran, daß Jesus sie ausgesandt hatte, damit sie predigten und die bösen Geister austrieben (Mark. 3, 14. 15). Wie kam es also, daß sie diesmal in so ungewöhnlicher Weise versagt hatten? Jesus erwiderte darauf schlicht, diese Art (bösen Geistes) könne nur

durch Beten und Fasten ausfahren. Damit sagte er in Wirklichkeit zu ihnen: „Ihr seid Gott nicht nahe genug." Zwar hatte Jesus sie mit Kraft versehen; doch diese Kraft blieb nur dann bestehen, wenn sie durch Beten gestärkt wurde.

Dieser Abschnitt enthält für uns eine wichtige Lehre. Gaben, die Gott uns verliehen hat, welken dahin und sterben schließlich ganz, wenn wir nicht in enger Verbindung zu Gott bleiben. Das gilt für alle Gaben. Wenn wir die Gabe der Verkündigung empfangen haben, jedoch nicht ständig Kontakt mit Gott halten, kann es dahin kommen, daß wir schließlich nur wortgewandt sind, ohne daß das, was wir sagen, auch von Kraft erfüllt ist. Das gilt ebenso für alle anderen Gaben, was freilich keineswegs heißen soll, daß diese Gaben nicht auch dazu dienen dürften, als solche gebraucht zu werden: wohl aber heißt es, daß wir sie nicht primär so nutzen sollten, sondern uns ihrer freudig als Gaben von und für Gott bewußt sein müssen. Jenny Lind, die berühmte schwedische Sängerin, soll vor jedem Auftritt für sich gebetet haben: „Herr Gott, hilf, daß ich wahrhaftig singe heute abend."

Ohne einen solchen ständigen Kontakt mit Gott büßen wir zweierlei ein, wie groß unsere Fähigkeiten und Talente auch sein mögen:

1. Wir büßen unsere echte L e b e n s k r a f t ein, jenes Etwas, das die wahre Größe ausmacht. Statt zu einer Gabe, die wir Gott zu Ehren darbringen, wird das, was wir tun, zu einem Auftritt. Aus einem atmenden, lebendigen Leibe wird ein schöner Körper, wenn nicht gar Leichnam.

2. Wir büßen unsere D e m u t ein. Was wir zum Lobe Gottes nutzen sollten, beginnen wir zu unserem eigenen Ruhm zu gebrauchen. Was den Menschen Gott nahebringen sollte, wird dazu mißbraucht, daß wir den Menschen uns selber darbieten. Das sollte uns nachdenklich stimmen. Jesus hatte den Jüngern Kraft gegeben; doch sie hatten diese Kraft nicht gepflegt und gestärkt, indem sie beteten, und so war diese von ihnen gewichen. Was Gott uns an Gaben auch verleiht, wir gehen ihrer verlustig, sobald wir sie selbstisch nutzen; dagegen werden sie zunehmen, wenn wir ständig mit dem Gott in Berührung bleiben, der sie uns geschenkt hat.

DEM ENDE INS AUGE SEHEN!

Markus 9, 30—32

Und sie gingen von da hinweg und zogen durch Galiläa; und er wollte nicht, daß es jemand wissen sollte. Denn er lehrte seine Jünger und sprach zu ihnen: Des Menschen Sohn wird überantwortet werden in der Menschen Hände, und sie werden ihn töten; und wenn er getötet ist, so wird er nach drei Tagen auferstehen. Sie aber verstanden das Wort nicht und fürchteten sich, ihn zu fragen.

Dieser Abschnitt kennzeichnet gewissermaßen einen Meilenstein. Jesus hatte den Norden, wo er verhältnismäßig sicher gewesen war, verlassen und begann in Richtung Jerusalem zu gehen, wo ihn der Kreuzestod erwartete. Ausnahmsweise wollte er das Volk jetzt nicht um sich haben; wußte er doch genau, daß er vergeblich in die Welt gekommen sein würde, wenn seine Botschaft nicht in den Herzen der von ihm erwählten Männer fest verankert war. Es genügte nicht, eine Reihe von Lehrsätzen zu hinterlassen; es mußte eine Schar von Menschen hinterlassen werden, die von diesen Lehrsätzen geprägt worden war. Jesus mußte sich daher, bevor er die Welt in Menschengestalt wieder verließ, vergewissern, daß es Menschen gab, die (wenn auch noch so vage) begriffen hatten, weshalb er gekommen war. Was er hier sagt, ist noch schmerzlicher als das, was er bei der ersten Leidensankündigung gesagt hatte (Mark. 8, 31); denn hier wird noch ein Satz hinzugefügt: „Des Menschen Sohn wird überantwortet werden in der Menschen Hände." In der kleinen Jüngerschar befand sich ein Verräter, und Jesus wußte das. Er erkannte, in welche Richtung die Gedanken des Judas gingen, vielleicht sogar besser als Judas selbst. Als Jesus sagte: „Des Menschen Sohn wird überantwortet werden in der Menschen Hände", sprach er damit nicht nur eine schicksalhafte Tatsache aus, sondern zugleich auch eine letzte Bitte an den Mann, dessen Herz auf Verrat sann.
Selbst jetzt verstanden ihn die Jünger noch nicht, insbesondere nicht hinsichtlich dessen, was er über die Auferstehung gesagt hatte. Sie spürten zwar die tragische Unausweichlichkeit des Kommenden; doch daß Jesus ebenso gewiß auferstehen würde, begriffen sie keineswegs. Dieses Wunder ging über ihr Fassungsvermögen hinaus; sie begriffen es erst, nachdem es sichtbare Wirklichkeit für sie geworden war.

Obwohl sie ihn nicht verstanden, fürchteten sie sich, weitere Fragen zu stellen. Sie waren wie Menschen, denen ein Arzt eine ungute Diagnose mitteilt und die sich dann scheuen, nach nichtverstandenen Einzelheiten zu fragen, aus Angst, noch mehr Negatives zu erfahren. Menschen solcher Art glichen auch die Jünger.

Wir wundern uns zuweilen, daß die Jünger nicht begriffen, was doch so klar und einfach ausgesprochen wurde. Doch das liegt daran, daß wir Menschen eine erstaunliche Fähigkeit dafür besitzen, von uns zu weisen, was wir nicht sehen möchten. Sind wir selbst soviel anders? Immer wieder haben wir die christliche Botschaft vernommen und wissen, welche Herrlichkeit es bedeutet, sie anzunehmen, und welch ein Unglück, sie zu verwerfen; und dennoch sind viele von uns wie eh und je weit davon entfernt, der daraus erwachsenden Lehnspflicht voll und ganz nachzukommen und ihr Leben danach auszurichten. Wir erkennen zwar Teile der christlichen Botschaft an, die nämlich, die uns zusagen; doch wir weigern uns, auch das übrige zu hören und zu verstehen.

EHRGEIZIGE JÜNGER

Markus 9, 33—35

Und sie kamen nach Kapernaum. Und da er daheim war, fragte er sie: Was habt ihr miteinander auf dem Wege verhandelt? Sie aber schwiegen; denn sie hatten miteinander auf dem Weg verhandelt, welcher der Größte wäre. Und er setzte sich und rief die Zwölf und sprach zu ihnen: So jemand will der Erste sein, der soll der Letzte sein von allen und aller Diener.

Nichts könnte uns deutlicher als dieser Vorfall zeigen, wie weit die Jünger noch davon entfernt waren, den Sinn der messianischen Sendung Jesu zu erkennen. Obwohl er ihnen schon mehrmals gesagt hatte, was ihn in Jerusalem erwartete, dachten sie an das Reich Jesu Christi ganz offensichtlich immer noch als an ein irdisches Reich und an sich selbst als seine Minister. Der Gedanke, daß Jesus dem Kreuzestod entgegenging und daß die Jünger dabei darüber streiten konnten, wer der Größte unter ihnen sein werde, hat etwas Erschütterndes. Immerhin hatten sie ein Gefühl dafür, daß sie damit etwas Ungutes taten; denn als Jesus sie fragte, worüber sie verhandelt hätten, wußten sie nichts zu sagen. Sie schwiegen, weil sie sich schämten; doch konnten sie nichts zu ihrer Verteidigung anführen. Merkwürdig, wie etwas ins rechte Licht und an den ihm zukommenden Platz gerückt wird, wenn wir es vor Jesus ausbreiten. Solange sie der Ansicht gewesen waren, Jesus höre ihnen nicht zu, war ihnen die Auseinandersetzung darüber, wer der Größte sei, durchaus nicht unangebracht erschienen; die Unwürdigkeit der Angelegenheit ging ihnen erst auf, als sie darüber in Jesu Gegenwart sprechen sollten. Fürwahr, unser Leben sähe wesentlich anders aus, wenn wir alles aus der Perspektive Jesu sehen würden. Wir würden manches weder tun noch sagen, wenn wir fragten: „Wie, wenn Jesus dich jetzt beobachtete? Würdest du in der gleichen Art weitermachen oder weitersprechen, wenn Jesus dir zuhörte?" Ein solches „wenn" kennt wahrer christlicher Glaube allerdings nicht; denn was wir auch tun und sagen, es geschieht in seiner Gegenwart. Gott bewahre uns vor Worten und Taten, deren wir uns vor ihm schämen müßten!

Jesus befaßte sich ernsthaft mit dieser Angelegenheit. Es heißt, er habe sich gesetzt und die Zwölf zu sich gerufen, wie es die Rabbinen zu tun pflegten, wenn sie als Lehrer ihre Schüler unterweisen und sich zu einem Thema äußern wollten. Diese Stellung nahm jetzt auch Jesus bewußt ein, ehe er zu sprechen begann. Und dann sagte er ihnen, wenn sie auf wahre Größe in seinem Reich bedacht seien, dann müßten sie diese darin suchen, nicht die ersten, sondern die letzten sein zu wollen, nicht Herren, sondern aller Knechte. Jesus wollte ihnen keineswegs ihren Ehrgeiz ausreden, nur suchte er ihm eine andere Richtung zu geben. Statt angesehen sein zu wollen, sollten sie danach streben, zu dienen, sollten sie danach trachten, etwas für andere zu tun.

Damit vertrat er keineswegs einen illusionistischen, sondern einen durchaus realistischen Standpunkt. Alle Menschen, die als wirklich „groß" in der Geschichte eingegangen sind, haben sich nicht gefragt, wie sie sich Staat und Gesellschaft zur Förderung ihres eigenen Ansehens nutzbar machen könnten, sondern: „Wie kann ich mit meinen Gaben und Talenten anderen am besten dienen?" Echte Selbstlosigkeit ist zwar selten, bleibt aber unvergessen.

Alle wirtschaftlichen und politischen Probleme ließen sich lösen, wenn die Menschen ihren Lebenszweck in dem erblickten, was sie für andere zu tun imstande sind. Auch Spaltungen und Auseinandersetzungen, wie sie die Kirche bedrohen, ließen sich weithin vermeiden, wenn die Kirche und ihre Amtsträger nur den einen Wunsch kennten: der Kirche selbstlos zu dienen, ohne Rücksicht auf die Stellung, die sie selbst darin einnehmen. Als Jesus davon sprach, wie groß Menschen seien, die anderen dienen wollen, hielt er damit eine der größten Lebenswahrheiten fest.

DEN HILFLOSEN HELFEN HEISST CHRISTUS HELFEN

Markus 9, 36. 37

Und er nahm ein Kind und stellte es mitten unter sie und herzte es und sprach zu ihnen: Wer ein solches Kind aufnimmt in meinem Namen, der nimmt mich auf; und wer mich aufnimmt, der nimmt nicht mich auf, sondern den, der mich gesandt hat.

Vergegenwärtigen wir uns, daß Jesus sich hier immer noch mit dem Ehrgeiz befaßt.
Jesus nahm ein Kind und stellte es mitten unter sie. Kinder üben weder auf unsere Karriere noch auf unser Ansehen einen unmittelbaren Einfluß aus; Kinder sind nicht Gebende, sondern Empfangende, man muß etwas für sie tun. Jesus sagt hier also: „Wer arme, einfache Leute ohne Einfluß, ohne Reichtum und Macht aufnimmt, Leute, die darauf angewiesen sind, daß für sie etwas getan wird, der nimmt mich auf, ja, mehr noch, der nimmt Gott bei sich auf." Wie es typisch für die Situation der Kinder ist, daß sie etwas brauchen, so sollen wir die Gemeinschaft mit Menschen suchen, die etwas brauchen.
Diese Verse enthalten eine Warnung und Mahnung zugleich. Die Freundschaft mit jemandem zu pflegen, der etwas für uns tun, der uns nützen kann, ist nicht schwer, ebenso, die Gemeinschaft von Menschen zu meiden, denen Hilfe zwar nottut, denen zu helfen uns jedoch unbequem ist. Ähnlich leicht fallen die Suche nach der Gunst einflußreicher Menschen wie auch das Nichtbeachten einfacher Leute, das Buhlen um die Aufmerksamkeit irgendwelcher vornehmer Persönlichkeiten und das Meiden armer Verwandter. Jesus sagt hier eindeutig, wir sollten uns nicht um die kümmern, die etwas für uns tun können, sondern um jene, für die wir etwas tun können; denn das bedeute, daß wir Gemeinschaft mit ihm selbst suchen. Hier handelt es sich also um eine andere Formulierung des Satzes: „Was ihr getan habt einem unter diesen meinen geringsten Brüdern, das habt ihr mir getan."

EINE LEKTION IN DULDSAMKEIT

Markus 9, 38—40

Johannes sprach zu ihm: Meister, wir sahen einen, der trieb böse Geister in deinem Namen aus, aber er folgt uns nicht nach; und wir verboten's ihm, weil er uns nicht nachfolgt. Jesus aber sprach: Ihr sollt's ihm nicht verbieten. Denn niemand, der ein Wunder tut in meinem Namen, kann bald übel von mir reden. Wer nicht wider uns ist, der ist für uns.

Wie mehrfach festgestellt, glauben zur Zeit Jesu die Menschen an böse Geister, auf deren Einfluß sie sowohl die Geistes- als auch die anderen Krankheiten zurückführten. Eine weitverbreitete Methode, diese Dämonen auszutreiben, bestand darin, ihnen im Namen eines mächtigeren Geistes zu befehlen, aus der Person, die diesem Geist ausgeliefert war, auszufahren; der Macht eines noch wirksameren Namens vermochten die bösen Geister nicht standzuhalten. Darum handelt es sich auch bei unserer Erzählung. Johannes hatte beobachtet, wie jemand den Namen Jesu dazu benutzte, böse Geister auszutreiben, und hatte ihm Einhalt zu bieten versucht, weil er nicht zum engeren Kreis der Jünger Jesu gehörte. Dagegen erklärte Jesus, wer etwas Gewaltiges in seinem Namen bewirke, könne nicht sein Feind sein. Und dann nannte Jesus in diesem Zusammenhang einen wesentlichen Grundsatz: „Wer nicht wider uns ist, der ist für uns." Hier wird uns eine Lektion in Toleranz erteilt, die wir wohl fast alle nötig haben.

1. Jeder hat das Recht auf eigene Gedanken und damit das Recht, aufgrund seines Nachdenkens zu persönlichen Schlußfolgerungen und Ansichten zu kommen. Das sollten wir respektieren, statt dazu zu neigen, alles zu verurteilen, was uns unverständlich ist. William Penn, der Begründer Pennsylvaniens, hat einst gesagt: „Was wir nicht verstehen, sollen wir weder verachten noch bekämpfen." Und in Judas 10 heißt es im Urtext: „Diese Leute schimpfen über alles, was sie nicht verstehen." Das ist eine weit verbreitete Krankheit, auch unter Christen. Zweierlei sollten wir stets bedenken: a) Vielerlei Wege führen zu Gott, nicht nur ein einziger. (Cervantes: „Gott führt die Seinen auf vielen Straßen zum Himmel.") Die Welt ist rund, und zwei Menschen können genau dasselbe Ziel erreichen, indem sie von einem Punkt der Erde aus in entgegengesetzter Richtung aufbrechen. Im alten römischen Weltreich be-

fand sich in der Mitte des Forums zu Rom ein goldener Meilenstein, auf den sich die Entfernungsangaben sämtlicher Meilensteine in allen Provinzen bezogen; das Wort: „Alle Straßen führen nach Rom" traf also buchstäblich zu. Analog hierzu läßt sich nicht leugnen, daß alle Straßen, wenn wir sie lange und konsequent genug verfolgen, früher oder später zu Gott führen. Der Gedanke, daß ein Bekenntnis oder eine Kirche alleinseligmachend sein können, ist mehr als fragwürdig.
b) Wir dürfen nie vergessen, daß die Wahrheit stets größer ist als das, was der Mensch von ihr zu erfassen vermag; niemand kann die ganze Wahrheit erfassen. Nicht lässige Hinnahme alles und jeden ist das Fundament der Toleranz, auch nicht die Annahme, es gebe grundsätzlich überhaupt keine Gewißheit, sondern das Wissen um die Größe der Wahrheit. Ein frommer Denker hat einmal gesagt: „Duldsamkeit heißt Ehrfurcht vor den Möglichkeiten der Wahrheit, heißt erkennen, daß sie mancherlei Wohnungen hat und viele Kleider, daß sie in merkwürdigen Zungen redet. Duldsamkeit bedeutet Achtung vor der Freiheit des Gewissens gegenüber hergebrachten Konventionen und gesellschaftlichem Zwang. Duldsamkeit bedeutet, von jener Nächstenliebe erfüllt zu sein, die größer ist als Glaube und Hoffnung." Intoleranz ist ein Zeichen von Arroganz und Ignoranz; denn sie zeigt, daß der Betreffende glaubt, es gebe keine Wahrheit außer der von ihm erkannten.

2. Wir sollten allen Menschen nicht nur das Recht zugestehen, selbst nachzudenken, sondern auch das, zu sagen, was sie für richtig halten; die Freiheit der Meinungsäußerung gehört zu den wichtigsten demokratischen Rechten. Selbstverständlich gibt es auch da Grenzen, soweit es sich nämlich um die bewußte Verbreitung von Doktrinen handelt, die auf die Zersetzung der Moral und auf die Erschütterung der Grundlagen abzielen, auf denen die zivilisierte und christliche Gemeinschaft beruht. Dann gilt es, die Betreffenden zu bekämpfen, freilich nicht dadurch, daß man sie gewaltsam mundtot macht oder eliminiert, sondern dadurch, daß man sie von ihrem Irrtum zu überzeugen sucht. Der Atheist Voltaire hat den Begriff der Redefreiheit einmal recht mutig so formuliert: „Was du sagst, verabscheue ich zwar; doch ich würde mit meinem Leben dafür einstehen, daß es dein Recht ist, es zu äußern."

3. Sodann dürfen wir auch nicht vergessen, daß jede Lehre und jeder Glaube letztlich danach beurteilt werden müssen, welche Art Menschen sie hervorbringen. Entscheidend ist, daß die Kirchen Werkzeuge gelebten Christentums sind; nicht darauf kommt es an, wie sie regiert und verwaltet werden, sondern

darauf, wie die Menschen sind, die sie leiten und die aus ihr hervorgehen. Was Toleranz diesbezüglich ist, kommt sehr anschaulich in der berühmten orientalischen Ringfabel zum Ausdruck, wie sie Lessing in seinem Schauspiel „N a t h a n d e r W e i s e" neugestaltet hat. Es lebte einst ein Mann, der einen Ring mit einem kostbaren Opal besaß. Dieser Ring hatte die geheime Kraft, vor Gott und Menschen den angenehm zu machen, der ihn in dieser Zuversicht trug. Der Ring vererbte sich vom Vater auf den Sohn fort und übte stets seinen Zauber aus. Schließlich kam der Ring auf einen Vater von drei Söhnen, die er alle gleichermaßen liebte. Wem sollte er den Ring geben, als die Zeit zum Sterben kam? Der Vater ließ zwei weitere Ringe anfertigen, die dem Zauberringe vollkommen glichen, so daß niemand sie voneinander unterscheiden konnte. Auf seinem Totenbett rief er jeden der Söhne einzeln zu sich und gab ihm mit liebevollen Worten einen Ring. Kaum jedoch war der Vater tot, da entdeckten die drei Söhne, daß jeder von ihnen einen Ring hatte. Man stritt sich darüber, welches der echte Ring sei, der mit der großen Kraft, und schließlich suchten die Brüder einen weisen Richter auf. Der Richter untersuchte die Ringe und sprach nach einer Weile des Schweigens: „Ich kann euch nicht sagen, welcher Ring die große Zauberkraft besitzt; doch — ihr könnt es beweisen." „Wir?" fragten die Brüder erstaunt. „Ja", sagte der Richter; „denn wenn es stimmt, daß der echte Ring den, der ihn trägt, vor Gott und den Menschen angenehm macht, dann werden ich und alle anderen den, der den echten Ring besitzt, daran erkennen, daß er ein gutes Leben führt. Geht nur, seid gütig, wahrhaftig, tapfer und gerecht; dann wird sich der, der all dies ist, als der Besitzer des echten Ringes erweisen." Mit ihrem Leben sollten sie zeigen, wer den echten Ring besaß. Niemand darf Glaubensansichten verdammen, die die Menschen zu guten Menschen machen. Wenn wir das bedenken, werden wir weniger intolerant sein als vordem.

4. Und schließlich sollten wir das eine ernsthaft bedenken: Auch wenn uns die Ansichten eines Menschen nicht passen, sollte uns der Betreffende selbst deswegen nicht verhaßt sein; selbst wenn wir seine Lehren radikal beseitigen möchten, so sollten wir doch niemals mit dem Gedanken spielen, ihn selbst beseitigen zu wollen.

BELOHNUNG UND BESTRAFUNG

Markus 9, 41. 42

Denn wer euch tränkt mit einem Becher Wasser in meinem Namen, weil ihr Christus angehört, wahrlich, ich sage euch: Es wird ihm nicht unvergolten bleiben. Und wer einem dieser Kleinen, die an mich glauben, Ärgernis gibt, dem wäre es besser, daß ihm ein Mühlstein an seinen Hals gehängt und er ins Meer geworfen würde.

Was dieser Abschnitt lehrt, ist unmißverständlich und heilsam.
1. Es wird darin erklärt, keine Freundlichkeit, keine Hilfe, die denen erwiesen werde, die Christus angehören, werde unvergolten bleiben; wir sollen helfen, weil die, die sich in Not befinden, Jesus Christus angehören. Das heißt, unsere Glaubensgenossen haben Anspruch auf unsere Hilfe, besonders da, wo sie um ihrer Überzeugung willen leiden. Indessen — im Grunde haben alle Anspruch darauf; denn Christus hat alle Menschen lieb, so daß sie ihm alle angehören. Nachdem Jesus nicht mehr im Fleische bei uns ist — er hat den Menschen stets praktische Hilfe zuteilwerden lassen —, ist die Verpflichtung zu helfen auf uns übergegangen. Wir dürfen dabei nicht übersehen, wie schlicht in unserem Text Hilfe und Gabe sind; es handelt sich um einen Becher kalten Wassers. Wir werden hier also nicht etwa aufgefordert, etwas besonders Großes für andere zu tun, etwas, was unsere Kräfte übersteigt, sondern ganz einfache Dinge, die jedem möglich sind, gleichwohl für den anderen sehr wichtig sein können.
2. Hier gilt nun auch: Helfen heißt zwar ewigen Lohn davontragen; doch dem schwächeren Bruder ein Ärgernis sein, ihn zum Straucheln bringen, heißt ewige Strafe davontragen. Unnachsichtige Strenge spricht aus dem betreffenden Satz. Bei dem erwähnten Mühlstein handelt es sich um einen großen Mühlstein. In Palästina kannte man zwei Arten von Mühlen: Die von den Frauen zuhause benutzten Handmühlen und die großen Mühlen, die von Eseln inganggehalten werden mußten. Von einem Mühlstein der letzteren Art ist hier die Rede; mit einem solchen beschwert ins Meer geworfen zu werden bedeutete, daß es keine Hoffnung auf Rettung gab. Diese Form der Hinrichtung war als Strafe sowohl in Rom als auch in Palästina üblich. Der jüdische Geschichtsschreiber Josephus berichtet, daß Galiläer, die bei einem Aufstand erfolgreich gewesen waren, „die Anhänger des Herodes im See ertränkten." Und bei dem

römischen Geschichtsschreiber Sueton heißt es: „Den Hofmeister und die Diener seines Sohnes Gajus, die dessen Krankheit und Tod dazu benutzt hatten, sich in der Provinz Grausamkeiten und Erpressungen zu erlauben, ließ er mit schweren Gewichten am Hals kurzerhand in den Fluß werfen."
Ist es schon schrecklich, wenn wir uns selbst versündigen, so ist es doch noch viel schrecklicher, wenn wir andere veranlassen, zu sündigen. In einer Kurzgeschichte des Amerikaners O. Henry wird von einem kleinen Mädchen erzählt, dessen Mutter gestorben war. Es pflegte, wenn der Vater von der Arbeit nachhause gekommen war und die Füße auf den Kaminsims legte, um die Zeitung zu lesen und Pfeife zu rauchen, hereinzukommen und ihn zu bitten, er möge ein wenig mit ihr spielen, weil sie doch so allein sei. Doch jedesmal sagte er, dazu sei er zu müde; sie solle ihn in Ruhe lassen damit und lieber auf die Straße gehen und dort spielen. Das tat seine Tochter denn auch, bis es nach einigen Jahren kam, wie es kommen mußte — sie wurde zum Straßenmädchen. Gegen Sünder ist Gott nicht hart; wohl aber ist er unerbittlich streng gegen alle, die anderen das Sündigen leicht machen, sei es, daß jene Bundesgenossen suchen und Schwächere zum Stolpern veranlassen, sei es, daß sie andere aus Bequemlichkeit sich selbst überlassen.

DAS ZIEL, DAS JEDES OPFER WERT IST

Markus 9, 43—48

Wenn aber deine Hand dir Ärgernis schafft, so haue sie ab! Es ist dir besser, daß du als ein Krüppel zum Leben eingehest, als daß du zwei Hände habest und fahrest in die Hölle, in das ewige Feuer. Wenn dir dein Fuß Ärgernis schafft, so haue ihn ab! Es ist besser, daß du lahm zum Leben eingehest, als daß du zwei Füße habest und werdest in die Hölle geworfen. Wenn dir dein Auge Ärgernis schafft, so wirf's von dir! Es ist besser, daß du einäugig in das Reich Gottes gehest, als daß du zwei Augen habest und werdest in die Hölle geworfen, wo ihr Wurm nicht stirbt und ihr Feuer nicht verlöscht.

Auf orientalisch anschauliche Weise kommt in diesem Abschnitt zum Ausdruck, daß es ein Ziel gibt, das alle Opfer lohnt. Wie wir uns unter Umständen dazu bereit finden müssen, ein Glied unseres Körpers herzugeben und es amputieren zu lassen, um das Leben zu erhalten, so kann Entsprechendes auch für unser geistliches Leben gelten.

Es gibt Aussagen jüdischer Rabbinen, denen zufolge bestimmte Körperteile der Sünde dienen können. „Augen und Herz sind die Makler der Sünde." „Augen und Herz sind die beiden Handlanger der Sünde." „Nur in dem, der sehen kann, wohnen Leidenschaften." „Weh denen, die ihren Augen nachgehen; denn die Augen sind ehebrecherisch." Bestimmte Triebe und Teile des Menschen sind der Sünde in der Tat besonders behilflich. Nichtsdestoweniger dürfen wir diese Aussage Jesu nicht allzu wörtlich verstehen – es handelt sich hier um eine gleichnishafte Ausdrucksweise –, sondern müssen uns vor Augen halten, was damit gemeint ist: Es gibt ein Lebensziel, für dessen Erreichung kein Opfer zu groß sein darf!

In diesem Abschnitt ist im griechischen Text mehrmals von der Geenna die Rede (wie dies auch Matth. 5, 22. 29. 30; 10, 28; 18, 9; 23, 15. 33; Luk. 12, 5 und Jak. 3, 6 der Fall ist). Luther hat leider sowohl G e e n n a (= O r t d e r V e r d a m m t e n) als auch das hebräische Wort S c h e o l und das entsprechende griechische H a d e s (O r t d e r T o t e n, T o t e n r e i c h) gleicherweise mit H ö l l e übersetzt. Das Wort G e h e n n a, wie wir sagen, ist eine Sonderform des Wortes H i n n o m. Das Tal der Söhne Hinnom war eine Schlucht im Süden von Jerusalem. Dort hatte in alter Zeit Ahas den Feuerkult und das Kindesopfer eingeführt. „Er opferte im Tal Ben-Hinnom und verbrannte seine Söhne im Feuer" (2. Chron. 28, 3); auch Manasse war Anhänger dieser schrecklichen heidnischen Sitte gewesen (2. Chron. 33, 6). Das Tal Hinnom, die Gehenna, war also Schauplatz eines der schrecklichsten Rückfälle in heidnische Sitten gewesen. Im Zuge seiner Erneuerungsbestrebungen erklärte dann Josia das Tal Hinnom zu einem unreinen Ort. „Er machte auch unrein das Topheth im Tal Ben-Hinnom, damit niemand seinen Sohn oder seine Tochter dem Moloch durchs Feuer gehen ließe" (2. Kön. 23, 10). Nachdem das Tal für unrein erklärt worden war, wurde dort in spätjüdischer Zeit der Unrat der Stadt Jerusalem verbrannt; es galt als verrufener Ort, wo eklige Würmer hausten und wo es ständig wie in einem riesigen Verbrennungsofen schwelte. Der Hinweis auf die Würmer, die nicht sterben, und auf das Feuer, das nicht verlöscht, kommt aus einer Schilderung des Schicksals der bösen Feinde Israels in Jeremia 66, 24. Aus all diesen Gründen war das Tal Ben-Hinnom, die Gehenna, zu einer Art Symbol der Hölle geworden, des Ortes, an dem die Seele der Gottlosen der Verdammnis anheimfiel. In diesem Sinne wird das Wort auch im Talmud verwendet. „Der Sünder, der sich nicht an die Worte des Gesetzes hält, wird am Ende die Gehenna ererben." Die Gehenna ist also der Ort der Bestrafung, und dieses Wort rief in allen Israeliten die schrecklichsten, düstersten Bilder wach.

Doch wie heißt das Ziel, um dessentwillen wir jedes Opfer bringen sollen? Zweimal wird es L e b e n genannt und einmal das R e i c h G o t t e s. Wie läßt sich das R e i c h G o t t e s definieren? Hier können wir uns nach dem Vaterunser richten, in dem die beiden Bitten „Dein Reich komme", und „Dein Wille geschehe wie im Himmel so auch auf Erden" nebeneinanderstehen. Kein literarisches Mittel ist so charakteristisch für den jüdischen Ausdrucksstil wie der sogenannte P a r a l l e l i s m u s, bei dem zwei Ausdrücke nebeneinandergesetzt werden, von denen der eine jeweils den anderen aufgreift, variiert, erklärt oder weiterentwickelt; ganz besonders deutlich ist dieses Stilmittel bei den Psalmen erkennbar. Stellen wir unter diesem Gesichtspunkt die beiden Vaterunser-Bitten nebeneinander, dann erhalten wir folgende Definition: Das Reich Gottes ist eine Gemeinschaft auf Erden, in der Gottes Wille ebenso vollkommen geschieht wie im Himmel. Wir können daher sagen: Wer Gottes Willen vollkommen tut, ist ein Bürger seines Reiches. Wenn wir dies auf den vorliegenden Abschnitt anwenden, so besagt das: D a m i t d e r W i l l e G o t t e s g e s c h i e h t, d ü r f e n k e i n O p f e r z u g r o ß, k e i n e S e l b s t z u c h t u n d k e i n e S e l b s t v e r l e u g n u n g z u s c h w e r s e i n. Nur wo dies der Fall ist, ist wirkliches Leben, herrscht vollkommener Friede.

Der altgriechische Kirchenlehrer Origenes hat unsere Textstelle auch symbolisch, d. h. dahingehend verstanden, daß es unter Umständen erforderlich sein könne, Irrlehrer oder böse Menschen aus der Gemeinschaft der Kirche auszuschließen, um deren Leib reinzuerhalten. Doch sollen wir diese Aussage zunächst ganz persönlich auf uns beziehen und uns sagen lassen, daß wir unter Umständen gewisse Gewohnheiten, Vergnügungen, ja Freundschaften aufgeben müssen, um dem Willen Gottes gehorsam bleiben zu können. Hier handelt es sich nicht um etwas, was einer dem anderen abnehmen könnte, sondern um eine Sache des persönlichen Gewissens. Alles, was uns hindert, Gott gehorsam zu sein, muß mit der Wurzel aus unserem Leben ausgerissen werden, auch wenn es so aussieht, als trennten wir damit einen Teil von unserem Körper von uns ab. Wenn wir erfahren wollen, was Leben wirklich heißt, echtes Glück und echter Friede, dann ist dieser Schritt unausweichlich.

DAS SALZ DES CHRISTLICHEN LEBENS

Markus 9, 49. 50

Es muß ein jeglicher mit Feuer gesalzen werden. Das Salz ist gut; wenn aber das Salz kraftlos wird, womit wird man's würzen? Habt Salz bei euch und habt Frieden untereinander!

Diese Verse gehören zu den am schwersten zu deutenden Versen des Neuen Testaments. Es erleichtert die Auslegung, wenn wir uns an etwas erinnern, was zu beachten wir schon früher Grund gehabt haben. Jesus machte vielfach Äußerungen, die so aussagekräftig waren, daß die Menschen sie unmöglich vergessen konnten! Doch wenn sie sich des Wortlautes solcher Aussagen auch genau erinnern konnten, so war dies im Hinblick auf den Zusammenhang oder auf die Gelegenheit, bei der diese ausgesprochen worden waren, doch keineswegs immer der Fall. Die Folge davon ist, daß eine Reihe vielfach unzusammenhängend wirkender Jesusworte auf uns gekommen sind, die so zusammengestellt sind, wie und in welcher Reihenfolge der betreffende Chronist sich ihrer entsann. Auch hier haben wir es mit **drei verschiedenen Jesusworten** zu tun, die allerdings alle das Wort **Salz** enthalten. Wir müssen somit jeden Satz für sich betrachten und interpretieren.

1. Es muß ein jeglicher mit Feuer gesalzen werden. Nach jüdischem Gesetz mußte jedes Opfer gesalzen werden, ehe es Gott auf dem Altar dargebracht wurde (3. Mose 2, 13); das Opfersalz wurde **Salz des Bundes** genannt (2. Chron. 13, 5). Durch das Hinzufügen dieses Salzes wurde die Opfergabe Gott wohlgefällig; das Salz war daher unbedingt notwendig. Dieses Jesuswort besagt demnach: „Ehe das Leben der Christen Gott wohlgefällig wird, muß es durchs Feuer gehen, ebenso wie jedes Opfer gesalzen werden muß." Das Feuer ist das Salz, das unser Leben annehmbar für Gott macht. Was ist damit gemeint? Nach neutestamentlichem Sprachgebrauch wird das Feuer gewöhnlich mit zwei Dingen verknüpft: a) Feuer ist mit dem Begriff der **Läuterung** verknüpft. Metalle werden im Feuer geläutert, so daß alle Beimischungen abgesondert werden und nur das reine Metall zurückbleibt. Feuer bedeutet demnach alle reinigenden Kräfte des Lebens: Selbstzucht, mit deren Hilfe der Mensch seine Sündigkeit überwindet, ferner diejenigen Erfahrungen seines Lebens, die ihn innerlich reinigen und stärken. Hier bedeutet der Satz also: „Wohlgefällig vor Gott ist,

wer sein Leben geläutert hat durch die Zucht christlichen Gehorsams und christlicher Ergebung in den Willen und die leitende Hand Gottes." b) Feuer ist mit dem Begriff Z e r s t ö r u n g verknüpft. In diesem Fall hat das Jesuswort etwas mit V e r f o l g u n g zu tun und besagt: Wer den Prüfungen, der Bedrängnis und den Gefahren der Verfolgung im Leben standhält, wer sich freiwillig der Gefahr der Vernichtung seiner Güter und seines Lebens aussetzt, und zwar um der Treue zu Jesus Christus willen, den hat Gott lieb. Wir dürfen daher annehmen, daß mit dem ersten Jesuswort gemeint ist: Wer ein durch Selbstzucht geläutertes Leben führt und der Gefahr der Verfolgung standhält, weil er treu ist, der ist Gott wohlgefällig.

2. Das Salz ist gut; wenn aber das Salz kraftlos wird, womit wird man's würzen? Will man diese Aussage interpretieren, so mag man daran denken, daß Salz zwei charakteristische Eigenschaften hat. Es ist e i n g e s c h m a c k g e b e n d e s G e w ü r z. Eier ohne Salz schmecken fade, und jeder weiß, wie nichtssagend auch andere Gerichte schmecken, bei denen zufällig das Salz vergessen wurde. Salz ist aber auch das älteste K o n s e r v i e r u n g s m i t t e l; um Lebensmittel vor dem Schlechtwerden und Verfaulen zu bewahren, salzte man sie ein. Die Griechen pflegten zu sagen, Salz wirke wie die Seele im toten Körper. Fleisch, dem kein Konservierungsstoff hinzugefügt wird, verdirbt leicht; eingelegt in Salzlösung dagegen bleibt es gut und eßbar. Vom Salz schien also eine gewisse lebenerhaltende und damit lebensspendende Kraft auszugehen. Die heidnische Gesellschaft nun, in die Christen gesandt wurden, um dort etwas zu bewirken, war durch zweierlei gekennzeichnet. Erstens: Durch Langeweile und Weltmüdigkeit. Sie sehnte sich in all ihrer Üppigkeit nach etwas, was ihrem Leben neuen Inhalt geben konnte. Sache der Christen war es, dieser Welt eine neue Würze zu geben, so wie es durch das Salz mit dem Essen geschieht. Zweitens: Die Antike war eine verderbte Welt. Das wußte niemand besser als die Menschen der Antike selbst. Der römische Satirendichter Juvenal hat einmal Rom mit einer schmutzigen Kloake verglichen, in der es keine Reinheit und keine Keuschheit mehr gebe. In diese korrupte Welt kam das Christentum mit der Aufgabe, durch ein keimtötendes Mittel das solcherweise verderbte Leben zu reinigen und zu läutern. Ebenso wie Salz verhinderte, daß Fleisch in Fäulnis überging, so sollte das Christentum auf die Verderbtheit der Welt wirken. Dieses Jesuswort stellt also eine Herausforderung an die Christen dar. „Die Welt braucht die Würze und die

Reinheit, die ihr nur die Christen zu geben vermögen. Wenn aber die Christen selbst diese Lauterkeit eingebüßt haben, wo soll die Welt sie dann hernehmen?" Jesus sagt mit diesem Wort: Wenn nicht die Christen dem Leben Würze und Lauterkeit verleihen, dann lassen diese sich nirgends sonst finden. Wenn wir Christen nicht aus der Kraft Jesu Christi heraus die Dekadenz und Verderbtheit der Welt überwinden, dann werden sie weiter zunehmen.

3. Habt Salz bei euch und habt Frieden untereinander! Hier ist Salz im Sinne von Reinheit zu verstehen. In der Antike wurde behauptet, es gebe nichts Reineres als das Salz, weil dieses seine Entstehung der Sonne und dem Meer verdanke; Reineres aber als diese beiden gebe es nicht. Die schimmernde Weiße des Salzes war ein Bild dieser Reinheit. Unser Jesuswort besagt also: „Laßt in euch den reinigenden Einfluß des Geistes Christi wirksam werden! Laßt ab von Selbstsucht und Eigennutz, von Bitterkeit, Zorn und Groll! Laßt ab von eurer Reizbarkeit, von eurer Verdrießlichkeit und Selbstbezogenheit! Nur dann werdet ihr in Frieden mit euren Mitmenschen leben."
Fürwahr — nur wenn wir uns von uns selbst frei und unser Leben zu einem von Christus erfüllten Leben machen, können wir es in echter Gemeinschaft mit unseren Mitmenschen führen.

IN FREUD UND LEID

Markus 10, 1—12

Und er machte sich auf von dannen und kam in die Gegend von Judäa und jenseits des Jordans. Und das Volk lief abermals in Haufen zu ihm, und wie seine Gewohnheit war, lehrte er sie abermals. Und es traten Pharisäer zu ihm und fragten ihn, ob ein Mann sich scheiden dürfe von seiner Frau, und versuchten ihn damit. Er antwortete aber und sprach: Was hat euch Mose geboten? Sie sprachen: Mose hat zugelassen, einen Scheidebrief zu schreiben und sich zu scheiden. Jesus aber sprach zu ihnen: Um eures Herzens Härtigkeit willen hat er euch dies Gebot geschrieben; aber von Anbeginn der Schöpfung hat Gott sie geschaffen als Mann und Weib. Darum wird der Mensch seinen Vater und seine Mutter verlassen und wird seinem Weibe anhangen und werden die zwei e i n Fleisch sein. So sind sie nun nicht mehr zwei, sondern ein Fleisch. Was denn Gott zusammengefügt hat, soll der Mensch nicht scheiden. Und daheim fragten ihn abermals seine Jünger danach. Und er sprach zu ihnen: Wer sich scheidet von seiner Frau und freit eine andere, der begeht Ehebruch an ihr; und so sich eine Frau scheidet von ihrem Manne und freit einen andern, die begeht Ehebruch.

Jesus setzte seinen Weg südwärts fort und war inzwischen aus Galiläa nach Judäa gelangt. Er hatte Jerusalem selbst zwar noch nicht betreten; doch Schritt für Schritt, Stufe um Stufe näherte er sich dem letzten Schauplatz seines Lebens. Pharisäer kamen zu ihm und fragten ihn, wie es sich mit der Scheidung verhalte. Sie wollten ihn damit auf die Probe stellen; doch standen hinter ihrer Frage möglicherweise auch noch andere Beweggründe. Da es sich bei der Scheidung um eine aktuelle Frage handelte, die in rabbinischen Auseinandersetzungen eine große Rolle spielte, ist es durchaus denkbar, daß einige Jesus ehrlich nach seiner Meinung fragen und von ihm hören wollten, daß er die Scheidung verurteile. Vielleicht wollten sie auch seine Rechtgläubigkeit testen, zumal Jesus in dieser Angelegenheit mutmaßlich schon einmal Stellung bezogen hatte; Matthäus 5, 31. 32 spricht er über die Ehe und über die Wiederverheiratung. Es könnte sein, daß manche Pharisäer hofften, er werde sich selbst widersprechen und so über seine eigenen Worte stolpern. Wahrscheinlich aber kannten sie seine Antwort im voraus und wollten ihn nur in eine Feindschaft gegen Herodes verwickeln, der seine Frau entlassen und eine andere geheiratet hatte; damit hofften sie auch, Jesus werde dem Gesetz des Mose widersprechen (was ja auch tatsächlich der Fall war), so daß sie aufgrund dieser Tatsache Anklage gegen ihn wegen Ketzerei erheben konnten. Eins ist sicher: Bei der Frage, die sie Jesus stellten, handelte es sich nicht um eine akademische Frage, die nur für die Schulen der Rabbiner interessant war, sondern im Gegenteil um eine Frage, die den Menschen der damaligen Zeit auf den Nägeln brannte.

Theoretisch läßt sich kein höheres Eheideal denken als das der Juden. Keuschheit galt als die größte aller Tugenden. „Gott wird als langmütig gegenüber allen Sünden mit Ausnahme der Sünden der Unkeuschheit erfunden." „Unkeuschheit ist die Ursache, daß die Herrlichkeit Gottes von uns scheidet." „Alle Juden sollten eher ihr Leben preisgeben, als Götzendienst, Mord und Ehebruch zu begehen." „Der Altar selbst vergießt Tränen, wenn ein Mann das Weib seiner Jugend entläßt."

Trotz dieses Ideals sah die Praxis ganz anders aus.
Entscheidend wurde die Situation dadurch beeinträchtigt, daß Frauen nach jüdischem Recht keine gesetzlichen Rechte in Anspruch nehmen konnten; das männliche Oberhaupt der Familie konnte nach Belieben über sie verfügen. Die Folge davon war, daß der Mann seine Frau aus nahezu jedem beliebigen Grund entlassen konnte, während die Frau nur aus sehr wenigen Gründen um die Scheidung nachsuchen konnte; günstigenfalls konnte sie ihren Ehemann bitten, sich von ihr zu scheiden. „Die Frau kann mit und auch gegen ihren Willen entlassen werden, der Mann kann nur mit seinem Einverständnis geschieden werden." Frauen konnten sich von ihren Männern nur scheiden lassen, wenn diese vom Aussatz befallen wurden, wenn sie sich ekligen Berufen zuwandten (wie dem Beruf des Gerbers), wenn sie eine Jungfrau geschändet hatten oder wenn sie ihre Frau fälschlich vorehelicher Sünden bezichtigten.
Das Gesetz über die Scheidung bei den Juden geht auf 5. Mose 21, 1 zurück, und hier liegen denn auch schon die Schwierigkeiten begründet, die aus dem Gesetz erwuchsen. Die betreffende Stelle lautet: „Wenn jemand ein Weib nimmt und ehelicht sie, und sie nicht Gnade findet vor seinen Augen, weil er etwas Schändliches an ihr gefunden hat, so soll er einen Scheidebrief schreiben und ihr in die Hand geben und sie aus seinem Hause entlassen.
Bei der Scheidungsurkunde handelte es sich um ein einfaches Papier folgenden Inhalts: „Dies sei die Scheidungsurkunde und mein Entlassungsbrief, daß du heiraten mögest, welchen Mann du willst." Später war er dann ausführlicher: „Am ... Tag der ... Woche, im ... Monat des Jahres ... nach der in der Stadt ..., am Fluß ... gelegen, üblichen Berechnung. Ich, A. B., Sohn des C. D., an diesem Tag zugegen ..., geboren in der Stadt ..., verwerfe und entlasse aus freien Stücken, von niemandem gezwungen, dich, E. F., Tochter des G. H., bis zu diesem Augenblick mein Eheweib. Ich entlasse dich, E. F., Tochter des G. H., jetzt, so daß du frei bist und nach Belieben heiraten kannst, wen du willst, ohne daß jemand dich daran hindert. Dies ist dein Scheidebrief, der Vollzug deiner Verwerfung, die Bestätigung der Trennung, nach dem Gesetz Moses und Israels." In neutestamentlicher Zeit bedurfte es eines geschulten Rabbis, um solche Scheidungsurkunden aufzusetzen; danach wurde diese von einem aus drei Rabbinen bestehenden Gericht geprüft und beim Hohen Rat eingereicht. Aufs ganze gesehen jedoch blieb die Scheidung eine Angelegenheit, die dem Gutdünken des Mannes überlassen blieb.

Die eigentliche Schwierigkeit dieses Problems beruhte auf der Auslegung des angeführten Gesetzes, in dem es hieß, der Mann könne seine Frau entlassen, wenn er **etwas Schändliches** an ihr gefunden habe. Wie war dieser Ausdruck auszulegen? Es gab Vertreter zweier verschiedener Denkrichtungen. Während die Schule Shammais hier sehr streng verfuhr und darunter ausschließlich Ehebruch verstand — auch wenn eine Frau so schlecht war wie Jesebel, die Frau Ahabs, konnte der Mann sich von ihr nur scheiden, wenn sie Ehebruch begangen hatte —, legte die Schule Hillels diese schwierige Stelle denkbar großzügig aus: Der Ausdruck „**etwas Schändliches**" könne auch bedeuten, daß die Frau das Essen verderbe, daß sie auf der Straße klatsche, sich mit fremden Männern unterhalte, in Gegenwart ihres Mannes unehrerbietig von seinen Verwandten spreche oder daß sie ein lautes, zänkisches Weib sei, deren Stimme bis ins Nachbarhaus dringe. Rabbi Akiba ging sogar so weit, zu behaupten, darunter falle auch die Tatsache, daß ein Mann einer Frau begegne, die ihm besser gefiele als seine Frau! Natürlich hielt man sich weitgehend an die großzügigere Auslegung dieser Stelle, und Scheidungen aus den nichtigsten oder aus Scheingründen waren infolgedessen an der Tagesordnung. Zur Zeit Jesu war es bereits dahin gekommen, daß die Frauen vielfach Bedenken trugen, überhaupt zu heiraten, weil dies eine so unsichere Angelegenheit für sie war. Als Jesus unmißverständlich Stellung in dieser äußerst brennenden Frage bezog, indem er eine Lanze für die Frauen brach, suchte er der Ehe die ihr zukommende Stellung wiederzugeben.

Dabei ist Verschiedenes zu beachten. Jesus führte zwar die mosaische Vorschrift an, fügte aber hinzu, dieses Gebot sei nur geschrieben worden „um der Härtigkeit eurer Herzen willen". Das kann zweierlei bedeuten: Entweder, daß Mose das Gebot aufstellte, weil er es so für das Beste hielt für die Menschen, denen er die Gesetze gab, oder aber, daß Mose damit einer Situation begegnen wollte, in der sich bereits Entartungserscheinungen bemerkbar machten. In letzterem Falle handelt es sich dann also weniger um die Zulässigkeit der Scheidung als vielmehr um den Versuch, eine gewisse Kontrolle über die Möglichkeiten der Scheidung zu erreichen, indem diese dadurch erschwert wurde, daß eine Art Gesetz darüber entschied. Auf jeden Fall ließ Jesus keinen Zweifel daran, daß er der Ansicht war, 5. Mose 24, 1 sei eine Bestimmung, mit der einer bestimmten Situation hatte begegnet werden sollen, nicht jedoch eine solche, die grundsätzlich und auf immer bindend sei. Er selbst berief sich auf wesentlich weiter zurückliegende Zeiten, nämlich auf den Schöpfungsbericht, und zitierte 1. Mose 1, 27 und 2, 24. Er vertrat den Standpunkt, daß die Ehe von Haus aus eine dauerhafte, unlösliche Bindung darstelle, bei der aus zwei Menschen ein Fleisch werde, und zwar derart, daß diese Bindung durch kein Gesetz und keine Satzung aufgehoben werden könne. Die Ehe sei aufgrund der Gegebenheiten des Kosmos eine dauerhafte Einrichtung und unverbrüchlich, und daran könnten auch mosaische Bestimmungen, mit denen einer konkreten Situation Rechnung getragen werden sollte, nichts ändern.

Die Angelegenheit scheint dadurch etwas schwierig zu sein, daß die Parallelstelle bei Matthäus sich von der bei Markus unterscheidet. Während es bei diesem heißt, Jesus habe Scheidung und Wiederverheiratung absolut verboten, wird die Sache Matthäus 19, 1—9 so dargestellt, daß zwar die Wiederheirat verboten bleibt, die Scheidung jedoch aus einem Grunde zulässig ist: im Fall des Ehebruchs. Im Grunde kommt dies aber unausgesprochen auch bei Markus zum Ausdruck; denn nach jüdischem Recht bedeutete Ehebruch, daß die Ehe zwangsläufig geschieden wurde. Tatsächlich bedeuten Ehebruch und die darin zum Ausdruck kommende Untreue ja auch die Auflösung der ehelichen Gemeinschaft; wer Ehebruch begeht, zerstört damit die Ehe, und die Scheidung ist lediglich eine Bestätigung dieses Sachverhalts.

Entscheidend an diesem Abschnitt ist, daß Jesus unmißverständlich betonte, die lockere Geschlechtsmoral seiner Zeit müsse sich ändern. Alle, die nur aus Eigenliebe eine Ehe eingingen, müßten daran erinnert werden, daß die Ehe Verantwortung mit sich bringe; alle, die in der Ehe nur ein Mittel zur Befriedigung körperlicher Bedürfnisse sähen, müßten daran erinnert werden, daß die Ehe eine leibseelische Einheit darstelle. Jesus wollte Ehe und Familie mit einem Schutzwall umgeben.

JESUS SEGNET DIE KINDER

Markus 10, 13—16

Und sie brachten Kinder zu ihm, daß er sie anrührte. Die Jünger aber fuhren die an, die sie trugen. Da es aber Jesus sah, ward er unwillig und sprach zu ihnen: „Lasset die Kinder zu mir kommen und wehret ihnen nicht; denn solcher ist das Reich Gottes." Wahrlich, ich sage euch: Wer das Reich Gottes nicht empfängt wie ein Kind, der wird nicht hineinkommen. Und er herzte sie und legte die Hände auf sie und segnete sie.

Daß jüdische Mütter den Wunsch hatten, ihre Kinder von einem berühmten Rabbi segnen zu lassen, war ganz natürlich; besonders gern brachten sie die Kinder an ihrem ersten Geburtstag zu einer solchen Persönlichkeit. So kamen sie denn auch an jenem Tag mit ihren Kindern zu Jesus.

Den fast schmerzlichen Reiz dieser Stelle können wir nur dann erfassen, wenn wir uns den Zeitpunkt vergegenwärtigen, an dem sich diese Begebenheit zutrug: Jesus befand sich auf dem Wege zu seiner Kreuzigung — und wußte dies. Obwohl also das künftige Geschehen die Gegenwart überschattete, ließ Jesus sich selbst in dieser Situation Zeit für die Kinder, Zeit dafür, sie auf den Arm zu nehmen und zu herzen. Die Jünger suchten Jesus die Kinder nicht deshalb fernzuhalten, weil sie grob und herzlos waren, sondern weil sie Jesus schützen wollten. Sie wußten zwar nicht, was genau geschehen werde; doch daß etwas Schlimmes bevorstand, wußten sie genau, zumal sie gewiß Jesus die innere Bewegung anspürten, die ihm zu schaffen machte. Sie wollten darum nicht, daß er jetzt belästigt wurde und konnten nicht begreifen, wie er zu einem solchen Zeitpunkt ausgerechnet Kinder um sich haben mochte und sagte: „Lasset die Kinder zu mir kommen."

Beiläufig erfahren wir hier eine Menge über Jesus. Er gehörte hiernach zu den Menschen, die Kinder gern haben und die auch von Kindern geschätzt werden. Er kann also nicht ein finsterer, strenger, unfröhlicher Mensch gewesen, vielmehr muß etwas Freundliches, Helles an ihm gewesen sein. Jemand hat einmal gesagt, er glaube nicht an das Christentum von Menschen, vor deren Haustür Kinder nicht spielen dürften. Diese kleine Begebenheit wirft somit ein helles Licht auf Jesus als Menschen.

„Solcher ist das Reich Gottes", sagte Jesus. Was hatte Jesus an Kindern so gern? Was schätzte er an ihnen so besonders?

1. Die kindliche B e s c h e i d e n h e i t. Kinder, die sich selbst zur Schau stellen, sind fast immer das Produkt falscher Erziehung. Normalerweise sind Kinder in Gegenwart berühmter Menschen und in der Öffentlichkeit eher schüchtern, weil sie noch nicht gelernt haben, mit Stellung und Ansehen der Menschen fertigzuwerden.

2. Der kindliche G e h o r s a m. Auch wenn Kinder häufig ungehorsam sind, sagt ihnen — so paradox es auch klingt — ihr

natürlicher Instinkt doch, daß sie folgsam sein sollten. Kinder kennen von sich aus weder Stolz noch falsches Unabhängigkeitsbedürfnis, Eigenschaften, die die Menschen von ihren Mitmenschen und von Gott trennen.

3. Das kindliche V e r t r a u e n. Es zeigt sich an zweierlei. a) Darin, daß Kinder echte Autorität anerkennen. Kinder glauben bis zu einem gewissen Zeitpunkt, die Eltern könnten und wüßten alles und hätten stets recht. Wenn sie über dieses Stadium hinauswachsen, bleibt ihnen ihre eigene Unwissenheit und Hilflosigkeit doch instinktiv bewußt, und sie vertrauen dem, der ihrer Meinung nach Bescheid weiß. b) Darin, daß Kinder anderen vertrauen. Das Einzigartige an ihnen ist, daß sie von Haus aus niemanden für schlecht halten; sie haben noch nicht gelernt, der Welt zu mißtrauen, sondern halten andere stets für gut. Obwohl dieses Vertrauen sie zuweilen in Gefahr bringt, weil es Menschen gibt, die dessen völlig unwürdig sind, handelt es sich hier doch grundsätzlich um etwas sehr Schönes.

4. Kinder haben e i n k u r z e s G e d ä c h t n i s. Bitterkeit und Groll sind ihnen unbekannt. Selbst wenn sie ungerecht behandelt werden — wer von uns ist manchmal nicht ungerecht gegenüber seinen Kindern? —, vergessen sie dies doch sehr schnell, so daß ein Nachsuchen um Vergebung gar nicht erforderlich ist.

In der Tat: Solcher ist das Reich Gottes.

WIE SEHR LIEGT DIR DARAN, EIN GUTER MENSCH ZU WERDEN?

Markus 10, 17—22

Und da er hinausging auf den Weg, lief einer herzu, kniete vor ihm nieder und fragte ihn: Guter Meister, was soll ich tun, daß ich das ewige Leben ererbe? Aber Jesus sprach zu ihm: Was heißest du mich gut? Niemand ist gut als allein Gott. Du weißt die Gebote: „Du sollst nicht töten; du sollst nicht ehebrechen; du sollst nicht stehlen; du sollst nicht falsch Zeugnis reden; du sollst niemand berauben; ehre Vater und Mutter." Er aber sprach zu ihm: Meister, das habe ich alles gehalten von meiner Jugend auf. Und Jesus sah ihn an und liebte ihn und sprach zu ihm: Eines fehlt dir. Gehe hin, verkaufe alles, was du hast, und gib's den Armen, so wirst du einen Schatz im

Himmel haben, und komm, folge mir nach. Er aber ward unmutig über das Wort und ging traurig davon; denn er hatte viele Güter.

Hier haben wir eine der lebendigsten Begebenheiten aus den Evangelienberichten vor uns.

1. Wir sollten darauf achten, wie der Mann zu Jesus kam und wie Jesus ihm begegnete. Der Mann kam gelaufen und kniete vor Jesus nieder — erstaunlich, wenn man bedenkt, daß hier ein reicher und vornehmer Jüngling vor dem mittellosen Propheten aus Nazareth niederfiel, einem Manne, der im Begriff stand, geächtet zu werden. „Guter Meister!" redete er Jesus an, der denn auch sofort erwiderte: „Keine Schmeicheleien! Nenn mich nicht gut! Das Wort heb' dir für Gott auf!" Es sieht beinah aus, als habe Jesus damit versucht, den Mann abzukühlen, ihm Wasser auf seine Begeisterung zu schütten. Das sollte auch uns eine Lehre sein. Dieser junge Mann hatte sich ganz offensichtlich in einem Augenblick überschwenglichen Gefühls hinreißen lassen, zu Jesus zu gehen, der ihn persönlich faszinierte. Infolgedessen tat Jesus etwas (was alle Evangelisten, Prediger und Lehrer beherzigen und ihm nachmachen sollten): Erstens sagte er zu ihm: „Halt ein und denk erst einmal nach! Du zitterst ja vor Erregung! Ich will nicht, daß du dich mir in einem solchen Augenblick ergibst. Denk in aller Ruhe darüber nach, was du tust, indem du mir nachfolgst." Jesus wollte den Mann damit nicht brüskieren, sondern nur erreichen, daß er zunächst einmal den Preis bedenke, den er bezahlen müsse, wenn er sich ihm anschlösse. Zweitens sagte Jesus: „Christ wirst du nicht dadurch, daß du eine sentimentale Zuneigung für mich hegst. **Auf Gott mußt du schauen!** Predigt und Unterweisung sind stets auf Menschen als Werkzeuge angewiesen. Darin liegt eine große Gefahr, nämlich die, daß Schüler und Studenten, aber auch Menschen anderer Altersstufen die Zuneigung für ihren Lehrer mit der Hinwendung zu Gott verwechseln. Aufgabe des Predigers oder Lehrers ist es, ausschließlich auf Gott hinzuweisen; jede echte Unterweisung schließt damit eine gewisse Selbstauslöschung mit ein. Zwar lassen sich Persönlichkeit und Verehrung niemals ganz eliminieren, und das ist auch keineswegs erforderlich; wohl aber sollte es dabei nicht sein Bewenden haben. Denn: Lehrer und Prediger sind letzten Endes nur Wegweiser zu Gott.
2. **Anständigkeit allein genügt nicht.** Das ist eine christliche Wahrheit, die diese Begebenheit uns in aller Deutlichkeit lehrt. Jesus nannte die Gebote, die die Grundlage

für ein anständiges, ehrbares Leben bilden, und der Jüngling erwiderte denn auch unverzüglich, er habe diese alle gehalten. Dabei dürfen wir jedoch eins nicht übersehen: mit einer Ausnahme handelt es sich bei den genannten Geboten um Verbote; und die einzige Ausnahme ist in ihrer Zielrichtung auf den Kreis der Familie beschränkt. Der Jüngling sagte in Wirklichkeit also: „Ich habe in meinem Leben nie etwas Böses getan." Das war zwar gewiß richtig; doch die wirkliche Frage lautet: „Was hast du den Menschen Gutes getan?" Die Frage an den Jüngling war sogar noch pointierter: „Was hast du mit all deinen Gütern, mit all dem, was du fortgeben kannst, anderen Gutes getan?" Anständigkeit besteht im wesentlichen darin, bestimmte D i n g e n i c h t z u t u n, Christentum dagegen darin, e t w a s z u t u n. Und das ist der Punkt, an dem dieser Jüngling — und manch einem von uns ergeht es ebenso — umfiel.

3. Jesus versuchte daher, den Jüngling herauszufordern. Er sagte recht eigentlich zu ihm: „Mit deiner moralischen Wohlanständigkeit ist es nicht getan. Hör auf, zu meinen, Gutsein bedeute, bestimmte Dinge zu unterlassen. Nimm dich und alles, was du hast, und schenk dich und alles, was du hast, den anderen. Dann wirst du zeitlich und ewig glücklich sein." Dazu war der Jüngling nicht imstande. Zwar hatte er niemals gestohlen, niemals jemanden betrogen; doch ebensowenig hatte er sich gezwungen noch würde er sich selbst dazu zwingen, so großzügig etwas herzugeben, daß es ein wirkliches Opfer für ihn bedeutete. Jesus stellte den Jüngling in Wirklichkeit vor die entscheidende Frage: Inwieweit geht es dir um echtes Christentum? Liegt dir so viel daran, daß du um seinetwillen alle deine Güter hergeben würdest?" Und die Antwort des Jünglings lautete: „Ich möchte schon — doch so weit vermag ich nicht zu gehen." Die Krankheit des Nicht-genug-Wollens wurde dem Jüngling, der zu Jesus gelaufen kam, zum Verhängnis. An dieser Krankheit leiden die meisten Menschen. Wir alle möchten gute Menschen sein; doch nur sehr wenige von uns sind bereit und fähig, den Preis dafür zu bezahlen.

Jesus sah ihn an und liebte ihn. Vieles lag in jenem Blick Jesu.
a) Liebe. Jesus zürnte ihm nicht, dazu hatte er den Jüngling viel zu lieb. b) Herausforderung zu ritterlichem Verhalten. Jesus versuchte mit seinem Blick den Jüngling aus seinem bequemen, wohlanständigen Leben aufzurütteln und ihn für das Abenteuer eines wahrhaft christlichen Lebens zu gewinnen.
c) Kummer. Jesus war bekümmert darüber, daß dieser Mann sich bewußt davor verschloß, der zu werden, der er hätte sein

können und wozu er die Anlagen hatte. Auch uns gilt dieser Blick Jesu, der Blick der Liebe und des Aufrufs zu wahrhaft christlicher Lebensweise. Gott gebe, daß er uns nie mit dem Schmerzensblick dessen anzublicken braucht, der dem von ihm geliebten Menschen gilt, weil dieser sich weigert, zu werden, was er sein könnte und sollte.

GEFAHREN DES REICHTUMS

Markus 10, 23—27

Und Jesus sah um sich und sprach zu seinen Jüngern: Wie schwer werden die Reichen in das Reich Gottes kommen! Die Jünger aber entsetzten sich über seine Worte. Aber Jesus antwortete wiederum und sprach zu ihnen: Liebe Kinder, wie schwer ist's für die, so ihr Vertrauen auf Reichtum setzen, ins Reich Gottes zu kommen! Es ist leichter, daß ein Kamel durch ein Nadelöhr gehe, als daß ein Reicher ins Reich Gottes komme. Sie entsetzten sich aber noch viel mehr und sprachen untereinander: Wer kann dann selig werden? Jesus aber sah sie an und sprach: Bei den Menschen ist's unmöglich, aber nicht bei Gott; denn alle Dinge sind möglich bei Gott.

Der reichliche Jüngling, der sich geweigert hatte, der Aufforderung Jesu nachzukommen, war traurig fortgegangen, und zweifellos hatten Jesus und die Jünger ihm nachgeblickt, bis er ihren Blicken entschwunden war. Dann wandte Jesus sich zu den Jüngern um und blickte sie an. „Wie schwer haben es doch die Reichen, in das Reich Gottes zu gelangen", sagte er. Im griechischen Text ist in diesem Zusammenhang von denen die Rede, die viele k t ē m a t a haben, bei denen es sich nach einer Definition des Aristoteles um all das handelt, „dessen Wert am Geld gemessen wird". Wir fragen uns vielleicht, weshalb die Jünger so überrascht waren über dieses Jesuswort. Zweimal wird darauf hingewiesen, wie entsetzt sie waren. Das lag daran, daß Jesus mit seiner Aussage die üblichen jüdischen Maßstäbe völlig auf den Kopf stellte; denn denen zufolge war man ganz schlicht der Meinung, Wohlstand sei ein Zeichen göttlichen Wohlwollens und damit auch ein Zeichen dafür, daß der Betreffende ein guter Mensch sei. Die Juden glaubten, wer reich und wohlhabend sei, auf dem ruhe ersichtlich der Segen Gottes; Reichtum war für sie ein Beweis für die Qualität eines

Menschen. So heißt es in den Psalmen: „Ich bin jung gewesen und alt geworden und habe noch nie den Gerechten verlassen gesehen und seine Kinder um Brot betteln" (Ps. 37, 25). Weil dies der Standpunkt der Juden war, deshalb waren die Jünger über Jesu Äußerung so überrascht; hätten sie doch genau umgekehrt argumentiert, nämlich je reicher jemand sei, desto gewisser sei es, daß er ins Reich Gottes komme. Jesus wiederholte das Gesagte daher in leicht abgewandelter Form, damit den Jüngern klar wurde, was er meinte. „Wie schwer ist's für die, so ihr Vertrauen auf Reichtum setzen, ins Reich Gottes zu kommen!" sagte er.

Niemand hat die Gefahren des Wohlstandes und materiellen Besitzes klarer erkannt als Jesus. Worin bestehen diese Gefahren?

1. Materieller Besitz ist dazu angetan, die Herzen der Menschen an diese Welt zu binden. Für Reiche steht hier so viel auf dem Spiel, sie haben ein so großes Interesse an der Welt, daß es ihnen schwerfällt, darüber hinauszudenken; und ganz besonders fällt ihnen der Gedanke daran schwer, daß sie diese Welt eines Tages verlassen müssen. Materieller Besitz ist insofern gefährlich, als er vielfach bewirkt, daß die Gedanken und Interessen der Begüterten ausschließlich um ihn kreisen.

2. Wer sich hauptsächlich für materiellen Besitz interessiert, kommt leicht dahin, bei allem an den Geldwert zu denken, den er repräsentiert. Sehr aufschlußreich ist in dieser Hinsicht eine vor einiger Zeit in einer großen Zeitung veröffentlichte Leserzuschrift, in der die Frau eines ehemaligen Schäfers aus dem schottischen Hochland davon schrieb, daß ihre Kinder in der Einsamkeit des Hochlandes aufgewachsen und schlicht und unverbildet gewesen seien, bis der Vater eine Stellung in der Stadt angenommen habe und die Kinder ebenfalls dorthin gegangen seien, „sehr zu ihrem Nachteil". Im letzten Absatz hieß es: „Was ist wichtiger für die Erziehung von Kindern: Mangelnde Weltkenntnis oder bessere Manieren? Ehrliche und einfache Gedanken oder die Kenntnis der Preise für alles und jedes, ohne Ahnung von dem, was wirklich zählt?" Wer vor allem an materiellen Dingen interessiert ist, denkt unwillkürlich an Geldwerte, nicht aber an die echten Werte des Lebens; er übersieht, daß es wesentlich größere Schätze gibt als die, die man kaufen kann, ja, daß es Dinge gibt, die man um kein Geld der Welt kaufen kann.

3. Materiellem Besitz kommt eine doppelte Bedeutung zu. a) Er ist ein Prüfstein für die Menschen. Auf hundert Menschen, die dem Elend, der Not und dem Unglück standzuhalten

vermögen, kommt nur einer, dem Wohlstand nichts anzuhaben vermag. Wohlstand macht die Menschen sehr leicht anmaßend, hochmütig, selbstzufrieden und weltlich-gesinnt. Das alles trotz Wohlstand nicht zu werden, erfordert ungewöhnlich große Menschen. b) Materieller Besitz bedeutet Verantwortung. Man wird die Menschen stets danach beurteilen, wie sie ihren Besitz erworben haben und welchen Gebrauch sie davon machen. Je mehr wir besitzen, umso größer ist unsere Verantwortung. Machen wir von dem, was wir besitzen, in selbstischer oder in freigebiger und sozialer Weise Gebrauch? Tun wir, als stünde uns ein unbeschränktes Verfügungsrecht darüber zu, oder sind wir dessen eingedenk, daß wir Haushalter Gottes sind? —
Wenn es sich so verhalte, wie Jesus sagt, sei es nahezu ausgeschlossen, daß ein Reicher ins Reich Gottes komme, meinten die Jünger. Da faßte Jesus die ganze Heilslehre nochmals kurz zusammen. „Hinge die Rettung der Menschen nur von ihren eigenen Anstrengungen ab, dann wäre sie ganz unmöglich; doch ist sie zuletzt ein Geschenk Gottes, bei dem nichts unmöglich ist." Wer sich auf sich selbst und auf das, was er besitzt, verläßt, kann freilich nicht gerettet werden, wohl aber derjenige, der an die rettende Kraft und die erlösende Liebe Gottes glaubt und ihr vertraut und dadurch eine Wandlung erfährt.
Den hier von Jesus geäußerten Gedanken hat später der Apostel Paulus in all seinen Briefen näher ausgeführt; und dieser Gedanke bildet auch für uns heute die Grundlage des christlichen Glaubens.

VOM LOHN DER NACHFOLGE

Markus 10, 28—31

Da fing Petrus an und sagte zu ihm: Siehe, wir haben alles verlassen und sind dir nachgefolgt. Jesus sprach: Wahrlich, ich sage euch: Es ist niemand, der Haus oder Brüder oder Schwestern oder Mutter oder Vater oder Kinder oder Äcker verläßt um meinetwillen und um des Evangeliums willen, der nicht hundertfältig empfange jetzt in dieser Zeit Häuser und Brüder und Schwestern und Mütter und Kinder und Äcker mitten unter Verfolgungen, und in der zukünftigen Welt das ewige Leben. Viele aber werden die Letzten sein, die die Ersten sind, und die Ersten sein, die die Letzten sind.

Petrus war in seinem lebhaften Geist nicht untätig gewesen und konnte bezeichnenderweise seine Zunge nicht im Zaum halten. Eben hatte er gesehen, wie jemand der Aufforderung Jesu „Folge mir nach!" nicht nachgekommen war und Jesus den Rücken gekehrt hatte. Er hatte Jesus sagen hören, daß jener Mann sich damit praktisch selbst ausgeschlossen habe vom Reich Gottes, und so konnte Petrus nicht umhin, den Gegensatz hervorzuheben, der zwischen jenem Verehrer und ihm bestünde. Die Jünger waren der Aufforderung Jesu ohne Zögern nachgekommen, und Petrus wollte in seiner bekannten Aufrichtigkeit wissen, was dabei für ihn und seine Freunde herauskommen werde. Die Antwort Jesu zerfällt in drei Abschnitte.

1. Jesus sagte, niemand gäbe um seinet- und seiner frohen Botschaft willen etwas auf, was er nicht hundertfältig zurückempfange. Das traf in der Urkirche auch buchstäblich zu. Wer als Christ Familie und Freunde sowie alle, die ihm lieb und teuer waren, aufgeben mußte, gewann durch seinen Beitritt zu einer Gemeinde eine viel größere Familie hinzu, eine Familie, mit der er im Geiste verwandt war. Das können wir zum Beispiel am Leben des Apostels Paulus beobachten. Als Paulus Christ wurde, schlug damit die Tür zu seiner Familie zweifellos zu, und er selbst wurde enteignet. Doch ebenso unbezweifelbar ist, daß Paulus in allen Städten und Dörfern, in Europa und Kleinasien Häuser fand, in denen man ihn willkommen hieß, und Familien in Jesus Christus. Nicht zufällig benutzt er in diesem Zusammenhang familiäre Ausdrücke. So spricht er Römer 16, 13 davon, daß die Mutter des Rufus auch ihm eine Mutter gewesen sei, und Philemon 10 spricht er von Onesimus als seinem Sohn, den er in seiner Gefangenschaft gezeugt habe. So erging es allen Christen der Frühkirche; wenn sie von ihren eigenen Angehörigen verworfen wurden, wurden sie in die größere Familie Jesu Christi aufgenommen.

Als die Indianer in Sasketchewan das Evangelium zum erstenmal hörten, faszinierte der Gedanke des Vatergottes die Menschen, denen Gott bisher nur im Donner, Blitz und Sturmwind begegnet war, ganz besonders. Ein alter Häuptling sprach den Geistlichen an und fragte ihn: „Habe ich recht gehört, daß du von Gott als von ‚unserem Vater' gesprochen hast?" „Ja", erwiderte der Prediger. „Ist Gott dein Vater?" fragte der Häuptling. „Ja", lautete die Antwort. „Und er ist also auch mein Vater?" fragte der Häuptling weiter. „Ganz gewiß", erwiderte der Prediger. Da leuchtete das Gesicht des Häuptlings auf. Er streckte die Hand aus und sagte wie jemand, der eine verblüffende Entdeckung gemacht hat: „Dann sind wir, du und ich, Brüder." Vielleicht müssen wir manche uns liebgewordenen Bindungen aufgeben, wenn wir Christen sein wollen; doch wenn wir dies tun, werden wir stattdessen zu Gliedern einer Erde und Himmel umschließenden Gemeinschaft von Geschwistern.

2. Zweierlei fügte Jesus dem noch hinzu. Erstens die schlichten Worte „**mitten unter Verfolgung**", wodurch die Fehlvorstellung revidiert wird, daß es sich hier um materielle Entschädigung für materielle Opfer handeln könnte. Hier wird die vollkommene Aufrichtigkeit Jesu ersichtlich. Er bot den Menschen nicht etwa ein leichtes Leben an, sondern sagte geradeheraus, daß Christsein einen hohen Preis erfordere. Niemals versuchte er, Menschen durch Verlockungen dahin zu bringen, daß sie ihm nachfolgten; eher forderte er sie heraus. In unserm Text ist es, als ob er hier sagt: „Ihr werdet ganz gewiß belohnt werden; doch dazu ist es erforderlich, daß ihr euch als wirklich große, wagemutige und tapfere Menschen erweist." Als zweites fügte Jesus den Hinweis auf die zukünftige Welt hinzu, damit bekundend, daß die Menschen niemals in dieser zeitlich und räumlich begrenzten Welt mit einem Ausgleich rechnen könnten. Darum sollten sie nicht nach zeitlichem Lohn, sondern nach den Segnungen der Ewigkeit trachten. Gott hat nicht nur diese Welt, um die Menschen zu belohnen.

3. Dann fügte Jesus noch einen warnenden Nachsatz hinzu: „Viele aber werden die Letzten sein, die die Ersten sind, und die Ersten sein, die die Letzten sind." Diese Warnung galt in Wirklichkeit Petrus, der vielleicht in diesem Augenblick gerade seinen eigenen Wert und seine Belohnung abschätzte, und zwar als ziemlich hoch. Jesus sagt hier: „Den endgültigen Maßstab, nach dem wir beurteilt werden, hat nur Gott. Manch einer, der vor seinem oder dem Urteil der Welt besteht, wird von Gott genau umgekehrt beurteilt werden." Dieser Vers stellt also eine Warnung vor dem Hochmut dar. Steht doch das endgültige Urteil über uns allein Gott zu, der die Herzen und die Beweggründe aller kennt. Sein Gericht kann den Ruf eines Menschen sehr wohl in sein Gegenteil verkehren.

DAS ENDE IST NAHE

Markus 10, 32—34

Sie waren aber auf dem Wege hinauf nach Jerusalem; und Jesus ging ihnen voran, und sie entsetzten sich; die ihm aber nachfolgten, fürchteten sich. Und er nahm abermals zu sich die Zwölf und hob an, ihnen zu sagen, was ihm widerfahren würde: Siehe, wir gehen hinauf nach Jerusalem, und des Menschen Sohn wird überantwortet werden den Hohenpriestern und Schriftgelehrten, und sie werden ihn verdammen zum Tode und überantworten den Heiden. Die werden ihn verspotten und verspeien und geißeln und töten, und nach drei Tagen wird er auferstehen.

Hier haben wir ein anschauliches Bild vor uns, das wegen der Sparsamkeit der Darstellung doppelt eindrucksvoll ist. Jesus befand sich mit den Jüngern unwiderruflich auf dem Wege nach Jerusalem, wo ihn der Kreuzestod erwartete. Markus hebt die einzelnen Stadien der Wanderung sehr eindeutig hervor. Nachdem Jesus aus dem Norden, aus der Gegend um Cäsarea Philippi zurückgekehrt war, nach kurzem Aufenthalt in Galiläa die Reise südwärts nach Judäa fortgesetzt und sich jenseits des Jordan aufgehalten hatte, begann nunmehr das letzte Stadium, der Weg nach Jerusalem.

Wir erfahren in diesem Abschnitt Verschiedenes über Jesus.

1. Wir hören von der Einsamkeit Jesu. Auf dem Wege nach Jerusalem ging er vor ihnen her — allein; und sie waren so bestürzt, so erfüllt von dem Bewußtsein des bevorstehenden tragischen Geschehens, daß sie sich fürchteten, sich zu ihm zu gesellen. Es gibt Entscheidungen, die jeder für sich allein treffen muß. Hätte Jesus gemeinsam mit den Jüngern Beschlüsse gefaßt, hätte ihr einziger Beitrag in dem Versuch bestanden, ihm Einhalt zu gebieten. Bestimmte Entscheidungen müssen wir ganz allein für uns treffen, bestimmte Wege ganz allein gehen. Dennoch sind wir zutiefst auch dann nicht allein; denn Gott ist uns nie näher als in solchen Augenblicken. Auch in der Einsamkeit Jesu bildete Gott seinen Trost.

2. Wir hören vom Mut, den Jesus besaß. Dreimal sagte Jesus den Jüngern, was ihm in Jerusalem widerfahren würde, wobei wir nicht übersehen sollten, daß diese Aussagen, dem Bericht des Markus zufolge, von Mal zu Mal düsterer wurden und mehr und mehr Einzelheiten umfaßten. Markus 8, 31 handelt es sich ganz allgemein um die Leidensankündigung, Markus

9, 31 wird schon der Verrat des Judas angedeutet, und hier nun ist noch vom Verspotten, Bespeien und Geißeln die Rede. Markus scheint uns damit darauf hinweisen zu wollen, daß Jesus selbst immer klarer wurde, wie hoch der Preis der Erlösung sei. Es gibt zwei Arten von Mut. Einmal jenen Mut, der eine spontane Reaktion desjenigen darstellt, der sich aus heiterem Himmel einer Krise oder Notlage ausgesetzt sieht, auf die er instinktiv tapfer reagiert. Daneben gibt es den Mut eines Menschen, der etwas Schlimmes auf sich zukommen sieht, dem aber noch Zeit zur Umkehr bleibt, so daß er ausweichen könnte, der gleichwohl unbeirrt den einmal eingeschlagenen Weg fortsetzt. Dieser Mut erfordert zweifellos mehr. Sich bewußt der Gefahr zu stellen, wie Jesus es tat, heißt, den größeren Mut zu beweisen. Auch wer Jesus nur als Menschen anerkennt, muß zugeben, daß er zu den echten Helden der Menschheit gehört.

3. Wir ersehen daraus, wie groß die persönliche Anziehungskraft Jesu war. Die Jünger wußten zu diesem Zeitpunkt ganz offensichtlich noch nicht, was im einzelnen geschehen würde. Sie waren davon überzeugt, daß Jesus der Messias sei, zugleich aber auch davon, daß er sterben werde. Beides zusammen ergab für sie jedoch keinen Sinn. Sie waren schlicht entsetzt darüber — u n d d o c h f o l g t e n s i e J e s u s n a c h. Ihnen war alles dunkel, mit einer Ausnahme: daß sie diesen Jesus liebhatten. Und so sehr sie auch den Wunsch gehabt haben mögen, ihn zu verlassen — sie brachten es einfach nicht fertig. Sie hatten etwas sehr Wesentliches gelernt: sie waren so sehr von Liebe erfüllt, daß sie sich gezwungen sahen, etwas hinzunehmen, was sie noch nicht verstanden.

EINE VOM EHRGEIZ EINGEGEBENE BITTE

Markus 10, 35—40

Da gingen zu ihm Jakobus und Johannes, die Söhne des Zebedäus, und sprachen: Meister, wir wollen, daß du uns tuest, was wir dich bitten werden. Er sprach zu ihnen: Was wollt ihr, daß ich euch tue? Sie sprachen zu ihm: Gib uns, daß wir sitzen einer zu deiner Rechten und einer zu deiner Linken in deiner Herrlichkeit. Jesus aber sprach zu ihnen: Ihr wisset nicht, was ihr bittet. Könnt ihr den Kelch trinken, den ich trinke, oder euch taufen lassen mit der Taufe, mit der ich getauft werde? Sie sprachen zu ihm: Ja, das können wir. Jesus aber sprach zu ihnen: Ihr werdet zwar den Kelch trinken, den ich trinke, und getauft werden mit der Taufe, mit der ich getauft werde; zu sitzen aber zu meiner Rechten und zu meiner Linken, steht mir nicht zu euch zu geben, sondern welchen es bereitet ist.

Es handelt sich hier um eine sehr aufschlußreiche Begebenheit.
1. Wir ersehen daraus etwas über Markus. Auch bei Matthäus ist von dieser Begebenheit die Rede (Matth. 20, 20—23); dort jedoch bitten nicht Jakobus und Johannes selbst um die ersten Plätze, sondern ihre Mutter Salome. Diese mag also in ihrem natürlichen Ehrgeiz jene ungewöhnliche Bitte vorgetragen haben. Markus aber nennt namentlich nur die beiden Söhne, weil ihm offenbar daran liegt, daß wir die Jünger in all ihrer Menschlichkeit, mit all ihren Mängeln vor uns sehen. Markus betonte damit: die Zwölf waren keine Heiligen, sondern ganz gewöhnliche Menschen. Jesus machte sich daran, die Welt mit Hilfe von Menschen wie du und ich zu verwandeln — und es gelang ihm.
2. Wir erfahren in diesem Abschnitt etwas über Jakobus und Johannes. a) Wir erfahren, daß sie ehrgeizig waren. Wenn, wie sie meinten, der Sieg errungen und Jesu Triumph vollkommen sein würde, wollten sie so etwas wie Gouverneure oder Staatsminister Jesu werden. Vielleicht war ihr Ehrgeiz dadurch angefacht worden, daß Jesus sie mehrfach zu seinen engsten Vertrauten gemacht hatte, zum Kreis der drei Erwählten. Vielleicht ging es ihnen äußerlich auch ein wenig besser als den anderen. War ihr Vater doch immerhin in der Lage, Tagelöhner zu halten (Mark. 1, 20), so daß sie sich unwillkürlich für gesellschaftlich überlegen und berechtigt hielten, erste Plätze einzunehmen. Wie dem auch sei, sie erwiesen sich jedenfalls als Männer, die auf eine hohe Stellung innerhalb eines irdischen Reiches abzielten. b) Wir ersehen aus ihrem Verhalten, daß sie Jesus zutiefst nicht verstanden hatten. Nicht die Tatsache als solche ist das eigentlich Überraschende, sondern d e r Z e i t p u n k t , zu dem sich das ereignete. Bestürzend ist das Nebeneinander der eindeutigen, detaillierten Leidensankündigung Jesu und ihrer Bitte an ihn. Worte waren offenbar machtlos und konnten sie nicht von der Grundvorstellung eines in irdischer Macht und Herrlichkeit einherziehenden Messias abbringen. Das vermochte nur der Kreuzestod Jesu zu bewirken. c) Doch bei allem, was sich gegen Jakobus und Johannes vorbringen läßt, macht diese Begebenheit doch auch einen sehr schönen Zug an ihnen deutlich: Auch wenn sie sich irrten, s o g l a u b t e n s i e d o c h u n b e i r r b a r a n J e s u s . Es ist erstaunlich, daß diese beiden Männer in Verbindung mit dem galiläischen Zimmermann,

der sich die Feindschaft der orthodoxen religiösen Anführer seiner Zeit zugezogen hatte und offenbar dem Tod entgegenging, überhaupt noch an Herrlichkeit dachten. Das läßt auf enormes Vertrauen und enorme Treue schließen. Auch wenn Jakobus und Johannes in falscher Richtung dachten, so läßt sich nicht leugnen, daß sie ihr Herz am richtigen Fleck hatten. Sie hegten keinerlei Zweifel an dem endgültigen Triumph Jesu.

3. Wir erfahren hier etwas über den Größenmaßstab Jesu. Jesus sagt zu ihnen: „Könnt ihr den Kelch trinken, den ich trinke, oder euch taufen lassen mit der Taufe, mit der ich getauft werde?" und gebraucht dabei zwei jüdische Metaphern (bildliche Ausdrücke). Bei königlichen Gastmählern war es Sitte, daß der König seinen Gästen einen Kelch reichte. D e r K e l c h wurde daher zu einem Sinnbild des Lebens und der Erfahrung, die Gott an die Menschen austeilte. „Du schenkest mir voll ein", heißt es in einem Psalm Davids (Ps. 23, 5). „Denn der Herr hat einen Becher in der Hand", sagt ein anderer Psalmist (Ps. 75, 8), dabei an das künftige Geschick der Gottlosen und Ungehorsamen denkend. Jesaja spricht im Zusammenhang mit dem Unglück, daß über Israel gekommen ist, davon, daß sie getrunken haben „von der Hand des Herrn den Kelch seines Grimmes" (Jes. 51, 17). Mit dem K e l c h ist also gemeint, was den Menschen von Gott zugemessen wird. Der andere von Jesus verwendete Ausdruck betrifft die Taufe, mit der er getauft werde. Das entsprechende griechische Verb b a p t i z e i n bedeutet e i n t a u c h e n und das Partizip Perfekt dazu (b e - b a p t i s m e n o s) u n t e r g e t a u c h t und wird gewöhnlich im Zusammenhang mit Erfahrung gebraucht, die jemand macht. Ein Verschwender s t e c k t zum Beispiel b i s a n d e n H a l s in Schulden; von Trunkenbolden sagt man, sie e r t r ä n k e n im Alkohol, von Leidtragenden, sie v e r s ä n k e n in ihrem Schmerz. Ebenso wird das Wort bei g e s u n k e n e n Schiffen verwendet. Diese Metapher ist eng verwandt mit einer anderen, von Psalmdichtern häufig gebrauchten Metapher. Psalm 42, 8 heißt es: „Alle deine Wasserwogen und Wellen gehen über mich." Und Psalm 124, 4 heißt es: „So ersäufte uns Wasser, Ströme gingen über unsre Seele." Der Ausdruck hat in der Form, in der Jesus ihn hier verwendet, also nicht eigentlich mit dem konkreten Taufvorgang etwas zu tun, sondern besagt hier: „Könnt ihr ertragen, was ich ertrage? Könnt ihr wie ich Haß, Verleumdung und Tod standhalten?" Jesus macht damit den beiden Jüngern klar, daß es ohne Kreuz keine Krone gibt; im Reich Gottes wird Größe am Maßstab des Kreuzes gemessen. Tatsächlich erwies sich, daß diese beiden Jünger später

durchmachten, was ihr Meister durchlitten hatte. Jakobus wurde von Herodes Agrippa getötet (Apg. 12, 2), und auch Johannes erlitt unsagbar viel um Christi willen. Sie folgten der Aufforderung ihres Meisters — auch wenn sie es zunächst blind taten.
4. Jesus sagte ihnen, daß die endgültige Entscheidung in allem Gott zukomme; das ist sein Vorrecht. Jesus bemächtigte sich niemals widerrechtlich des Platzes, der Gott allein zustand. Sein ganzes Leben ist ein einziger Akt der Ergebung in den Willen Gottes. Jesus wußte, daß letztlich allein dieser entscheidet.

DER PREIS, DER FÜR DIE ERLÖSUNG DER MENSCHEN ZU ENTRICHTEN IST

Markus 10, 41—45

Und da das die Zehn hörten, wurden sie unwillig über Jakobus und Johannes. Da rief Jesus sie zu sich und sprach zu ihnen: Ihr wisset, daß die weltlichen Fürsten ihre Völker niederhalten, und ihre Mächtigen tun ihnen Gewalt. Aber so soll es nicht sein unter euch; sondern wer groß sein will unter euch, der sei euer Diener; und wer unter euch will der Erste sein, der sei aller Knecht. Denn auch „des Menschen Sohn ist nicht gekommen, daß er sich dienen lasse, sondern daß er diene und gebe sein Leben zu einer Erlösung für viele."

Es blieb nicht aus, daß das Vorgehen des Jakobus und Johannes bei den übrigen zehn Jüngern Verstimmung auslöste; denn ihnen kam dies wie ein Versuch vor, ihnen zuvorzukommen und sich ungerechtfertigte Vorteile zu verschaffen. Damit erhob sich denn auch wieder der alte Streit darüber, wer der Größte sein werde. Die Situation war ernst, und wenn Jesus nicht sofort gehandelt hätte, wäre die Gemeinschaft der Apostel möglicherweise auseinandergebrochen. Jesus rief daher die Zehn zu sich und machte ihnen klar, daß in seinem Reich andere Größenordnungen und Maßstäbe gälten als in den Reichen dieser Welt. Für die weltlichen Reiche gelte der Maßstab der Macht; hier komme es darauf an, wieviele Menschen einem Fürsten untertan seien, wieviele Truppen zu seiner Verfügung stünden, wievielen er befehlen könne. (Nur wenig später faßte Galba die Vorstellungen von weltlicher Herrschaft und Größe in den Ausspruch zusammen, nun, da er Kaiser sei, könne er tun, was

und mit wem er wolle.) Im Reich Jesu gilt ein anderer Maßstab: der des Dienens. Größe besteht hier nicht darin, andere zu veranlassen, uns zu dienen, sondern darin, daß wir ihnen dienen, und die entscheidende Frage lautet: Wieweit kann ich anderen dienen?
Wir halten dies gern für einen utopischen Idealzustand; in Wirklichkeit aber gebietet ihn uns der gesunde Menschenverstand, denn ohne diesen Grundsatz ließe sich das Alltagsleben überhaupt nicht bewältigen. Leider neigt der Mensch dazu, mit einem geringstmöglichen Aufwand soviel wie möglich für sich persönlich herauszuholen; doch nur, wenn wir von dem Wunsch beseelt sind, mehr zu gehen, als wir empfangen, das heißt, wenn wir von dem Wunsch erfüllt sind, zu dienen, wird unser Leben und das anderer glücklicher und schöner. Die Welt braucht Menschen, die bereit sind zu dienen, Menschen, die sich klar darüber sind, wie nüchtern und sachlich Jesus die Dinge sah.
Um das Gesagte zu erhärten, verwies Jesus auf sich selbst als Beispiel. Obwohl es in seiner Macht gestanden hätte, dem Leben zu befehlen, verausgabte er sich selbst für andere und diente ihnen. Er sagte, er sei gekommen, **um sein Leben zu einer Erlösung für viele zu geben**. Obwohl es sich hier um einen der wichtigsten Sätze des Evangeliums handelt, ist er leider mißdeutet worden. Die Menschen haben versucht, auf diesem Satz der Liebe eine Theorie der Versöhnung zu errichten. Es dauerte nicht lange, da begann man darüber zu grübeln, an wen das Lösegeld des Lebens Jesu entrichtet worden sei. Origenes stellte die Frage so: „Wem gab er sein Leben zu einer Erlösung für viele? Nicht Gott. War es dann nicht der Böse? Denn der Teufel hielt uns fest, bis er das Lösegeld empfing, das Leben Jesu; doch er täuschte sich in seiner Annahme, er könne Gewalt darüber haben, und erkannte nicht, daß er die damit verbundene Qual nicht zu ertragen vermöchte."
Die Vorstellung, daß das Leben Jesu als Lösegeld an den Teufel gezahlt worden sei, damit dieser die Menschen aus den Ketten, mit denen er sie gefesselt hielt, befreite, daß der Teufel dann aber habe erkennen müssen, sich mit der Forderung und Annahme des Lösegeldes sozusagen übernommen zu haben, ist also sehr alt. Doch schon der griechische Kirchenvater Gregor von Nyssa erkannte die Unzulänglichkeit dieser Theorie, die ja darin bestand, daß der Teufel Gott gleichgestellt wird, so daß er mit Gott einen Handel abschließen kann. Er verfiel daher auf die ungewöhnliche Idee, Gott habe sein **Spiel** mit dem Teufel getrieben; er habe ihn gewissermaßen durch eine List besiegt. Weitere zweihundert Jahre später griff Gregor der

Große diesen Gedanken wieder auf, der dann bei dem Scholastiker Petrus Lombardus in folgende groteske These ausmündete: „Der Kreuzestod Jesu war die Mausefalle, mit der der Teufel gefangen werden sollte, geködert mit dem Blute Christi." Aus alledem geht hervor, was geschieht, wenn die menschliche Theologie einen Text wortklauberisch interpretiert.

Dabei würde, wenn wir sagen „Kummer ist der P r e i s der Liebe" oder „Freiheit kann nur um den Preis von Blut, Schweiß und Tränen erlangt werden", keiner daran denken, zu erforschen, an wen dieser P r e i s zu entrichten sei. Mit diesem Satz bringt Jesus nur auf eindringlich bildhafte Weise zum Ausdruck, daß es das Leben, sein Leben, koste, die Menschen aus ihrer Sündigkeit zu Gott zurückzuführen. Dieser Satz besagt nicht mehr, aber auch nicht weniger, als daß unsere Erlösung mit dem Kreuzestod Jesu Christi erkauft ist. Darüber hinaus können und brauchen wir nicht zu gehen; wir wissen, daß am Kreuz etwas geschehen ist, was uns den Weg zu Gott erschlossen hat.

DER BLINDE VON JERICHO

Markus 10, 46—52

Und sie kamen nach Jericho. Und da er aus Jericho wegging, er und seine Jünger und eine große Menge, da saß ein Blinder, Bartimäus, des Timäus Sohn, am Wege und bettelte. Und als er hörte, daß es Jesus von Nazareth war, fing er an zu schreien und zu sagen: Jesus, du Sohn Davids, erbarme dich mein! Und viele bedrohten ihn, er sollte stillschweigen. Er aber schrie noch viel mehr: Du Sohn Davids, erbarme dich mein! Und Jesus stand still und sprach: Rufet ihn her! Und sie riefen den Blinden und sprachen zu ihm: Sei getrost, stehe auf! Er ruft dich! Und er warf seinen Mantel von sich, sprang auf und kam zu Jesus. Und Jesus antwortete und sprach zu ihm: Was willst du, daß ich dir tun soll? Der Blinde sprach zu ihm: Rabbuni, daß ich wieder sehen kann. Jesus aber sprach zu ihm: Gehe hin, dein Glaube hat dir geholfen. Und alsbald konnte er wieder sehen und folgte ihm nach auf dem Wege.

Jesus konnte das Ende des Weges bereits absehen; Jericho lag nur etwa 25 Kilometer von Jerusalem entfernt. Versuchen wir einmal, uns den Schauplatz der Handlung zu vergegenwärtigen. Die Hauptstraße verlief mitten durch Jericho. Jesus befand sich auf dem Wege zum Passafest. Es war üblich, daß angesehene Rabbinen oder Lehrer auf derartigen Reisen von einer Menschenschar umgeben waren, von Schülern und Lernwilligen, die ihnen bei den Gesprächen, die sie im Gehen führten, zuhörten, wie es allgemein üblich war. Das Gesetz schrieb vor, daß alle männlichen Juden über 12 Jahre, die in einem Umkreis von 25 Kilometern von Jerusalem entfernt wohnten, das Passafest In Jerusalem verbringen mußten. Selbstverständlich konnte man diesem Gesetz nicht absolut gerecht werden, wer aber selbst nicht nach Jerusalem gehen konnte, pflegte mit denen zusammen, denen es ebenso erging, den zum Passafest nach Jerusalem Pilgernden gute Reise zu wünschen, wenn diese in Gruppen durch die auf dem Wege liegenden Dörfer und Städte zogen. Die Straßen von Jericho waren daher gesäumt mit Menschen, wahrscheinlich sogar mit mehr noch als sonst, weil manch einer aus Neugier den kühnen jungen Galiläer sehen wollte, der sich in die Höhle des Löwen begab, in die Stadt der geballten Macht der Orthodoxie. Besonders bemerkenswert an Jericho war, daß sich hier viele Priester und Leviten aufhielten, wenn sie keinen Tempeldienst zu versehen hatten. Es gab nämlich über 20 000 Priester und ebensoviele Leviten, die für gewöhnlich natürlich nicht alle gleichzeitig Dienst tun konnten und daher in 26 Gruppen eingeteilt waren, die abwechselnd den Tempeldienst versahen. Von den in Jericho wohnenden Priestern muß an jenem Tag manch einer sich unter der Menge befunden haben. Am Passafest selber hatten zwar alle Dienst in Jerusalem; doch waren viele von ihnen gewiß noch nicht dorthin aufgebrochen. Umso mehr waren sie darauf bedacht, den Rebellen zu sehen, der im Begriff stand, Jerusalem zu betreten. Sicher traf Jesus an jenem Tag manch kalter, feindlicher Blick, zumal man von ihm zu wissen meinte, daß er den ganzen Tempeldienst für eine ungeheure Belanglosigkeit hielt.

Am nördlichen Stadttor saß ein blinder Bettler namens Bartimäus, der Stimmen und ein Getrampel von Füßen hörte und sich erkundigte, was los sei und wer vorübergehe. Als man ihm sagte, daß Jesus es sei, begann er augenblicklich zu schreien, um dessen Aufmerksamkeit auf sich zu lenken. Da sein Geschrei diejenigen, die Jesus zuhörten, jedoch störte, versuchten diese, Bartimäus zum Schweigen zu bringen. Diesen jedoch konnte niemand dazu bringen, sich die einmalige Chance entgehen zu lassen, seine Blindheit loszuwerden, und er schrie so heftig und mit solcher Penetranz, daß der Zug schließlich stehenblieb und er zu Jesus geführt wurde. Diese Begebenheit ist insofern sehr aufschlußreich, als sie erkennen läßt, welches die Voraussetzungen dafür sind, daß ein Wunder geschieht.

1. Die Hartnäckigkeit des Bartimäus. Nichts konnte diesen von seinem Geschrei abbringen; war er doch fest entschlossen, zu demjenigen zu gelangen, den er mit seinem Kummer konfrontieren konnte. Bartimäus empfand nicht nur den vagen, verschwommen-sentimentalen Wunsch, Jesus zu sehen, sondern ein verzweifeltes Verlangen. Und dieses verzweifelte Verlangen verfehlte seine Wirkung nicht.

2. Er reagierte sofort und mit solchem Eifer auf den Ruf Jesu, daß er den schützenden Mantel von sich warf, um schneller zu Jesus zu gelangen. Manch einer vernimmt wohl den Ruf Jesu, sagt jedoch: „Warte, bis ich dies und das fertig habe." Bartimäus aber kam wie aus der Pistole geschossen zu Jesus, als dieser ihn rufen ließ. Es gibt einmalige Chancen — das wußte Bartimäus instinktiv. Auch wir sehnen uns zuweilen danach, bestimmte Gewohnheiten aufzugeben, eine Sache zu bereinigen und uns Jesus inniger hinzugeben; doch oftmals handeln wir nicht sofort — und schon haben wir eine Chance, eine womöglich nie wiederkehrende, verspielt.

3. Er wußte genau, was er wollte: daß er sehend würde. Unsere Bewunderung für Jesus bleibt zu oft ein sentimentes Gefühl. Wie wir zum Arzt gehen, damit er uns von einem bestimmten Leiden heilt, und zum Zahnarzt, damit dieser uns nicht i r g e n d e i n e n, sondern einen bestimmten, kranken Zahn zieht, so sollte es auch zwischen uns und Jesus sein. Das aber erfordert freilich eins, dem sich nur die wenigsten stellen: S e l b s t p r ü f u n g. Wenn wir mit der gleichen ungeheuren Entschiedenheit wie Bartimäus zu Jesus kommen, dann wird auch etwas geschehen.

4. Bartimäus hatte sehr unzulängliche Vorstellungen von Jesus; er nannte ihn beharrlich S o h n D a v i d s. Das war zwar ein messianischer Titel; doch lag darin die Vorstellung vom siegreich einherziehenden Messias, von dem König aus Davids Geschlecht, der Israel zu nationaler Größe führen würde. Nichtsdestoweniger besaß Bartimäus Vertrauen, er glaubte an Jesus, und das machte die Unangemessenheit seiner Gottesvorstellungen hundertfältig wett. Die Forderung an uns lautet nicht, daß wir Jesus ganz und gar verstehen sollen — das könnten wir niemals —; sondern die Forderung an uns lautet: v e r t r a u e n, g l a u b e n. Ein namhafter Textforscher sagte einmal: „Wir müssen die Menschen zwar auffordern, nachzudenken; doch sollten wir nicht erwarten, daß sie zu Theologen

werden, ehe sie Christen geworden sind." Christsein beginnt mit einer persönlichen Reaktion auf Jesus, mit einer Reaktion der Liebe und dem instinktiven Gefühl, daß hier der eine ist, der unserer Not abhelfen kann. Auch wenn wir niemals imstande sind, theologische Fragen bis zu Ende zu durchdenken, so genügen doch diese unmittelbare Reaktion und der Schrei des menschlichen Herzens vollauf.

5. Am Schluß zeigt sich noch ein sehr schöner Zug an Bartimäus. Auch wenn er nur ein Bettler am Wege war, so war er doch ein dankbarer Mensch. Nachdem er wieder sehen konnte, folgte er Jesus nach. Er ging also nicht, was nahegelegen hätte, seiner Wege, sondern zeigte Dankbarkeit und weiterhin Treue, Treue gegenüber Jesus. Das aber sind die Stufen der Nachfolge Jesu.

EINZUG IN JERUSALEM

Markus 11, 1—6

Und da sie nahe an Jerusalem kamen nach Bethphage und Bethanien an den Ölberg, sandte er seiner Jünger zwei und sprach zu ihnen: Gehet hin in das Dorf, das vor euch liegt. Und alsbald, wenn ihr hineinkommt, werdet ihr finden ein Füllen angebunden, auf welchem noch nie ein Mensch gesessen hat; bindet es los und führet es her! Und wenn jemand zu euch sagen wird: Was tut ihr da? so sprecht: Der Herr bedarf sein und sendet es gleich wieder her. Und sie gingen hin und fanden das Füllen, gebunden an eine Tür außen an der Straße, und banden es los. Und etliche, die dastanden, sprachen zu ihnen: Was macht ihr, daß ihr das Füllen losbindet? Sie sagten aber zu ihnen, wie ihnen Jesus geboten hatte, und die ließen's zu.

Wir haben jetzt die letzte Station der Reise erreicht. Jesus hatte sich, wie wir sahen, eine Zeitlang in die Gegend von Cäsarea Philippi zurückgezogen, war danach in Galiläa gewesen, hatte sich dann im Hochland von Judäa aufgehalten und in den Gebieten jenseits des Jordans, war schließlich durch Jericho gekommen, und jetzt ist er vor Jerusalem angelangt. Hier nun müssen wir etwas beachten. Beim Lesen der ersten drei Evangelien gewinnen wir nämlich zunächst den Eindruck, daß es sich hier um den ersten Besuch Jesu in Jerusalem handelt. Beim

Lesen des vierten Evangeliums stellen wir dagegen fest, daß Jesus wiederholt in Jerusalem gewesen ist (Joh. 2, 13; 5, 1; 7, 10), und zwar regelmäßig zu den großen Festen. Das ist indessen kein echter Widerspruch zu den ersten drei Evangelien; denn diese sind besonders an der Wirksamkeit Jesu in Galiläa interessiert, das vierte Evangelium dagegen besonders an seiner Wirksamkeit in Judäa. Im übrigen finden sich in den ersten drei Evangelien durchaus Hinweise dafür, daß Jesus nicht eben selten in Jerusalem war. So spricht dafür die enge Freundschaft mit Martha, Maria und Lazarus in Bethanien, eine Freundschaft, bei der von zahlreichen Besuchen die Rede ist; ebenso spricht dafür, daß Joseph von Arimathäa insgeheim Jesu Freund war. Vor allem aber geht dies aus den Jesusworten Matthäus 23, 37 hervor, wo Jesus davon spricht, daß er die Leute von Jerusalem oft habe versammeln wollen, wie eine Henne ihre Küchlein unter ihre Flügel versammle. Das hätte Jesus nicht sagen können, wenn er nicht zuvor mehr als einmal an sie appelliert hätte, ohne auf Widerhall zu stoßen. So erklärt sich auch die Sache mit dem Füllen. Jesus schob die Dinge nicht bis zum letzten Augenblick vor sich her, sondern wußte, was er tat, als er lange zuvor mit einem Freund in Jerusalem verabredet hatte, was er zu tun beabsichtigte. Er konnte daher jetzt die Jünger mit einer vorher festgelegten Losung nach Jerusalem schicken; „Der Herr bedarf sein", hieß die Losung. Hier handelte es sich nicht um eine plötzliche, unbedachte Entscheidung Jesu, sondern um etwas, worauf sein ganzes Leben angelegt war.

Bethphage und Bethanien waren Dörfer unweit von Jerusalem. Sehr wahrscheinlich bedeutet B e t h p h a g e F e i g e n h a u s und B e t h a n i e n D a t t e l h a u s. Beide Orte müssen in unmittelbarer Nähe der Stadt gelegen haben; denn wir wissen von den jüdischen Sabbatvorschriften her, daß Bethphage zu den Dörfern gehörte, die den Umkreis der am Sabbat zulässigen Reisen begrenzten, das heißt, die Entfernung betrug etwa einen Kilometer, während Bethanien zu den anerkannten Unterkunftsorten der Pilger gehörte, wenn Jerusalem zur Zeit des Passafestes überfüllt war.

Die Propheten Israels hatten sich zu allen Zeiten einer sehr charakteristischen Methode bedient, wenn es galt, sich mit ihrer Botschaft bei den Menschen verständlich zu machen. Wenn ihre Worte bei den Menschen nichts auszurichten vermochten, griffen sie zu dramatischen Maßnahmen, als ob sie sagen wollten: „Wenn ihr nicht hören wollt, muß man euch zwingen, zu erkennen, was nottut" (vgl. bes. 1. Kön. 11, 30–32). Bei dem, was sie taten, handelte es sich gewissermaßen um bildliche Warnungen und in Handlung umgesetzte Predigten. Das tat jetzt auch Jesus, und das sollte bewußt zum Ausdruck bringen, daß er der Messias war. Doch müssen wir sorgfältig beachten, was er tat. Ein Wort des Propheten Sacharja lautete: „Du, Tochter Zion, freue dich sehr, und du, Tochter Jerusalem, jauchze! Siehe, dein König kommt zu dir, ein Gerechter und ein Helfer, arm und reitet auf einem Esel, auf einem Füllen der Eselin" (Sach. 9, 9). Entscheidend dabei ist, daß der König als Friedensfürst kam. Esel waren in Palästina keine verachteten, sondern edle Tiere. Wenn Fürsten in den Krieg zogen, ritten sie zu Pferde; kamen sie in friedlicher Absicht, ritten sie auf einem Esel. Heute sind Esel bestenfalls ergötzliche Tiere, zur Zeit Jesu waren sie königliche Tiere. Beachten müssen wir ferner, auf welche Art Königtum Jesus Anspruch erhob. Er kam sanftmütig und arm, in Frieden und in friedlicher Absicht. Die Menschen hießen ihn als Sohn Davids willkommen; doch sie verstanden ihn nicht. Zu jener Zeit waren gerade die Psalmen Salomos aufgeschrieben worden, hebräische Lieder, in denen vom Sohn Davids die Rede ist, wie ihn die Menschen damals erwarteten. Er wird darin folgendermaßen geschildert:

> Sieh darein, o Herr, und laß ihnen erstehen ihren König, den Sohn Davids, zu der Zeit, die du erkoren, Gott, daß er über deinen Knecht Israel regiere. Und gürte ihn mit Kraft, daß er ungerechte Herrscher zerschmettere, Jerusalem reinige von den Heiden, die es kläglich zertreten! Weise und gerecht treibe er die Sünder weg vom Erbe, zerschlage des Sünders Übermut wie Töpfergefäße. Mit eisernem Stabe zerschmettere er all ihr Wesen, vernichte die gottlosen Heiden mit dem Worte seines Mundes, daß bei seinem Drohen die Heiden vor ihm fliehen und er die Sünder zurechtweise ob ihres Herzens Gedanken.
> Denn er zerschlägt die Erde mit dem Worte seines Mundes für immer, segnet das Volk des Herrn mit Weisheit in Freuden. (Psalmen Salomos 17, 21—25. 35)

Auf einen solchen König also hofften die Menschen, und Lieder dieser Art boten ihrer Hoffnung Nahrung. Jesus wußte das — doch er kam sanftmütig und arm, auf einem Esel reitend. Wohl erhob Jesus bei seinem Einzug in Jerusalem den Anspruch, ein König zu sein; doch war es der Anspruch eines Friedensfürsten. Was er tat, stand im Widerspruch zu allem, worauf die Menschen gehofft und gewartet hatten.

DER DA KOMMT

Markus 11, 7—10

Und sie führten das Füllen zu Jesus und legten ihre Kleider darauf, und er setzte sich darauf. Viele aber breiteten ihre Kleider auf den Weg, andere aber grüne Zweige, die sie auf den Feldern abgehauen hatten. Und die vorangingen und die nachfolgten, schrien und sprachen: Hosianna! Gelobt sei, der da kommt in dem Namen des Herrn! Gelobt sei das Reich unseres Vaters David, das da kommt! Hosianna in der Höhe!

Auf dem Füllen, das die Jünger brachten, war noch niemand geritten, wie es sich ziemte für Tiere, die für heilige Zwecke verwendet werden sollten. So verhielt es sich auch mit der rötlichen Kuh, die geschlachtet und verbrannt wurde und deren Asche zur Reinigung von Befleckung diente (4. Mose 19, 2; 5. Mose 21, 3).

Aus allem ersehen wir, daß die Bevölkerung Jesus völlig mißverstand. Die Volksmenge stellte sich sein Königtum wie bisher im Sinne des Eroberers vor. Auch das Bild selbst, das sich ihnen darbot, erinnerte auf merkwürdige Weise an den Einzug des Simon Makkabäus in Jerusalem hundertfünfzig Jahre zuvor, nachdem er die Feinde Israels im Kampf besiegt hatte. „Und er nahm sie am dreiundzwanzigsten Tage des zweiten Monats im hundertundeinsiebzigsten Jahr und zog hinein mit Lobgesang und Palmenzweigen und allerlei Saitenspiel und dankte Gott, daß sie diese große Tyrannei aus Israel waren losgeworden" (1. Makk. 13, 51). Auch Jesus gedachten sie als Sieger willkommen zu heißen, ohne sich träumen zu lassen, welche Art von Eroberer er sein wollte.

Ihre Jubelrufe zeigen, in welcher Richtung ihre Gedanken gingen. Als sie ihre Kleider vor Jesus ausbreiteten, taten sie dasselbe, was die Volksmenge getan hatte, als Jehu, der Mann des Blutes, zum König gesalbt wurde (2. Kön. 9, 13). Sie schrien: „Gelobt sei, der da kommt in dem Namen des Herrn!" Das ist ein Zitat aus Psalm 118, 26 und müßte eigentlich lauten: „Gelobt sei in dem Namen des Herrn, der da kommt!" Dreierlei ist bei diesem Ruf zu beachten. 1. Es war der übliche Gruß, mit dem die Pilger empfangen wurden, wenn sie anläßlich der großen Feste den Tempel erreichten. 2. „Der da kommt" war eine Bezeichnung des Messias. Wenn die Juden vom Messias sprachen, sprachen sie von ihm als d e m, d e r d a k o m m t.

3. Bedeutsam werden diese Worte aber vor allem durch den Ursprung, auf den sie im Psalm zurückgehen: Im Jahre 167 v. Chr. war in Syrien Antiochus König geworden, der sich als Missionar des Hellenismus betrachtete und es für seine Pflicht hielt, der Welt des Hellenismus zum Durchbruch zu verhelfen, wo er nur konnte, notfalls mit Gewalt. Dies versuchte er auch in Palästina, das er für eine Zeitlang erobert hatte. Eine Abschrift des Gesetzes zu besitzen oder seine Kinder beschneiden zu lassen, galt unter ihm als Verbrechen, auf das die Todesstrafe stand. Er entweihte den Tempel Gottes und ließ an der Stätte, an der die Juden zu Jahwe gebetet hatten, einen Zeusaltar errichten. Bewußt ließ er auf dem großen Brandopferaltar Schweinefleisch opfern und die Gemächer, die sich in den Tempelhöfen befanden, in Bordells verwandeln. Er tat also alles Erdenkliche, um den jüdischen Glauben auszulöschen. Damals erhob sich Judas Makkabäus, der nach erstaunlichen Siegen Antiochus schließlich im Jahre 163 v. Chr. gänzlich aus dem Lande vertrieb, den Tempel reinigen und erneut weihen ließ, – ein Geschehnis, an das noch heute das jüdische Hanukafest, das Fest der Tempelweihe, erinnert. Höchstwahrscheinlich wurde Psalm 118 zur Erinnerung an jenen großen Tag der Reinigung sowie zur Erinnerung an den Sieg des Judas Makkabäus geschrieben.

Immer wieder erleben wir das gleiche. Jesus hatte zwar behauptet, er sei der Messias; doch hatte er stets versucht, den Menschen klarzumachen, daß ihre herkömmlichen Messiasvorstellungen falsch seien. Das Volk jedoch wollte dies nicht erkennen oder zugeben. Sie begrüßten ihn nicht als den König der Liebe, sondern als Eroberer, der die Feinde Jerusalems zerschmettern werde.

Vers 9 und 10 begegnen wir dem H o s i a n n a, einem Wort, das falsch verstanden wird, wenn man es so zitiert, als ob es L o b oder P r e i s bedeute, während es sich hier lediglich um den hebräischen Ausdruck für R e t t e u n s j e t z t ! handelt. In dieser Form kommt der Ausdruck 2. Samuel 14, 4 und 2. Könige 6, 26 vor, wo die Menschen den König um Hilfe und Schutz anflehen. Als die Menschen H o s i a n n a schrien, war dies keineswegs ein Jubelruf zum Lobe Jesu (wie es so oft klingt, wenn wir diesen Ausdruck anführen), sondern ein Schrei, mit dem sie Gott baten, in die Geschichte einzugreifen und sein Volk zu retten, nun, da der Messias gekommen war. Der Mut Jesu wird nirgendwo so deutlich wie hier. Man hätte erwarten sollen, daß er, wie die Verhältnisse nun einmal lagen, still und heimlich nach Jerusalem gekommen wäre, um sich vor den jüdischen Oberen zu verbergen, die nach seiner Aburteilung trachteten. Stattdessen hielt er auf eine Weise Einzug in Jerusalem, die niemand übersehen konnte und die aller Blicke auf ihn zog. Zum Gefährlichsten, was wir tun können, gehört, daß wir zu den Leuten hingehen und ihnen sagen, daß alle ihre Vorstellungen irrig seien. Wer die nationalistischen Träume der Menschen mit der Wurzel auszureißen versucht, muß auf alle möglichen Schwierigkeiten gefaßt sein. Dennoch tat Jesus dies, ganz bewußt. Hier sehen wir, wie Jesus sich mit einem letzten Appell der Liebe an die Menschen wendet, mutig und heldenhaft.

STILLE VOR DEM STURM

Markus 11, 11

Und er ging hinein nach Jerusalem und in den Tempel, und er besah ringsum alles, und am Abend ging er hinaus nach Bethanien mit den Zwölfen.

Aus diesem schlichten Vers wird zweierlei deutlich, was typisch für Jesus war.

1. Jesus verschafft sich einen Überblick. Mit zielbewußter Überlegung geht er in den letzten Tagen ans Werk. Keineswegs stürzte er sich leichtfertig in unbekannte Gefahren; vielmehr tat er alles mit offenen Augen. Als er sich umblickte und alles in Augenschein nahm, war er wie ein Feldherr, der nochmals die Kräfte des Gegners abschätzt und sich selbst auf die entscheidende Schlacht vorbereitet.

2. Wir ersehen aus diesem Vers, woher Jesus Kraft und Stärke kamen; am Abend ging er hinaus in die Stille nach Bethanien. Bevor er den Kampf mit den Menschen aufnahm, suchte er die Nähe Gottes. Nur weil kein Tag und keine Nacht vergingen, ohne daß er sich Gott stellte, vermochte er sich auch den Menschen so mutvoll zu stellen.

3. Auch über die Jünger erfahren wir in diesem Vers etwas. Sie waren immer noch bei ihm, obwohl ihnen mittlerweile völlig klar gewesen sein muß, daß Jesus, soweit sie es beurteilen konnten, so etwas wie Selbstmord beging. Wir verurteilen die Jünger bisweilen, weil sie es in den letzten Tagen an Treue haben fehlen lassen; doch diese Worte hier sprechen für sie, denn so wenig sie auch begriffen, was hier eigentlich vor sich ging, standen sie Jesus doch zur Seite.

DER VERDORRTE FEIGENBAUM

Markus 11, 12—14; 20. 21

Und des andern Tages, da sie aus Bethanien gingen, hungerte ihn. Und er sah einen Feigenbaum von ferne, der Blätter hatte; da trat er hinzu, ob er etwas darauf fände. Und da er hinzukam, fand er nichts als nur Blätter; denn es war nicht die Zeit für Feigen. Und Jesus hob an und sprach zu ihm: Nun esse von dir niemand mehr eine Frucht ewiglich! Und seine Jünger hörten das ... Und als sie am Morgen an dem Feigenbaum vorübergingen, sahen sie, daß er verdorrt war bis auf die Wurzel. Und Petrus dachte daran und sprach zu ihm: Rabbi, siehe, der Feigenbaum, den du verflucht hast, ist verdorrt.

Obwohl die Geschichte vom Feigenbaum bei Markus nicht in geschlossenem Zusammenhang erzählt wird, behandeln wir sie doch als ein Ganzes. Der erste Teil trug sich am Morgen des einen, der zweite am Morgen des nächsten Tages zu; bei Berücksichtigung der zeitlichen Reihenfolge liegt dazwischen die Reinigung des Tempels.

Es kann kein Zweifel daran bestehen, daß es sich hier um eine der schwierigsten Geschichten des Evangelienberichtes handelt, wenigsten dann, wenn sie nur wörtlich verstanden wird.

1. Wir haben es hier mit einer Art von Geschichte zu tun, wie sie von Wundertätern vielfach berichtet wird. Das ist umso merkwürdiger, als Jesus sich stets geweigert hatte, seine wunderwirkenden Kräfte zum eigenen Nutzen anzuwenden. Er verwandelte die Steine nicht in Brot, um in der Wüste seinen Hunger zu stillen, und später bediente er sich seiner Wunderkräfte auch nicht dazu, seinen Feinden zu entgehen. N i e m a l s machte er sich seine Macht selbst zunutze. Dennoch scheint er hier seine Macht dazu benutzt zu haben, einen Baum zu verderben, der ihn enttäuscht hatte.

2. Was er tat, scheint uns sachlich unbegründet, ja unvernünftig. Es war die Zeit des Passafestes, also Mitte April. An geschützten Stellen können Feigenbäume zwar schon im März Blätter haben; doch vor Ende Mai, Anfang Juni war nie mit Früchten zu rechnen. Markus sagt ja auch, daß es keine Zeit für Feigen gewesen sei. Weshalb also einen Baum wegen etwas vernichten, wozu er unmöglich imstande war? Das dünkt uns nicht nur unbegründet, sondern auch ungerecht. Die ganze Begebenheit scheint mithin Jesus keineswegs zu entsprechen.

Was sollen wir dazu sagen? Nun, wenn wir das Ganze als etwas verstehen, was sich tatsächlich so zugetragen hat, dann müssen wir es als ein **zielgerichtetes Gleichnisgeschehen** verstehen, als eine jener symbolisch-dramatischen Handlungen, deren sich die Propheten zuweilen bedienten. So gesehen, läßt die Geschichte sich als Verdammung zweier Dinge auslegen.

1. **Etwas versprechen, ohne es zu erfüllen**, wird verdammt. Die Blätter des Baumes können als Versprechung von Früchten aufgefaßt werden, ohne daß tatsächlich Früchte vorhanden waren. Darunter wäre dann speziell die Verurteilung des Volkes Israel zu verstehen, dessen ganze Geschichte eine Vorbereitung auf das Kommen des Erwählten Gottes gewesen war. Seine nationale Geschichte war ein einziges Versprechen gewesen; wenn der Erwählte Gottes komme, würden sie ihn freudig empfangen. Tatsache war jedoch: Als er kam, widerriefen sie ihre ganze Geschichte, so daß diese unerfüllt blieb. Es gibt Menschen, in deren Leben sich drei Stufen feststellen lassen. In ihrer Jugend heißt es von ihnen: „Sie sind vielversprechend. Von ihnen wird man noch etwas erwarten können." Wenn sie älter werden, ohne diese Erwartungen erfüllt zu haben, heißt es von ihnen: „Wenn sie es nur versuchten, könnten sie mancherlei bewerkstelligen." Und am Ende ihres Lebens heißt es schließlich: „Was hätten sie bewerkstelligen können, wenn sie es nur versucht hätten!" Ihr ganzes Leben war somit die Geschichte eines Versprechens, das nie eingelöst wurde. Wenn es sich bei unserer Begebenheit also um ein aktualisiertes Gleichnis handelt, beinhaltet es die Verurteilung nicht eingelöster Versprechen.

2. **Sich für etwas ausgeben, was man nicht ist, wird verdammt**. Es könnte sein, daß der Feigenbaum durch sein frühlinghaftes Aussehen etwas zu sein vorgab, was er in Wirklichkeit nicht war. Im Neuen Testament wird immer wieder betont, daß der Mensch nur an den Früchten seines Lebens zu erkennen sei. „An ihren Früchten sollt ihr sie erkennen" (Matth. 7, 16). „Tut rechtschaffene Früchte der Buße" (Luk. 3, 8). Nicht alle, die sagen: „Herr, Herr! werden in das Himmelreich kommen" (Matth. 7, 21). Nur wer durch den Glauben zu einem besseren, nützlicheren Menschen wird, wer andere glücklicher macht und den Menschen, mit denen er in Berührung kommt, das Leben erleichtert, ist ein wirklich frommer Mensch. Niemand hat das Recht, sich als Nachfolger Jesu Christi zu bezeichnen, wenn er dem Meister, den zu lieben er vorgibt, in allem so wenig gleicht.

Wenn wir dieses Geschehnis wörtlich und zugleich als ein Gleichnis demonstrativer Art verstehen, dann erschließt es sich uns als eine bleibende Lehre für unser Leben —: schöne Nutzlosigkeit hat Verderbnis zur Folge.

DER ZORN JESU

Markus 11, 15—19

Und sie kamen nach Jerusalem. Und Jesus ging in den Tempel und fing an auszutreiben die Verkäufer und Käufer im Tempel; und die Tische der Wechsler und die Stühle der Taubenkrämer stieß er um und ließ nicht zu, daß jemand etwas durch den Tempel trüge. Und er lehrte und sprach zu ihnen: Steht nicht geschrieben (Jes. 56, 7): „Mein Haus soll heißen ein Bethaus allen Völkern?" Ihr aber habt eine Räuberhöhle daraus gemacht. Und es kam vor die Hohenpriester und Schriftgelehrten, und sie trachteten, wie sie ihn umbrächten. Denn sie fürchteten sich vor ihm; denn alles Volk war erschrocken über seine Lehre. Und des Abends gingen sie hinaus aus der Stadt.

Wir können uns besser vorstellen, was hier geschah, wenn wir uns die Tempelanlage vergegenwärtigen. Im Neuen Testament werden zwei eng miteinander zusammenhängende Worte verwendet. Einmal das Wort hieron, der heilige Ort, wie der ganze Tempelbezirk genannt wurde. Der Tempelplatz befand sich auf dem Berg Zion und war über einen Hektar groß. Er war von einer hohen Mauer mit Türmen umgeben. Der äußere, geräumige Vorhof hieß Vorhof der Heiden und durfte von allen, Juden und Heiden, betreten werden. Die inneren Vorhöfe waren vom Vorhof der Heiden durch eine niedrige Mauer abgeschlossen, an der Tafeln mit dem Hinweis angebracht waren, daß es Heiden bei Todesstrafe verboten sei, weiter vorzudringen. Als nächstes gelangte man in den Frauenhof, so genannt, weil Frauen, wenn sie nicht Opfer darbringen wollten, nicht weiter als bis hierher gehen durften. Von hier aus kam man in den Männerhof, wo sich die Israeliten bei besonderen Gelegenheiten versammelten; hier wurden auch die Opfergaben an die Priester weitergegeben. Der innerste Bezirk hieß der Priestervorhof. In diesem Vorhof befand sich der naos, der eigentliche Tempel, und der Brandopferaltar. Der ganze Tempelplatz einschließlich der verschie-

denen Vorhöfe war das h i e r o n, das eigentliche Tempelgebäude im Vorhof der Priester der n a o s.
Der geschilderte Vorfall spielte sich im Vorhof der Heiden ab, der allmählich nahezu vollständig verweltlicht war. Er hatte ein Ort der Besinnung und des Gebets sein sollen; doch zur Zeit Jesu herrschte dort eine derart geschäftige und geschäftliche Atmosphäre, daß jedes Meditieren unmöglich war. Die Sache wurde dadurch noch verschlimmert, daß es sich bei den Geschäften im Vorhof der Heiden um reine Ausbeutung der Pilger handelte. Alle Juden mußten jährlich eine Tempelsteuer von einem halben Schekel, umgerechnet vielleicht etwas 2 bis 2,50 Mark, bezahlen. Das scheint ein kleiner Betrag zu sein; doch müssen wir ihn vor dem damaligen Hintergrund sehen, als der Tagelohn eines Arbeiters etwa eine Mark betrug. Die Tempelsteuer mußte zudem in einer ganz bestimmten Währung entrichtet werden; während normalerweise griechische, römische, syrische, ägyptische, phönizische und tyrische Münzen gleichwertig waren, wurden in diesem besonderen Fall nur Schekel des Heiligtums angenommen. Diese Steuer wurde zur Zeit des Passafestes bezahlt. Die Juden, die zu diesem Fest aus aller Welt nach Jerusalem kamen, brachten Münzen der verschiedensten Währungssysteme mit und mußten ihr Geld gegen eine Gebühr umwechseln, die sich sogar noch verdoppelte, wenn die Münze, die sie einwechselten, mehr wert war als der Steuerbetrag. Die meisten Pilger mußten diese doppelte Gebühr, die etwa den Gegenwert eines halben Tagelohnes darstellte, entrichten, um ihre Tempelsteuer bezahlen zu können. Eine große Rolle spielten die Taubenhändler, weil Tauben vielfach als Opfer dargebracht werden konnten (3. Mose 12, 8; 14, 22; 15, 14). Opfertiere mußten ohne Fehl und Tadel sein. Außerhalb des Tempels waren Tauben zwar billig zu haben; doch da die Tempelaufseher mit Sicherheit irgendwelche Mängel an ihnen entdeckten, empfahl es sich, sie im Tempel selbst zu kaufen, wo sie allerdings fast doppelt so teuer waren. Auch hier wieder handelte es sich um betrügerische Geschäftemacherei, was umso schlimmer war, als der Ein- und Verkauf der Tauben in der Hand der Familie des Hannas lag, der Hoherpriester gewesen war. Die Juden wußten wohl, daß hier Mißbrauch getrieben wurde, und im Talmud heißt es denn auch, Rabbi Simon ben Gamaliel habe darauf bestanden, daß der Preis für Tauben im Tempel von einem Goldstück auf ein Silberstück herabgesetzt worden sei. Daß arme fromme Pilger in dieser Weise übervorteilt, betrogen und ausgenommen wurden, erbitterte Jesus außerordentlich. Mit einer anschaulichen Metapher beschreibt

er das Treiben im Vorhof der Heiden. Die Straße von Jerusalem nach Jericho war berüchtigt wegen der Räuber, die dort ihr Unwesen trieben. An der schmalen, zwischen Felsengen sich hinziehenden Straße befanden sich Höhlen, in denen Räuber auf der Lauer lagen, weshalb Jesus hier sagt: „In den Tempelvorhöfen halten sich schlimmere Räuber auf als in den Höhlen an der Straße nach Jericho."

Vers 16 enthält die merkwürdige Feststellung, Jesus habe nicht zugelassen, daß jemand etwas durch den Tempel trüge. Das bezieht sich darauf, daß der Weg über den Tempelplatz eine Abkürzung des Weges vom östlichen Teil der Stadt zum Ölberg hin bedeutete und infolgedessen mißbraucht wurde. In der Mischna heißt es: „Niemand soll den Tempelberg betreten mit Stab und Ranzen, mit Sandalen und Staub an den Füßen, n o c h s o l l e r i h n a l s W e g a b k ü r z u n g b e n u t z e n." Jesus erinnerte die Juden mit seinem Tun also nur an ihre eigenen Gesetze. Zur Zeit Jesu dachten die Juden so wenig an die Heiligkeit des äußeren Tempelbezirks, daß sie ihn als Hauptverkehrsstraße bei ihren Geschäften betrachteten. Jesus wies die Juden also auf ihre eigenen Gesetze hin und zitierte dabei die Propheten. Sein Verdammungsurteil besteht aus zwei alttestamentlichen Zitaten aus Jesaja 56, 7 und Jeremia 7, 11.

Was erregte Jesu Zorn in so hohem Maße?

1. Er war aufgebracht über die Ausbeutung der Pilger, die von den Tempeloberen nicht als Menschen behandelt wurden, die gekommen waren, um im Heiligtum zu Gott zu beten und ihm zu opfern. Ihre Ausbeutung rief und ruft stets den Zorn Gottes hervor, besonders aber, wenn sie unter religiösem Deckmantel erfolgt.

2. Er war aufgebracht über die Entweihung des Heiligtums Gottes. Nicht einmal im Haus Gottes waren die Menschen sich der Gegenwart Gottes bewußt. Indem sie mit dem Heiligen Handel trieben, schändeten sie es.

3. Sollte Jesus noch tiefere Gründe für seinen Zorn gehabt haben? Er zitierte bezeichnenderweise Jesaja 56, 7: „Mein Haus soll heißen ein Bethaus a l l e n V ö l k e r n." Und doch gab es in diesem Haus eine Mauer, deren Übertretung durch Heiden deren Tod zur Folge hatte. Es ist durchaus möglich, daß Jesus auch die Exklusivität, die unbarmherzige Absonderung des jüdischen Gottesdienstes aufbrachte und daß er darauf hinweisen wollte: Also hat Gott d i e W e l t geliebt — nicht nur die Juden.

VOM RECHTEN BETEN

Markus 11, 22—26

Und Jesus antwortete und sprach zu ihnen: Habt Glauben an Gott! Wahrlich, ich sage euch: Wer zu diesem Berge spräche: Hebe dich und wirf dich ins Meer! und zweifelte nicht in seinem Herzen, sondern glaubte, daß es geschehen würde, was er sagt, so wird's ihm geschehen. Darum sage ich euch: Alles, was ihr bittet in eurem Gebet, glaubet nur, daß ihr's empfangt, so wird's euch werden. Und wenn ihr stehet und betet, so vergebet, wenn ihr etwas wider jemand habt, auf daß auch euer Vater im Himmel euch vergebe eure Übertretungen.

Wir wenden uns nunmehr einigen Jesusworten zu, die Markus an die Geschichte vom verdorrten Feigenbaum angehängt hat. Das Wort vom Glauben, der Berge versetzen kann, kommt Matthäus 17, 20 und Lukas 17, 6 ebenfalls vor, doch jedesmal in anderem Zusammenhang. Das liegt daran, daß Jesus es höchstwahrscheinlich öfter als einmal ausgesprochen hat, daß der jeweilige Zusammenhang, in dem er es aussprach, jedoch vergessen wurde. Das Wort von der Vergebung, die wir unseren Mitmenschen schulden, kommt Matthäus 6, 12 und 14 nochmals vor, wiederum in anderem Zusammenhang. Wir sollten diese Worte daher als allgemeingültige Regeln sehen, die Jesus wiederholt festgehalten hat.

Diesem Abschnitt lassen sich folgende Gebetsregeln entnehmen.

1. Unser Beten soll gläubiges Beten sein. Der Ausdruck vom Bergeversetzen war bei den Juden ein anschauliches Bild für die Überwindung von Schwierigkeiten, vor allem im Zusammenhang mit weisen Lehrern. Bergeversetzer wurden gute Lehrer genannt, die es verstanden, die Schwierigkeiten des Verstehens bei ihren Schülern aus dem Wege zu räumen. Der Ausdruck besagt hier also: Wenn wir wirklich glauben, stellt das Gebet eine Kraft dar, mit deren Hilfe sich jedes Problem lösen läßt, eine Kraft, die uns befähigt, mit allen Schwierigkeiten fertigzuwerden. Das klingt sehr einfach, schließt jedoch zweierlei ein. Erstens, daß wir bereit sind, mit all unseren Problemen und Schwierigkeiten zu Gott zu kommen. Das ist bereits ein echter Test; denn mitunter stehen wir deshalb vor Problemen, weil wir uns etwas wünschen, was wir uns besser nicht wünschen sollten, daß wir Mittel finden

möchten, etwas zu tun, was wir nicht einmal in Gedanken anstreben sollten, daß wir uns für etwas zu rechtfertigen versuchen, was besser niemals geschehen wäre. Die schlichte Frage „Kann ich mit dem, was mich beschäftigt oder bedrängt, vor Gott treten?" ist eine der wichtigsten Selbstprüfungsfragen. Zweitens schließt das echte Glauben ein, daß wir bereit sind, dem Rat Gottes zu folgen. Es ist eine allgemein bekannte Tatsache, daß wir auch da um Rat bitten, wo wir in Wahrheit nur eine Bestätigung für das erhalten möchten, wozu wir ohnehin entschlossen sind. Gott bitten, er möge uns leiten, ist dann sinnlos, wenn wir uns seiner Führung nicht in aller Demut anvertrauen. Ist dies aber der Fall, dann wird uns auch die Kraft zuteil, alle Schwierigkeiten des Denkens und Handelns zu überwinden.

2. Wir sollen voller Zuversicht beten. Es läßt sich nicht bestreiten, daß alles, was wir mit Zuversicht und Vertrauen anpacken, doppelt so große Aussicht auf Erfolg hat. Patienten, die zu den ihnen vom Arzt verordneten Verhaltensregeln und Heilmitteln kein Vertrauen haben, haben weit geringere Chancen, gesund zu werden, als Patienten mit Vertrauen. Beten soll niemals zur Formalität werden oder zum Ritual. Viele Menschen beten leider, ohne an die Kraft des Gebets zu glauben; sie tun es nur, um eine eventuelle Chance nicht zu verspielen. Sie sehen im Gebet den Brauch einer verlorenen Hoffnung, obwohl Gebete doch Ausdruck leidenschaftlichster Zuversicht sein sollten. Vielleicht liegt das daran, daß wir von Gott u n s e r e Antwort erwarten und daß wir, wenn diese ausbleibt, die Antwort Gottes, die doch niemals ausbleibt, nicht hören.

3. Unser Gebet sollte ein Gebet der christlichen Nächstenliebe sein. Die Gebete verbitterter Menschen dringen nicht über die Mauer ihrer Verbitterung hinaus. Weshalb nicht? Wenn wir mit Gott reden, dann muß zwischen ihm und uns ein Band bestehen. Vertrautheit zwischen Menschen, die nichts miteinander gemein haben, ist unmöglich. Gottes Prinzip ist die Liebe; denn Gott ist die Liebe. Wer aber sein Herz von Bitterkeit, vom Ungeist der Unversöhnlichkeit regieren läßt, der errichtet damit eine Schranke zwischen sich und Gott. Wenn die Gebete dieser Menschen erhört werden sollen, müssen sie Gott zunächst bitten, er möge ihr Herz rein machen von bitterer Lieblosigkeit und es mit dem Geist der Liebe erfüllen. Erst dann können sie mit Gott reden und Gott zu ihnen.

EINE LISTIGE FRAGE UND EINE SCHARFE ANTWORT

Markus 11, 27—33

Und sie kamen abermals nach Jerusalem. Und da er im Tempel wandelte, kamen zu ihm die Hohenpriester und Schriftgelehrten und Ältesten und sprachen zu ihm: Aus was für Vollmacht tust du das? oder wer hat dir diese Vollmacht gegeben, daß du solches tust? Jesus aber sprach zu ihnen: Ich will euch ein Wort fragen; antwortet mir, so will ich euch sagen, aus was für Vollmacht ich das tue. Die Taufe des Johannes, war sie vom Himmel oder von Menschen? Antwortet mir! Und sie bedachten's bei sich selbst und sprachen: Sagen wir, sie war vom Himmel, so wird er sagen: Warum habt ihr ihm denn nicht geglaubt? Oder sollen wir sagen, sie war von Menschen? — da fürchteten sie sich vor dem Volk. Denn sie hielten alle dafür, daß Johannes wirklich ein Prophet war. Und sie antworteten und sprachen zu Jesus: Wir wissen's nicht. Und Jesus sprach zu ihnen: So sage ich euch auch nicht, aus was für Vollmacht ich solches tue.

Im Tempelbezirk befanden sich zwei berühmte Säulenhallen, eine im Osten, die andere im Süden des Vorhofs der Heiden. Die im Osten gelegene Halle Salomos war ein prächtiger Bau mit über 10 Meter hohen Säulen. Noch prächtiger war die im Süden gelegene königliche Halle mit vier Reihen weißer Marmorsäulen, deren Durchmesser fast 2 Meter und deren Höhe 10 Meter betrug; insgesamt betrug die Anzahl der Säulen 162. In den Säulenhallen pflegten Rabbinen und Lehrer zu wandeln, wenn sie ihre Lehren erteilten. In den meisten Städten der Antike gab es derartige Hallen und Bogengänge, die Schutz vor Sonne, Wind und Regen boten und Stätten der religiösen und philosophischen Unterweisung bildeten. Zu den berühmtesten antiken Philosophenschulen gehörte die Schule der Stoa, die ihren Namen dem Umstand verdankte, daß ihr Begründer Zeno in Athen in der S t o a P o i k i l ē , d e r b u n t e n S ä u l e n h a l l e einherzuwandeln und seine Schüler zu unterweisen pflegte. Auch Jesus wandelte nach antikem Brauch in den Tempelhallen einher und lehrte.
Während er sich dort aufhielt, kam eine Abordnung der Hohenpriester, der Schriftgelehrten und der Ältesten zu ihm, bei der es sich in Wirklichkeit um eine Abordnung des Hohen Rats handelte, der sich aus diesen drei Gruppen zusammensetzte.

Sie stellten eine anscheinend natürliche Frage an Jesus; denn daß eine Privatperson ganz von sich aus den Vorhof der Heiden von den dort üblicherweise anzutreffenden Händlern gesäubert hatte, war schon eine verblüffende Angelegenheit. Sie fragten Jesus daher: „Aus was für Vollmacht tust du das?", weil sie hofften, Jesus auf die Weise in eine Klemme zu bringen. Sagte er, er handle aus eigener Vollmacht, so konnten sie ihn als größenwahnsinnig gefangensetzen, ehe er weiteren „Schaden" anrichtete; sagte er, er handle aus göttlicher Vollmacht, so konnten sie ihn wegen Gotteslästerung inhaftieren und verklagen, weil Gott keinem Menschen Vollmacht erteilen würde, damit er Unruhe und Verwirrung im Vorhof seines eigenen Heiligtums anstiftet. Jesus erkannte ganz klar, in welches Dilemma sie ihn zu bringen versuchten, weshalb er mit seiner Erwiderung darauf aus war, ihnen ein noch schlimmeres Dilemma zu verursachen. Er werde — so sagte er — ihnen unter der Bedingung antworten, daß sie ihm zuvor die Frage beantteten: „Die Taufe des Johannes, war sie nach eurer Auffassung ein göttliches Werk oder Menschenwerk?" Damit brachte er sie in eine Zwickmühle. Sagten sie, sie sei Gottes Werk gewesen, dann wußten sie genau, daß Jesus sie fragen würde, weshalb sie sich dann dagegen gesträubt hätten. Ja, schlimmer noch: dann konnte Jesus erwidern, Johannes habe alle Menschen auf ihn hingewiesen; er sei also von Gott bestätigt worden und brauche keinen weiteren Autoritätsnachweis zu erbringen. Wenn die Angehörigen des Hohen Rats bestätigten, daß die Taufe des Johannes vom Himmel, also göttlich gewesen sei, dann mußten sie in Jesus auch den Messias anerkennen. Andererseits — wenn sie sagten, die Taufe des Johannes sei reines Menschenwerk gewesen, dann würden, wie sie genau wußten, die Zuhörer meutern, zumal Johannes ja zusätzlich noch zum Märtyrer geworden war. Sie sahen sich infolgedessen gezwungen, zu sagen, sie wüßten es nicht, und eben dadurch entging auch Jesus der Notwendigkeit, ihre Frage zu beantworten.
Die Begebenheit ist ein anschauliches Beispiel dafür, wie es Menschen ergeht, die der Wahrheit nicht ins Gesicht sehen wollen; sie müssen sich drehen und wenden, bis sie schließlich in eine so hilflose Lage geraten, daß sie nichts mehr zu sagen wissen. Wer es wagt, der Wahrheit ins Gesicht zu sehen, kann wohl erleben, daß er zugeben muß, sich geirrt zu haben oder damit verbundene Gefahren auf sich nehmen muß; gleichwohl aber ist die Zukunft für ihn licht und stark. Wer sich der Wahrheit dagegen nicht stellt, hat keine andere Chance, als immer wieder in eine aussichtslose Situation hineinzugeraten.

DIE BÖSEN WEINGÄRTNER

Markus 12, 1—12

Und er fing an, zu ihnen in Gleichnissen zu reden: Ein Mensch pflanzte einen Weinberg und führte einen Zaun darum und grub eine Kelter und baute einen Turm und gab ihn an Weingärtner in Pacht und zog außer Landes. Und er sandte einen Knecht, da die Zeit kam, zu den Weingärtnern, daß er von den Weingärtnern nähme von den Früchten des Weinbergs. Sie nahmen ihn aber und schlugen ihn und ließen ihn leer von sich. Abermals sandte er zu ihnen einen andern Knecht; dem zerschlugen sie den Kopf und schmähten ihn. Abermals sandte er einen andern; den töteten sie. Und viele andere; etliche schlugen sie, etliche töteten sie. Da hatte er noch Einen, den geliebten Sohn; den sandte er zuletzt auch zu ihnen und sprach: Sie werden sich vor meinem Sohn scheuen. Aber die Weingärtner sprachen untereinander: Dies ist der Erbe; kommt, laßt uns ihn töten, so wird das Erbe unser sein! Und sie nahmen ihn und töteten ihn und warfen ihn hinaus vor den Weinberg. Was wird nun der Herr des Weinbergs tun? Er wird kommen und die Weingärtner umbringen und den Weinberg andern geben. Habt ihr nicht gelesen in der Schrift (Ps. 118, 22. 23): „Der Stein, den die Bauleute verworfen haben, der ist zum Eckstein geworden. Von dem Herrn ist das geschehen und ist ein Wunder vor unsren Augen?" Und sie trachteten danach, wie sie ihn griffen, und fürchteten sich doch vor dem Volk; denn sie verstanden, daß er auf sie dies Gleichnis geredet hatte. Und sie ließen ihn und gingen davon.

Als wir uns mit den allgemeinen Grundsätzen der Interpretation von Gleichnissen befaßten, stellten wir fest, daß wir Gleichnisse nicht mit Allegorien gleichsetzen und bei ihnen keineswegs hinter jeder Einzelheit einen besonderen Sinn suchen dürfen. Wir vergegenwärtigten uns auch, daß die Gleichnisse Jesu ursprünglich nicht zum Lesen und Vorlesen gedacht waren, daß sie vielmehr erzählt wurden und daß ihr Sinn in dem bestand, was den Hörern dabei blitzartig zum Bewußtsein kam. Das hier wiedergegebene Gleichnis bildet bis zu einem gewissen Grade eine Ausnahme, als eine Art Kreuzung zwischen Alle-

gorie und Parabel. Wenn auch nicht alle Einzelheiten darin bedeutsam sind, so kommt doch einer Reihe von ihnen mehr als sonst eine gleichnishafte innere Bedeutung zu, und zwar deshalb, weil Jesus hier in Bildern sprach, die wesentlicher Bestandteil der jüdischen Denk- und Vorstellungswelt waren.
D e r B e s i t z e r d e s W e i n b e r g e s i s t G o t t, der W e i n b e r g selber das Volk Israel. Dieses Bild war den Juden völlig vertraut. Wir begegnen ihm im Alten Testament Jesaja 5, 1—7, in einem Abschnitt, dem auch einige Einzelheiten und Ausdrücke des vorliegenden Textes entstammen. Man ließ dem Weinberg jede erdenkliche Pflege angedeihen. Seine Grenzen markierte ein Zaun, der dazu diente, Diebe oder auch Wildschweine am Eindringen zu hindern. Es gab eine Weinkelter; da wurden die Trauben zunächst in einem Behälter mit den Füßen zerquetscht, damit der Saft in die Kelter lief. Auch ein Turm befand sich im Weinberg. Darin wurde der Wein gelagert, und auch die Weingärtner wohnten dort; von diesem Turm aus wurde zur Erntezeit Wache gegen Eindrinlinge gehalten. D i e W e i n g ä r t n e r verkörpern die Herrschenden in Israel im Laufe der Geschichte. Die vom Herrn gesandten K n e c h t e verkörpern die P r o p h e t e n; Knecht oder Mann Gottes ist die übliche Bezeichnung für sie. So wurde Mose genannt (Jos. 14, 7), so auch Aaron (Ps. 105, 26) und David (2. Sam. 3, 18); dieser Titel kehrt auch in den Büchern der Propheten regelmäßig wieder (Amos 3, 7; Jer. 7, 25; Sach. 1, 6). D e r S o h n i s t J e s u s s e l b s t. Ohne zu überlegen, konnten die Hörer die Indentifikation vornehmen, weil alle Bilder ihnen bestens vertraut waren.
Die Begebenheit als solche hätte sich zur Zeit Jesu in Palästina durchaus zutragen können. Hier gab es viele Arbeitsunruhen und viele im Ausland lebende Grundbesitzer, sei es nun, das diese in ein Land gegangen waren, das ihnen mehr Annehmlichkeit bot, sei es, daß es sich um Römer handelte, die dergleichen als gute Kapitalsanlage betrachteten. Wenn der Besitzer sich an die Gesetze hielt, dann wurde für seinen Pächter die erste Pacht fünf Jahre nach der Anpflanzung des Weinberges fällig (3. Mose 19, 23—25). Die Pacht wurde in diesem Fall in natura bezahlt, entweder als ein bestimmter Prozentsatz der Ernte oder aber als eine bestimmte Menge, die ohne Rücksicht auf die Ernteerträge abgeliefert werden mußte. Es wird hier also keineswegs etwas Ungewöhnliches erzählt, sondern etwas, was tatsächlich vorkam.
Das Gleichnis steckt so voller Wahrheiten, daß wir sie hier nur in aller Kürze festhalten können.

Wir erfahren darin etwas über Gott.

1. Es spricht zu uns von der **F r e i g e b i g k e i t** Gottes. Der Weinberg war mit allem versehen, was den Weingärtnern die Arbeit erleichtern konnte und sie einträglich machte. Gott ist den Menschen und der Welt gegenüber freigebig mit seinen Gaben.

2. Es spricht zu uns vom **V e r t r a u e n** Gottes. Der Besitzer ging fort und überließ den Weinberg den Weingärtnern. Gott vertraut uns so sehr, daß er uns die Freiheit gewährt, ein Leben nach unserer Wahl zu führen. Mit Recht hat man daher einmal gesagt, das Wunderbare an Gott sei, daß er uns so vieles selbst tun lasse.

3. Es spricht zu uns von der **G e d u l d** Gottes. Nicht nur ein- oder zweimal gab der Herr den Weingärtnern Gelegenheit, ihre Schulden zu bezahlen, sondern viele Male. Er behandelte sie mit einer Zuvorkommenheit und Geduld, die sie keineswegs verdient hatten.

4. Es spricht zu uns vom Triumph der **G e r e c h t i g k e i t** Gottes. Wenn die Menschen die Geduld Gottes ausnutzen, entgehen sie nicht dem Gericht und der Gerechtigkeit; auch wenn Gott Langmut zeigt gegenüber Ungehorsam und Auflehnung, so handelt er zuletzt doch.

Wir erfahren in diesem Gleichnis etwas über Jesus.

1. Wir erfahren darin, daß er sich **n i c h t a l s e i n e n K n e c h t, s o n d e r n a l s e i n e n S o h n G o t t e s** betrachtete. Er distanziert sich bewußt von der Nachfolge der Propheten; sie waren Knechte, er ist der Sohn. In ihm hat Gott endgültig und zum letztenmal gesprochen. Dieses Gleichnis ist eine bewußte Herausforderung der jüdischen Oberen, weil darin der unmißverständliche Anspruch Jesu zum Ausdruck kommt, daß er der Messias ist.

2. Wir erfahren darin: **e r w u ß t e, d a ß e r s t e r b e n m u ß t e.** Der Kreuzestod kam für Jesus nicht überraschend; er wußte, daß der Weg, den er eingeschlagen hatte, kein anderes Ende nehmen konnte. Die Größe seines Mutes zeigt sich darin, daß er dies wußte und daß er dennoch unbeirrt seinen Weg weiterging.

3. Wir erfahren darin, **d a ß e r s e i n e s T r i u m p h e s u n d s e i n e r R e c h t f e r t i g u n g g e w i ß w a r.** Er wußte, daß man ihn mißhandeln und töten werde; aber er wußte auch: das war nicht das Ende, sondern nach der Verwerfung würde die Herrlichkeit kommen.

In diesem Gleichnis erfahren wir etwas über die Menschen.

1. Es kann nur **e i n e n** Grund dafür geben, daß die Wein-

gärtner annahmen, sie würden in den Besitz des Weinberges gelangen, wenn sie den Sohn des Besitzers töteten: sie müssen gedacht haben, der Besitzer wohne zu weit weg, um selbst etwas unternehmen zu können, oder aber er sei schon so gut wie tot und zähle daher nicht mehr. Immer noch glauben die Menschen, sie könnten sich gegen Gott vergehen und davonkommen. Doch Gott lebt. Auch wenn die Menschen versuchen, ihre Freiheit zu mißbrauchen und dabei auf die Ferne oder gar Abwesenheit Gottes zu spekulieren, einmal kommt doch der Tag der Abrechnung.

2. Wer Vorrechte und Verantwortung, die ihm angeboten werden, zurückweist, muß zusehen, wie diese anderen übertragen werden. In diesem Gleichnis steckt schon der Keim dessen, was einmal sein würde: die Verwerfung der Juden und die Übernahme ihres Vorrechts und ihrer Verantwortung durch die Heiden.

Das Gleichnis schließt mit einem alttestamentlichen Zitat, das der christlichen Gemeinde bald sehr lieb und teuer werden sollte; das Zitat von dem Stein, den die Bauleute verworfen haben, ist Psalm 118, 22. 23 entnommen: Der Stein, den die Bauleute verworfen hatten, wurde zum Eckstein, zum wichtigsten aller Steine. Diese Stelle hat die Verfasser der neutestamentlichen Schriften außerordentlich fasziniert; auf sie hingewiesen oder Bezug genommen wird Apostelgeschichte 4, 11; 1. Petrus 2, 4. 7; Römer 9, 32. 33 und Epheser 2, 20. Ursprünglich hatte sich der Text des Psalms auf das Volk Israel bezogen. Die großen Völker, die sich für die Baumeister der Welt hielten, hatten das Volk Israel für unbedeutend und unangesehen gehalten; doch wie es der Psalmist sah, würde das Volk, das man für so gering hielt, eines Tages nach Gottes Ratschluß zum größten Volk der Welt werden. Was der Psalmist hier gesagt hatte, sahen die Verfasser der frühchristlichen Schriften in dem Tode und in der Auferstehung Jesu Christi aufs vollkommenste erfüllt.

KAISER UND GOTT

Markus 12, 13—17

Und sie sandten zu ihm etliche von den Pharisäern und des Herodes Leuten, daß sie ihn fingen in seinen Worten. Und sie kamen und sprachen zu ihm: Meister, wir wissen, daß du wahrhaftig bist und fragst nach niemand;

denn du achtest nicht das Ansehen der Menschen, sondern du lehrest den Weg Gottes recht. Ist's recht, daß man dem Kaiser Steuer zahle, oder nicht? Sollen wir sie geben oder nicht geben? Er aber merkte ihre Heuchelei und sprach zu ihnen: Was versuchet ihr mich? Bringt mir einen Groschen, daß ich ihn sehe! Und sie brachten einen. Da sprach er: Wes ist das Bild und die Aufschrift? Sie sprachen zu ihm: Des Kaisers. Da sprach Jesus zu ihnen: So gebet dem Kaiser, was des Kaisers ist, und Gott, was Gottes ist! Und sie verwunderten sich über ihn.

Hinter der hier behandelten scharfsinnigen Frage verbirgt sich ein Stück bitterer Geschichte. Herodes der Große, der im Jahre 4. v. Chr. gestorben war, hatte als ein den Römern tributpflichtiger König über ganz Palästina geherrscht. Er hatte sich den Römern gegenüber loyal verhalten, und diese hatten ihm Achtung entgegengebracht und ihm große Freiheiten gewährt. Vor seinem Tode hatte er das Reich in drei Teilfürstentümer aufgeteilt. Herodes Antipas erhielt Galiläa und Peräa, Herodes Philippus das unbebaute Land im Nordosten um Trachonitis, Ituräa und Abilene, und Archelaos erhielt das südliche Gebiet mit Judäa und Samaria. Während Antipas und Philippus sich bald zurechtfanden und im ganzen klug und gut regierten, versagte Archelaos als König völlig. Die Folge war, daß die Römer im Jahre 6 n. Chr. einschreiten und die Dinge selbst in die Hand nehmen mußten; war die Lage doch so unbefriedigend, daß Südpalästina sich nicht länger als halb-unabhängiges tributpflichtiges Königreich selbst überlassen bleiben konnte. So wurde es zur Provinz, der ein Prokurator vorstand. Es gab zwei Gruppen römischer Provinzen: friedliche Provinzen, die keine Truppen erforderten, unterstanden dem Senat und wurden von Prokonsuln verwaltet; Provinzen, die Unruheherde darstellten und Truppen erforderlich machten, unterstanden dem Kaiser direkt und wurden von Prokuratoren verwaltet. Südpalästina fiel natürlich unter die zweite Kategorie, und man war dem Kaiser unmittelbar tributpflichtig.

Das erste, was der Gouverneur oder Landpfleger (wie es in der Lutherbibel heißt) tat, war, daß er eine Volkszählung vornehmen ließ, um so eine Grundlage für gerechte Besteuerung und für die allgemeine Verwaltung des Landes zu bekommen. Der ruhigere Teil der Bevölkerung fand sich damit als mit einer unvermeidlichen Notwendigkeit ab. Doch ein gewisser Judas aus Galiläa versuchte das Volk aufzustacheln, indem er behauptete, die Besteuerung sei nichts anderes als ein Mittel zur

Einführung der Sklaverei. Er forderte die Leute auf, sich zu erheben; denn Gott werde sich ihnen günstig und gewogen erweisen, wenn sie zu Gewaltmaßnahmen griffen. Er vertrat den Standpunkt, daß Gott auch irdisch der einzige Herrscher und Herr der Juden sei; eher würden er und seine Gesinnungsgenossen sterben, als jemanden anders ihren Herrn nennen. Obwohl die Römer mit Judas in gewohnt wirksamer Weise verfuhren, kam der Schlachtruf des Judas niemals ganz zum Schweigen; „Kein Zins den Römern!" wurde zum Sammelruf der Fanatiker unter den jüdischen Patrioten.

Es gab drei Arten von Steuern.

1. Die Grundsteuer, die aus einem Zehntel aller Getreide- und einem Fünftel aller Wein- und sonstigen Ernteerträge bestand. Sie wurde teils in Naturalien, teils mit Geld bezahlt.

2. Die Einkommensteuer, die sich auf ein Prozent des Einkommens belief.

3. Die Kopfsteuer, die von allen männlichen Bewohnern im Alter von 14 bis 65 und von allen weiblichen Bewohnern des Landes im Alter von 12 bis 65 Jahren erhoben wurde und die pro Person je einen Denar (umgerechnet etwa eine Mark) betrug. Von dieser Steuer waren also alle betroffen, und sie mußte lediglich bezahlt werden, weil man existierte.

Die Pharisäer und die Herodianer begannen, hier auf sehr subtile Weise gegen Jesus vorzugehen, indem sie ihm zunächst schmeichelten. Sie wollten dadurch zweierlei erreichen: Einmal sollte dadurch jeder Verdacht ausgeräumt werden, den Jesus ihnen gegenüber womöglich hegte; zum andern sollte es ihm, wenn sein Selbstgefühl auf diese Weise gestärkt worden wäre, unmöglich sein, einer Antwort auszuweichen, ohne daß dadurch sein Ansehen vollständig verlorengehen würde.

Unter Berücksichtigung aller Gegebenheiten muß die Frage der Pharisäer und Anhänger des Herodes als ein Meisterstück des Scharfsinns und der Gerissenheit bezeichnet werden. Sie müssen geglaubt haben, Jesus damit in eine Zwickmühle gebracht zu haben, aus der er schlechthin nicht entkommen konnte. Sagte er, es sei gesetzlich, Steuern zu zahlen, so verlor er damit auf immer seinen Einfluß auf die Masse, die ihn fortan für einen Verräter oder Feigling halten würde; sagte er, es sei ungesetzlich, Steuern zu bezahlen, dann konnten sie ihn bei den Römern anzeigen, die ihn sodann als Revolutionär gefangennehmen würden. Sie waren fest davon überzeugt, Jesus in eine Falle gelockt zu haben, aus der es für ihn kein Entkommen gäbe.

Jesus sagte: „Zeigt mir einen denarius" — einen römischen

Denar oder „Groschen", wie es in der Lutherbibel heißt, wobei wir beachten sollten, daß Jesus selbst also nicht einmal eine Mark besaß. Dann fragte er, wessen Bild darauf eingeprägt sei; wahrscheinlich war es das Bild des regierenden Herrschers Tiberius. Alle Herrscher wurden „Caesar" genannt, so daß die Inschrift, die um den Rand der Münze herumlief, besagte, dies sei eine Münze des „Tiberius Caesar, des göttlichen Augustus, Sohn des Augustus", während die Inschrift auf der Rückseite den Titel "pontifex maximus" („Der Hohepriester des römischen Volkes") trug.

Ohne Verständnis für das antike Münzsystem wird uns dieser Vorgang ziemlich unverständlich bleiben. Wir müssen uns daher vergegenwärtigen, welche drei Grundsätze die Menschen der Antike im Hinblick auf das Münzsystem vertraten.

1. Das Prägen von Münzen war ein Zeichen der Macht. Wer ein Volk unterworfen hatte oder ein erfolgreicher Rebell war, ließ als erstes eigene Münzen prägen. Das allein war letztlich die Garantie für Herrschaft und Macht.

2. Wo die Währung hoch im Kurs stand, galt auch das Ansehen des betreffenden Herrschers, dessen Machtgebiet sich an dem Bereich ablesen ließ, in welchem seine Münzen eine feste Währung bedeuteten.

3. Weil auf den Münzen der Kopf des Herrschers zu sehen war und auch die Inschrift sich auf ihn bezog, hielt man die Geldstücke in gewisser Hinsicht für sein Eigentum, und zwar für sein persönliches.

Jesus antwortete daher folgendes: „Indem ihr die Münzen des Tiberius verwendet, erkennt ihr seine politische Macht in Palästina an; abgesehen davon gehört die Münze ohnehin ihm, weil sein Kopf darauf abgebildet ist. Wenn ihr sie ihm gebt, gebt ihr ihm also nur, was ihm in jedem Fall gehört. Zahlt also die Steuern! Vergeßt aber nicht, daß es einen Lebensbereich gibt, der Gott, nicht dem Kaiser gehört!"

Diese Äußerung beinhaltet einen Grundsatz, der von unerhörtem Einfluß auf die Geschichte gewesen ist, weil darin dem weltlichen Machtbereich ebenso Rechnung getragen wird wie dem Bereich des Göttlichen und des Glaubens. Mit jenen Worten wurden sowohl die Rechte und die Grenzen übergreifender irdischer Ordnungsmächte wie auch die Freiheit und die Verpflichtung des Gewissens aufgezeigt.

Insgesamt lassen sich im Neuen Testament im Hinblick auf das Verhältnis des Christen zur Obrigkeit drei Grundsätze feststellen.

1. Die Obrigkeit, auch in der Form des Staates, ist von Gott

eingesetzt; ohne Gesetze würde es zu einem Chaos des öffentlichen Lebens kommen. Zusammenleben ist nur unter der Voraussetzung möglich, daß die Menschen übereinkommen, sich den Gesetzen des Zusammenlebens zu fügen. Ohne den Staat müßte der einzelne auf vielerlei wichtige Dienste verzichten; Wasserversorgung, Kanalisation, Verkehrswesen, Verbrechensbekämpfung, Sozialversicherung sind nur einige Beispiele dafür. Wir verdanken dem Staat vieles, was das Leben lebenswert macht.

2. Wir können nicht alle Leistungen des Staates für uns in Anspruch nehmen und uns gleichzeitig jeder Mitverantwortung dafür entziehen. Es steht außer Frage, daß die Antike der (in vielem fragwürdigen) Herrschaft Roms eine zuvor kaum gekannte Sicherheit verdankte. Mit Ausnahme weniger berüchtigter Gebiete waren die Meere frei von Seeräubern und die Straßen frei von Wegelagerern; statt Bürgerkrieg herrschte Friede, statt unvorhersehbarer Tyrannei die römische Rechtsprechung. Vor allem Kleinasien und der Orient erfreuten sich unter römischer Herrschaft einer Befriedung und Sicherheit, wie sie in diesem Umfange und von dieser Dauer bis dahin unbekannt gewesen waren. Es war die Zeit der sog. P a x R o m a n a, des Römischen Friedens. Die Provinzbewohner konnten dank der starken Hand Roms beruhigt ihren Geschäften nachgehen, für ihre Familien sorgen, Briefe sicher befördern und ebenso sicher auf Reisen gehen. Auch für uns gilt, daß niemand (wenn er ehrlich vor sich selbst ist) die Segnungen des Staatswesens, in dem er lebt, in Anspruch nehmen und sich zugleich der damit verbundenen persönlichen Verantwortung entziehen kann.

3. Dennoch gibt es hier eine Grenze. Wie die Münzen das A b b i l d des Kaisers zeigten und daher dem Kaiser gehörten, so zeigen die Menschen das A b b i l d Gottes — Gott schuf den Menschen zu seinem Bilde (1. Mose 26, 27) — und gehören daher Gott. Daraus folgt, daß der einzelne, sofern der Staat keine unrechtmäßigen Forderungen an ihn stellt und sich innerhalb der ihm gewiesenen Grenzen bewegt, diesem Staat gegenüber zur Loyalität und Dienstbarkeit verpflichtet ist, daß letztlich jedoch sowohl der Staat als auch der einzelne Gott gehören und daß daher bei einem Konflikt zwischen den Ansprüchen des Staates und denen Gottes die Treue zu Gott an erster Stelle stehen muß. Darüber hinaus bleibt gültig, daß der christliche Glaube denjenigen, der sich zu ihm bekennt, in allen alltäglichen Dingen zu einem besseren Staatsbürger bzw. Gesellschaftsmitglied machen sollte.

FALSCHE VORSTELLUNGEN VOM ZUKÜNFTIGEN LEBEN

Markus 12, 18—27

Da traten die Sadduzäer zu ihm, die dafür halten, es gebe keine Auferstehung; die fragten ihn und sprachen: Meister, Mose hat uns geschrieben (5. Mose 25, 5. 6): „Wenn jemandes Bruder stirbt und hinterläßt eine Frau und hat keine Kinder, so soll sein Bruder die Frau nehmen und seinem Bruder Nachkommen erwecken." Nun waren sieben Brüder. Der erste nahm eine Frau; der starb und hinterließ keine Kinder. Und der zweite nahm sie und starb und hinterließ auch keine Kinder. Der dritte desgleichen. Und alle sieben hinterließen keine Kinder. Zuletzt nach allen starb die Frau auch. Nun in der Auferstehung, wenn sie auferstehen, wessen Frau wird sie sein unter ihnen? Denn alle sieben haben sie zur Frau gehabt. Da sprach Jesus zu ihnen: Ist's nicht also? Ihr irret darum, daß ihr die Schrift nicht kennt noch die Kraft Gottes. Wenn sie von den Toten auferstehen werden, so werden sie nicht freien noch sich freien lassen, sondern sie sind wie die Engel im Himmel. Aber von den Toten, daß sie auferstehen, habt ihr nicht gelesen im Buch des Mose, wie Gott zu ihm bei dem Dornbusch sagte und sprach (2. Mose 3, 6): „Ich bin der Gott Abrahams und der Gott Isaaks und der Gott Jakobs"? Gott ist nicht der Toten, sondern der Lebendigen Gott. Ihr irret sehr.

Dies ist der einzige Fall, in dem bei Markus die Sadduzäer auftreten, und zwar in einer für sie sehr bezeichnenden Weise. Bei den Sadduzäern handelte es sich nicht um eine religiöse Massenpartei; sie umfaßten vielmehr die wohlhabenden Aristokraten und Priester; das Hohepriesteramt wurde regelmäßig von Sadduzäern versehen. Da hier also im wesentlichen Reiche und Vornehme beteiligt waren, ist es nicht verwunderlich, daß diese zur Nachgiebigkeit gegenüber den Römern neigten, weil sie im Besitz ihrer Vorrechte zu bleiben wünschten; sie stellten die Gruppe der Herrschenden, die bei der Verwaltung des Landes mit den Römern zusammenarbeiteten. Von den Pharisäern unterschieden sie sich in wichtigen Punkten. Ersterns anerkannten die Sadduzäer nur das geschriebene Gesetz und maßen daher dem Pentateuch, d. h. den ersten fünf

Büchern des Alten Testamentes, mehr Bedeutung als allen übrigen Schriften zu; dagegen wurden die Masse der mündlich überlieferten Gesetze sowie die Tradition, die Satzungen und die Vorschriften, die den Pharisäern so viel bedeuteten, von ihnen nicht anerkannt, eben weil sie den Standpunkt des geschrieben mosaischen Gesetzes einnahmen. Zweitens glaubten die Sadduzäer weder an die Unsterblichkeit noch an Geister oder Engel. Sie behaupteten, in den ersten Büchern der Bibel seien keinerlei Beweise für die Unsterblichkeit enthalten.

Die Sadduzäer traten also mit einer Testfrage an Jesus heran, die dazu dienen sollte, den Glauben an die persönliche Auferstehung lächerlich zu machen. Im jüdischen Gesetz war die sogenannte Leviratsehe vorgesehen (5. Mose 25, 5—10), eine Schutzbestimmung, derzufolge für den Fall, daß mehrere Brüder beieinander wohnten — diesen Punkt übergingen die Sadduzäer, als sie das Gesetz zitierten! — und einer von ihnen starb, ohne Söhne zu hinterlassen, der nächste Bruder verpflichtet war, die Witwe des Verstorbenen zu heiraten; der erste Sohn, der aus dieser Ehe hervorging, sollte als der Sohn des verstorbenen Bruders gelten. (Theoretisch ließ sich dies fortsetzen, bis kein Bruder mehr vorhanden war und solange kein Sohn geboren wurde.) Es ging bei dieser Bestimmung also darum, zweierlei sicherzustellen: Erstens, daß der Familienname erhalten blieb, und zweitens, daß der Familienbesitz in der eigenen Familie blieb. So sonderbar uns diese Sache heute auch vorkommt —: ähnliche Bestimmungen lassen sich auch im alten griechischen Recht nachweisen. War jemand sehr begütert und hatte nur eine Tochter, so konnte diese als Frau nicht unmittelbar das Erbe antreten; entweder ihr Mann oder ihr Sohn galten als direkte Erben. War die Tochter unverheiratet, so konnte ihr Vater sie samt seinem Besitz einem Mann seiner Wahl vermachen, der, um das Erbe antreten zu können, die Erbin ehelichen mußte, selbst wenn er zu diesem Zweck eine bereits bestehende Ehe aufzulösen gezwungen war; wenn unter derartigen Verhältnisse der Vater starb, ohne ein Testament zu hinterlassen, so konnte der nächste Verwandte die Erbtochter als Frau für sich in Anspruch nehmen. Auch hier ging es darum, daß die Familie nicht aussterben und der Besitz innerhalb der Familie bleiben sollte.

Auch wenn es sich bei der Frage der Sadduzäer und ihrer Geschichte von den 7 Brüdern um einen stark übertriebenen Fall handelt, so lag ihr doch ein wohlbekanntes jüdisches Gesetz zugrunde.

Die Frage der Sadduzäer lautete ganz einfach: Wenn eine Frau

nach den Bestimmungen der Leviratsehe nacheinander mit sieben Brüdern verheiratet gewesen ist, wessen Frau wird sie dann bei der Auferstehung sein, falls es eine solche Auferstehung von den Toten gibt? Mit dieser Frage glaubten die Sadduzäer, die Vorstellung von einer Auferstehung der Toten endgültig der Lächerlichkeit preisgegeben zu haben.
Die Antwort Jesu hat zwei Teile.
Erstens befaßt er sich mit der Frage nach d e r A r t der Auferstehung, wie wir es vielleicht nennen könnten. Er erklärt, für die Auferstehung hätten die Gesetze des physischen Lebens keine Gültigkeit; die Auferstandenen würden wie Engel sein, und Dinge wie Heiraten und Geheiratetwerden gäbe es dann nicht mehr. Damit sagte Jesus nichts Neues; wird im Buch Henoch doch verheißen: „Als Engel des Himmels werdet ihr große Freude haben", und in der Baruch-Apokalypse ist davon die Rede, daß die Gerechten „sein werden wie die Engel". Auch im rabbinischen Schrifttum heißt es, im künftigen Leben gebe es „weder Essen noch Trinken, weder Kinderzeugen noch Gebären, weder Handel noch Neid, Haß und Streit; sondern die Gerechten werden Kronen tragen und gesättigt sein von der Herrlichkeit Gottes". Jesus geht es darum, klarzumachen, daß alle unsere jetzigen Vorstellungen für das zukünftige Leben keine Gültigkeit haben.
Zweitens befaßt Jesus sich mit d e r T a t s a c h e der Auferstehung. Dabei schlägt er die Sadduzäer auf ihrem ureigensten Feld. Hatten sie betont, daß es in den fünf Büchern Mose, auf die sie so besonderes Gewicht legten, keinen Beweis für die Unsterblichkeit gäbe, so beruft Jesus sich bei seinem Beweis dafür auf eben diese fünf Bücher Mose. 2. Mose 3, 6 nennt Gott sich „der Gott Abrahams, der Gott Isaaks und der Gott Jakobs". Wenn Gott der Gott dieser Patriarchen ist, dann besagt das, daß diese lebendig sind; denn der lebendige Gott ist der Gott der Lebendigen, nicht der Toten. Das Leben der Stammväter ist daher ein Beweis für die Auferstehung. Jesus schlug die Sadduzäer also mit einem Argument, das sie nicht zu widerlegen vermochten.
Auch wenn es in diesem Abschnitt um eine uns fernliegende Angelegenheit zu gehen scheint und außerdem um eine Beweisführung, die außerhalb unseres eigenen Erfahrungsbereiches liegt, enthält er doch zwei ewiggültige Wahrheiten.
1. Die Sadduzäer begingen den Fehler, im Himmel ein Abbild der Erde zu sehen, mithin irdische Denkkategorien auf den Himmel anwenden zu wollen. Das ist zu allen Zeiten der Fall gewesen. So stellten die Indianer als Jäger, die sie von

Haus aus waren, sich den Himmel als ewige Jagdgründe vor. Die Wikinger, von Haus aus Krieger, dachten sich ihr Leben in Walhall tagsüber mit Kämpfen ausgefüllt; abends würden die gefallenen Krieger wieder auferstehen, so daß dann die Nächte gemeinsam mit irdischen Genüssen verbracht werden könnten. Die Mohammedaner — luxus-ungewohnte Wüstenbewohner — stellten sich den Himmel als mit sinnlichen Vergnügungen aller Art angefüllt vor. Die Juden, denen das Meer verhaßt war, träumten vom Himmel als von einem Ort, an dem es keine Meere gab. Alle Menschen schrecken vor Qual und Trauer zurück, und der Himmel ist für sie daher zunächst ein Ort, an dem es weder Leid noch Schmerzen gibt. Zu allen Zeiten haben die Menschen ihre Himmelsvorstellungen den persönlichen Wünschen angepaßt. Demgegenüber sollten wir nicht vergessen, wie sehr Paulus recht hatte (1. Kor. 2, 9), als er sich im Blick auf die Herrlichkeit die Worte des Propheten (Jes. 64, 3) zu eigen machte: „Was kein Auge gesehen hat und kein Ohr gehört hat und in keines Menschen Herz gekommen ist, was Gott bereitet hat denen, die ihn lieben." Das himmlische Leben übersteigt in seiner Größe alle menschlichen Vorstellungen.

2. Letztlich basiert die Überzeugung Jesu von der Auferstehung der Toten auf der Tatsache, daß es sich bei der Beziehung Gott—Mensch um eine durch nichts zu erschütternde Beziehung handelt. Wer ein persönliches Verhältnis zu dem ewigen Gott hat, der ist damit eine ewigwährende Beziehung eingegangen. Gott war zu Lebzeiten Abrahams, Isaaks und Jakobs der Freund dieser Männer, und diese Freundschaft hört mit dem Tode keineswegs auf. „Gott hört nicht auf, der Gott derer zu sein, die ihm gedient und ihn geliebt haben", hat einmal jemand an der Schwelle des Todes gesagt. Und der Psalmist bekennt: „Dennoch bleibe ich stets an dir; denn du hältst mich bei meiner rechten Hand, du leitest mich nach deinem Rat und nimmst mich endlich mit Ehren an" (Ps. 73, 23. 24); er kann sich nicht vorstellen, daß das bestehende Verhältnis zu Gott einmal aufhört. Mit einem Wort: nur eins ist unsterblich — und das ist Liebe.

DAS GRÖSSTE GEBOT

Markus 12, 28—34

Und es trat zu ihm einer von den Schriftgelehrten, der ihnen zugehört hatte, wie sie miteinander stritten. Und da er merkte, daß er ihnen fein geantwortet hatte, fragte er ihn: Welches ist das vornehmste Gebot vor allen? Jesus aber antwortete ihm: Das vornehmste Gebot ist das: „Höre, Israel, der Herr, unser Gott, ist allein der Herr, und ,du sollst Gott, deinen Herrn, lieben von ganzem Herzen, von ganzer Seele, von ganzem Gemüte und von allen deinen Kräften'" (5. Mose 6, 4. 5). Das andre ist dies: „Du sollst deinen Nächsten lieben wie dich selbst" (3. Mose 19, 18). Es ist kein anderes Gebot größer als diese. Und der Schriftgelehrte sprach zu ihm: Meister, du hast wahrlich recht geredet. Er ist aber nur e i n e r und ist kein anderer außer ihm; und ihn lieben von ganzem Herzen, von ganzem Gemüte und von allen Kräften, und seinen Nächsten lieben wie sich selbst, das ist mehr als alle Brandopfer und Schlachtopfer. Da Jesus aber sah, daß er verständig antwortete, sprach er zu ihm: Du bist nicht ferne von dem Reich Gottes. Und hinfort wagte niemand mehr, ihn zu fragen.

Die Gesetzesexperten und die Sadduzäer liebten sich nicht besonders. Während die Aufgabe der ersteren, der Schriftgelehrten, in der Auslegung des Gesetzes aufgrund der Kenntnis all seiner Satzungen und Bestimmungen bestand, wobei die Kenntnis und Anwendung des mündlich überlieferten Gesetzes eine große Rolle spielte, erkannten die Sadduzäer grundsätzlich nur das geschriebene Gesetz an. Der Schriftgelehrte war daher fraglos sehr zufrieden mit der Abfuhr, die Jesus den Sadduzäern erteilt hatte.

Der Schriftgelehrte stellt nun seinerseits Jesus eine Frage, die häufig Gegenstand der Auseinandersetzung in den rabbinischen Schulen war. Im Judentum läßt sich diesbezüglich eine doppelte Tendenz feststellen: einmal die, das Gesetz unbeschränkt auf Hunderte und Tausende kleiner Einzelvorschriften und Bestimmungen auszudehnen, zum andern die, das ganze Gesetz in einem einzigen Satz, einer einzigen Aussage zusammenzufassen, die gewissermaßen ein Kompendium der Gesamtbotschaft darstellte. Als der jüdische Gelehrte Hillel einst von einem Proselyten (Neubekehrten) gebeten wurde, er möge ihn in der Zeit, in der er auf einem Bein stehen könne, mit dem ganzen Gesetz vertraut machen, erwiderte Hillel: „Was dir selbst verhaßt ist, füg auch deinem Nächsten nicht zu. Da hast du das ganze Gesetz. Alles übrige ist nur der Kommentar dazu. Gehe hin und lerne es." Der Schriftgelehrte Akiba hatte ebenfalls bereits gesagt: „Liebe deinen Nächsten wie dich selbst', ist der höchste, allgemeingültige Grundsatz des Gesetzes." Und von Simon dem Gerechten stammt der Satz: „Die Welt gründet sich auf dreierlei: auf das Gesetz, auf den Gottesdienst und auf die Werke der Liebe."

Sammlai hatte gelehrt, Mose habe auf dem Berg Sinai 613 Gebote empfangen, 355 entsprechend den Tagen des Sonnenjahres und 248 entsprechend der Zahl der Menschengeschlechter. David reduzierte diese 613 Gebote in Psalm 15 auf elf Gebote:

> Herr, wer wird wohnen in deiner Hütte? Wer wird bleiben auf deinem heiligen Berge?
> 1. Wer ohne Tadel einhergeht
> 2. und recht tut
> 3. und redet die Wahrheit von Herzen;
> 4. wer mit seiner Zunge nicht verleumdet,
> 5. wer seinem Nächsten kein Arges tut
> 6. und seinen Nächsten nicht schmäht;
> 7. wer die Gottlosen für nichts achtet,
> 8. sondern ehrt die Gottesfürchtigen;
> 9. wer sich selbst zum Schaden schwört und hält es;
> 10. wer sein Geld nicht auf Wucher gibt
> 11. und nimmt nicht Geschenke wider den Unschuldigen.

Jesaja reduzierte die Gebote auf 6 (Jes. 33, 15):
> 1. Wer in Gerechtigkeit wandelt
> 2. und redet, was recht ist;
> 3. wer Unrecht haßt samt dem Geiz
> 4. und seine Hände abzieht, daß er nicht Geschenke nehme;
> 5. wer seine Ohren zustopft, daß er nicht von Blutschulden höre,
> 6. und seine Augen zuhält, daß er nichts Arges sehe: der wird in der Höhe wohnen.

Micha reduzierte die Gebote von 6 auf 3 (Micha 6, 8):
> Es ist dir gesagt, Mensch, was gut ist und was der Herr von dir fordert, nämlich

1. Gottes Wort halten und
2. Liebe üben und
3. demütig sein vor deinem Gott.

Jesaja verkürzt die Gebote nochmals von 3 auf 2 (Jes. 56, 1):
1. Wahret das Recht
2. und tut Gerechtigkeit.

Habakuk schließlich reduzierte alle Gebote auf ein einziges Gebot (Hab. 2, 4):
> Der Gerechte wird seines Glaubens (= durch seinen Glauben) leben.

Aus alledem ersehen wir, daß rabbinischer Scharfsinn ebenso auf die Zusammenfassung wie auf die Ausweitung des Gesetzes bedacht war. Es gab denn auch zwei Schulen. Die einen waren der Ansicht, das es leichtere und daß es schwerer wiegende Fragen des Gesetzes gab und daß es darauf ankomme, die entscheidenden Grundsätze des Gesetzes zu erfassen, so wie Augustinus später einmal sagte: „Liebe Gott — dann kannst du tun, was du willst." Doch gab es auch andere, Gegner dieser Auffassung, die die kleinste Vorschrift für ebenso bindend hielten wie die wichtigsten Grundsätze, Rechtgläubige, die es für höchst gefährlich hielten, Unterschiede in ihrer Bedeutsamkeit machen zu wollen. Der Schriftgelehrte, der Jesus diese Frage stellte, fragte also in einer Angelegenheit, die im jüdischen Denken eine wichtige Rolle spielte.

Bei seiner Antwort nannte Jesus zwei wichtige Gebote, die er als Einheit betrachtete.

1. „Höre, Israel, der Herr, unser Gott, ist allein der Herr." (Luther: „ein einiger Herr.") Dieser Satz bildet das eigentliche Glaubensbekenntnis der Juden (5. Mose 6, 4). Es hieß das S h e m a. (S h e m a ist der Imperativ des hebräischen Wortes für h ö r e n und zugleich das erste Wort dieses Satzes.) Es gab drei Anwendungsmöglichkeiten dafür: a) Mit diesem Satz wurde und wird noch heute der Gottesdienst in der Synagoge eingeleitet. Zum vollständigen S h e m a gehören 5. Mose 6, 4—9; 11, 13—21 und 4. Mose 15, 37—41. Es heißt darin, daß Gott der einzige Gott ist und daß es außer ihm keinen anderen Gott gibt. Das S h e m a bildet also die Grundlage des jüdischen Monotheismus. b) Die drei Bibelstellen des S h e m a s befanden sich auf den G e b e t s r i e m e n (Matth. 23, 5), auf denen Kästchen mit Pergamentstreifen befestigt waren, die den Text des S h e m a s enthielten. Fromme Juden trugen diese Gebetsriemen an der Stirn oder am Handgelenk, wenn sie beteten, und erinnerten sich dabei an ihr Glaubensbekenntnis. Die Be-

fugnis zum Tragen der Gebetsriemen wurde auf 5. Mose 6, 8 zurückgeführt. c) Das **Shema** wurde in kleinen zylindrischen Kästen, im sogenannten **Mezuzah** aufbewahrt; es wird noch heute an der Tür aller frommen jüdischer Häuser befestigt und an allen Türen darin, um die Juden bei ihrem Ein- und Ausgang an Gott zu erinnern. Als Jesus daher diesen Satz als erstes Gebot anführte, mußten ihm alle frommen Juden darin beipflichten.

2. „Du sollst deinen Nächsten lieben wie dich selbst." Dieses Zitat ist 3. Mose 19, 18 entnommen. Es bezieht sich in seinem ursprünglichen Zusammenhang auf die **Mitjuden**, nicht aber auf die Heiden, die zu hassen durchaus zulässig war. Jesus dagegen zitierte das Wort ohne jede Begrenzung und gab einem alten Gesetz damit einen neuen Sinn.

Neu war auch, daß Jesus beide Gebote miteinander verband; das hatte kein Rabbi vor ihm getan. Es gibt nur eine Andeutung in dieser Richtung. Etwa um das Jahr 100 v. Chr. entstanden eine Reihe von Abhandlungen, die sog. **Testamente der Zwölf Patriarchen**, worin diesen von unbekannten Verfassern sehr schöne Lehren in den Mund gelegt werden. So heißt es im Testament Issachars:

Liebt den Herrn und den Nächsten,
erbarmt euch des Armen und Schwachen.

Im selben Testament heißt es 7, 6 beispielhaft:

Den Herrn liebte ich mit meiner ganzen Kraft,
und jeden Menschen liebte ich gleichermaßen.

Im Testament Daniel (5, 3) heißt es:

Liebt den Herrn in eurem ganzen Leben
und einander mit wahrhaftigem Herzen.

Indessen — niemand hat vor Jesus aus diesen beiden Geboten **ein** Gebot gemacht. Glaube bedeutete für Jesus: Gott **und** die Menschen lieben. Er hätte auch sagen können, die einzige Möglichkeit, zu beweisen, daß wir Gott lieben, bestehe darin, daß wir den Menschen Liebe erweisen.

Der Schriftgelehrte pflichtete Jesus darin bereitwillig bei; er sagte außerdem sogar noch, solche Liebe sei mehr wert als alle Brandopfer und Schlachtopfer, wie es den höchsten Denkvorstellungen seines Volkes entsprach. Schon vor langer, langer Zeit hatte Samuel gesagt: „Meinst du, daß der Herr Lust habe am Opfer und Brandopfer gleich wie am Gehorsam gegen die Stimme des Herrn? Siehe, Gehorsam ist besser denn Opfer, und Aufmerken besser als das Fett von Widdern" (1. Sam 15, 22). Hosea hatte Gott sprechen hören: „Denn ich habe Lust an der Liebe, und nicht am Opfer" (Hos. 6, 6). Das Ritual an die

Stelle der Nächstenliebe treten zu lassen, fällt ebensowenig schwer wie dies: den Gottesdienst statt zur Sache unseres ganzen Lebens zu einer bloßen Angelegenheit des Kirchenbesuchs werden zu lassen. Priester und Levit brachten es fertig, an dem verwundeten Samariter vorüberzugehen, weil sie an das Tempelritual dachten. Dieser Schriftgelehrte aber hatte sich über seine Zeitgenossen hinausgehoben, und deshalb empfand er hier dasselbe wie Jesus.
Jesus muß ihn liebevoll und bittend angeschaut haben, als er zu ihm unmittelbar sagte: „Willst du nicht, nachdem du bereits so weit gekommen bist, auch noch den restlichen Weg zurücklegen und mir in allem zustimmen, so daß du wirklich teilhast am Reich Gottes?"

DER SOHN DAVIDS

Markus 12, 35—37a

Und Jesus hob an und sprach, da er lehrte im Tempel: Wie sagen die Schriftgelehrten, der Christus sei Davids Sohn? David selbst hat durch den heiligen Geist gesagt (Ps. 110, 1): „Der Herr sprach zu meinem Herrn: Setze dich zu meiner Rechten, bis daß ich lege deine Feinde unter deine Füße." Da heißt ihn ja David seinen Herrn. Woher ist er denn sein Sohn?

Dieser Abschnitt ist deswegen schwerverständlich für uns, weil darin von Vorstellungen und Beweismethoden Gebrauch gemacht wird, die uns fremd sind. Für die Zuhörer auf dem Tempelplatz in Jerusalem gab es jedoch keine Schwierigkeiten, weil sie diese Art der Beweisführung und des Schriftgebrauchs gewohnt waren.
Beginnen wir mit einer Feststellung, die uns das Verständnis erleichtert. Christus wird in den älteren Teilen des Neuen Testaments niemals als Eigenname verwendet, sondern wird stets mit dem bestimmten Artikel gebraucht. C h r i s t o s ist das griechische, M e s s i a s das hebräische Wort für d e r G e s a l b t e ; beide besagen also dasselbe. Diese Bezeichnung ist darauf zurückzuführen, daß Könige früher bei der Krönung mit Öl gesalbt wurden, wie es auch heute noch teilweise beim Krönungszeremoniell üblich ist. C h r i s t o s und M e s s i a s bedeuten also beide d e r g e s a l b t e K ö n i g G o t t e s, der, der da kommen soll von Gott, um sein Volk zu ret-

ten. Wenn Jesus fragt: „Wie sagen die Schriftgelehrten, der Christus sei Davids Sohn?", so weist er damit nicht unmittelbar auf sich selbst hin, sondern fragt vielmehr: „Wie können die Schriftgelehrten behaupten, der gesalbte König Gottes, der da kommen soll, sei der Sohn Davids?"

Als weiteres Argument zur Unterstützung seiner Frage zitiert Jesus Psalm 110, 1: „Der Herr sprach zu meinem Herrn: Setze dich zu meiner Rechten." Die Juden nahmen damals an, daß alle Psalmen von David stammten, und glaubten daher, daß auch dieser Psalm von David verfaßt worden sei; ebenso glaubten sie, der Psalm beziehe sich auf das Kommen des Messias, des Gesalbten Gottes. Nun weist David aber in diesem Vers auf das Kommen dessen hin, der s e i n H e r r sein wird. Wie kann David ihn denn, so fragt Jesus, als seinen Herrn begrüßen, wenn er sein Sohn ist?

Was will Jesus die Menschen hier lehren? Die gebräuchlichste Bezeichnung für den kommenden Messias war S o h n D a v i d s. Stets hatten die Juden auf den gottgesandten Erretter aus dem Geschlecht Davids gehofft (Jes. 9, 2—7; 11, 1—9; Jer. 23, 5 ff.; 33, 14—18; Hes. 34, 23 ff.; 37, 24; Ps. 89, 20 ff.). Auch Jesus wurde oft mit diesem Titel angeredet, besonders von der Volksmenge (Mark. 10, 47 ff.; Matth. 9, 27; 12, 23; 15, 22; 21, 9. 15). Im ganzen Neuen Testament kommt die Überzeugung zum Ausdruck, daß Jesus tatsächlich der Sohn Davids sei, ein Nachfahre Davids aus Davids Geschlecht (Röm. 1, 3; 2. Tim. 2, 8; Matth. 1, 1—17; Luk. 3, 23—38). Mit dem Stammbaum Jesu, der an den angebenen Stellen bei Matthäus und Lukas zu finden ist, soll bewiesen werden, daß Jesus tatsächlich aus dem Geschlecht Davids stammte. Jesus leugnete hier zwar nicht, daß es sich beim Messias um den Sohn Davids handelt, und er sagt auch nicht, daß er nicht der Sohn Davids sei; vielmehr sagt er, daß er weit mehr sei als der Sohn Davids. Der da kommen wird, ist nicht nur Davids Sohn, sondern auch D a - v i d s H e r r.

Leider waren die Bezeichnung „Sohn Davids" und die Vorstellung von dem als Eroberer einherziehenden Messias hoffnungslos miteinander vermengt worden. Mit dem Titel waren politische Hoffnungen und Träume, nationaler Ehrgeiz und nationalistische Ziele verknüpft; man gebrauchte ihn für den erhofften Begründer eines irdischen Reiches. Jesus nun sagt hier, die Bezeichnungen S o h n D a v i d s sei in der üblichen Verwendung im Hinblick auf ihn völlig unzulänglich; er sei der H e r r. Bei dem Wort H e r r (griechisch: k y r i o s) handelt es sich um die gebräuchliche Übersetzung des Wortes

Jahwe (Jehova) vom Hebräischen in die griechische Fassung der Heiligen Schrift? Dieses Wort sollte die Gedanken der Menschen auf Gott lenken. Jesus sagt hier also, er sei nicht gekommen, um ein irdisches Reich zu begründen, sondern **um den Menschen Gott nahezubringen.**
Jesus tut hier mithin etwas, was er fortgesetzt versuchte: die Menschen von der Vorstellung eines als siegreicher Krieger einherziehenden Messias, der ein Weltreich begründen würde, freizumachen und ihnen stattdessen die Vorstellung vom Messias als von einem Diener Gottes einzupflanzen, als von dem Überbringer der Liebe Gottes zu den Menschen.

DIE FALSCHE ART DES GLAUBENS

Markus 12, 37b—40

Und alles Volk hörte ihn gerne. Und er lehrte sie und sprach zu ihnen: Hütet euch vor den Schriftgelehrten, die gerne in langen Kleidern gehen und sich auf dem Markte grüßen lassen und sitzen gerne obenan in den Synagogen und am Tisch beim Gastmahl; sie fressen der Witwen Häuser und verrichten zum Schein lange Gebete. Die werden desto schwereres Urteil empfangen.

Der erste Satz gehört höchstwahrscheinlich zu diesem Abschnitt, nicht aber (wie in der revidierten Luther-Übersetzung) zum vorhergehenden Abschnitt. Die Verseinteilung des Neuen Testaments wurde erst im 16. Jahrhundert durch den französischen Buchdrucker Stephanus vorgenommen und ist keineswegs immer besonders glücklich. Auch hier scheint ein Fall vorzuliegen, wo wir besser eine andere Einteilung vornehmen sollten; denn sehr viel wahrscheinlicher ist, daß die Volksmenge mit mehr Vergnügen einer Klage über die Schriftgelehrten als einer theologischen Beweisführung zuhörte. Es gibt nun einmal Menschen, die sich von Schimpfreden stets angezogen fühlen.
In diesem Abschnitt erhebt Jesus eine Reihe von Beschuldigungen gegenüber den Schriftgelehrten. Sie gehen gerne in langen Kleidern. Lange Kleider, die bis auf den Boden reichten, galten im Orient als Zeichen der Vornehmheit; da man darin weder hastig gehen noch körperlich arbeiten konnte, waren sie ein Kennzeichen wohlhabender, angesehener Männer. Vielleicht

soll mit diesem Satz auch etwas anderes zum Ausdruck gebracht werden. Matthäus 23, 5 heißt es: „Sie machen die Quasten an ihren Kleidern groß." Gemäß 4. Mose 15, 38 trugen die Juden Quasten an den Zipfeln ihrer Obergewänder, die sie daran erinnern sollten, daß sie das Volk Gottes waren. Es ist durchaus denkbar, daß die Schriftgelehrten ungewöhnlich große Quasten trugen; auf alle Fälle aber kleideten sie sich so, daß sie die Aufmerksamkeit der Menschen auf sich lenkten und von ihnen geehrt wurden.

Sie ließen sich gern auf dem Markte grüßen. Sie hatten es gern, wenn man sie ehrerbietig und respektvoll grüßte. Schon der Titel R a b b i besagte: Mein Lehrer, mein Meister. So angeredet zu werden, schmeichelte ihrer Eitelkeit.

Sie saßen gerne obenan in den Synagogen. Vor der Lade, in der die heiligen Schriftrollen aufbewahrt wurden, und mit dem Gesicht zur Gemeinde saßen die besonders Vornehmen auf einer Bank. Das hatte den Vorteil, daß niemand, der dort saß übersehen werden konnte; alle dort waren völlig dem Blick der bewundernden Gemeinde ausgesetzt.

Sie saßen gern obenan beim Gastmahl. Die Rangfolge war bei Festmählern streng geregelt. Der höchste Ehrenplatz war der zur Rechten des Hausherrn, der zweithöchste zu seiner Linken und so weiter, abwechselnd zur Rechten und zur Linken des Gastgebers, rund um den Tisch herum. Wie hoch jemand geachtet war, konnte man ohne weiteres an dem Platz erkennen, den er einnahm.

Sie fraßen der Witwen Häuser. Das ist eine ungeheure Beschuldigung. Der jüdische Geschichtschreiber Josephus, der selbst Pharisäer war, spricht von Zeiten des Intrigantentums in der jüdischen Geschichte, in denen die Pharisäer sich wer weiß was auf die genaue Befolgung des Gesetzes zugutegetan und die Menschen hätten glauben machen, sie, die Pharisäer, seien Gott höchst wohlgefällig. Sie hätten gewisse Frauen in ihre Pläne und Ränke mit hineingezogen. Dahinter scheint folgender Gedanke zu stehen: Schriftgelehrte durften keine Bezahlung dafür annehmen, daß sie die Menschen unterwiesen; sie sollten einen Beruf ausüben und sich ihr tägliches Brot durch ihrer Hände Arbeit verdienen. Doch die Gesetzesexperten hatten die Leute dahingebracht, daß sie der Meinung waren, es gäbe für sie keine größere Pflicht und kein größeres Vorrecht, als einen Rabbi zu unterstützen, weil man sich auf diese Weise einen guten Platz in der himmlischen Schule sichere. Leider ist es eine traurige Tatsache, daß sich zu allen Zeiten vielfach Frauen von religiösen Scharlatanen haben beeindrukken lassen, und die Schriftgelehrten und Pharisäer scheinen sich gerade diesen sowie einfachen Menschen aufgedrängt zu haben, die alle es sich kaum leisten konnten, sie zu unterstützen; indessen — es gab immer wieder Gimpel, die sich von ihnen betrügen ließen.

Schriftgelehrte und Pharisäer waren wegen ihrer lange Gebete bekannt. Es heißt, ihre Gebete hätten weniger Gott als den Menschen gegolten; denn sie beteten an solchen Orten und in solcher Weise, daß niemand übersehen konnte, wie fromm sie waren.

Dieser Abschnitt, der zu den strengsten Äußerungen Jesus gehört, enthält eine Warnung vor dreierlei:

1. Er warnt uns vor dem Verlangen, etwas Besonderes darzustellen. Leider läßt sich nicht leugnen, daß manch einer ein kirchliches Amt annimmt, weil er denkt, er verdiene es, nicht aber, weil er sich in noch selbstloserer Weise als bisher dem Dienst im Hause und am Volk Gottes widmen möchte. Immer noch gibt es Menschen, die ein kirchliches Amt für ein Vorrecht halten, nicht jedoch für eine Aufgabe besonderer Verantwortlichkeit.

2. Er warnt uns vor dem Wunsch nach Unterwürfigkeit anderer uns gegenüber. Fast alle Menschen möchten gern ehrerbietig behandelt werden. Und doch sollte das Christentum in den Menschen in erster Linie den Wunsch wecken, ihr eigenes Ich auszulöschen, statt es zu erhöhen. Aus alter Zeit wird berichtet, daß ein Mönch, ein äußerst heiliger Mann, der zum Abt eines Klosters bestimmt worden war, derart bescheiden und demütig auftrat, daß man ihn dort bei seiner Ankunft nicht erkannte und ihm zum Helfen in die Küche schickte. Ohne ein Wort des Widerspruchs begab der neue Abt sich in die Küche, spülte das Geschirr und verrichtete alle einfachen Arbeiten. Erst als nach einiger Zeit der Bischof das Kloster besuchte, stellte sich der Irrtum heraus, und von da an bekleidete der demütige Mönch seine eigentliche Stellung. Wer um der Achtung willen, die ihm entgegengebracht wird, ein Amt antritt, schlägt den falschen Weg ein; erst, wenn er sich ändert, kann er zu einem wirklichen Diener Jesu Christi und damit seiner Mitmenschen werden.

3. Er warnt uns vor dem Versuch, mit dem Glauben Handel zu treiben. Auch heute noch ist es möglich, entsprechende religiöse oder kirchliche Verbindungen zum eigenen Vorteil zu nutzen. Der vorliegende Abschnitt stellt eine eindeutige Warnung für alle dar, die in der Kirche sind, um von ihr etwas zu bekommen, statt dazu, ihr etwas zu geben.

DIE GRÖSSTE GABE

Markus 12, 41—44

Und Jesus setzte sich dem Gotteskasten gegenüber und schaute, wie das Volk Geld einlegte in den Gotteskasten. Und viele Reiche legten viel ein. Und es kam eine arme Witwe und legte zwei Scherflein ein; die machen einen Heller. Und er rief seine Jünger zu sich und sprach zu ihnen: Wahrlich, ich sage euch: Diese arme Witwe hat mehr in den Gotteskasten gelegt als alle, die eingelegt haben. Denn sie haben alle von ihrem Überfluß eingelegt; diese aber hat von ihrer Armut alles, wovon sie lebte, ihre ganze Habe, eingelegt.

Vom Vorhof der Heiden gelangte man durch den Haupteingang, die „schöne" Tür, in den Vorhof der Frauen. Vielleicht war Jesus dorthin gegangen, um sich nach den anstrengenden Streitgesprächen in dessen Hallen still hinzusetzen. Im Frauenvorhof befand sich der Gotteskasten, das heißt: dreizehn trompetenförmige Opferstöcke für Gaben zugunsten des Tempels oder für andere bestimmte Gaben. Viele warfen beachtliche Beträge in diese Opferstöcke. Danach kam eine Witwe, die zwei Scherflein bzw. einen Heller hineinwarf. Bei dem Geldstück, das die Frau hergab, handelte es sich um das griechische Lepton, um die kleinste Kupfermünze, die es gab, im Werte von einem halben Pfennig. Dennoch behauptete Jesus, was sie gegeben habe, sei mehr als alles, was die anderen gegeben hätten, weil es nämlich den anderen nichts ausmachte, ob sie den Betrag für sich behielten oder nicht, während die Witwe alles eingeworfen hatte, was sie besaß.

Der Abschnitt lehrt uns etwas über das Schenken.

1. Echte Gaben sind Opfer. Es kommt niemals auf die Höhe der Spende an, sondern darauf, was sie für uns persönlich bedeutet; nicht die Größe der Gabe zählt, sondern das Opfer, das sie bedeutet. Ist das, was wir für das Werk Gottes geben, jemals ein wirkliches Opfer für uns gewesen? Diese Frage stellt sich vielen von uns. Nur wenige Menschen sind bereit, um dieser Arbeit willen auf Annehmlichkeiten oder Vergnügungen zu verzichten. Daß Spenden von Kirchenangehörigen nur auf Zureden zu erhalten sind, kann durchaus ein Zeichen für den Verfall der Kirche und den unseres christlichen Glaubens sein; denn oft wird überhaupt nur gespendet, wenn man für sein Geld etwas erhält, sei es nun Unterhaltung (Musik) oder sonst

irgend etwas. Kaum einer von uns wird daher diese Bibelstelle lesen können, ohne insgeheim vor Scham erröten zu müssen.
2. Echte Gaben sind von einer gewissen Unbekümmertheit. Die Frau hätte eine Münze für sich behalten können; wenn es auch nicht viel gewesen wäre, so doch immerhin etwas. Doch sie gab alles, was sie besaß. Darin liegt eine symbolische Wahrheit. Leider sparen wir vielfach bestimmte Lebensbereiche, bestimmte Tätigkeiten aus, die wir nicht in den Dienst Christi stellen. Wir halten etwas zurück und opfern nur selten unser Letztes, und ergeben uns nur selten ihm ganz.
3. Sonderbar und wunderschön zugleich ist, daß es sich bei dem Menschen, der durch Jesus und das Neue Testament als Musterbeispiel der Freigebigkeit in die Geschichte eingegangen ist, um jemanden handelt, dessen Gabe einen halben Pfennig betrug. Auch wenn wir meinen, wir hätten Jesus Christus an materiellen und persönlichen Gaben nicht viel zu bringen, kann er, wenn wir ihm wirklich alles geben, was wir sind und haben, damit und mit uns etwas bewirken, was alle unsere Vorstellungen übersteigt.

VON ZUKÜNFTIGEN DINGEN

Markus 13 gehört zu den für heutige Leser am schwersten zu verstehenden Kapiteln des Neuen Testaments. Das liegt daran, daß es sich hier um ein sich von Anfang bis zum Schluß in jüdischen Geschichtsvorstellungen und Denkweisen abspielendes Kapitel handelt; Jesus gebraucht darin Begriffe und Bilder, die zwar den Juden damals vertraut waren, viele heutige Leser jedoch fremd anmuten oder ihnen gar unbekannt sind. Dennoch dürfen wir diese Kapitel nicht einfach unbeachtet lassen oder darüber hinweglesen, weil hier nämlich viele Vorstellungen vom neuen Kommen Jesu ihre Wurzeln haben. Die Lehre von der Wiederkunft Christi ist ja gerade deshalb so problemreich, weil wir heute entweder dazu neigen, sie völlig außerachtzulassen, oder aber sie zur einzigen Doktrin des christlichen Glaubens zu machen. Vielleicht können wir bei sorgfältiger Untersuchung des Kapitels aber auch hier zu einem ausgewogenen Standpunkt gelangen.

DER TAG DES HERRN

Beim Lesen dieses Kapitels müssen wir ständig vor Augen haben: Die Juden zweifelten zu keiner Zeit daran, daß sie das erwählte Volk Gottes seien und daß sie eines Tages in der Welt jene Stellung einnehmen würden, die ihnen nach ihrer Auffassung als dem auserwählten Volk zukam. Die Vorstellung, daß sie diese Stellung mit menschlichen Mitteln erringen könnten, hatten sie längst aufgegeben; sie vertrauten daher darauf, daß Gott eines Tages zu ihren Gunsten unmittelbar in die Geschichte eingreifen werde. Der Tag des Eingreifens Gottes war d e r T a g d e s H e r r n. Diesem Tag werde eine Zeit des Schreckens und der Trübsal vorausgehen, eine Zeit, in der die Welt in ihren Grundfesten erschüttert und das Gericht über die Menschen kommen werde. Danach jedoch würde eine neue Welt entstehen, ein neues Zeitalter anbrechen und neue Herrlichkeit. In gewisser Hinsicht liegt dieser Vorstellung ein sieghafter O p t i m i s m u s zugrunde; waren die Juden doch fest davon überzeugt, daß Gott in die Geschichte eingreifen werde. Andererseits ist hier ein extremer P e s s i m i s m u s wirksam, demzufolge die Welt durch und durch schlecht ist und nur nach ihrer vollständigen Vernichtung durch eine neue Welt abgelöst werden kann. Insgesamt richteten sich die Hoffnungen der Juden nicht auf eine Erneuerung, sondern auf eine völlige Umgestaltung und Neuschöpfung aller Dinge.

Sehen wir uns einmal einige der Stellen des Alten Testaments, an denen vom Tag des Herrn die Rede ist, an. Amos schreibt (5, 16—20):

> Es wird in allen Gassen Wehklagen sein, und auf allen Straßen wird man sagen: „Weh! Weh!", und man wird den Ackermann zum Trauern rufen, und zum Wehklagen, wer da weinen kann. In allen Weinbergen wird Wehklagen sein; denn ich will unter euch fahren, spricht der Herr. Weh denen, die des Herrn Tag begehren! Was soll er euch? Denn des Herrn Tag ist Finsternis und nicht Licht ... Des Herrn Tag wird ja finster und nicht licht sein, dunkel und nicht hell.

Schrecklich ist auch das Bild, das Jesaja (13, 6—16) vom Tag des Herrn entwirft:

> Heulet, denn des Herrn Tag ist nahe; er kommt wie eine Verwüstung vom Allmächtigen ... Denn siehe, des Herrn Tag kommt grausam, zornig, grimmig, Land zu zerstören und die Sünder daraus zu vertilgen. Denn die Sterne am Himmel und sein Orion scheinen nicht hell; die Sonne

geht finster auf und der Mond scheint dunkel... Darum will ich den Himmel bewegen, daß die Erde beben soll von ihrer Stätte durch den Grimm des Herrn Zebaoth und durch den Tag seines Zorns.

Das zweite und das dritte Kapitel des Propheten Joel sind gleichfalls voller entsetzlicher Schilderungen vom Tag des Herrn:

Der Tag des Herrn kommt, ein finsterer Tag, ein dunkler Tag, ein wolkiger Tag, ein nebliger Tag... Und ich will Wunderzeichen geben am Himmel und auf Erden: Blut, Feuer und Rauchdampf; die Sonne soll in Finsternis und der Mond in Blut verwandelt werden, ehe denn der große und schreckliche Tag des Herrn kommt.

Derartigen Schreckensstellen begegnen wir im Alten Testament immer wieder. Der Tag des Herrn wird plötzlich, vernichtend und fürchterlich kommen. Die Welt wird vergehen, der Lauf der Natur wird erschüttert, und Gott, der Richter, wird kommen.

In der Zeit zwischen dem Abschluß des Alten und der Entstehung des Neuen Testaments kannten die Juden keine Freiheit; daß ihre Hoffnungen und Träume daher dem Tag des Herrn galten, war ganz natürlich. In jener Zeit entstand eine Menge religiösen Schrifttums, das auch Jesus bekannt gewesen sein muß; denn allen Juden waren die darin enthaltenen Bilder vertraut. Das Schrifttum von den Vorstellungen der Endzeit-Erwartungen oder den letzten Dingen wird als „Apokalyptik" bezeichnet; das griechische Wort a p o k a l y p s i s heißt E n t h ü l l u n g, O f f e n b a r u n g. Die Verfasser dieser Schriften verwenden die alttestamentlichen Vorstellungen vom Tag des Herrn und von den diesem Tag vorangehenden Ereignissen und fügen ergänzend weitere Einzelheiten hinzu. Im Blick hierauf dürfen wir nicht vergessen, daß es sich bei all diesen Büchern um Visionen handelt, um Versuche, das darzustellen, was sich eigentlich nicht darstellen läßt, und auszusprechen, was unaussprechbar ist.

Wir werden sehen, daß jedes Detail unseres Kapitels mit dem alttestamentlichen Schrifttum aus der Zeit zwischen den Testamenten übereinstimmt. Hier gebraucht Jesus durchweg Ausdrücke, Vorstellungen und Hilfsmittel der Apokalyptik, um sich den Menschen seiner Zeit verständlich zu machen; er arbeitete mit etwas, was ihnen vertraut war, wobei alle wußten, daß es sich dabei um Bilder handelte, und daß niemand voraussagen könne, was Gott genau tun werde, wenn er in die Geschichte eingriff.

DIE VERSCHIEDENEN THEMENSTRÄNGE

Wir müssen auch darauf achten, daß sich in diesem Kapitel mehrere Gedankenreihen feststellen lassen. Die Evangelisten pflegten alle Jesusworte zu einem bestimmten Grundthema zu sammeln und aufzuschreiben — ein sehr kluges Verfahren, besonders für Lehrzwecke. Hier nun hat Markus alles zusammengetragen, **was Jesus über die Zukunft geäußert hat**; und dabei erweist sich schon beim flüchtigen Lesen, daß zwar alle Aussagen in der Tat die Zukunft betreffen, daß aber keineswegs durchweg von denselben Dingen die Rede ist. Tatsächlich lassen sich in diesem Kapitel denn auch **fünf** inhaltlich verschiedene Stränge feststellen.

1. **Da sind die Vorhersagen der Zerstörung Jerusalems** Vers 1 u. 2 und Verse 14—20. Jesus hat das Ende der heiligen Stadt vorausgesehen, wie es im Jahre 70 n. Chr. tatsächlich geschah. Der Tempel wurde zerstört, wobei sich entsetzliche Dinge zutrugen.

2. **Da ist zum andern die Warnung vor künftigen Verfolgungen** Verse 9—13. Jesus sah voraus, daß seine Anhänger durch bittere, schlimme Erfahrungen hindurchgehen mußten, und warnte sie davor.

3. **Da sind drittens die Warnungen vor den Gefahren der Endzeit** Verse 3—6 und Vers 22. Jesus sah klar voraus, daß die Menschen den christlichen Glauben verderben und verfälschen würden. Es konnte auch gar nicht anders sein; denn die Menschen hören in ihrem geistigen Hochmut stets mehr auf die eigene als auf die Stimme Gottes. Jesus wollte die Seinen im voraus vor den Irrlehren und Lügen warnen und bewahren, von denen die Kirche nicht verschont bleiben würde.

4. **Jesus mahnt uns an sein neues Kommen.** Wichtig ist dabei, daß er dies in einer mit dem Tag des Herrn zusammenhängenden Ausdrucksweise tut, und zwar in den Versen 7 u. 8 und 24—27. Die Vorstellungen vom Tag des Herrn und die vom neuen Kommen Jesu mußten zwangsläufig ineinandergreifen, weil niemand genau wissen konnte, was im einen und was im anderen Fall wirklich sein würde. Jesus vermochte daher von seiner Wiederkunft nur in jenen Bildern zu sprechen, in denen die Propheten und die Apokalyptik vom Tag des Herrn gesprochen hatten. Es sind dies eindrucksvolle Bilder als Visionen von der Größe jenes Ereignisses.

5. **Weitere Warnungen** beziehen sich auf die Notwendigkeit, auf der Hut zu sein. Wenn die Menschen im Schatten

der Ewigkeit leben, wenn stets die Möglichkeit besteht, daß Gott eingreift, wenn ihr Blick ständig auf die Vollendung des neuen Kommens Christi gerichtet ist, wenn Zeit und Stunde aber niemandem außer Gott bekannt ist, dann ist es erforderlich, ständig in Bereitschaft zu leben. —
Wenn wir diese verschiedenen Themen vor Augen haben, werden wir guttun, dieses Kapitel nicht anhand der aufeinanderfolgenden Verse zu untersuchen, sondern jeweils die einzelnen Stränge im Zusammenhang.

VOM UNTERGANG JERUSALEMS

Markus 13, 1. 2

Und da er aus dem Tempel ging, sprach zu ihm einer seiner Jünger: Meister, siehe, was für Steine und was für Bauten! Und Jesus sprach zu ihm: Siehst du diese großen Bauten? Nicht ein Stein wird auf dem andern bleiben, der nicht zerbrochen werde.

Wir beginnen mit den Prophezeiungen Jesu vom Untergang der Stadt Jerusalem. Der herodianische Tempel gehörte zu den Wunderwerken jener Zeit. Obwohl mit dem Bau bereits in den Jahren 20—19 v. Chr. begonnen worden war, war der Tempel zur Zeit Jesu immer noch nicht vollendet. Er wurde auf dem Berg Morija errichtet. Statt den Gipfel abzutragen, wurde durch gewaltige Unterbauten erst der nötige Raum geschaffen; von Pfeilern gestützt, wurde das Gewicht des Überbaus auf diese Weise verteilt. Josephus schreibt, einige dieser Steine seien fast 15 Meter lang, 4 Meter hoch und 6 Meter breit gewesen. Die ungeheuer großen Steine müssen die Jünger aus Galiläa in Staunen versetzt haben. Der prächtigste Zugang zum Tempel befand sich im Südwesten des Tempelbezirks, wo sich zwischen dem Tempelberg und der Stadt das Tal Tyropöen erstreckte, das von einer wunderbaren Brücke überspannt war. Jeder Bogen wölbte sich über eine Breite von 14 Metern, und beim Bau der Brücke wurden Steine von 8 Meter Länge verwendet. Das Tal selber war über 70 Meter tief. Die Brücke, die über 15 Meter breit war, überspannte eine Entfernung von über 100 Metern. Sie führte geradewegs auf die Königliche Halle zu, die aus einer Doppelreihe korinthischer Säulen von etwa 12 Meter Höhe bestand, von denen jede aus einem Marmorblock gehauen war. Über den Tempel selber berichtete Josephus, die

Vorderseite des Tempels sei über und über mit schweren Goldplatten bedeckt gewesen; wenn die Strahlen der aufgehenden Sonne darauf gefallen seien, habe man den Blick abwenden müssen, „so, als wenn man direkt in die Sonne schaue". Von ferne gesehen habe der Tempel wie ein von der Sonne vergoldeter Schneeberg ausgesehen; denn wo er nicht mit Gold bedeckt gewesen sei, sei er strahlend weiß gewesen. Einige Steine seien 45 Ellen lang, 5 hoch und 6 breit gewesen. (Eine Elle war 45 Zentimeter lang.)

Die Pracht des Tempels beeindruckte die Jünger. Hier schienen Kunst und Leistungswille der Menschen auf einem Höhepunkt angelangt zu sein, zumal der Tempel so riesig und stabil wirkte, als sei er für die Ewigkeit gebaut. Und doch sagte Jesus zu ihrer Überraschung, daß der Tag kommen werde, an dem nicht einer dieser Steine auf dem andern bleiben werde. Nicht einmal fünfzig Jahre vergingen, bis sich diese Prophezeiung Jesu verwirklichte.

VOM TODESKAMPF DER STADT JERUSALEM

Markus 13, 14—20

Wenn ihr aber sehet den Greuel der Verwüstung stehen, wo er nicht soll — wer es liest, der merke auf! —, alsdann, wer in Judäa ist, der fliehe ins Gebirge. Wer auf dem Dache ist, der steige nicht hernieder und gehe nicht hinein, etwas aus seinem Hause zu holen. Und wer auf dem Felde ist, der wende sich nicht um, seinen Mantel zu holen. Weh aber den Schwangeren und Säugenden zu jener Zeit! Bittet aber, daß es nicht geschehe im Winter. Denn in diesen Tagen wird solche Trübsal sein, wie sie nie gewesen ist bisher vom Anfang der Schöpfung, die Gott geschaffen hat, und auch nicht wieder werden wird. Und wenn der Herr diese Tage nicht verkürzt hätte, würde kein Mensch selig; aber um der Auserwählten willen, die er auserwählt hat, hat er diese Tage verkürzt.

Hier sagt Jesus einiges von dem Schrecken der Belagerung und der Zerstörung Jerusalems voraus. Er warnt die Menschen: sie sollten bei den ersten Zeichen, die sich ankündigten, fliehen und sich nicht einmal Zeit lassen, ihre Kleider zu greifen oder etwas von ihrem Besitz zu retten. In Wirklichkeit taten die Menschen später genau das Gegenteil: sie strömten in die Stadt, über die

dann der Tod in unvorstellbar grausamer Weise hereinbrach.
Der Ausdruck G r e u e l d e r V e r w ü s t u n g geht auf das Buch Daniel zurück (Dan. 9, 27; 11, 31; 12, 11); wörtlich bedeutet der hebräische Ausdruck: d i e e n t s e t z l i c h e E n t w e i h u n g. Ursprünglich war dieser Ausdruck im Zusammenhang mit Antiochus geprägt worden, der versucht hatte, die jüdische Religion auszumerzen und die Juden zu hellenisieren. Er hatte den Tempel dadurch entweiht, daß er Schweinefleisch auf dem großen Brandopferaltar geopfert und die Vorhöfe zu Bordellen gemacht hatte. Vor dem eigentlichen Heiligtum ließ er ein Standbild des Zeus errichten, das er den Juden zu verehren befahl. In diesem Zusammenhang schreibt der Verfasser des ersten Buches der Makkabäer (1, 57): „Im hundertundfünfundvierzigsten Jahr, am fünfzehnten Tage des Monats Chislev, ließ der König Antiochus den Greuel der Verwüstung auf Gottes Altar setzen und ließ in allen Städten Judas Altäre aufrichten." Mit dem Ausdruck d e r G r e u e l d e r V e r w ü s t u n g, d i e e n t s e t z l i c h e E n t w e i h u n g wurde ursprünglich die heidnischen Standbilder und alles, was mit der Entweihung des Tempels durch Antiochus zusammenhängt, bezeichnet. Jesus prophezeit, daß sich derartiges wiederholen werde. Fast wäre dies bereits im Jahre 40 n. Chr. geschehen, als Caligula römischer Kaiser war. Caligula war Epileptiker und unzurechnungsfähig und bestand darauf, ein Gott zu sein. Er hatte davon gehört, daß es im Tempel zu Jerusalem keine Standbilder gab, und er plante, dort sein eigenes Standbild errichten zu lassen, obwohl seine Ratgeber ihn anflehten, davon abzusehen, weil sie wußten, daß als Folge davon in Palästina ein blutiger Bürgerkrieg ausbrechen würde. Caligula ließ sich von seinem Vorhaben nicht abbringen, starb aber glücklicherweise 41 n. Chr., ehe er seinen Plan ausführen konnte.
Was meint Jesus, wenn er von d e m G r e u e l d e r V e r w ü s t u n g spricht? Zur Zeit Jesu warteten die Menschen nicht nur auf den Messias, sondern auch auf das Auftreten einer Macht, die das fleischgewordene Böse selbst war, eine Macht, die alles Widergöttliche um sich versammeln würde. Paulus nannte diese Macht: d e r M e n s c h d e r S ü n d e (2. Thess. 2, 3). Johannes, der Verfasser der Offenbarung, erblickte diese Macht (Offb. 17) in Rom. Jesus will hier sagen: „Eines Tages, und zwar schon sehr bald, werdet ihr erleben, daß die fleischgewordene Macht des Bösen den bewußten Versuch machen wird, das Volk und das Heiligtum Gottes zu zerstören." Er benutzt den altbekannten Ausdruck, um damit zu bezeichnen, was an Schrecklichem bevorsteht.

Im Jahre 70 n. Chr. fiel Jerusalem unter Titus, der später Kaiser wurde, endgültig den Belagerern in die Hände. Die Schrecken dieser Belagerung gehören zu den erschütterndsten Seiten im Buch der Geschichte. Die Menschen strömten vom Land in die Stadt Jerusalem hinein. Titus blieb keine andere Wahl, als die Stadt auszuhungern, damit sie sich ergab. Erschwert wurde die Situation dadurch, daß innerhalb der Stadt selbst zu diesem Zeitpunkt Sekten und Parteien einander bekämpften, so daß Jerusalem sowohl von außen als auch innen bedroht war. Im fünften Buch seiner „Geschichte des jüdischen Krieges" hat Josephus diese Belagerung beschrieben. Danach gerieten 97 000 Juden in Gefangenschaft, und 1 100 000 kamen entweder durch Hunger oder durch das Schwert um. Der Hunger habe immer weiter um sich gegriffen und ganze Familien dahingerafft. In den Obergemächern seien Frauen und Kinder eines langsamen Hungertodes gestorben. Die Gassen der Stadt hätten voller toter alter Menschen gelegen; Kinder und junge Leute seien auf den Marktplätzen wie Schatten umhergewandert, von Hungerödemen gezeichnet, und irgendwo tot umgefallen. Die Kranken waren nicht imstande, die Toten zu bestatten, und die Gesunden seien vor der großen Zahl der Toten zurückgeschreckt, nicht wissend, wann sie selbst sterben würden. Viele seien bei der Beisetzung anderer gestorben, viele hätten sich, bevor der Tod eintrat, selbst in den Sarg gelegt. Niemand habe die Totenklage angestimmt; der Hunger habe alle natürlichen Empfindungen vertrieben, und tiefes Schweigen habe sich wie tiefe Nacht über die Stadt gelegt. Dabei habe es auch an Leichenschändern nicht gefehlt, die die Toten ausplünderten. Weiter berichtet Josephus, manche hätte der Hunger sogar so weit getrieben, daß sie die Abfallhaufen nach Eßbarem durchsucht und Dinge gegessen hätten, deren Anblick schon ihnen sonst widerlich gewesen sei. Die Menschen hätten an Lederriemen und Sandalen geknabbert, und eine Frau habe sogar ihr Kind getötet und gebraten und es mit anderen zusammen verspeist.
Was Jesus Jerusalem prophezeit hatte, wurde auf schrecklichste Weise Wirklichkeit. Alle, die in der Stadt Zuflucht gesucht hatten, kamen elendiglich um, und nur die, die seinen Rat befolgt hatten und in die Berge geflohen waren, blieben verschont.

DER SCHWERE WEG

Markus 13, 9—13

Ihr aber, sehet euch vor! Denn sie werden euch überantworten den Gerichten, und in den Synagogen werdet ihr geschlagen werden, und vor Fürsten und Könige werdet ihr geführt werden um meinetwillen, ihnen zum Zeugnis. Und das Evangelium muß zuvor verkündigt werden allen Völkern. Wenn sie euch nun hinführen und überantworten werden, so sorget nicht zuvor, was ihr reden sollt; sondern was euch zu der Stunde gegeben wird, das redet. Denn ihr seid's nicht, die da reden, sondern der heilige Geist. Und es wird überantworten ein Bruder den andern zum Tode, und der Vater den Sohn, und die Kinder werden sich empören wider die Eltern und werden ihnen zum Tode helfen. Und ihr werdet gehaßt sein von jedermann um meines Namens willen. „Wer aber beharret bis ans Ende, der wird selig."

Wir kommen jetzt zu den Warnungen vor künftiger Verfolgung. Jesus ließ seine Anhänger niemals im Zweifel darüber, daß sie sich für einen beschwerlichen Weg entschieden hatten. Niemand konnte sagen, er habe nicht gewußt, was es heiße, Christus zu dienen.

Das Überantwortetwerden an die Gerichte und das Geschlagenwerden bezieht sich auf die Verfolgung durch die Juden. Zwar befand sich der große Hohe Rat, der oberste jüdische Gerichtshof, in Jerusalem: doch gab es auch in allen Städten und Dörfern örtliche jüdische Gerichte, vor denen diejenigen, die sich zu ihrem von den Juden als Irrlehre bezeichneten Glauben bekannten, verhört wurden, ebenso, wie sie in den Synagogen öffentlich ausgepeitscht wurden. Mit „Fürsten und Könige" sind die Prozesse vor römischen Gerichten gemeint, Verhöre, wie sie Paulus durch Felix, Festus und Agrippa über sich ergehen lassen mußte.

Tatsache ist, daß die Christen bei den Verhören sich wunderbar stark zeigten. Wenn wir die Berichte über die Verhöre der Märtyrer lesen, die vielfach unwissende und ungebildete Menschen waren, haben wir sehr häufig den Eindruck, daß in Wirklichkeit nicht die Christen, sondern die Richter vor Gericht standen. Der christliche Glaube bewirkte, daß die schlichtesten Menschen in ihrer Gottesfurcht sich vor keinem Menschen fürchteten.

Tatsächlich wurden Christen manchmal von ihren eigenen Familienangehörigen verraten. Zu den Geißeln jener Zeit gehörten im römischen Weltreich der Zuträger (d e l a t o r). Es gab Menschen, die sich nicht scheuten, ihre eigenen Verwandten und Bekannten zu verraten, um auf die Weise zu versuchen, sich das Wohlwollen der Herrschenden zu sichern; das muß ganz besonders bitter gewesen sein. Ein Mann, der unter Hitler im Konzentrationslager gewesen und die Zeit dort mit stoischer Gelassenheit sehr tapfer durchstanden hatte, beging kurze Zeit, nachdem er in die Freiheit zurückgekehrt war, Selbstmord. Die Eingeweihten kannten den Grund: Er hatte feststellen müssen, daß sein eigener Sohn ihn verraten hatte; dieser Verrat zerbrach den Mann, der alle Grausamkeiten seiner politischen Feinde ertragen hatte.

Die Feindschaft unter Verwandten und Freunden gehörte zu den im Schreckenskatalog der Endzeit von den Juden aufgeführten Punkten. „In jener Zeit werden Freunde einander als Feinde bekämpfen" (4. Esra 6, 24). „Und sie werden einander hassen und sich gegenseitig zum Krieg anreizen" (Syr. Baruchapokalypse 70, 3). „Und sie werden streiten, diese mit jenen, Jünglinge mit alten Leuten, alte Leute mit Jünglingen, der Arme mit dem Reichen, der Niedrige mit dem Großen, der Bettler mit den Mächtigen" (Buch der Jubiläen 23, 19). „Die Kinder werden den Alten Schande machen, die Alten werden sich vor den Kindern empören" (Mischna, Sota 9, 15). „Denn der Sohn verachtet den Vater, die Tochter setzt sich wider die Mutter, die Schwiegertochter ist wider die Schwiegermutter; und des Menschen Feinde sind sein eigenes Hausgesinde" (Micha 7, 6). Das Leben wird zur Hölle, wenn es keine persönliche Treue mehr gibt und keine verläßliche Liebe unter den Menschen.

Die Christen waren tatsächlich verhaßt. Tacitus spricht vom Christentum als einem „verfluchten Aberglauben". Die Hauptursache müssen wir darin sehen, daß durch den christlichen Glauben viele Familienbande zerrissen wurden. Nicht nur galt, daß die Menschen Christus mehr lieben sollten als Vater und Mutter, Sohn und Tochter; sondern erschwert wurde die Anlegenheit dadurch, daß man die Christen vielfach verleumdete, wobei kein Zweifel daran besteht, daß die Juden das Ihre dazu beitrugen. Die schlimmste Verleumdung war, daß man die Christen beschuldigte, sie seien Kannibalen, was auf die Abendmahlsworte zurückgeht, bei denen vom Essen des Leibes und Trinken des Blutes Christi die Rede ist. —

„Wer aber beharret bis ans Ende, der wird selig." Das Leben ist kein kurzer Sprint, sondern ein Marathonlauf, kein einmaliger, sondern ein ständiger Kampf. Ein berühmter Mann, der zu Lebzeiten nichts von einer Veröffentlichung seiner Biographie wissen wollte, begründete seine Weigerung mit den Worten: „Ich kenne zu viele, die noch in der letzten Runde das Rennen aufgegeben haben." Solange wir leben, wissen wir nicht, was noch kommen kann. John Bunyan, der Verfasser eines alten Welterfolgsbuches, sah in einem seiner Träume einen Weg, der unmittelbar vom Himmelstor in die Hölle führte. Selig wird, wer bis ans Ende beharrt.

GEFAHREN DER ENDZEIT

Markus 13, 3—6. 21—23

Und da er auf dem Ölberg saß gegenüber dem Tempel, fragten ihn Petrus und Jakobus und Johannes und Andreas für sich allein: Sage uns, wann wird das geschehen? und was wird das Zeichen sein, wann das alles soll vollendet werden? Jesus fing an, ihnen zu sagen: Sehet zu, daß euch nicht jemand verführe! Es werden viele kommen unter meinem Namen und sagen: Ich bin's, und werden viele verführen. Wenn nun jemand zu der Zeit wird zu euch sagen: Siehe, hier ist der Christus! siehe, da ist er! so glaubet's nicht. Denn mancher falsche Christus und falsche Prophet wird sich erheben und Zeichen und Wunder tun, so daß sie auch die Auserwählten verführen würden, wenn es möglich wäre. Ihr aber sehet euch vor! Ich habe es euch alles zuvor gesagt!

Jesus war sich klar darüber, daß Irrlehrer und Menschen, die die Wahrheit verdrehen, auftreten würden; und es sollte auch gar nicht lange dauern, bis Irrlehrer in den Gemeinden auftauchten. Irrlehren entspringen drei Ursachen.
1. Irrlehren entstehen, wenn man Lehren so verbiegt, wie es einem selber paßt. Das Wunschdenken der Menschen ist unbegrenzt. „Die Toren sprechen in ihrem Herzen: Es ist kein Gott", lautet ein berühmtes Wort des Psalmisten. Die Toren, von denen der Psalmist spricht, sind nicht Toren in dem Sinne, daß es ihnen an Verstand fehlt; sondern ihnen fehlt es an sittlicher Reife. Sie sagen, es gebe keinen Gott, bloß weil sie wünschen, es gebe keinen Gott; denn andernfalls würde es böse aussehen für sie. Deshalb tun sie einfach so, als gebe es keinen Gott. Besonders mit einer Irrlehre haben wir es immer wieder zu tun gehabt, mit dem sogenannten A n t i n o m i s m u s. Die Anti-

nomisten (Gesetzlichkeitsgegner) gehen davon aus, daß das Gesetz aufgehoben sei — und haben damit in gewisser Hinsicht recht; weiter sagen sie, außer der G n a d e zähle nichts — und haben damit wiederum in gewisser Hinsicht recht. Dann argumentieren sie — wie Paulus Römer 6 darlegt — in diesem Sinne weiter: „Du sagst, die Gnade Gottes sei groß genug, um alle Sünden zu bedecken?" „Ja." „Du sagst, Gott könne alle Sünden vergeben?" „Ja." „Du sagst, es gebe nichts Größeres und Wunderbareres als die Gnade Gottes?" „Ja." „Dann", so folgern die Antinomisten, „laßt uns nach Herzenslust sündigen; denn je mehr wir sündigen, um so mehr geben wir der Gnade Gottes Gelegenheit, wirksam zu werden. Sünde ist also etwas Gutes; denn erst durch sie erhält die Gnade eine Chance, wirksam zu werden." Die Gnade Gottes wird hier dazu mißbraucht, die Menschen zu lehren, sie dürften nach Belieben sündigen. In ähnlicher Weise argumentieren jene, die behaupten, es komme nur auf die Seele des Menschen an, nicht aber auf seinen Leib; dieser sei völlig unwichtig. Infolgedessen könne jeder mit seinem Leib machen, was er wolle. Wenn es ihm Spaß mache, könne er allen Lüsten und körperlichen Begierden nachgeben; denn der Leib sei ja nicht er selbst. Am ehesten verfallen wir in Ketzerei, wenn wir der christlichen Wahrheit nicht widersprechen, sondern sie so ummodeln, wie sie uns am besten paßt. Könnte es sein, daß die Hölle und das Wiederkommen Jesu so weitgehend aus dem religiösen Bewußtsein der heutigen Menschen verschwunden sind, weil beides ihnen unangenehm ist? Niemand wünscht, daß sie in ihrer früheren, Neurosen fordernden Gestalt wieder eine Rolle spielen möchten; vielleicht aber sind sie mit ihrem Wahrheitsgehalt dem christlichen Bewußtsein deswegen so weit entrückt, weil es uns nicht paßt, an sie zu glauben.

2. Irrlehren rühren daher, daß Teilwahrheiten überbewertet werden. So ist es zum Beispiel falsch, die H e i l i g k e i t — eines der Attribute Gottes — übermäßig zu betonen; denn dann wird es nie zu einer Vertrautheit zwischen Gott und uns kommen, und wir neigen einem Deismus zu (Gottbegrifflichkeit), der in Gott nur den fernen unbekannten Gott sieht. Wenn wir des weiteren ausschließlich an die G e r e c h t i g k e i t Gottes denken, werden wir niemals frei von der Furcht vor Gott; Dann bedeutet der Glaube nicht eine Hilfe, sondern eine Heimsuchung für uns. Vergegenwärtigen wir uns dagegen ausschließlich die L i e b e Gottes, dann kann unser Glaube sehr leicht sentimental werden; das Neue Testament besteht jedoch nicht nur aus Lukas 15. Christentum bedeutet immer auch ein Para-

doxon, ein spannungsreich Gegensätzliches. Gott ist die Liebe; aber Gott ist auch die Gerechtigkeit. Der Mensch ist frei und kann selbst entscheiden; aber Gott regiert. Der Mensch ist eine vergängliche Kreatur und doch ein Geschöpf der Unvergänglichkeit. Rechtgläubigkeit bedeutet — wie es ein geistvoller katholischer Schriftsteller einmal formuliert hat —, daß der Mensch „auf schmalem, messerscharfem Grat zwischen dem gähnenden Abgrund zu beiden Seiten dahinschreite". Ein Schritt zu weit nach rechts oder nach links, und schon nimmt das Unheil seinen Lauf. Im Lichte der göttlichen Botschaft müssen wir das Leben als ein wohlabgewogenes G a n z e s erkennen lernen.
3. Irrlehren rühren von dem Versuch her, eine Religion zu schaffen, die den Menschen eingängig und attraktiv erscheint. Zu diesem Zweck muß der Glaubensinhalt verwässert und ihm der Stachel genommen werden: Verdammnis, Demütigung, Sittlichkeit haben zu verschwinden. Wir sind jedoch nicht dazu da, das Christentum den Menschen anzupassen, sondern umgekehrt dazu: die Menschen entsprechend den Forderungen des Christentums zu verändern.
4. Zu Irrlehren kommt es, wenn wir uns aus der Gemeinschaft der Christen absondern; wer seine eigenen Wege geht, läuft ernste Gefahr, auf Irrwege des Denkens zu geraten. Nicht zufällig gibt es eine kirchliche Tradition und eine Vorstellung von der Kirche als der Hüterin der Wahrheit. Wer glaubt, sich durch seine Denkweise von der Gemeinschaft der Mitmenschen absondern zu müssen, wird früher oder später erfahren, daß etwas falsch ist an seinem Denken. Ein Grundsatz der römisch-katholischen Kirche lautet, niemand könne Gott zum Vater haben, der nicht die Kirche zur Mutter habe — und daran ist viel Wahres.
5. Zu Irrlehren kommt es, wenn versucht wird, den Glauben durch und durch begrifflich faßbar zu machen. Hier haben wir eine jener großen Paradoxien (Scheinwidersprüche) vor uns. Sind wir einerseits doch verpflichtet, unseren Glauben gedanklich zu fundieren, d. h. zu begreifen zu versuchen; andererseits aber läßt sich nicht leugnen, daß wir als Kreaturen, denen nur eine bestimmte Fassungskraft und eine begrenzte Zeit zugemessen sind, Gott niemals ganz verstehen können, weil Gott unendlich ist. Glaube, der sich in einer Reihe von Lehrsätzen festhalten und in einer Folge logischer Schritte wie ein geometrischer Lehrsatz konstruieren und beweisen läßt, ist daher ein Widerspruch in sich selbst. „Nur Narren versuchen, den Himmel in ihren Kopf hineinzuzwängen, was zur natürlichen Folge hat, daß ihnen der Kopf platzt. Der Weise begnügt sich damit,

seinen Kopf in den Himmel zu bekommen" (G. K. Chesterton). Auch wenn wir noch so intellektuell sind, sollten wir doch nie vergessen, daß es ein letztes unentschleierbares Geheimnis gibt, vor dem wir uns nur in Ehrfurcht verneigen können. „Wie könnte ich etwas preisend anbeten, wenn ich es ganz verstünde?" lautete eine berühmte Frage von Tertullian.

VON DER WIEDERKUNFT

Markus 13, 7. 8. 24—27

Wenn ihr aber hören werdet von Kriegen und Kriegsgeschrei, so fürchtet euch nicht. Es muß so geschehen. Aber das Ende ist noch nicht da. Denn es wird sich erheben ein Volk wider das andere und ein Königreich wider das andere. Und es werden Erdbeben geschehen hin und her und wird teure Zeit sein. Das ist der Anfang der Wehen. Aber zu der Zeit, nach dieser Trübsal, werden Sonne und Mond ihren Schein verlieren, und die Sterne werden vom Himmel fallen, und die Kräfte der Himmel werden ins Wanken kommen. Und dann werden sie des Menschen Sohn kommen sehen in den Wolken mit großer Kraft und Herrlichkeit. Und dann wird er seine Engel senden und wird versammeln seine Auserwählten von den vier Winden, vom Ende der Erde bis zum Ende des Himmels.

Hier spricht Jesus unmißverständlich von seiner Wiederkunft; jedoch — und das ist wichtig — er kleidet diese Aussage in drei Bilder, die wesentliche Bestandteile der mit dem Tag des Herrn verknüpften Darstellungen sind.
1. Dem Tag des Herrn sollte eine kriegerische Zeit vorangehen. Im 4. Buch Esra heißt es, bevor der Tag des Herrn anbreche, würde sein:

Empörung in Ländern,
Verwirrung in den Völkern
Anschläge unter den Nationen,
Unruhen unter den Fürsten (9, 3).

Im selben Buch lesen wir:

Da wird gewaltige Erregung über die Erdenbewohner fallen, daß sie Kriege wider einander planen, Stadt gegen Stadt, Ort gegen Ort, Volk gegen Volk, Reich gegen Reich (13, 30. 31).

In den Sibyllinischen Orakeln heißt es:
> ... wenn ein König den König angreift und sein Land wegnimmt, und Völker die Völker verderben und die Mächtigen die Stämme, die Führer aber alle in ein anderes Land fliehen, und das Land der Menschen verwandelt wird, und barbarische Herrschaft ganz Hellas verwüstet und das fette Land ausschöpft vom Reichtum, und sie ihnen entgegenkommen zum Streit ... (3, 635—640).

Denselben Gedanken begegnen wir in der Syrischen Baruchapokalypse. 27, 2—13 werden zwölf Einzelheiten genannt, die dem neuen Weltzeitalter vorausgehen werden:
> Im ersten Abschnitt wird der Anfang der Unruhen eintreten: und im zweiten Abschnitt Hinmordung der Großen der Welt. Und im dritten Abschnitt Hinsinken vieler in den Tod; und im vierten Abschnitt Aussendung des Schwertes. Und im fünften Abschnitt Hunger und Regenmangel, und im sechsten Abschnitt Unruhen und Schrecknisse. Und im siebenten Abschnitt ... (an dieser Stelle befindet sich eine Lücke in der Handschrift), und im achten Abschnitt viele Erscheinungen und Dämonenbegegnungen. Und im neunten Abschnitt Herabfallen von Feuer; und im zehnten Abschnitt viele Beraubung und Bedrückung. Und im elften Abschnitt Missetat und Üppigkeit; und im zwölften Abschnitt Mischung und Durcheinandermengung alles des vorher Genannten.
>
> Und in diesen Tagen werden alle Bewohner der Erde gegeneinander in Aufruhr sein.
>
> Und sie werden einander hassen und zum Kampf anreizen (Syr. Baruchapokalypse 48, 32).
>
> ...
>
> Und jeder, der sich aus dem Kriege rettet, soll durch ein Erdbeben sterben, und der, der sich aus dem Erdboden rettet, wird im Feuer verbrennen, und der, der sich aus dem Feuer rettet, wird durch Hunger zugrunde gehen (Spr. Baruchapokalypse 70, 8. 9).

Ganz eindeutig benutzte Jesus, als er von Krieg und Kriegsgeschrei sprach, Bilder, die wesentlicher Bestandteil der jüdischen Zukunftsvorstellungen waren.

2. Dem Tag des Herrn sollte eine Verfinsterung von Sonne und Mond vorausgehen. Davon ist an mehreren Stellen des Alten Testament die Rede (Amos 8, 9; Joel 2, 10; 3, 4; Hes. 32, 7. 8; Jes. 13, 10). Auch das Schrifttum zur Zeit Jesu ist voller Hinweise darauf.

> Da wird plötzlich die Sonne bei Nacht scheinen,
> und der Mond am Tage.
> ...
> Die Ausgänge der Sterne geraten in Verwirrung.
> (4. Esra 4—7)

In der syrischen Baruchapokalypse (32, 1) ist die Rede von „jener Zeit, wo der Allmächtige die ganze Schöpfung erschüttern wird". Und in den Sibyllinischen Orakeln (3, 798—803) wird von der Zeit gesprochen, „wenn Schwerter am gestirnten Himmel nächtlicherweise erscheinen gegen Abend und auch gegen Morgen ... Und der Glanz der Sonne wird vom Himmel mitten am Tage verschwinden und des Mondes Strahlen sichtbar werden und zurück auf die Erde kommen. Mit blutigen Tropfen aus den Felsen wird ein Zeichen geschehen."

In der Himmelfahrt Mose heißt es:

> Die Sonne wird kein Licht mehr geben und sich in Finsternis verwandeln;
> Die Hörner des Mondes werden zerbrechen, und er verwandelt sich ganz in Blut,
> Und der Kreis der Sterne wird in Verwirrung geraten
> (10, 5).

Auch diese Stellen zeigen, daß Jesus volkstümliche Ausdrücke und Vorstellungen gebrauchte, die allen geläufig waren.

3. Zu diesen Vorstellungen gehörte auch, daß die Juden von den vier Enden der Erde sich wieder in Palästina versammeln würden. Im Alten Testament begegnet uns dieser Gedanke Jesaja 27, 13; 35, 8—10; Micha 7, 12; Sacharja 10, 6—11. Auch im populären Schrifttum ist dies ein beliebter Gedanke.

> Posaunet in Zion mit der Lärmposaune für die Heiligen,
> laßt in Jerusalem des Siegesboten Stimme hören,
> denn Gott hat sich Israels erbarmt, es heimgesucht!
> Tritt hin, Jerusalem, auf eine Warte und sieh deine Kinder,
> vom Aufgang und Niedergang zusammengebracht vom Herrn!
> Vom Norden kommen sie, frohlockend über ihren Gott;
> von den Gestaden fernher hat Gott sie vereint.
> (Psalmen Salomos 11, 1—3)
> Allein der Herr wird euch in Treue sammeln wegen der Hoffnung auf sein Erbarmen und wegen Abrahams und Isaaks und Jakobs. (Testament Assers 7)

Beim Lesen der bildhaften Worte Jesu über sein neues Kommen müssen wir stets bedenken, daß er uns damit weder ein Jenseitspanorama noch einen Zeitplan für die Zukunft in die

Hand gibt, sondern daß er ganz einfach die Ausdrücke und Bilder gebrauchte, die die Mehrzahl der Juden kannte und die schon Jahrhunderte vor ihm benutzt worden waren.
Äußerst bemerkenswert ist jedoch, daß tatsächlich eintrat, was Jesus prophezeit hatte. Er prophezeite Kriege, und wirklich bedrohten die gefürchteten Parther alsbald die Grenzen des römischen Weltreiches. Er prophezeite Erdbeben, und innerhalb von vierzig Jahren erlebte die Welt voller Entsetzen jenes Erdbeben, das Laodicea verwüstete, und weiterhin den Ausbruch des Vesuvs, bei dem Pompeji unter der Lavamasse begraben wurde. Er prophezeite Hungersnöte, und tatsächlich brach in Rom zur Zeit des Kaisers Claudius eine Hungersnot aus, die eine solche Schreckenszeit herannahen ließ, daß Tacitus seine „Historien" (Geschichtschronik) mit der Feststellung einleitete, alles, was geschehe, scheine zu beweisen, daß die Götter nicht auf das Heil des römischen Weltreiches bedacht seien, sondern darauf, sich an ihm zu rächen.
Was den Abschnitt als Ganzes anlangt, so dürfen wir gleichwohl die Einzelheiten, vor allem das Drum und Dran an zeitgebundenen Bildern, nicht überbewerten. Was wir uns jedoch unbedingt merken müssen, ist die Tatsache, daß Jesus voraussagte, er werde wiederkommen.

SEHET EUCH VOR, WACHET!

Markus 13, 28—37

An dem Feigenbaum aber lernet ein Gleichnis: Wenn sein Zweig jetzt treibt und die Blätter kommen, so wißt ihr, daß der Sommer nahe ist. Also auch, wenn ihr seht, daß solches geschieht, so wisset, daß es nahe vor der Tür ist. Wahrlich, ich sage euch: Dies Geschlecht wird nicht vergehen, bis daß dies alles geschehe. „Himmel und Erde werden vergehen; meine Worte aber werden nicht vergehen." Von dem Tage aber und der Stunde weiß niemand, auch die Engel im Himmel nicht, auch der Sohn nicht, sondern allein der Vater. Sehet euch vor, wachet! denn ihr wisset nicht, wann die Zeit da ist. Gleichwie ein Mensch, der über Land zog und verließ sein Haus und gab seinen Knechten Vollmacht, einem jeglichen seine Arbeit, und gebot dem Türhüter, er solle wachen: so wachet nun; denn ihr wisset nicht, wann der Herr des Hauses kommt, ob am Abend oder zu Mitternacht oder um den Hahnenschrei oder des Morgens, auf daß er euch nicht schlafend finde, wenn er plötzlich kommt. Was ich aber euch sage, das sage ich allen: Wachet!

Bei diesem Abschnitt sind zwei Besonderheiten zu beachten.
1. Zuweilen wird die Vermutung geäußert, daß Jesu Voraussage, dies alles werde geschehen, ehe dies Geschlecht vergehe, nicht eingetroffen sei. Indessen, das Gegenteil stimmt; Jesus hatte ganz eindeutig recht. Denn dieser Satz bezieht sich nicht auf seine Wiederkunft, was schon daraus hervorgeht, daß es im nächsten Satz heißt, er wisse nicht Tag noch Stunde, wann das sein werde. Der fragliche Satz betrifft also vielmehr die Vorhersage Jesu vom Fall der Stadt Jerusalem und von der Zerstörung des Tempels — eine Vorhersage, die sich exakt bewahrheitete.
2. Jesus sagt, er wisse nicht Tag noch Stunde, wann er wiederkommen werde; das läge allein bei Gott. Das sollte allen zur Warnung dienen, die da meinen, diesen Termin berechnen zu können. Es wäre gotteslästerlich, wenn wir etwas erforschen wollten, von dem selbst unser Herr gesagt hat, er wisse es nicht.
3. Jesus zieht aus dieser Erkenntnis praktische Schlüsse. Wir sind wie Menschen, die zwar wissen, daß ihr Gebieter kommt, nicht jedoch, wann dies sein wird. Wir leben im Schatten der Ewigkeit. Es besteht kein Grund zu ängstlicher oder hysterischer Erwartung. Wohl aber bedeutet dies, daß wir täglich unser Werk verrichten und so leben müssen, daß es einerlei ist, wann er kommt. Jeden Tag sollen wir so gestalten, daß wir ihm jeden Augenblick von Angesicht zu Angesicht begegnen können. Unser ganzes Leben soll eine Vorbereitung auf diese Begegnung sein.
Wir haben eingangs gesagt, dies sei zwar ein recht schwieriges Kapitel; es habe uns aber grundlegende Wahrheiten zu vermitteln. Dazu gehören folgende Sachverhalte:
1. Wir erfahren darin, daß nur ein Mann Gottes die Geheimnisse der Geschichte zu ergründen vermag. Jesus erkannte das Schicksal, das Jerusalem bevorstand, während andere dem gegenüber, was sich anbahnte, blind waren. Nur wer sich selbst von Gott leiten läßt und Gott kennt, vermag etwas von dem Plan Gottes mit den Menschen zu erkennen.
2. Wir erfahren darin zweierlei über das Wiederkommen Christi. a) Wir erfahren, daß diese Lehre etwas beinhaltet, was wir nur auf eigene Gefahr mißachten oder vergessen können. b) Wir erfahren, daß von diesem Kommen in Bildern und Vorstellun-

gen gesprochen wird, die der Vorstellungswelt der Zeit Jesu entsprachen, weshalb es sinnlos ist, über Einzelheiten nachzugrübeln, zumal Jesus selbst es zufrieden war, daß er etwas nicht wußte. E i n e Gewißheit allerdings dürfen wir haben: daß die Geschichte ein Ziel hat.

3. Wir erfahren darin, daß es keine größere Torheit gibt, als die, Gott zu vergessen und in irdischen Dingen zu ertrinken. Weise ist, wer stets bedenkt, daß er jederzeit dafür bereit sein soll, daß der letzte Ruf erfolgt. Wer dessen eingedenk ist, für den wird das Ende nicht Schrecken, sondern Freude sein.

DER LETZTE AKT BEGINNT

Markus 14, 1. 2

Es waren aber noch zwei Tage bis zum Osterfest und den Tagen der ungesäuerten Brote. Und die Hohenpriester und Schriftgelehrten suchten, wie sie ihn mit List griffen und töteten. Denn sie sprachen: Ja nicht am Fest, daß nicht ein Aufruhr im Volke werde!

Der letzte, übervolle Abschnitt im Leben Jesu stand unmittelbar bevor. Das Passafest (Osterfest) und das Fest der ungesäuerten Brote waren in Wirklichkeit zwei völlig verschiedene Dinge. Das Passafest fiel auf den 14. Nisan, also etwa auf den 14. April. Die Tage der ungesäuerten Brote waren die sieben unmittelbar auf das Passafest folgenden Tage. Während das Passafest zu den Festen gehörte, an denen die Sabbatvorschriften eingehalten werden mußten, waren während der Tage der ungesäuerten Brote Arbeiten zulässig, „soweit sie das öffentliche Interesse erforderlich machte oder soweit sie private Verluste verhinderten". Neue Arbeiten durften dagegen in dieser Zeit nicht begonnen werden. Der eigentliche Feiertag war der Tag des Passafestes.

Das Passafest gehörte zusammen mit dem Pfingstfest und dem Laubhüttenfest zu den Festen, zu denen alle erwachsenen jüdischen Männer, soweit sie in einem Umkreis von etwa zwanzig Kilometern von Jerusalem entfernt wohnten, hier zu erscheinen hatten.

Das Passafest hatte eine doppelte Bedeutung. a) Es hatte h i s t o r i s c h e B e d e u t u n g (2. Mose 12); denn es erinnerte die Kinder Israels an ihren Auszug aus Ägypten und ihre Befreiung. Den alten Berichten zufolge hatte Gott eine

Plage nach der anderen über Ägypten kommen lassen, und jedesmal hatte der Pharao versprochen, das Volk Israel ziehen zu lassen. Doch wenn die Plagen nachließen, verhärtete sich sein Herz jedesmal aufs neue, und er löste sein gegebenes Wort nicht ein. Daraufhin kam schließlich jene furchtbare Nacht, in der der Engel des Todes durch Ägyptenland ging und in allen Häusern den erstgeborenen Sohn erschlug. Damals wurden die Israeliten von Gott aufgefordert, ein Lamm zu schlachten und mit einem Büschel Ysop die beiden Pfosten sowie die obere Schwelle der Tür mit dem Blut des Lammes zu bestreichen, damit der Engel des Todes das Zeichen sah, wenn er vorüberging, und die Bewohner verschonte. Und bevor sie sich dann auf den Weg machten, sollten die Israeliten das Fleisch des Lammes essen und ungesäuertes Brot dazu. An dieses „schonende Vorübergehen" — das bedeutet das Wort Passa, hebräisch P e s a c h — an jenes Mahl und den Auszug aus Ägypten erinnerte das Passafest die Juden alljährlich. b) Außerdem kam dem Fest l a n d w i r t s c h a f t l i c h e B e d e u t u n g zu; denn mit ihm begann die Gerstenernte. An diesem Tag mußte eine Gerstengarbe als Schwingopfer vor dem Herrn geschwungen werden (3. Mose 23, 10. 11). Erst danach durfte die frischgeerntete Gerste in den Geschäften verkauft, durfte Brot aus frischem Mehl gegessen werden.

Zum Passafest wurden alle nur denkbaren Vorbereitungen getroffen. So wurde im Monat zuvor in den Synagogen der Sinn des Festes erläutert, und auch der tägliche Unterricht in den Schulen bezog sich auf das Passafest. Man tat alles nur mögliche, damit niemand unwissend und unvorbereitet das Fest beging. Die Straßen wurden in Ordnung gebracht, die Brücken repariert. Vor allem eins geschah regelmäßig: Da es eine weitverbreitete Sitte war, die Toten seitlich der Straßen zu bestatten, wurden die Gräber vor dem Passafest geweißt, so daß sie kenntlich waren und die Pilger die Berührung mit ihnen vermeiden konnten. Sie zu berühren wäre nämlich gleichbedeutend mit einer Berührung der Toten gewesen und hätte sie unrein gemacht, so daß sie vom Fest ausgeschlossen geblieben wären. Die Psalmen 120—134 waren P i l g e r l i e d e r für die zum Tempel ziehenden Festteilnehmer, Lieder, die von den Pilgern möglicherweise schon auf dem Wege nach Jerusalem angestimmt wurden, wobei Psalm 122 der Psalm gewesen sein soll, den sie sangen, wenn sie das letzte Stück zum Tempel hinaufzogen.

Zwar waren, wie gesagt, nur alle erwachsenen männlichen Juden, die im Umkreis von zwanzig Kilometern entfernt wohnten, verpflichtet, zum Passafest nach Jerusalem zu kommen. Doch weit mehr als nur diese kamen, weil alle Juden, wo immer sie auch leben mochten, danach trachteten, vor ihrem Tode mindestens einmal das Passafest in Jerusalem verbracht zu haben. Daher strömten zu diesem Fest Juden aus aller Welt hier zusammen; Unterkunft wurde in dieser Zeit umsonst gewährt. Da Jerusalem selber die Menge der Pilger jedoch nicht zu beherbergen vermochte, wurden diese auch in den umliegenden Dörfern untergebracht, zu denen auch Bethphage und Bethanien gehörten. Eine Stelle bei Josephus vermittelt uns eine Vorstellung von der Zahl der Pilger. Er schreibt, Cestius, der um das Jahr 65 n. Chr. Statthalter in Palästina war, habe große Schwierigkeiten gehabt, Nero von der außerordentlichen Bedeutung der jüdischen Religion zu überzeugen; er habe daher, um den Kaiser zu beeindrucken, den Hohenpriester veranlaßt, eine Schätzung der jährlich zum Passafest geschlachteten Lämmer vorzunehmen. Ihre Zahl betrug nach Josephus' Angaben 256 000. Da das Gesetz vorschrieb, daß mindestens zehn Personen von einem Lamm essen mußten, würde dies bedeuten, daß sich annähernd 3 Millionen Pilger in Jerusalem aufhielten. Gerade hierin lag für die jüdischen Oberen ein Problem. Während des Passafestes herrschte nämlich meist große Unruhe: Die Erinnerung an die Befreiung aus der ägyptischen Gefangenschaft ließ in den Menschen den Wunsch nach Befreiung von der römischen Herrschaft wachwerden; zu keiner anderen Zeit des Jahres wurden die Nationalgefühle so hochgespielt. Der Statthalter residierte zwar in Cäsarea, und dort waren auch die Truppen stationiert; doch während des Passafestes wurden jedesmal besondere Einheiten nach Jerusalem abkommandiert, die auf der Burg Antonia Quartier bezogen, von wo sie den ganzen Tempelbezirk überblicken konnten. Die Römer wußten, daß zur Zeit des Passafestes alles mögliche passieren konnte, und gingen daher kein Risiko ein. Und die jüdischen Oberen wußten ebenso genau, daß die Gefangennahme Jesu in dieser so leicht entflammbaren Atmosphäre durchaus zu einem Aufruhr führen konnte. Deshalb versuchten sie Jesus durch eine List dahinzubringen, daß sie ihn insgeheim verhaften konnten, ehe die Bevölkerung etwas davon erfuhr.

Der letzte Akt im Leben Jesu sollte sich in einer Stadt abspielen, die voll von Juden aus aller Welt war. Diese waren gekommen, um des Ereignisses zu gedenken, durch das vor langer Zeit ihr Volk aus der ägyptischen Gefangenschaft errettet worden war. Und zu eben diesem Zeitpunkt starb der gottgesandte Erretter der Menschheit den Kreuzestod.

VERSCHWENDERISCHE LIEBE

Markus 14, 3—9

Und da er zu Bethanien war in Simons, des Aussätzigen, Hause und saß zu Tische, da kam eine Frau, die hatte ein Glas mit unverfälschtem und köstlichem Nardenöl, und sie zerbrach das Glas und goß es auf sein Haupt. Da waren aber etliche, die wurden unwillig und sprachen untereinander: Was soll doch diese Vergeudung des Salböls? Man hätte dieses Öl um mehr als dreihundert Silbergroschen verkaufen können und sie den Armen geben; und fuhren sie an. Jesus aber sprach: Laßt sie! Was bekümmert ihr sie? Sie hat ein gutes Werk an mir getan. Ihr habt allezeit Arme bei euch, und wenn ihr wollt, könnt ihr ihnen Gutes tun; mich aber habt ihr nicht allezeit. Sie hat getan, was sie konnte; sie hat meinen Leib im voraus gesalbt zu meinem Begräbnis. Wahrlich, ich sage euch: Wo das Evangelium gepredigt wird in aller Welt, da wird man auch das sagen zu ihrem Gedächtnis, was sie jetzt getan hat.

Eine der letzten Freundlichkeiten, die Jesus widerfuhren, wurde ihm in Bethanien im Hause Simons, des „Aussätzigen" (wie dieser von einer früheren Krankheit her hieß) zuteil. Beim Essen pflegte man in Palästina nicht zu sitzen, sondern sich auf niedrigen Liegen niederzulassen, wobei man den linken Ellbogen aufstützte und die rechte Hand zum Essen benutzte. Wer also an die Essenden herantrat, überragte sie ein ganzes Stück. Als sie so zu Tische lagen, trat zu Jesus eine Frau, die ein Alabasterfläschchen mit Öl bei sich trug. Nach altem Brauch wurden die Gäste bei ihrer Ankunft oder vor dem Essen mit ein paar Tropfen Parfüm besprengt. In diesem Fall enthielt das Fläschchen kostbares Nardenöl, das aus einer seltenen indischen Pflanze hergestellt wurde. Die Frau begnügte sich jedoch nicht damit, wie üblich ein paar Tropfen auf das Haupt Jesu zu gießen; sondern sie zerbrach das Glas und goß den ganzen Inhalt über ihn aus.
Es können verschiedene Gründe gewesen sein, aus denen die Frau das Fläschchen zerbrach. Vielleicht tat sie es zum Zeichen dafür, daß alles verbraucht werden sollte; vielleicht dachte sie dabei aber auch an etwas anderes: an die im Orient verbreitete Sitte nämlich, Gläser, die von vornehmen Gästen oder Fremden

benutzt worden waren, nach dem Gebrauch zu zertrümmern, damit kein Geringerer sie danach benutzen könnte. An eines jedoch dachte sie dabei bestimmt nicht; Jesus aber sah es. Im Orient war es üblich, die eben Verstorbenen zunächst zu waschen und danach zu salben. War der Leichnam eingesalbt worden, so wurde das Glas, in dem die Salbe enthalten gewesen war, zerbrochen und die Scherben mit dem Toten zusammen ins Grab gelegt. Auch wenn die Frau dergleichen zu tun nicht im Sinne gehabt hatte, so tat sie es doch de facto.
Ihr Tun erregte den Unwillen und die Kritik einiger Anwesender. Das Öl war mehr als 300 Silbergroschen oder d e n a r i i (wie es im griechischen Text heißt) wert. Der Denar war eine römische Silbermünze, deren Wert umgerechnet etwa 1 Mark betrug; das war der Betrag, der dem Tagelohn eines Arbeiters entsprach. Ein einfacher Mann hätte also fast ein ganzes Jahr arbeiten müssen, um das Glas mit Nardenöl kaufen zu können. Manchen der Anwesenden erschien daher das, was die Frau tat, als unglaubliche Verschwendung, und sie waren der Meinung, man hätte das Geld lieber den Armen geben sollen. Jesus jedoch verstand die Frau. Er erinnerte die Murrenden an die Heilige Schrift, in der es heißt: „Es werden allezeit Arme sein im Lande" (5. Mose 15, 11). „Den Armen könnt ihr, wenn ihr wollt, jederzeit helfen", sagte Jesus zu ihnen. „Mir aber könnt ihr nicht mehr lange etwas Gutes antun. Was sie getan hat, ist, als ob sie meinen Leib schon für die Beisetzung gesalbt hätte."
Was sich hier zutrug, war ein Akt der Liebe.
1. Jesus sagte, die Frau hätte ein g u t e s Werk an ihm getan. Im Griechischen gibt es zwei Wörter für g u t : a g a t h o s bezeichnet etwas sittlich Gutes, k a l o s etwas, was nicht nur gut, sondern auch s c h ö n ist. Etwas kann a g a t h o s sein und trotzdem streng, hart, nüchtern und wenig anziehend. Was k a l o s ist, hat dagegen stets etwas Gewinnendes, Anziehendes, einen gewissen Charme, und das war nach Jesu Äußerung auch bei dieser Frau der Fall. Wahre Liebe bewirkt nicht nur Gutes, sondern auch Schönes.
2. Echter Liebe haftet stets etwas Verschwenderisches an. Sie ist nicht berechnend und überlegt nicht, wie wenig sie mit Anstand geben kann, sondern gibt alles, was sie hat; und dennoch erscheint ihr die Gabe immer noch zu gering. Echter Liebe haftet eine Unbekümmertheit an, die die Kosten nicht in Rechnung stellt.
3. Liebe vermag die einmaligen Gelegenheiten zu erkennen. Wie oft treibt es uns, etwas Liebes zu tun, ohne daß wir es

dann auch wirklich tun! Vielleicht haben wir plötzlich eine Scheu oder sind zu zaghaft; vielleicht scheint uns bei nochmaligem Nachdenken ein anderer Weg vernünftiger zu sein. Das passiert uns selbst bei den einfachsten Dingen, sei es, daß uns der Gedanke kommt, jemandem für etwas zu danken, oder jemandem zu sagen, wie gern wir ihn haben, oder jemandem ein Geschenk zu machen. Leider ersticken derartige Impulse oft bereits im Keim. Dabei wäre das Leben weit schöner, wenn es mehr Menschen gäbe wie diese Frau, die dem Impuls ihres Inneren gehorchte, weil sie wußte, wenn sie es jetzt nicht täte, würde sie es nie tun. Wie muß dieses Zeichen spontaner verschwenderischer Freundlichkeit Jesus wohlgetan haben!

4. Noch etwas ersehen wir aus diesem Abschnitt: wie unbezwinglich das Vertrauen Jesu war. Obwohl der Kreuzestod bereits seine Schatten vorauswarf, focht ihn nie der Gedanke an, daß dies das Ende sein könnte. Er wußte, daß die frohe Botschaft in aller Welt gepredigt werden und daß damit auch von dieser schönen Begebenheit gesprochen werden würde, von dieser unbekümmerten, vom Augenblick eingegebenen Verschwendung eines von Verehrung und Liebe erfüllten Herzens.

VERRAT DES JUDAS

Markus 14, 10. 11

Und Judas Ischarioth, einer von den Zwölfen, ging hin zu den Hohenpriestern, daß er ihn an sie verriete. Da sie das hörten, wurden sie froh und verhießen, ihm Geld zu geben. Und er suchte, wie er ihn bei guter Gelegenheit verriete.

Es zeugt von hohem künstlerischen Sinn, daß Markus in seinem Bericht der Salbung in Bethanien den Verrat des Judas folgen läßt. Kommentarlos stellt er die Tat edelmütiger Liebe neben die schrecklicher Treulosigkeit.

An Judas können wir nicht ohne Schaudern denken. Dante versetzt ihn in die unterste Hölle, in die Hölle aus Kälte und Eis, all denen bestimmt, die nicht dadurch zu Sündern wurden, daß sie sich von Leidenschaften haben hinreißen lassen, sondern dadurch, daß sie in kalter Berechnung sich gegen die Liebe Gottes versündigten.

Markus geht bei seinem Bericht so sparsam mit den Worten um, daß zu Spekulationen kein Raum bleibt. Dennoch lassen sich verschiedene Dinge erkennen, die hinter der Handlungsweise des Judas wirksam sind.

1. Habgier. Matthäus 26, 15 heißt es, Judas sei zu den Hohenpriestern gegangen und habe sie gefragt, was sie ihm für den Verrat geben wollten, und um den Preis von 30 Silberlingen sei er mit ihnen handelseinig geworden. Einen Hinweis bietet auch Johannes 11, 57. Dort wird gesagt, die jüdischen Oberen hätten ein Gebot ausgehen lassen: wenn jemand wüßte, wo Jesus wäre, solle er's anzeigen, damit sie ihn greifen könnten. Es kann durchaus sein, daß Jesus damals praktisch schon geächtet, daß ein Preis auf seinen Kopf ausgesetzt war und daß Judas dies wußte und sich diese Summe verschaffen wollte. Das Johannesevangelium läßt daran keine Zweifel. Johannes berichtet, Judas habe das Geld der Apostelschar verwaltet und diese seine Stellung dazu mißbraucht, sich selbst zu bereichern (Joh. 12, 6). Der Wunsch nach Geld kann die Menschen blind machen gegenüber dem, was Anstand und Sitte gebieten; er kann sie alles außeracht zu lassen nötigen. Judas entdeckte erst zu spät, daß es Dinge gibt, für die ein zu hoher Preis gezahlt werden muß.

2. Zweifellos haben auch Eifersucht und Neid eine Rolle gespielt. So ging Klopstock von der Annahme aus, Judas habe, als er in die Schar der Jünger aufgenommen worden sei, alle Tugenden und Gaben besessen, die ihn hätten groß machen können; doch nach und nach sei er von verzehrender Eifersucht auf Johannes erfaßt worden, auf den Jünger, den Jesus liebhatte, und diese Eifersucht habe ihn zu seiner entsetzlichen Tat getrieben. Es ist unschwer zu erkennen, daß es unter den Zwölfen Spannungen gab. Während die übrigen jedoch damit fertig wurden, scheint Judas der einzige gewesen zu sein, der vom unbesiegbaren Dämon der Eifersucht gepackt war. Nichts wirkt sich auf unser eigenes und auf das Leben anderer zerstörerischer aus als Eifersucht.

3. Sicher war auch Ehrgeiz mit im Spiele. Immer wieder mußten wir feststellen, daß die Jünger an das Reich Gottes irdische Vorstellungen knüpften, daß sie davon träumten, welche Stellungen sie darin einst einnehmen würden. Das muß auch Judas getan haben, und es ist denkbar, daß er, während die übrigen noch ihren diesbezüglichen Träumen nachhingen, als erster erkannte, wie falsch diese Vorstellung war, wie gering damit die Aussicht auf eine innerweltliche Erfüllung. Und ebenso kann es sein, daß die Liebe, die er einmal für Jesus empfunden hatte, sich, als er sich in diesen Illusionen getäuscht sah, in Haß verwandelte. Shakespeare läßt in seinem Drama

„Heinrich VIII." Wolsey zu Thomas Cromwell sagen:
„Cromwell, bei deinem Heil, wirf Ehrsucht von dir!
Die Sünde hat die Engel selbst betört,
wie frommte sie dem Menschen, Gottes Bilde?
Flieh Eigenliebe!"

Es gibt einen Ehrgeiz, der die Menschen dazu bringt, Liebe und alles sonstige Edle niederzutrampeln, wenn es darum geht, ihr selbstisches Ziel zu erreichen.

4. Immer wieder haben sich Menschen von dem Gedanken faszinieren lassen, vielleicht habe Judas gar nicht gewollt, daß Jesus starb. Mit hoher Wahrscheinlichkeit sei anzunehmen, daß Judas ein fanatischer Nationalist gewesen ist und in Jesus zunächst den gesehen hat, der seine Träume von nationaler Größe, Macht und Herrlichkeit verwirklichen würde. Als er dann habe erkennen müssen, daß Jesus unentrinnbar dem Kreuzestod entgegenging, habe er in einem letzten Anlauf, seinen Traum doch noch zu verwirklichen, Jesus verraten, u m i h n a u f d i e s e W e i s e z u m H a n d e l n z u z w i n g e n; er habe ihn den jüdischen Oberen in der Vorstellung ausgeliefert, daß Jesus sich nunmehr genötigt sähe, zu handeln, um sich selbst zu retten, und daß dies der Anfang des siegreichen Kampfes sein würde, von dem er geträumt hatte. Vielleicht kann man sich bei dieser Deutung auf die Tatsache stützen, daß Judas, als er sah, was er angerichtet hatte, die Silberlinge wegwarf, hinging und sich erhängte (Matth. 27, 3—5). Eine Sicherheit gibt es hier freilich nicht.

5. Sowohl bei Lukas als auch bei Johannes heißt es ganz schlicht, der Satan sei in Judas gefahren (Luk. 22, 3; Joh. 13, 27). Genau darum handelt es sich letzten Endes tatsächlich. Judas wollte, daß Jesus sei, was er nach seinen, des Judas Wünschen sein sollte, nicht aber das, was Jesus selbst sein wollte. Judas schloß sich Jesus in Wirklichkeit nicht vor allem deswegen an, weil er ihm nachfolgen wollte, sondern um Jesus seinen eigenen ehrgeizigen Plänen nutzbar zu machen. Nicht er wollte sich Jesus ergeben, sondern Jesus sollte sich ihm ergeben. Als Jesus dennoch seinen eigenen Weg ging, den Weg, der zum Kreuzestod führte, da zürnte ihm Judas deswegen so sehr, daß er ihn verriet. Sünde ist im Grund Hochmut, das Streben nach völliger Unabhängigkeit, der Wunsch, zu tun, was uns, nicht aber, was Gott gefällt. Der Teufel, der Satan, der Böse verkörpert diese Haltung, mitsamt allem, was widergöttlich ist und sich Gott nicht beugen will. In Judas war diese Gesinnung Fleisch geworden.

Uns schaudert vor Judas. Dennoch sollten wir uns fragen:

Sind wir selber so völlig anders als er? Haben Habgier, Eifersucht, Ehrgeiz, Wille zur Macht nicht auch über uns Gewalt? Wie sie bewirkten, daß Judas damals Jesus verriet, so bewirken sie zu allen Zeiten, daß wir Menschen ihn verraten.

VORBEREITUNG AUF DAS FEST

Markus 14, 12—16

> *Und am ersten Tage der ungesäuerten Brote, da man das Osterlamm opferte, sprachen seine Jünger zu ihm: Wo willst du, daß wir hingehen und dir das Osterlamm bereiten, daß du es essest? Und er sandte seiner Jünger zwei und sprach zu ihnen: Gehet hin in die Stadt, und es wird euch ein Mensch begegnen, der trägt einen Krug mit Wasser; folget ihm, und wo er hineingeht, da sprecht zu dem Hausherrn: Der Meister läßt dir sagen: Wo ist das Gemach, darin ich das Osterlamm mit meinen Jüngern essen kann? Und er wird euch einen großen Saal zeigen, der mit Polstern versehen und bereit ist; daselbst richtet für uns zu. Und die Jünger gingen weg und kamen in die Stadt und fanden's, wie er ihnen gesagt hatte, und bereiteten das Osterlamm.*

Wenn wir den Bericht von der letzten Woche im Leben Jesu lesen, sind wir mehrfach überrascht von der planenden Zielstrebigkeit seiner Maßnahmen. Immer wieder fällt auf, daß er nichts bis zum letzten Augenblick aufschiebt. Lange zuvor hat er Anstalten getroffen, daß der Esel für seinen Einzug in Jerusalem bereitsteht. Und auch hier wieder sehen wir, daß alles von ihm von langer Hand vorbereitet worden ist. Als die Jünger wissen wollten, wo sie das Osterlamm mit ihm essen würden, schickte Jesus sie mit der Anweisung nach Jerusalem, nach einem Manne Ausschau zu halten, der einen Krug mit Wasser trüge; das war das vorher verabredete Zeichen. Normalerweise war das Tragen von Wasserkrügen Sache der Frauen; Männer pflegten dies nicht zu tun. Daher mußte ein Mann, der einen Wasserkrug auf der Schulter trug, auffallen. Jesus hatte nicht nur vor langer Zeit einen Ort ausfindig gemacht, an dem er mit den Jüngern das Passamahl einnehmen konnte, sondern auch verabredet, wie sie diese Stätte finden konnten.

In den größeren Häusern der Juden befanden sich Obergemächer, weshalb diese Häuser aussahen, als ob auf einen größeren Kasten ein kleinerer gestülpt worden sei, der nämlich mit dem Obergemach. Zu diesem gelangte man durch eine Außentreppe, so daß es sich erübrigte, zunächst den unteren Raum zu betreten, wenn man hinaufwollte. Das Obergemach diente vielerlei Zwecken: es war Vorratsraum, Stätte der Stille und Meditation sowie Gästezimmer, wenn Besuch kam; vor allem aber war dies der Ort, an dem die Rabbinen eine ausgewählte Schar ihrer Schüler zu unterrichten pflegten. Jesus hielt sich bei dem, was er diesbezüglich tat, also nur an die herkömmlichen Sitten, wie jeder andere Rabbi auch.

In bezug auf die jüdische Zeitrechnung dürfen wir nicht übersehen, daß der Tag bei den Juden um 6 Uhr abends begann. Der 13. Nisan, der Tag der Vorbereitung auf das Passafest, dauerte bis 6 Uhr abends; danach begann der 14. Nisan. Anders ausgedrückt: Der Freitag begann für die Juden am Donnerstag um 18 Uhr.

Welche Vorbereitungen mußten zum Passafest getroffen werden?

Der erste zeremonielle Akt war die Suche nach Sauerteig. Auch der letzte Krümel Sauerteig mußte vor dem Passafest auf dem Hause verschwunden sein; denn auch in der drängenden Eile beim Auszug aus Ägypten hatte man beim ersten Passamahl nur ungesäuertes Brot essen können (2. Mose 12). Ungesäuertes Brot schmeckt übrigens kaum wie Brot, sondern eher wie Wasserzwieback; es läßt sich wesentlich schneller backen als Brot mit Sauerteig. Hinzu kam, daß Sauerteig ein Sinnbild der Verwesung war; handelt es sich bei ihm doch um in Gärung geratenen Teig, und die Juden identifizierten den Gärprozeß mit Fäulnis und Verwesung. Am Tag vor dem Passafest durchsuchte der Hausherr mit einem brennenden Licht in der Hand das ganze Haus nach Sauerteig. Zuvor betete er: „Gelobt seist Du, Jahwe, unser Herr und Gott, der Du uns durch Deine Gebote geheiligt und uns befohlen hast, den Sauerteig zu entfernen." Und nach Abschluß der Suche, sagte der Hausherr: „Aller Sauerteig, der sich in meinem Besitz befindet, sei er sichtbar oder unsichtbar, möge zu nichts werden, möge sein wie der Staub der Erde."

Als nächstes erfolgte am Nachmittag vor dem Passamahl die Opferung des Passalamms, und zwar im Tempel, wo jeder Hausvater sein Lamm selbst schlachten und das Opfer darbringen mußte. Da nach jüdischer Auffassung alles Blut Gott heilig war, weil die Juden Blut mit Leben gleichsetzten, war es ganz natürlich, daß dies so festgesetzt war. Zwischen Tempelbesuchern und dem Altar standen Priester in zwei langen Reihen. In jeder Reihe befand sich eine goldene oder silberne Schale, in der das Blut der geschlachteten Lämmer aufgefangen wurde; die Schale wurde anschließend weitergereicht, bis der letzte Priester der Reihe das darin enthaltene Blut auf den Altar goß. Danach wurde dem Tier das Fell abgezogen und Eingeweide sowie Fett entfernt — sie waren Bestandteil des Opfers —; dann erhielten die Tempelbesucher das übrige zurück. Wenn die Zahlenangaben des Josephus auch nur annähernd korrekt sind und mehr als 250 000 Lämmer geschlachtet wurden, läßt sich vorstellen, wie blutig der Altar und wie blutig es auch in den Vorhöfen ausgesehen haben muß. Das Osterlamm selbst wurde mit nach Hause genommen und dort gebraten. Es durfte nicht gekocht werden, weil es mit so gut wie nichts in Berührung kommen durfte, nicht einmal mit den Wänden eines Topfes. Es mußte über offenem Feuer an einem aus dem Holz eines Granatapfelbaumes hergestellten Spieß gebraten werden. Der Spieß wurde der Länge nach durch das Tier hindurchgesteckt, und das Lamm wurde dann mitsamt dem Kopf, den Beinen und dem Schwanz gebraten.

Der viereckige Tisch, an dem eine Seite frei blieb, war niedrig, und die Gäste ließen sich davor auf Polstern nieder, wobei sie den linken Arm aufstützten und mit der rechten Hand aßen.

Außerdem waren noch verschiedene Dinge zu beachten, deren Durchführung den Jüngern auch von Jesus aufgetragen wurde.

1. So mußte das L a m m zubereitet werden, damit sie daran erinnert wurden, wie ihre Häuser dank des Blutzeichens verschont geblieben waren, als der Engel des Todes durch Ägypten zog.

2. das u n g e s ä u e r t e B r o t mußte hergestellt werden, damit sie an das in Eile gegessene Brot erinnert wurden, als sie der Knechtschaft in Ägypten entkommen waren.

3. Eine S c h a l e S a l z w a s s e r mußte besorgt werden zur Erinnerung an die in Ägypten vergossenen Tränen sowie an das Rote Meer, durch das sie so wunderbar hindurchgerettet worden waren.

4. Es muß für b i t t e r e K r ä u t e r gesorgt werden — Meerrettich, Zichorie, Endivien, Lattich —, zum Gedenken an die Bitterkeit der ägyptischen Knechtschaft.

5. Es mußte für eine aus Äpfeln, Datteln, Granatäpfeln und Nüssen hergestellte Paste, die sogenannte C h a r o s h e t h, gesorgt werden, die sie an den Lehm erinnern sollte, aus dem sie in Ägypten Ziegelsteine hatten herstellen müssen. Zimt-

stangen darin symbolisierten das Stroh, das bei der Herstellung der Steine unter den Lehm gemischt worden war.

6. Es mußten **vier Becher Wein** da sein. Die Becher enthielten je etwas mehr als einen Viertelliter Wein; doch wurde dieser im Verhältnis 3 zu 2 mit Wasser vermischt. Die vier Becher, die während des Mahles in verschiedenen Etappen geleert wurden, sollten an die vier Verheißungen 2. Mose 6, 6. 7 erinnern:

> Ich will euch wegführen von den Lasten, die euch die Ägypter auflegen.
> Ich will euch erretten von eurem Frondienst.
> Ich will euch erlösen mit ausgestrecktem Arm.
> Ich will euch annehmen zu meinem Volk und will euer Gott sein.

Das waren die Gegenstände und die Vorbereitungen, die für das Passamahl besorgt bzw. getroffen werden mußten. In allen seinen Einzelheiten sollte dadurch an den großen Tag erinnert werden, an dem Gott sein Volk aus ägyptischer Knechtschaft errettet hatte. Hier nun war es zugleich das festliche Geschehen, an dem der, der die Welt aus ihrer Sünde erlöst hat, zum letzten Mal mit seinen Jüngern zusammen das Mahl einnahm.

DER LIEBE LETZTER APPELL

Markus 14, 17—21

Am Abend aber kam er mit den Zwölfen. Und als sie zu Tische saßen und aßen, sprach Jesus: Wahrlich, ich sage euch: Einer unter euch, der mit mir isset, wird mich verraten. Und sie wurden traurig und sagten zu ihm, einer nach dem andern: Bin ich's? Er aber sprach zu ihnen: Einer aus den Zwölfen, der mit mir in die Schüssel taucht. Zwar des Menschen Sohn geht hin, wie von ihm geschrieben steht; weh aber dem Menschen, durch welchen des Menschen Sohn verraten wird! Es wäre demselben Menschen besser, daß er nie geboren wäre.

Wie bereits gesagt, begann der neue Tag jeweils um 18 Uhr. Als es soweit, also der Abend gekommen war, setzte Jesus sich mit den Zwölfen zum Passamahl nieder. Nur eins hatte sich an dem Ritual geändert, seitdem es viele Jahrhunderte zuvor in Ägypten zum ersten Mal praktiziert worden war: beim ersten Passamahl in Ägypten war das Mahl stehend eingenommen worden (2. Mose 12, 11), in Eile und zum Zeichen dafür, daß sie ihrer Knechtschaft entrinnen sollten. Zur Zeit Jesu lautete die Vorschrift, daß das Mahl ruhend eingenommen werden solle, zum Zeichen dafür, daß sie frei waren und ein eigenes Zuhause und eigenes Land besaßen.

In unserem schmerzlichen Textabschnitt läßt Jesus der Gedanke an eine bestimmte Textstelle nicht los: „Auch mein Freund, dem ich vertraute, der mein Brot aß, tritt mich unter die Füße" (Ps. 41, 10). Wichtiges läßt sich aus diesem Abschnitt ersehen.

1. Jesus wußte, was geschehen würde. Der Mut Jesu zeigt sich uns besonders in den letzten Tagen. Obwohl es ihm ein Leichtes gewesen wäre, seinen Gegnern zu entkommen, ging er seinen Weg unbeirrbar weiter; im vollen Bewußtsein dessen, was vor ihm lag, setzte er seinen Weg fort.

2. Jesus durchschaute Judas und wußte, wie es in ihm aussah. Merkwürdig dabei ist, daß die übrigen Jünger keinen Verdacht geschöpft hatten. Hätten sie gewußt, worauf Judas sich eingelassen hatte, wären sie höchstwahrscheinlich eingeschritten und hätten ihn an seinem Vorhaben gehindert, womöglich sogar mit Gewalt. Wir sollten hier eins bedenken: Auch wenn wir vor unseren Mitmenschen manches zu verbergen versuchen, unter Umständen sogar mit Erfolg —: Vor Jesus Christus bleibt nichts verborgen. Er erforscht die Herzen. Er wußte, und er weiß, was in den Menschen vorgeht. Selig darum, wer reinen Herzens ist!

3. Jesus bietet Judas in diesem Abschnitt zweierlei an. a) Er tritt mit einem letzten Liebesappell an ihn heran. Es ist, als ob er zu Judas sagt: „Ich weiß, was du vorhast. Willst du nicht doch lieber davon ablassen?" b) Er ermahnt Judas ein letztes Mal, indem er ihn vor den Folgen seines beabsichtigten Tuns warnt. Doch dürfen wir dabei nicht übersehen, was so bezeichnend ist für die Art des Umganges Gottes mit den Menschen: Er zwingt uns nicht. Fraglos hätte Jesus Judas gewaltsam Einhalt gebieten können. Er hätte den anderen Jüngern nur zu sagen brauchen, was Judas vorhatte; dann hätte dieser an jenem Abend den Raum nicht lebend verlassen, weil die anderen ihn eher umgebracht als gehen lassen hätten. In diesem Abschnitt spiegelt sich die Situation des Menschen überhaupt. Gott hat uns unsern freien Willen gegeben. Er appelliert mit seiner Liebe an uns, seine Wahrheit warnt uns; doch — Zwang übt er nicht aus. Am Menschen selber liegt es, ob er den Appell der Liebe Gottes mit Füßen tritt oder auf

die Warnungen Gottes hört. Letztlich ist niemand außer uns selbst verantwortlich für unsere Sünden.

Odysseus entging den Sirenen, jenen Halbgöttinnen, die der Sage nach auf einer Insel lebten und die Vorüberfahrenden durch ihren betörenden Gesang anlockten und töteten, indem er die Ohren seiner Gefährten mit Wachs verstopfte und sich selbst an den Mast seines Schiffes binden ließ. Er widerstand ihnen, indem er zu einer Zwangsmaßnahme griff. Der Sänger und Leierspieler Orpheus wandte eine andere Methode an: Er spielte und sang im Vorüberfahren so süß und wunderbar, daß man die Stimmen der Sirenen gar nicht vernahm; er begegnete ihren verlockenden Rufen mit einer noch größeren Verlockung. Auch Gott hält uns nicht gewaltsam vor der Sünde zurück, sondern ist darauf bedacht, daß wir ihn so sehr lieben, daß seine Stimme stärker und süßer für uns ist als alle Stimmen, die uns von ihm wegzulocken versuchen.

DAS SYMBOL DER ERLÖSUNG

Markus 14, 22—26

„Und indem sie aßen, nahm Jesus das Brot, dankte und brach's und gab's ihnen und sprach: Nehmet; das ist mein Leib. Und nahm den Kelch und dankte und gab ihnen den; und sie tranken alle daraus. Und er sprach zu ihnen: Das ist mein Blut des neuen Testaments, das für viele vergossen wird." Wahrlich, ich sage euch, daß ich hinfort nicht trinken werde vom Gewächs des Weinstocks bis auf den Tag, da ich's neu trinke in dem Reich Gottes. Und da sie den Lobgesang gesprochen hatten, gingen sie hinaus auf den Ölberg.

Zunächst müssen wir uns den Verlauf des Passafestes klarmachen, so daß wir dem, was Jesus und die Jünger taten, im einzelnen folgen können. Es handelt sich um ein Tun in nachstehender Reihenfolge.

1. **Der Becher des Kiddush**, der Becher der **Heiligung** oder **Absonderung** wird als erster getrunken. Damit wird dieses Mahl deutlich von allen übrigen Mahlzeiten abgehoben. Das Familienoberhaupt nimmt den Becher, spricht ein Gebet, und dann trinken alle daraus.

2. **Die erste Handwaschung** wird nur von demjenigen vorgenommen, der das Fest zelebriert. Dreimal muß der

Betreffende seine Hände in der vorgeschriebenen Weise (von der bereits bei der Besprechung von Kapitel 7 die Rede war) waschen.

3. Anschließend wird ein Büschel Petersilie oder Lattich in die Schale mit Salzwasser getaucht und gegessen. Das geschieht auch zum Appetitanregen; doch verkörpert die Petersilie zugleich das Ysopbüschel, mit dem die Oberschwelle der Tür mit Blut bestrichen worden war, während das Salz die in Ägypten vergossenen Tränen und das Wasser des Roten Meeres verkörpert, durch das das Volk Israel sicher hindurchgeführt worden war.

3. Beim Brechen des Brotes können zwei Dankgebete gesprochen werden. Entweder: „Gelobt seist du, o Herr, unser Gott, Schöpfer des Alls, der du aus der Erde hervorbringst alles dies", oder: „Gelobt seist du, himmlischer Vater, der du uns heute das nötige Brot schenkst." Auf dem Tisch liegen drei runde ungesäuerte Brote, von denen das mittlere genommen und gebrochen wird. Zu diesem Zeitpunkt wird nur wenig davon gegessen, zur Erinnerung an das Brot des Elends, das sie in Ägypten gegessen hatten, und es wird gebrochen zur Erinnerung daran, daß sie als Knechte dort niemals ganze Brote, sondern nur Brotbrocken zu essen gehabt hatten. Wenn der Hausvater das Brot bricht, sagt er dabei: „Dies ist das Brot des Elends, das unsere Vorfahren in Ägypten aßen. Wer hungrig ist, soll kommen und davon essen. Wer in Not ist, soll kommen und das Passamahl mit uns halten."

5. Als nächstes folgt die konkrete Bezugnahme auf die Geschichte der Errettung des Volkes Israel aus Ägypten. Der jüngste der Anwesenden fragt, wodurch sich dieser Tag von allen übrigen Tagen unterscheidet und weshalb das alles geschieht. Daraufhin muß das Familienoberhaupt die Geschichte Israels bis hin zu seiner Errettung, an die das Passafest erinnern soll, erzählen. (Das Passafest ist bei den Juden nie ein bloßes Ritual, sondern es erinnert sie stets aufs neue an die Macht und Barmherzigkeit Gottes.)

6. Psalm 113 und 114 werden gesungen. Die Psalmen 113—118 sind bekannt als das Hallel, als der Lobgesang Gottes. Bei all diesen Psalmen handelt es sich um Lobgesänge, die zum ersten gehörten, was jüdische Knaben schon in früher Jugend auswendig lernen mußten.

7. Der zweite Becher wird getrunken, der Becher der Haggada, der Becher der Erklärung oder Verkündigung.

8. Jetzt waschen alle Anwesenden ihre Hände als Vorbereitung zum Essen.

9. Der Segen wird gesprochen: „Gelobt seist du, o Herr, unser Gott, der du Früchte aus der Erde hervorbringst. Gelobt seist du, o Gott, der du uns heiligst durch deine Gebote und bestimmt hast, daß wir ungesäuertes Brot essen." Anschließend werden kleine Stückchen ungesäuerten Brotes verteilt.

10. Einige b i t t e r e K r ä u t e r werden zwischen zwei Stükke des ungesäuerten Brots gelegt, in die Charosheth getaucht und gegessen. Das ist der eingetunkte Bissen, der an die Sklaverei und die Ziegelsteine erinnern soll, die sie einst zu formen gezwungen worden waren.

11. Dann folgt das eigentliche Mahl. Das Lamm muß ganz und gar verzehrt werden. Was übrigbleibt, muß vernichtet und darf nicht noch für gewöhnliche Mahlzeiten verwendet werden.

12. Wiederum werden die Hände gereinigt.

13. Der Rest des ungesäuerten Brotes wird gegessen.

14. Das Dankgebet wird gesprochen, das die Bitte nach dem Kommen des Elia enthält, der den Messias ankündigen soll. Dann wird der dritte Becher getrunken, der Dankesbecher. Der Segen dazu lautet: „Gelobt seist du, o Herr, unser Gott, Schöpfer des Alls, der du den Wein hervorgebracht hast."

15. Der zweite Teil des Hallel — Psalm 115—118 — wird gesungen.

16. Der vierte Becher wird geleert und dann Psalm 136, d a s g r o ß e H a l l e l, gesungen.

17. Zum Abschluß werden zwei kurze Gebete gesprochen.

So endete das Passamahl. Als Jesus mit den Jüngern das Passamahl einnahm, wird er die Punkte 13 und 14 auf sich bezogen haben. Sie müssen dann alle den unter Punkt 16 angeführten Lobgesang gesungen haben, bevor sie an den Ölberg hinausgingen.

Was tat Jesus damit? Und was wollte er den Seinen damit einprägen? Wie wir wissen, griffen die Propheten, wenn Worte allein nicht genügten, häufig zu dramatischen und ungewöhnlichen Handlungen, um dem, was sie zu verkünden hatten, Nachdruck zu verleihen. Das tat Ahia, als er seinen neuen Mantel in zwölf Stücke riß und zehn davon Jerobeam zum Zeichen dafür gab, daß zehn Stämme ihn zu ihrem König machen würden (1. Kön. 11, 29—32). Das tat Jeremia, als er sich zum Zeichen der bevorstehenden Knechtschaft ein Joch machte und auf seinen Nacken legte (Jer. 27). Und das tat auch der Prophet Hananja, als er das Joch vom Nacken des Jeremia nahm und es zerbrach (Jer. 28, 10. 11). Das gleiche tat mehrfach auch Hesekiel (Hes. 4, 1—8; 5, 1—4). Es kam darin zum Ausdruck, daß die Menschen das gesprochene Wort allzuleicht vergaßen, während das symbolisch veranschaulichende, das in Handlung umgesetzte Wort sich ihrem Gedächtnis fest einprägte. Dasselbe tat auch Jesus, und er verknüpfte sein entsprechendes Tun mit dem alten Fest seines Volkes, damit dieses sich den Seinen desto fester einprägte. Er sagte: „Seht! So wie ich dies Brot breche, so wird mein Leib für euch gebrochen werden. So wie dieser Becher roten Weins getrunken wird, so wird mein Blut für euch vergossen werden."

Was meinte Jesus, als er sagte, der Becher sei das Blut des neuen Testamentes? Das Wort B u n d oder Testament ist ein dem Judentum sehr vertrautes Wort. Der B u n d, den Gott mit dem Volk Israel geschlossen hatte, bildete die Grundlage der jüdischen Religion. Bei dem Bund handelt es sich um eine Art Vereinbarung, um einen Vertrag, um eine feste Abrede. Wie das Volk Israel d e n a l t e n B u n d anerkannte, wird 2. Mose 24, 3—8 geschildert. Diesem Abschnitt können wir auch entnehmen, daß dieser Bund ganz und gar abhängig davon war, daß Israel das Gesetz hielt. Übertraten die Juden das Gesetz, so war der Bund gebrochen und das Verhältnis zwischen Gott und dem Volk Israel erschüttert. Das Bestehen dieses B u n d e s b e r u h t e a u s s c h l i e ß l i c h a u f d e m G e s e t z u n d a u f s e i n e r E i n h a l t u n g. Gott war der Richtergott, und da niemand das Gesetz vollständig einhalten kann, waren die Menschen beständig in Verzug gegenüber Gott. Jesus dagegen sagt: „Ich setze e i n e n n e u e n B u n d ein, ein neues Verhältnis zwischen Gott und den Menschen, das nicht auf dem G e s e t z beruht, sondern auf dem B l u t, d a s i c h v e r g i e ß e n w e r d e." Das heißt, dieser Bund beruht ausschließlich auf L i e b e. Anders ausgedrückt, sagt Jesus also: „Was ich tue, geschieht, um euch zu zeigen, wie sehr Gott euch liebt." Von nun an standen die Menschen nicht nur u n t e r d e m G e s e t z G o t t e s, sondern sie waren auf immer i n d e r L i e b e G o t t e s, und zwar, um Jesu willen, um dessentwillen, was er verkündigt und getan hatte. Das ist der Kern dessen, was uns das Sakrament des Abendmahls zu sagen hat.

Und noch etwas sollen wir beachten. Aus dem letzten Satz ersehen wir, wie schon mehrfach zuvor, zweierlei: Jesus wußte, daß er sterben und daß sein Reich kommen würde; Kreuz und Herrlichkeit, beides war ihm gewiß. Der Grund beider Gewißheiten besteht darin, daß er der Liebe Gottes ebenso gewiß war wie der Sündigkeit der Menschen und daß er wußte, daß durch jene Liebe letztlich die Sünde überwunden werden würde.

DIE FREUNDE WERDEN VERSAGEN

Markus 14, 27—31

Und Jesus sprach zu ihnen: Ihr werdet alle an mir Ärgernis nehmen, denn es steht geschrieben (Sach. 13, 7): „Ich werde den Hirten schlagen, und die Schafe werden sich zerstreuen." Wenn ich aber auferstanden bin, will ich vor euch hingehen nach Galiläa. Petrus aber sagte zu ihm: Und wenn sie alle an dir Ärgernis nähmen, so doch ich nicht. Und Jesus sprach zu ihm: Wahrlich, ich sage dir: Heute, in dieser Nacht, ehe denn der Hahn zweimal kräht, wirst du mich dreimal verleugnen. Er aber redete noch weiter: Wenn ich auch mit dir sterben müßte, wollte ich dich nicht verleugnen. Desgleichen sagten sie alle.

Gewaltig an Jesus ist, daß er auf alles vorbereitet und gefaßt war: auf den Widerstand, die Mißdeutung und die Feindschaft der Repräsentanten des orthodoxen Judentums seiner Zeit, auf den Verrat eines seiner engsten Vertrauten sowie auf den Schmerz und die Pein des Kreuzestodes. Vielleicht hat ihn aber am meisten das Versagen seiner Freunde getroffen, die ihn gerade in dem Augenblick allein ließen, als er sie am meisten gebraucht hätte. Jesus erfuhr die ganze Skala physischer Schmerzen wie auch seelischer Qualen an sich selbst. Nichts blieb ihm erspart. Dies alles durchzustehen, zeigte Jesus mehr Tapferkeit als je ein anderer Mensch. Seine Fähigkeit, aufrecht und ungebeugt zu bleiben, was das Leben ihm auch zufügte, seine Gelassenheit, auch wenn nichts als Trübsal vor oder hinter ihm lag, zeugten von einem Heroismus, der uns den Atem verschlägt.

Als Jesus Petrus sagte, daß er ihn verleugnen werde, konnte dieser nicht glauben, daß dies wirklich geschehen könne; er war sicher, er werde Jesus auch dann nicht verleugnen, wenn es ihm an Kopf und Kragen ginge, so unerschütterlich sei seine Treue zu Jesus. Das Verbum, das in unserem Text mit „Ärgernis nehmen" übersetzt ist, heißt s k a n d a l i z e i n = z u F a l l b r i n g e n. Es ist von dem Substantiv s k a n d a l o n oder s k a n d a l ē t h o n abgeleitet, womit der Köder in der Falle bezeichnet wurde, das Stellholz, das die Falle zum Zuklappen brachte, sobald die Tiere darauftraten. S k a n d a l i z e i n nahm daher die Bedeutung an: durch einen Trick oder eine List zu Fall bringen. Petrus war allzu selbstsicher. Er hatte vergessen, welche Fallen das Leben selbst den besten Men-

schen stellen kann, hatte seine menschliche Schwachheit und die Stärke der teuflischen Versuchungen außeracht gelassen. Nichtsdestoweniger dürfen wir nicht übersehen: D a s H e r z s a ß P e t r u s a u f d e m r e c h t e n F l e c k. Besser ein Petrus mit feurigem, liebeglühendem Herzen — auch wenn diese Liebe einen Augenblick lang schändlich versagte — als ein Judas mit einem kalten Herzen voller Haß.
Wer niemals ein Versprechen nicht gehalten, wer nie im Leben untreu war, möge Petrus verdammen. Petrus hatte Jesus lieb, und wenn er auch strauchelte und versagte, so hörte seine Liebe damit nicht auf, sondern erblühte danach aufs neue.

DEIN WILLE GESCHEHE

Markus 14, 32—42

Und sie kamen zu einem Hofe mit Namen Gethsemane. Und er sprach zu seinen Jüngern: Setzet euch hier, bis ich gebetet habe. Und nahm mit sich Petrus und Jakobus und Johannes und fing an zu zittern und zu zagen und sprach zu ihnen: Meine Seele ist betrübt bis an den Tod; bleibet hier und wachet! Und ging ein wenig weiter, fiel auf die Erde und betete, daß, so es möglich wäre, die Stunde an ihm vorüberginge, und sprach: „Abba, mein Vater, es ist dir alles möglich; nimm dieser Kelch von mir; doch nicht, was ich will, sondern, was du willst!" Und kam und fand sie schlafend und sprach zu Petrus: Simon, schläfst du? Vermochtest du nicht e i n e Stunde zu wachen? „Wachet und betet, daß ihr nicht in Versuchung fallet! Der Geist ist willig; aber das Fleisch ist schwach." Und er ging wieder hin und betete und sprach dieselben Worte und kam wieder und fand sie abermals schlafend; denn ihre Augen waren voll Schlafs, und sie wußten nicht, was sie ihm antworten sollten. Und er kam zum dritten Mal und sprach zu ihnen: Ach, wollt ihr nun schlafen und ruhen? Es ist genug; die Stunde ist gekommen. Siehe, des Menschen Sohn wird überantwortet in der Sünder Hände. Stehet auf, laßt uns gehen! Siehe, der mich verrät, ist nahe.

Man fürchtet sich fast, diesen Abschnitt zu lesen; nötigt er uns doch, an den persönlichsten Seelenqualen Jesu teilzunehmen. In dem Obergemach zu bleiben, wäre gefährlich gewesen, weil die jüdischen Oberen mit dem Verräter Judas dort sehr rasch hätten eindringen können. Jesus hatte jedoch noch einen anderen Ort, an den er sich begeben konnte. Die Tatsache, daß Judas dort nach ihm suchen ließ, beweist, daß Jesus öfter dorthinzugehen pflegte. Im Stadtbereich von Jerusalem selbst gab es keine Gärten, dazu war die Stadt viel zu dicht besiedelt; außerdem war es gesetzlich verboten, den heiligen Boden der Stadt mit Dünger zu verunreinigen. Reiche Leute besaßen jedoch zum Teil auf dem Ölberg Gärten, in denen sie sich zu erholen pflegten. Jesus muß also einen wohlhabenden Freund oder Gönner besessen haben, der ihm abends seinen Garten zur Verfügung stellte.

Nach zweierlei verlangte Jesus sehr, als er sich nach Gethsemane begab: **nach menschlicher Nähe und nach Gemeinschaft mit Gott.** „Es ist nicht gut, daß der Mensch allein sei", sprach Gott im Anfang (1. Mose 2, 18). In Zeiten der Trübsal sehnt man sich nach einem Menschen. Wir erwarten gar nicht einmal, daß er etwas für uns tut; ja, er braucht sich nicht einmal mit uns zu unterhalten, es genügt, daß er bei uns ist. So erging es auch Jesus, und es war sonderbar: die Menschen, die kurz zuvor noch heftig beteuert hatten, daß sie für ihn zu sterben bereit seien, konnten nicht einmal eine einzige Stunde seinetwegen wach bleiben. Wir können sie jedoch deswegen nicht verurteilen; denn die Aufregung und Anspannung der letzten Tage hatten bestimmt sehr an ihrer Widerstandskraft gezehrt.

Verschiedenes geht aus diesem Abschnitt deutlich hervor.

1. Jesus suchte von sich aus nicht den Tod. Er war rund dreiunddreißig Jahre alt, und die besten Mannesjahre lagen noch vor ihm. Er hatte erst so wenig wirken können, während die ganze Welt darauf wartete, errettet zu werden. Er wußte, was der Kreuzestod bedeutete, und ihn schauderte davor.

2. Warum dies alles geschehen mußte? Jesus wußte — und daran bestand für ihn kein Zweifel —, daß es so der Wille Gottes war und daß er es deswegen durchzustehen hatte. Auch Jesus mußte das große Glaubenswagnis eingehen: er mußte annehmen, was er im Allerletzten selbst nicht begriff.

3. Er ergab sich in den Willen Gottes. **Abba** — so heißt **mein Vater** auf aramäisch — ist dabei das entscheidende Wort, das Jesus sprach. Er unterwarf sich damit nicht einem Gott, der schamlos Spott mit den Menschen treibt; sondern selbst in dieser schrecklichen Stunde, als Gott so Furchtbares von ihm verlangte, war er für Jesus der Vatergott. Wenn wir Gott **Vater** nennen können, läßt sich alles ertragen. Auch

wenn es immer wieder Dinge gibt, die wir nicht begreifen, so werden wir doch allezeit gewiß sein, daß — wie es ein Glaubenszeuge einmal sagte — „die Hand des Vaters seinem Kind keine unnütze Träne verursachen wird." Das wußte auch Jesus. Deswegen konnte er standhalten — und so sollte es auch uns ergehen.
Beachten müssen wir auch, wie dieser Abschnitt endet. Der Verräter mit seiner Schar ist gekommen. Wie reagiert Jesus darauf? Er läuft nicht fort, obwohl es selbst zu diesem Zeitpunkt noch dank der Dunkelheit der Nacht möglich gewesen wäre, zu entkommen. Jesus reagierte anders: Er stellte sich seinen Gegnern.

JESU GEFANGENNAHME

Markus 14, 43—50

Und alsbald, da er noch redete, kam herzu Judas, der Zwölfe einer, und eine große Schar mit ihm, mit Schwertern und mit Stangen, von den Hohenpriestern und Schriftgelehrten und Ältesten. Und der Verräter hatte ihnen ein Zeichen gegeben und gesagt: Welchen ich küssen werde, der ist's; den greift und führt ihn sicher hinweg. Und da er kam, trat er alsbald zu ihm und sprach zu ihm: Rabbi! und küßte ihn. Die aber legten ihre Hände an ihn und griffen ihn. Einer aber von denen, die dabeistanden, zog sein Schwert und schlug des Hohenpriesters Knecht und hieb ihm ein Ohr ab. Und Jesus antwortete und sprach zu ihnen: Ihr seid ausgegangen wie gegen einen Mörder mit Schwertern und mit Stangen, mich zu fangen. Ich bin täglich bei euch im Tempel gewesen und habe gelehrt, und ihr habt mich nicht gegriffen. Aber es muß die Schrift erfüllt werden! Da verließen ihn alle und flohen.

Trotz der sparsamen Mittel, mit denen Markus das dramatische Geschehen schildert, stehen die verschiedenen Charaktere deutlich vor uns.
1. Da ist einmal der Verräter Judas. Er wußte zwar, daß die Leute Jesus von Ansehen kannten; doch glaubte er, ihnen in der Dunkelheit des Gartens, die nur vom Schein der flackernden Fackeln erhellt wurde, genau zeigen zu müssen, wen von den Anwesenden sie festnehmen sollten. Dazu wählte er als Zeichen einen Kuß. Es war üblich, daß Schüler ihren Rabbi zum

Zeichen der Achtung und der Zuneigung mit einem Kuß begrüßten. Hier aber ist der Kuß etwas Fürchterliches. Als Judas sagt: „Welchen ich küssen werde, der ist's", verwendet er das übliche Worte p h i l e i n. Doch als er zu Jesus tritt und ihn küßt, wird das Wort k a t a p h i l e i n verwendet. K a t a ist eine verstärkende Vorsilbe; k a t a p h i l e i n heißt also z ä r t l i c h, h e f t i g k ü s s e n, wie ein Liebender seine Geliebte küßt. Das Zeichen des Verrats war also nicht nur der übliche achtungsvolle Begrüßungskuß, sondern der Kuß eines Liebenden. Schrecklicheres in diesem Zusammenhang enthält der ganze Evangelienbericht nicht.

2. Da ist die Schar derer, die Jesus gefangennehmen, Abgesandte der Hohenpriester, der Schriftgelehrten und der Ältesten; das waren die drei Gruppen, aus denen sich der Hohe Rat, der höchste jüdische Gerichtshof, zusammensetzte. Markus will also damit sagen, daß sie im Auftrag des Hohen Rates kamen. Selbst unter römischer Gerichtsbarkeit waren dem Hohen Rat in Jerusalem bestimmte Ordnungsfunktionen und Aufgaben verblieben, und er verfügte über eine eigene Polizeitruppe, deren Vertretern sich hier unterwegs zweifellos ein lärmender Haufe angeschlossen hatte. Markus gelingt es, die Aufregung derer zum Ausdruck zu bringen, die kamen, um Jesus gefangenzunehmen; vielleicht waren sie auf Blutvergießen vorbereitet gewesen, so daß Entsetzen von ihnen ausgeht. Jesus dagegen ist gefaßt.

3. Da ist der Mann, der das Schwert zog und einen Hieb austeilte. Johannes 18, 10 heißt es, dieser Mann sei Petrus gewesen. In der Tat sähe das Petrus ähnlich; doch hat Markus den Namen sicher bewußt — wahrscheinlich aus Sicherheitsgründen — nicht aufgeschrieben. In dem Gewühl hatte niemand gesehen, wer den Hieb ausgeteilt hatte; so war es besser, wenn zunächst niemand es erfuhr. Als Johannes jedoch rund vierzig Jahre später seinen Evangelienbericht abfaßte, bestand keine Gefahr mehr. Auch wenn es falsch sein mochte, daß jemand von Jesu Jüngern ein Schwert zog und auf einen der andrängenden Männer einhieb, so erfüllt es uns doch mit Genugtuung, daß wenigstens einer aus der Eingebung des Augenblicks heraus bereit war, für Jesus zu kämpfen und damit, wenn auch nur für einen Moment, sein eigenes Leben zu riskieren.

4. Das sind die Jünger, deren Nerven versagten, die daher dem, was hier geschah, nicht gewachsen waren. Sie wurden von der Furcht überwältigt, daß auch sie dasselbe Geschick wie Jesus erleiden müßten, und flohen schließlich alle.

5. Da ist Jesus selbst der, der der einzige ist, der bei aller Unruhe

gefaßt und gelassen bleibt. Beim Lesen der Begebenheit haben wir den Eindruck, daß daher er, nicht der Hohe Rat, den Lauf der Dinge bestimmt. Der innere Kampf im Garten war überwunden. Jetzt sprach aus ihm wieder der Friede dessen, der weiß, daß er in allem, was er tut, den Willen Gottes befolgt.

UND ES WAR EIN JÜNGLING

Markus 14, 51. 52

Und es war ein Jüngling, der folgte ihm nach, der war mit einer Leinwand bekleidet auf der bloßen Haut; und sie griffen ihn. Er aber ließ die Leinwand fahren und floh nackt davon.

Hier haben wir zwei merkwürdige Verse vor uns, die auf den ersten Blick belanglos zu sein scheinen, obwohl es einen Grund dafür geben muß, daß sie hier stehen. Wir haben in der Einleitung festgestellt, daß Matthäus und Lukas das Markusevangelium als Ausgangspunkt für ihre Evangelienberichte benutzt haben, in denen praktisch das ganze Markusevangelium wiederkehrt. Diese beiden Verse finden sich jedoch in keinem der beiden Evangelien. Das erweckt den Anschein, als sei dieser Vorfall zwar für Markus von Interesse gewesen, sonst jedoch für kaum jemanden. Weshalb führt Markus ihn an? Am ehesten leuchtet die Erklärung ein, daß Markus selbst dieser Jüngling gewesen ist und daß er damit sagen will: „Ich war dabei", ohne seinen Namen zu nennen.

In der Apostelgeschichte heißt es, im Hause der Maria, der Mutter des Johannes, der mit dem Zunamen Markus geheißen habe, hätte sich die Gemeinde zu Jerusalem versammelt. Wenn es sich so verhält, ist nicht auszuschließen, daß das Obergemach, in dem Jesus das letzte Abendmahl mit den Jüngern einnahm, sich im Hause der Mutter des Markus befunden hat; dieser Raum bot sich als Mittelpunkt der Gemeinde geradezu an. Sofern wir von dieser Annahme ausgehen können, bieten sich zwei Möglichkeiten an. 1. Vielleicht war Markus selbst bei dem letzten Abendmahl zugegen. Er war jung, noch ein Knabe, und vielleicht beachtete ihn niemand so recht, so daß er, der sich von Jesus außerordentlich angezogen fühlte, sich der Gesellschaft anschloß, als diese nach Gethsemane ging; eigentlich hätte er bereits zu Bett sein sollen, weswegen er auch nur mit „Leinwand" bekleidet war. Vielleicht hat Markus die ganze Zeit über im Schatten dabeigestanden und alles beobachtet. Das würde auch erklären, woher man wußte, was in Gethsemane geschah. Wenn die Jünger alle schliefen, wie konnte dann jemand etwas von den Seelenqualen Jesu wissen? Möglicherweise war Markus der einzige, der mit wacher Ehrfurcht im Schatten stand und Zeuge des heroischen Kampfes Jesu wurde. 2. Es gibt noch eine andere Theorie, bei der ebenfalls davon ausgegangen wird, daß das letzte Abendmahl im Hause der Mutter des Markus stattfand. Aus dem Bericht des Johannes wissen wir, daß Judas ging, bevor das Mahl beendet war (Joh. 13, 13). Vielleicht hatte Judas beabsichtigt, die Tempelwache in das Obergemach zu führen, damit sie Jesus dort kurzerhand unauffällig gefangennehmen konnte. Doch als Judas mit der Wache zurückkehrte, mußte er feststellen, daß Jesus und seine Jünger bereits fort waren. Das führte natürlich zu Auseinandersetzungen, so daß Markus aufwachte und Judas sagen hörte, sie müßten weiterziehen und es im Garten Gethsemane versuchen. Da raffte Markus rasch sein Bettlaken um sich und eilte durch die Nacht nach Gethsemane, um Jesus zu warnen. Doch als er ankam, war es bereits zu spät, und in dem anschließenden Gewühle wäre er beinahe selbst verhaftet worden.

Was immer auch zutreffen mag, wir können mit einiger Wahrscheinlichkeit annehmen, daß Markus diese beiden Verse anführt, weil sie ihn selbst betreffen. Jene Nacht war ihm unvergeßlich geblieben; doch widerstrebte es ihm, seinen Namen zu erwähnen.

DAS VERHÖR

Markus 14, 53. 55—65

Und sie führten Jesus hinweg zu dem Hohenpriester; und es versammelten sich alle Hohenpriester und Ältesten und Schriftgelehrten . . . Aber die Hohenpriester und der ganze Hohe Rat suchten Zeugnis wider Jesus, auf daß sie ihn zum Tode brächten, und fanden nichts. Viele gaben falsch Zeugnis wider ihn; aber ihr Zeugnis stimmte nicht überein. Und etliche standen auf und gaben falsch Zeugnis wider ihn und sprachen: Wir haben gehört, daß er sagte: Ich will diesen Tempel, der mit Händen gemacht ist, abbrechen und in drei Tagen einen andern bauen, der nicht mit Händen gemacht ist. Aber

> *ihr Zeugnis stimmte auch so nicht überein. Und der Hohepriester stand auf, trat in die Mitte und fragte Jesus und sprach: Antwortest du nichts zu dem, was diese wider dich zeugen? Er aber schwieg stille und antwortete nichts. Da fragte ihn der Hohepriester abermals und sprach zu ihm: „Bist du der Christus, der Sohn des Hochgelobten? Jesus aber sprach: Ich bin's; und ihr werdet sehen des Menschen Sohn sitzen zur rechten Hand der Kraft und kommen mit des Himmels Wolken." Da zerriß der Hohepriester seine Kleider und sprach: Was bedürfen wir weiter Zeugen? Ihr habt gehört die Gotteslästerung. Was dünkt euch? Sie aber sprachen alle das Urteil über ihn, daß er des Todes schuldig wäre. Da fingen etliche an, ihn anzuspeien und sein Angesicht zu verdecken und ihn mit Fäusten zu schlagen und zu ihm zu sagen: Weissage uns! Und die Knechte schlugen ihn ins Angesicht.*

Alles entwickelt sich nunmehr rasch auf das unumgängliche Ende hin.

Die Macht des Hohen Rats war zu jener Zeit nicht unbeschränkt, weil die Römer im Lande regierten; doch war er die oberste Instanz in allen religiösen Fragen und Angelegenheiten, und auch gewisse Polizeibefugnisse scheint er gehabt zu haben. Die Todesstrafe allerdings durfte der Hohe Rat nicht verhängen, wohl dagegen die Anklage vorbereiten, aufgrund derer dem Angeklagten vor dem römischen Statthalter der Prozeß gemacht werden konnte.

Zweifellos übertrat der Hohe Rat bei dem Verhör Jesu alle ihn bindenden Gesetzesbestimmungen: die entsprechenden Vorschriften sind in einer Abhandlung der Mischna enthalten. Gewiß entsprechen manche dieser Vorschriften eher Idealen, als daß sie auch praktisch angewandt wurden; doch selbst, wenn man das berücksichtigt, handelt es sich bei der in jener Nacht vorgenommenen Prozedur um eine Reihe schreiender Ungerechtigkeiten.

Der Hohe Rat war das höchste jüdische Gericht und bestand aus einundsiebzig Mitgliedern. Zu diesen zählten Sadduzäer — die Priester waren sämtlich Sadduzäer —, Pharisäer und Schriftgelehrte, also Gesetzesexperten, sowie Älteste, angesehene Männer; Lücken im Gericht scheinen durch Zuwahl geschlossen worden zu sein. Der Hohepriester stand dem Gericht vor. Bei den Sitzungen bildete dieses einen Halbkreis, so daß jeder den anderen sehen konnte. Ihnen gegenüber saßen die assistierenden Hörer der Rabbinen, die Aussagen im Interesse der verhörten Personen, nicht aber zu deren Ungunsten machen durften. Die offiziellen Zusammenkünfte des Hohen Rates fanden im Tempelbezirk in der sog. „Halle der Behauenen Steine" statt, und die Entscheidungen des Hohen Rates waren nur gültig, wenn sie an diesem Ort getroffen worden waren. Das Gericht durfte weder bei Nacht noch an einem der hohen Feiertage zusammentreten. Bei der Beweisaufnahme wurden die Zeugen getrennt vernommen; ihre Aussagen mußten in allen Einzelheiten übereinstimmen. Jedes Mitglied des Hohen Rates mußte sein Urteil gesondert abgeben, angefangen beim jüngsten bis hin zum ältesten Mitglied. Handelte es sich dabei um ein Todesurteil, so mußte vor der Vollstreckung eine Nacht verstreichen, damit dem Gericht Zeit blieb, das Urteil evtl. zu revidieren und in ein Gnadenurteil umzuwandeln. Aus dem Gesagten ergibt sich, daß der Hohe Rat diesmal Punkt um Punkt seine eigenen Satzungen unberücksichtigt ließ: Man war nicht in dem dafür vorgesehenen Gebäude zusammengekommen; die Zusammenkunft fand bei Nacht statt; nichts war zu hören von einzeln abgegebenen Urteilen; keine Nacht ließ man verstreichen, ehe man das Todesurteil endgültig verhängte. In ihrem Eifer, Jesus zu beseitigen, scheute die jüdische Obrigkeit sich nicht, die eigenen Gesetze zu übertreten.

Zunächst gelang es dem Gericht nicht einmal, übereinstimmende falsche Zeugenaussagen zu bekommen. Die falschen Zeugen beschuldigten Jesus, er habe gesagt, er wolle den Tempel zerstören. Vielleicht hatten einige von ihnen zufällig gehört, wie Jesus — was Markus 13, 2 berichtet wird — sagte, daß nicht ein Stein auf dem andern bleiben werde, und hatten diese Aussage böswillig dahin verdreht, als habe Jesus gedroht, er werde den Tempel zerstören. In einer alten Legende heißt es, der Hohe Rat habe viele Aussagen bekommen, aber solche, auf die er keinen Wert legte; denn einer nach dem anderen sei vorgetreten und habe gesagt: „Ich war aussätzig, und er hat mich geheilt." „Ich war blind, und er hat mich sehend gemacht." „Ich war taub, und er hat mich hörend gemacht." „Ich war lahm, und er hat gemacht, daß ich wieder gehen konnte." „Ich war krank, und er hat mich gesund gemacht." Doch an solchen Aussagen und Beweisen sei dem Hohen Rat nichts gelegen gewesen.

Zuletzt nahm der Hohepriester die Sache selbst in die Hand und stellte eine Frage, wie sie das Gesetz ausdrücklich verbot: eine Suggestivfrage. Selbstverständlich war es verboten, Fragen zu stellen, durch deren Beantwortung der Angeklagte sich

selbst belasten oder gar verurteilen konnte. Doch gerade eine derartige Frage war es, die der Hohepriester stellte, indem er Jesus unverblümt fragte, ob er der Messias, der Christus sei. Jesus empfand offenbar, daß es an der Zeit sei, das jämmerliche Schauspiel zu beenden; unverzüglich antwortete er daher: Ja, er sei der Christus. Damit konnte der Hohe Rat die von ihm ersehnte Anklage der Gotteslästerung erheben, ein Vergehen, auf das die Todesstrafe stand. Die Ratsmitglieder waren daher höchst zufrieden.
Auch hier wieder sind die beiden charakteristischen Züge an Jesus unverkennbar.
1. Sein M u t. Er wußte, daß diese Antwort den Tod für ihn bedeutete. Trotzdem zögerte er nicht, sie zu geben. Hätte er ihre Anschuldigungen zurückgewiesen, hätten sie ihm nichts anhaben können.
2. Sein V e r t r a u e n. Obwohl ihm der Kreuzestod nunmehr gewiß war, sprach er weiter voller Zuversicht von seinem endgültigen Triumph.
Es ist von erschütternder Tragik, daß ihm, der kam, um den Menschen seine Liebe darzubringen, selbst Gerechtigkeit versagt blieb und daß er von den Knechten und Wächtern des Hohen Rates, die ihren Spott mit ihm trieben, obendrein brutal gedemütigt wurde.

MUT UND FEIGHEIT

Markus 14, 54. 66—72

Petrus aber folgte ihm nach von ferne bis hinein in des Hohenpriesters Palast und saß bei den Knechten und wärmte sich am Feuer ... Und Petrus war unten im Hof. Da kam eine von des Hohenpriesters Mägden; und da sie sah Petrus sich wärmen, schaute sie ihn an und sprach: Und du warst auch mit Jesus von Nazareth. Er leugnete aber und sprach: Ich weiß nicht und verstehe nicht, was du sagst. Und er ging hinaus in den Vorhof (und der Hahn krähte). Und die Magd sah ihn und hob abermals an, zu sagen denen, die dabeistanden: Das ist einer von ihnen. Und er leugnete abermals. Und nach einer kleinen Weile sprachen abermals zu Petrus, die dabeistanden: Wahrlich, du bist einer von ihnen; denn du bist ein Galiläer. Er aber fing an, sich zu verfluchen und zu schwören: Ich kenne den Menschen nicht, von dem ihr redet. Und alsbald krähte der Hahn zum andern Mal. Da gedachte Petrus an das Wort, das Jesus zu ihm sagte: Ehe der Hahn zweimal kräht, wirst du mich dreimal verleugnen. Und er hob an zu weinen.

Bisweilen wird diese Begebenheit derart nacherzählt, daß wir Petrus damit auch nicht entfernt Gerechtigkeit widerfahren lassen. Wir erkennen vielfach nicht, daß Petrus bis jetzt in dieser Nacht unbekümmerten Mut bewiesen hatte. Er hatte das Schwert gezogen, als ob er es persönlich mit dem ganzen Pöbel aufnehmen wolle, und hatte dabei den Knecht des Hohenpriesters verwundet. Die übliche Klugheit hätte es geboten, daß er sich anschließend verborgen gehalten hätte. Daß er ausgerechnet in den Hof des Hohenpriesters gehen würde, wie dies tatsächlich der Fall war, hätte man kaum für möglich halten sollen; schon das war ein Zeichen seiner Kühnheit und seines Wagemutes. Auch wenn die anderen geflohen waren: Petrus stand zu seinem Wort. Dann freilich zeigte sich, was für eine merkwürdige Mischung der Mensch ist. Mit anderen zusammen hockte Petrus am wärmenden Feuer; denn die Nacht war kalt, und sicher hatte er sich in seinen Mantel gekuschelt. Vielleicht hatte jemand das Feuer geschürt oder frisches Holz nachgelegt, so daß es aufflammte und die Menschen Petrus erkannten. Da leugnete er rund heraus, daß er etwas mit Jesus zu tun habe. Aber — und das ist der springende Punkt! —: Jeder andere hätte an seiner Stelle so schnell wie möglich heimlich Reißaus genommen. Nicht so Petrus. Er blieb. Und dann passierte dasselbe noch einmal. Wieder verleugnete Petrus Jesus; doch wieder blieb er. Schließlich geschah dasselbe zum drittenmal. Und wieder verleugnete Petrus Jesus. Den Namen Jesu verfluchte er nicht; doch schwor er, daß er Jesus nicht kenne und sagte, er wolle verflucht sein, wenn er nicht die Wahrheit spreche. Immer noch scheint Petrus nicht die Absicht gehabt zu haben, zu gehen. Doch dann geschah es, daß in der Nähe ein Hahn krähte, wahrscheinlich zum zweitenmal. Und da erinnerte sich Petrus an das, was Jesus gesagt hatte, und war aufs tiefste betroffen. (Das wäre er auch gewesen, wenn das Krähen des Hahnes wie manche annehmen, ein römisches Trompetensignal zum Nachtwachenwechsel um 3 Uhr gewesen wäre, das sog. Gallinicum, zu deutsch: Hahnenschrei).
Um kein Mißverständnis aufkommen zu lassen: Petrus erlag einer Versuchung, der nur jemand erliegen konnte, der ungewöhnlichen, ja phantastischen Mut hat. Es steht vorsichtigen, auf ihre Sicherheit bedachten Menschen schlecht an, Petrus zu

kritisieren, weil er einer Versuchung erlag, in die sie nie geraten wären. Wie alle Menschen an irgendeinem Punkt ihre Grenze erreichen, so hatte Petrus hier seine Widerstandsgrenze erreicht, eine Grenze, die wesentlich weiter vorgeschoben war, als dies bei den meisten Menschen der Fall ist. Statt über sein Versagen entsetzt zu sein, sollten wir uns daher über den Mut wundern, den er bis dahin bewiesen hatte.

Doch noch etwas anderes kommt hinzu. Es gibt nur eine Quelle für diesen Bericht: Petrus selbst. Wenn wir uns daran erinnern, daß im Markusevangelium das Predigtmaterial des Petrus verarbeitet worden ist, dann heißt dies, daß Petrus selbst immer wieder davon gesprochen haben muß, wie er den Herrn verleugnete. „Ja, so habe ich mich verhalten", muß er gesagt haben; „und doch hat dieser erstaunliche Jesus niemals aufgehört, mich liebzuhaben." Ein englischer Evangelist, der in seiner Jugend ein wüstes Leben geführt hatte, wurde eines Tages, bevor er die Kanzel bestieg, in einem Brief, den man ihm überreichte, an einen Skandal aus seinem Vorleben erinnert und davor gewarnt, die Kanzel zu besteigen und zu predigen, weil der Absender des Briefes alsdann aufstehen und allen Anwesenden laut verkünden würde, was er Schändliches getan hätte. Der Prediger nahm den Brief mit auf die Kanzel, las ihn vor und sagte, alles darin entspreche der Wahrheit. Und fortfahrend bezeugte er, wie ihm durch Christus vergeben und wie ihm die Kraft geschenkt worden sei, sich selbst zu besiegen und mit seiner Vergangenheit endgültig zu brechen; durch Christus sei er zu einer neuen Kreatur geworden. So nutzte er das Eingeständnis seiner eigenen Schändlichkeit dazu, andere Menschen an Christus heranzuführen. Ebenso verfuhr Petrus, indem er sagte: „Ich habe ihm wehgetan und ihn im Stich gelassen, und trotzdem, er hat mir vergeben und er liebt mich. Dasselbe kann er auch für jeden von euch tun."

Wenn wir diese Bibelstelle voller Verständnis lesen, dann wird aus dem Bericht von der Feigheit des Petrus ein Heldenepos seiner Tapferkeit und aus der Geschichte seiner Schande eine solche seines Ruhmes.

DAS SCHWEIGEN JESU VOR PILATUS

Markus 15, 1—5

Und alsbald in der Frühe hielten die Hohenpriester einen Rat mit den Ältesten und Schriftgelehrten, dazu der ganze Hohe Rat, und banden Jesus und führten ihn hinweg und überantworteten ihn dem Pilatus. Und Pilatus fragte ihn: Bist du der König der Juden? Er antwortete aber und sprach zu ihm: Du sagst es. Und die Hohenpriester beschuldigten ihn hart. Pilatus aber fragte ihn abermals und sprach: Antwortest du nichts? Siehe, wie hart sie dich verklagen! Jesus aber antwortete nichts mehr, so daß sich Pilatus verwunderte.

Sobald es hell wurde, kam der Hohe Rat abermals zusammen, um die während der Nacht getroffenen Beschlüsse nochmals zu bekräftigen. Sie selbst durften die Todesstrafe nicht vollstrecken lassen; diese mußte vielmehr vom römischen Statthalter verhängt und von den Organen der römischen Obrigkeit vollzogen werden. Aus dem Lukasevangelium wissen wir, wie tief ihre Verbitterung und wie entschlossen sie in ihrem Haß zu allem waren. Wie wir bereits festgestellt haben, hatten sie Jesus der Gotteslästerung beschuldigt. Doch aufgrund dieser Anklage konnten sie Jesus nicht vor Pilatus bringen; sie wußten genau, daß Pilatus sich aus allem heraushalten würde, was er für religiöse Streitigkeiten der Juden hielt, daß er auf sie nicht hören würde, wenn sie Jesus nicht politisch belasten konnten. Deshalb beschuldigten sie Jesus vor Pilatus, er verderbe das Volk, er verbiete ihm, dem Kaiser Steuern zu bezahlen, und nenne sich selbst König (Luk. 23, 1. 2). Dabei wußten sie ebenso wie Pilatus genau, daß es sich bei dieser Anklage um eine Lüge handelte. Pilatus fragte Jesus: „Bist du der Juden König?" Darauf gab Jesus ihm die merkwürdige Antwort: „Du sagst es." Jesus sagte weder ja noch nein, sondern was er sagte, war folgendes: „Auch wenn ich den Anspruch erhoben hätte, der König der Juden zu sein, so weißt du doch sehr wohl, daß die Juden diesen meinen Anspruch ganz anders deuten als ich selbst. Ich bin kein politischer Revolutionär. Mein Reich ist ein Reich der Liebe." Das wußte Pilatus durchaus. Danach stellte Pilatus Jesus weitere Fragen, und die Repräsentanten des Judentums erhoben weitere Beschuldigungen gegen ihn; doch — Jesus antwortete auf nichts mehr, sondern schwieg stille. Zuweilen ist Schweigen beredter als noch so viele Worte.

1. Es gibt ein Schweigen **staunender Bewunderung**. Eine so große Freude es für Schauspieler und Redner auch sein mag, wenn tosender Applaus losbricht, sobald sie geendet haben, so kann der größere Beifall doch darin liegen, daß lautlose Stille herrscht, eine Stille, der anzuspüren ist, daß Applaus in diesem Falle fehl am Platze wäre. Worte des Dankes oder des Lobes sind ein schönes Kompliment für den Empfänger; ein noch größeres Kompliment jedoch ist es, einen Dankesblick zu empfangen, der ausdrückt, daß sich der Dank nicht in Worten ausdrücken läßt.

2. Es gibt ein Schweigen der **Verachtung**. Wir können den Behauptungen, Argumenten oder Entschuldigungen eines Menschen mit einem Schweigen begegnen, in dem zum Ausdruck kommt, daß sie nicht wert sind, daß man darauf eingeht. Statt auf die Beteuerungen eines Menschen etwas zu erwidern, kann der Zuhörende sich verächtlich umdrehen und ihn ohne Antwort lassen.

3. Es gibt ein Schweigen aus **Angst**. Mancher schweigt aus keinem anderen Grunde, als weil er Angst hat zu sprechen. Die Feigheit des Herzens hindert ihn daran, etwas zu sagen, von dem er weiß, daß er es aussprechen müßte. Die Angst kann die Menschen mundtot machen.

4. Es gibt ein Schweigen des echten **Gekränktseins**. Wer zutiefst verletzt worden ist, erhebt meist kein Protestgeschrei und bringt auch keine Gegenbeschuldigungen vor. Der tiefste Schmerz ist ein stummer Schmerz und kann nicht in Worten zum Ausdruck gebracht werden.

5. Es gibt ein **tragisches** Schweigen, ein Schweigen aus einer Tragik, vor der alle Worte verstummen. Das war der Grund für das Schweigen Jesu, der wußte, daß es keine Brücke der Verständigung zwischen ihm und den Repräsentanten des Judentums gab, wie er auch wußte, daß es letztlich an Pilatus nichts gab, woran er hätte appellieren können. Hier bestanden keine Kommunikatitonsmöglichkeiten mehr. Der Haß der Juden bildete einen Eisernen Vorhang, den Worte nicht zu durchdringen vermochten; ebenso war die Feigheit des Pilatus angesichts der Menge eine Schranke, die durch nichts beseitigt werden konnte. Furchtbar, wenn Menschen an einem Punkt angelangt sind, an dem es selbst für Jesus aussichtslos ist, sich mit Worten an sie zu wenden. Gott bewahre uns davor, so zu werden!

DIE WAHL, DIE DAS VOLK TRIFFT

Markus 15, 6—15

Er pflegte aber ihnen zum Fest einen Gefangenen loszugeben, welchen sie begehrten. Es war aber einer, genannt Barabbas, gefangen mit den Aufrührern, die im Aufruhr einen Mord begangen hatten. Und das Volk ging hinauf und bat, daß er täte, wie er pflegte. Pilatus aber antwortete ihnen: Wollt ihr, daß ich euch den König der Juden losgebe? Denn er merkte, daß ihn die Hohenpriester aus Neid überantwortet hatten. Aber die Hohenpriester reizten das Volk auf, daß er ihnen viel lieber den Barabbas losgäbe. Pilatus aber antwortete wiederum und sprach zu ihnen: Was soll ich denn tun mit dem, den ihr den König der Juden nennet? Da schrien sie abermals: Kreuzige ihn! Pilatus aber sprach zu ihnen: Was hat er denn Übles getan? Aber sie schrien noch viel mehr: Kreuzige ihn! Pilatus aber gedachte, dem Volk zu Willen zu sein, und gab ihnen Barabbas los und ließ Jesus geißeln und überantwortete ihn, daß er gekreuzigt würde.

Von Barabbas wissen wir nichts, als was wir in den Evangelienberichten über ihn erfahren. Er war kein gemeiner Dieb und Einbrecher, sondern ein Bandit, der etwas Kühnes an sich gehabt haben muß, was der Menge gefiel; so läßt sich immerhin vermuten, was für ein Mensch er war. Palästina war ein aufrührerisches Land, dessen Bewohner leicht entflammbar waren. Dazu gehörten insbesondere die sogenannten S i c a r i i, die Dolchträger, fanatische Nationalisten, die zu Mord und Meuchelmord geradezu verpflichtet waren. Sie trugen den Dolch unter dem Obergewand verborgen und machten so viel wie möglich Gebrauch davon. Wahrscheinlich gehörte Barabbas zu dieser Gruppe von Menschen, die fanatische Patrioten, zugleich aber tapfere Männer waren, so daß ihre Beliebtheit beim Volk nicht unverständlich ist.

Es ist den Menschen zu allen Zeiten als ein Rätsel erschienen, daß die gleiche Menge, die Jesus bei seinem Einzug in Jerusalem zugejubelt hatte, weniger als eine Woche später mit der gleichen Lautstärke danach schrie, daß man ihn kreuzige. In Wirklichkeit handelt es sich hier nicht um ein Rätsel, sondern einfach darum, daß in beiden Fällen verschiedene Menschenmengen agierten. Wir brauchen uns bloß die Gefangennahme Jesu zu vergegenwärtigen, die bewußt geheim erfolgte. Gewiß, die

Jünger flohen und verbreiteten die Nachricht hiervon sicherlich; doch daß der Hohe Rat seine eigenen Gesetze verletzen und ein derartiges nächtliches Verhör vornehmen würde, konnten sie nicht wissen. Von den Anhängern Jesu dürften sich also unter jener Menge nur wenige befunden haben. Aus was für Menschen aber setzte sich diese zusammen? Vergegenwärtigen wir uns, daß dem Volk die Sitte bekannt war, derzufolge zur Zeit des Passafestes ein Gefangener freigelassen wurde. Es kann daher durchaus sein, daß sich hier eine Menge versammelt hatte, die in der Absicht hergekommen war, um die Freilassung des Barabbas zu bitten. Es handelte sich also um einen **Haufen von Anhängern des Barabbas**, die wie wahnsinnig schrien, als sie merkten, daß womöglich Jesus freigelassen werden könne und nicht Barabbas. Das bot den Hohenpriestern willkommene Gelegenheit, die Menge aufzustacheln, die ihnen der Zufall in die Hände gespielt hatte, zumal diese ja gerade gekommen war, um die Freilassung des Barabbas zu fordern. Die Volksmenge war also nicht wankelmütig; vielmehr handelte es sich in beiden Fällen um verschiedene Bevölkerungsgruppen.

Nichtsdestoweniger traf das Volk hier eine Wahl. Vor die Wahl zwischen Jesus und Barabbas gestellt, entschieden sie sich ohne Zögern für Barabbas.

1. Sie entschieden sich damit **für die Gesetzlosigkeit statt für das Gesetz**. Sie wählten statt Jesus den Gesetzesübertreter.

Zu den neutestamentlichen Ausdrücken für Sünde gehört auch **anomia**, das heißt: Gesetzlosigkeit. Etwas im Menschen wehrt sich gegen Gesetze, verlangt danach, zu tun, was gefällt, möchte alle einengenden Schranken einreißen, über die Stränge schlagen und sich jeder Zucht widersetzen. Wohl kaum jemand von uns wäre zuweilen nicht froh, wenn es die Zehn Gebote nicht gäbe! Die Menge hier verkörpert diese menschliche Haltung, indem sie sich statt für das Gesetz für die Gesetzlosigkeit entschied.

2. Sie entschieden sich **statt für den Frieden für den Krieg**. Sie wählte den Mann des Blutvergießens statt den Friedensfürsten. Im Verlauf einer fast dreitausendjährigen Geschichte, wie sie für uns überschaubar ist, hat es nicht einmal einhundertunddreißig Jahre gegeben, in denen nicht irgendwo ein Krieg wütete. Die Menschen haben in ihrer unvergleichlichen Torheit ihre Streitigkeiten durch Kriege beizulegen versucht, mit denen sich doch nichts erreichen läßt, was für alle befriedigend ist. Die Volksmenge tat, was die Menschen so oft

tun, indem sie sich für kriegliebende statt für friedensliebende Männer entscheiden.

3. Sie entschieden sich **für Haß und Gewalt statt für die Liebe**. Barabbas und Jesus verkörperten zwei verschiedene Wege, die wir einschlagen können: Barabbas den des Hasses und der Gewalt, Jesus den der Liebe. Wie so oft, verwarfen die Menschen auch hier die Liebe, und der Haß feierte Triumphe in ihren Herzen. Sie ließen sich nicht von ihrem Wahn abbringen, daß Gewalt allein zum Sieg führe, und verschlossen sich damit vor der Erkenntnis, daß der einzig wahre Sieg der Sieg der Liebe ist.

Hinter einem einzigen Wort kann sich tiefe Tragik verbergen. „Und ließ Jesus geißeln." Das letztere ist im griechischen Urtext ein solches Wort; denn die Geißelung, wie die Römer sie vornahmen, war etwas Entsetzliches. Derjenige, über den diese Strafe verhängt wurde, mußte sich bücken, und er wurde derart gefesselt, das sein Rücken voll entblößt war. Bei der Geißel selbst handelte es sich um eine lange lederne Peitschenschnur, die in Abständen mit spitzen Bleistücken und Knochensplittern besetzt war und den Rücken des unglücklichen Opfers buchstäblich zerfetzte. Es kam vor, daß bei der Geißelung den Opfern auch ein Auge ausgerissen wurde, daß sie während der Geißelung starben oder vor lauter Pein wahnsinnig wurden. Nur wenige überstanden diese furchtbare Prozedur, der auch Jesus ausgesetzt wurde, bei vollem Bewußtsein.

VERSPOTTUNG DURCH DIE KRIEGSKNECHTE

Markus 15, 16—20

Die Kriegsknechte aber führten ihn hinein in die Burg, das ist ins Richthaus, und riefen zusammen die ganze Schar, und sie zogen ihm einen Purpur an und flochten eine Dornenkrone und setzten sie ihm auf und fingen an, ihn zu grüßen: Gegrüßest seist du, der Juden König! Und schlugen ihm das Haupt mit einem Rohr und spien ihn an und fielen auf die Knie und huldigten ihm. Und da sie ihn verspottet hatten, zogen sie ihm den Purpur aus und zogen ihm seine eigenen Kleider an und führten ihn hinaus, daß sie ihn kreuzigten.

Das Ritual der Verurteilung war bei den Römern genau festgelegt. Nachdem der Richter sein „**Illum duci ad cru-**

c e m   p l a c e t" (jener soll gekreuzigt werden) gesprochen hatte, wandte sich an die Wache und sagte „I, m i l e s, e x p e d i   c r u c e m" (Geh, Soldat und bereite die Kreuzigung vor). Von diesem Augenblick an befand sich der Verurteilte in den Händen der Soldaten. So auch Jesus. Bei dem Richthaus handelte es sich um die Residenz des Statthalters, um sein Hauptquartier, und bei den beteiligten Soldaten um die Wache des Hauptquartiers. Bei dem, was jetzt geschah, dürfen wir nicht vergessen, daß Jesus die Qual der Geißelung bereits hinter sich hatte, als die Soldaten begannen, ihre derben Scherze mit ihm zu treiben.

Von allem, was Jesus widerfuhr, hat dies, so widerwärtig es war, ihn möglicherweise am wenigsten verletzt. Denn alles, was die Juden getan hatten, war haßvergiftet, und die Zustimmung des Pilatus war ein feiges Ausweichen vor der Verantwortung gewesen; was die Soldaten jedoch Jesus zufügten, war zwar grausam, aber es sprach keine Perfidie daraus. Für sie war Jesus ein zum Tode Verurteilter wie andere auch, und das „Königsspiel", das sie mit ihm trieben, hatte nichts heimtückisch Boshaftes, sondern war ein rauher, aber durchaus üblicher Scherz. Wie hier Jesus, so mußten sehr bald die Christen viel Spott über sich ergehen lassen. So wie heute vielfach Wände mit üblen Scherzen beschmiert werden, so fand sich auch im untergegangenen Pompeji an einer Steinwand das Bild eines Mannes, eines Christen, der vor einem Esel kniete, und darunter gekritzelt die Worte: „Anaximenes betet zu seinem Gott." Sollten wir je um unseres Glaubens willen verspottet werden, so sollten wir bedenken, daß Jesus in einer Weise verspottet worden ist, die schlimmer war als alles, was uns je passieren kann.

DIE KREUZIGUNG

Markus 15, 21—28

Und zwangen einen, der vorüberging, mit Namen Simon von Kyrene, der vom Felde kam — der war der Vater des Alexander und des Rufus —, daß er ihm das Kreuz trüge. Und sie brachten ihn an die Stätte Golgatha, das ist verdolmetscht: Schädelstätte. Und sie gaben ihm Myrrhe in Wein zu trinken; aber er nahm's nicht. Und sie kreuzigten ihn. Und sie teilten seine Kleider und warfen das Los darum, wer was bekäme. Es war aber um die dritte Stunde, da sie ihn kreuzigten. Und es war oben über ihm geschrieben, was man ihm schuld gab, nämlich: Der König der Juden. Und sie kreuzigten mit ihm zwei Mörder, einen zu seiner Rechten und einen zur Linken.

Der Ablauf der Kreuzigung war stets der gleiche. Der Verurteilte mußte das Kreuz, an dem er gekreuzigt werden sollte, selbst zur Hinrichtungsstätte tragen. Vier Soldaten bildeten um ihn herum ein Viereck, und vor ihnen marschierte ein Soldat mit einer Tafel, auf der zu lesen stand, welches Vergehens der Verurteilte sich schuldig gemacht hatte; die Tafel wurde später am Kreuz befestigt. Zur Richtstätte wurde nicht der kürzeste, sondern der längste Weg eingeschlagen, so daß möglichst viele Menschen den Zug sehen und sich als warnendes Beispiel dienen lassen konnten. Nach der Ankunft an der Stätte wurde das Kreuz flach auf den Boden gelegt. Der Verurteilte mußte sich darauf legen, und dann wurden seine Hände festgenagelt, während seine Füße nur lose festgebunden wurden. Zwischen den Beinen oben ragte eine hölzerne, als „Sattel" bezeichnete Leiste hervor, die beim Aufrichten des Kreuzes das Körpergewicht auffing, weil sonst die Hände an den Nägeln ausgerissen wären. Anschließend wurde das Kreuz aufgerichtet und eingerammt. Danach blieb der Verurteilte sich selbst überlassen, bis er starb. Manchmal hingen die Verurteilten eine ganze Woche lang am Kreuz, wo sie unter entsetzlichen Atemnöten und Qualen, bis sie irre wurden, langsam verhungerten und verdursteten.
Für Simon von Kyrene muß dies ein düsterer Tag gewesen sein. Palästina war ein besetztes Land, und jeder konnte von den Römern zu einer Dienstleistung dadurch gezwungen werden, daß diese ihn mit der flachen Seite ihrer Lanzen an der Schulter berührten. Simon stammte aus Kyrene in Afrika, und zweifellos war er nach Jerusalem gekommen, um dort das Passafest zu begehen. Gewiß hatte er für diese Reise gespart und sich damit einen lange gehegten Wunsch erfüllt — und dann mußte ihm dies passieren! Für den Augenblick muß Simon sehr verärgert darüber gewesen sein, voller Haß auf die Römer und auch auf diesen Verurteilten, dessen Kreuz zu tragen man ihn zwang. Über das, was Simon danach widerfuhr, gibt es Vermutungen, die allerdings in eine andere Richtung deuten. Vielleicht nämlich hatte er beabsichtigt, das Kreuz gleich nach der Ankunft auf Golgatha zu Boden fallen zu lassen und fortzulaufen, das dann aber, stillstehend, nicht getan, weil ihn etwas an Jesus faszinierte. Nicht zufällig wird Simon als „Vater des Alexander und des Rufus" bezeichnet, was sicherlich ge-

schah, um ihn zu identifizieren; sollten doch die Menschen, für die der Evangelienbericht geschrieben wurde, ihn aufgrund dieser Angaben eindeutig erkennen. Höchstwahrscheinlich war das Markusevangelium zunächst für die Gemeinde in Rom bestimmt. Wenden wir uns deshalb dem Brief des Paulus an die Römer zu, so lesen wir dort 16, 13: „Grüßet Rufus, den Auserwählten in dem Herrn, und seine Mutter, die auch mir eine Mutter war." Bei der Aufzählung der Männer zu Antiochien, die Paulus und Barnabas auf deren epochemachende erste Missionsreise zu den Heiden sandten (Apg. 13, 1), wird auch S i m o n , g e n a n n t N i g e r, angeführt. „N i g e r" war die übliche Bezeichnung für alle Dunkelhäutigen, die aus Afrika stammten — Kyrene aber lag in Afrika. Es kann also durchaus sein, daß wir in der Apostelgeschichte demselben Simon begegnen. Vielleicht bewog das Erlebnis auf dem Wege nach Golgatha Simon, sich auf immer an Jesus zu binden und zum Christen zu werden; vielleicht gehörte er später zu den führenden Männern der Gemeinde zu Antiochien und war Paulus und Barnabas bei ihrer ersten Missionsreise zu den Heiden dienlich. Ja, vielleicht kam es zu dieser ersten Heidenmission überhaupt, weil Simon gezwungen worden war, das Kreuz Jesu zu tragen! Das würde mittelbar bedeuten, daß w i r womöglich nur deshalb Christen haben werden können, weil nach Gottes Ratschluß einst ein Pilger aus Kyrene, der zum Passafest nach Jerusalem gekommen war, zu seiner größten augenblicklichen Verärgerung von einem römischen Offizier aufgefordert worden ist, daß Kreuz Christi zu tragen.

„Sie gaben ihm Myrrhe in Wein zu trinken; aber er nahm's nicht." Eine Schar frommer barmherziger Frauen aus Jerusalem pflegte bei allen Kreuzigungen zugegen zu sein und den Verurteilten einen mit Betäubungsmitteln versehenen Trunk Wein anzubieten, der ihre schrecklichen Qualen linderte. Auch Jesu boten sie diesen Trunk an; doch er lehnte ihn ab. Er war entschlossen, den Tod bewußt bis zum bitteren Ende auszukosten und sehenden Auges vor Gott zu treten.

Die Soldaten würfelten um die Kleider Jesu. Wir haben bereits festgestellt, daß der Verurteilte in der Mitte von vier Soldaten zur Hinrichtungsstätte geführt wurde. Zu den genehmigten Nebeneinkünften dieser Soldaten gehörte jeweils die Kleidung des Verurteilten, die bei den Juden aus fünf Gegenständen bestand: dem Unterkleid, dem Oberkleid, den Sandalen, dem Gürtel und der Kopfbedeckung. Waren die vier kleineren Kleidungsstücke verlost, so blieb noch das meist aus einem Stück gearbeitete große Obergewand, das zu zerschneiden sinnlos gewesen wäre. Deshalb würfelten die vier Soldaten zu Füßen des Kreuzes darum.

Jesus wurde zwischen zwei Mördern hängend gekreuzigt. Es war wie ein Symbol seines ganzen Lebens, daß er bis zuletzt bei den Sündern blieb.

SCHRANKENLOSE LIEBE

Markus 15, 29—32

Und die vorübergingen, lästerten ihn und schüttelten ihre Häupter und sprachen: Ha, der du den Tempel zerbrichst und baust ihn in drei Tagen, hilf dir nun selber und steig herab vom Kreuz! Desgleichen die Hohenpriester verspotteten ihn untereinander samt den Schriftgelehrten und sprachen: Er hat andern geholfen und kann sich selber nicht helfen. Der Christus, der König in Israel, der steige nun vom Kreuz, daß wir sehen und glauben. Und die mit ihm gekreuzigt waren, schmähten ihn auch.

Die jüdischen Oberen schleuderten Jesus eine letzte Herausforderung entgegen. „Steig herab vom Kreuz", sagten sie, „dann werden wir an dich glauben." Das war genau die falsche Herausforderung; denn wie General Booth, der Begründer der Heilsarmee, einst gesagt hat, so verhält es sich tatsächlich: „Weil Jesus n i c h t vom Kreuz herabstieg, deshalb glauben wir an ihn." Der Tod Jesu war unumgänglich, und zwar aus folgendem Grunde: Jesus war gekommen, um den Menschen die Liebe Gottes zu verkündigen; ja, mehr noch, er selbst war die fleischgewordene Liebe Gottes. Hätte Jesus den Kreuzestod nicht zutiefst bejaht, wäre er (was er gekonnt hätte) doch noch vom Kreuz herabgestiegen, dann hätte das bedeutet: Die Liebe Gottes zu den Menschen ist begrenzt; es gibt etwas Furchtbares, was für diese zu erdulden sie nicht bereit ist; es gibt eine äußerste Grenze, über die hinaus die Liebe Gottes nicht reicht. Doch — daß Jesus den Todeskelch bis zur äußersten Neige ausgekostet hat und am Kreuz gestorben ist, bedeutet, daß die Liebe Gottes buchstäblich ohne Grenzen ist, daß es nichts gibt, was Gott in seiner Liebe zu den Menschen zu leiden nicht bereit wäre, daß nichts, nicht einmal der Kreuzestod ihn von seiner Liebe zu den Menschen zurückhalten kann. Wenn wir auf das Kreuz blicken, hören wir Jesus sprechen: „Gott liebt euch mit einer grenzenlosen Liebe, mit einer Liebe, die

alles zu tragen bereit ist, was zu leiden euch auferlegt ist."
Wäre Jesus vom Kreuz herabgestiegen, könnten wir dies nicht
glauben; doch — weil er sich weigerte, herabzusteigen, glauben
wir an die unbegrenzte Liebe Gottes.

TOD UND TRIUMPH

Markus 15, 33—41

*Und um die sechste Stunde ward eine Finsternis über das
ganze Land bis um die neunte Stunde. Und um die
neunte Stunde rief Jesus laut und sprach: „Eli, Eli, lama
asabthani?" das ist verdolmetscht: „Mein Gott, mein Gott,
warum hast du mich verlassen?" Und etliche, die dabeistanden, da sie das hörten, sprachen sie: Siehe, er ruft
den Elia. Da lief einer und füllte einen Schwamm mit
Essig und steckte ihn auf ein Rohr und tränkte ihn und
sprach: Halt, laßt sehen, ob Elia komme und ihn herab-
nehme! Aber Jesus schrie laut und verschied. Und der
Vorhang im Tempel zerriß in zwei Stücke von obenan
bis untenaus. Der Hauptmann aber, der dabeistand ihm
gegenüber und sah, daß er so verschied, sprach: „Wahrlich, dieser Mensch ist Gottes Sohn gewesen!" Und es waren auch Frauen da, die von ferne zuschauten, unter welchen war Maria Magdalena und Maria, die Mutter Jakobus des Kleinen und des Joses, und Salome, die ihm
nachgefolgt waren, da er in Galiläa war, und ihm gedient hatten, und viele andere, die mit ihm hinauf nach
Jerusalem gegangen waren.*

Die letzte Szene beginnt. Sie war so furchtbar, daß der Himmel
sich zu ungewöhnlicher Stunde verdunkelte, als ertrüge selbst
die Natur nicht, mitanzusehen, was hier geschah. Werfen wir
einmal einen Blick auf die beteiligten Personen.
1. Da ist zunächst Jesus, mit zweierlei Äußerungen. a) Er stieß
den furchtbaren Schrei aus: „Mein Gott, mein Gott, warum hast
du mich verlassen?" Das Geheimnis dieses Schreies läßt sich
nicht ergründen. Vielleicht läßt es sich so deuten: Jesus hatte
unser Leben auf sich genommen. Er hatte unser Werk getan,
unseren Versuchungen standgehalten, unsere Heimsuchungen
zu den seinen gemacht. Er hatte alles Leid dieser Welt getragen; hatte erfahren, wie seine Freunde versagten, und hatte

den Haß seiner Widersacher und die Bosheit seiner Feinde ertragen. Er hatte fürwahr die bittersten Qualen kennengelernt, und damit alles, was das Leben dem Menschen an schrecklichen Erfahrungen zu bieten hat — **mit einer Ausnahme: er hatte an sich selbst nie die Folgen der Sünde erfahren.** Die Sünde jedoch bewirkt vor allem eins: sie trennt uns von Gott; sie richtet eine Barriere zwischen Gott und uns auf, die eine unersteigbare Mauer ist. Weil Jesus ohne Sünde war, hatte er diese Erfahrung nie gemacht. Vielleicht geschah es in diesem Augenblick zum ersten Male, und zwar nicht, weil er gesündigt hatte, sondern weil er sich in seinem unwiderruflichen Ja zum Tode vollständig mit den Menschen, mit dem Menschsein identifizierte. In dieser schrecklichen, düsteren Stunde nahm Jesus wahrhaftig die von Gott trennende Sündigkeit aller Menschen auf sich, wußte er — so paradox es klingt —, was es heißt, Sünder zu sein. Für Jesus muß dies für menschliche Begriffe unausdenkbar qualvoll gewesen sein, weil er nie zuvor erfahren hatte, was es heißt, durch die Schranke der Sünde von Gott getrennt zu sein. Aber gerade deshalb versteht er uns so gut, gerade deshalb brauchen wir keine Scheu oder gar Angst zu haben, zu ihm zu kommen, wenn wir durch unsere Sünden von Gott abgeschnitten sind. Weil er selbst durch alles, ja, durch die dunkelste Nacht des Getrenntseins von Gott hindurchgegangen ist, kann er anderen helfen. Ja, Jesus hat alle, wirklich alle Tiefen menschlicher Erfahrung selbst ausgelotet. b) Da ist der laute Schrei Jesu, von dem auch bei Matthäus (27, 50) und Lukas (23, 46) die Rede ist; Johannes erwähnt den Schrei als solchen nicht, wohl aber, daß Jesus gesagt habe „Es ist vollbracht!", ehe er verschied (Joh. 19, 30), was in der Ursprache in einem Wort ausgedrückt wurde. **Und bei diesem einen Wort handelt es sich eben um den lauten Schrei.** Ja, Jesus starb mit einem Triumphschrei auf den Lippen, nachdem seine Aufgabe erfüllt, sein Werk vollendet und der Sieg sein waren. Auf die Finsternis folgte das Licht —: er ging heim zu Gott als einer, der überwunden hatte.

2. Da sind die Umstehenden, die wissen wollten, ob jetzt Elia kommen würde. Einen von ihnen erfaßte angesichts des gekreuzigten Jesu eine geradezu krankhafte Neugier, statt daß Schrecken, Ehrfurcht oder gar echtes Mitleid ihn gepackt hätten; noch im Tode wollte er ein Experiment mit Jesus anstellen.

3. Da ist der Hauptmann, ein hartgesottener römischer Soldat, ein kampferprobter Mann, der gewiß schon viele hatte sterben sehen, aber noch keinen so wie diesen, so daß er zuletzt

überzeugt davon war, daß Jesus der Sohn Gottes gewesen sei. Hätte Jesus die Menschen nur unterwiesen und die Kranken geheilt, dann hätte er gewiß auch viele für sich gewonnen; doch erst sein Kreuzestod ist es, der die Herzen der Menschen unmittelbar anspricht.

4. Da sind die Frauen, die von ferne zuschauten. S i e w a r e n d a — trotz ihrer Verwirrung, trotz ihrer Trauer. Sie hatten ihn so lieb, daß sie ihn gerade in diesen Stunden nicht allein lassen konnten. Auch wo der Verstand nicht begreift, hält die Liebe Christus fest. Nur da, wo wir Christus bis zum Letzten lieben, haben wir jenen Halt, der durch nichts zu erschüttern ist.

Noch etwas ist zu beachten. „Der Vorhang im Tempel zerriß in zwei Stücke von oben an bis untenaus." Hier handelt es sich um den Vorhang, der das Allerheiligste, das niemand betreten durfte, vor den Menschen verschloß. Symbolisch erfahren wir hier also zweierlei: a) Der Zugang zu Gott stand nunmehr weit offen. Während sonst nur der Hohepriester das Allerheiligste betreten durfte, und auch er nur einmal jährlich am großen Versöhnungstage, war der Vorhang davor jetzt zerrissen, so daß der Weg zu Gott allen Menschen frei stand. b) Im Allerheiligsten wohnte Gott selbst. Da mit dem Tode Jesu der Vorhang, der Gott verbarg, zerrissen war, konnten die Menschen ihn nun von Angesicht zu Angesicht schauen; Gott war nicht länger vor ihnen verborgen. Die Menschen waren nicht länger auf Vermutungen angewiesen; sondern wenn sie auf Jesus blickten, konnten sie sagen: „So ist Gott; so liebt Gott auch mich."

DER MANN, DER JESUS INS GRAB LEGTE

Markus 15, 42—47

Und am Abend, weil es Rüsttag war, das ist der Tag vor dem Sabbat, kam Joseph von Arimathia, ein angesehener Ratsherr, welcher auch auf das Reich Gottes wartete. Der wagte es und ging hinein zu Pilatus und bat um den Leichnam Jesu. Pilatus aber verwunderte sich, daß er schon tot wäre, und rief den Hauptmann und fragte ihn, ob er schon lange gestorben wäre. Und als er's erkundet von dem Hauptmann, überließ er Joseph den Leichnam. Und der kaufte eine Leinwand und nahm ihn ab und wickelte ihn in die Leinwand und legte ihn in ein Grab,

> *das war in einen Fels gehauen, und wälzte einen Stein vor des Grabes Tür. Aber Maria Magdalena und Maria, des Joses Mutter, sahen, wo er hingelegt ward.*

Jesus starb um 3 Uhr nachmittags, am Freitagnachmittag; denn der nächste Tag war ein Sabbat. Wie bereits erwähnt, begann der Tag jeweils um 6 Uhr nachmittags. Es war also bereits die Zeit der Zurüstung für den Sabbat, und es war keine Zeit zu verschwenden, denn um 6 Uhr (heute: 18 Uhr) traten die Sabbatvorschriften in Kraft, denen zufolge keine Arbeiten mehr verrichtet werden durften. Joseph von Arimathia handelte denn auch unverzüglich. Häufig wurde der Leichnam der Hingerichteten überhaupt nicht beigesetzt, sondern nur vom Kreuz genommen und den Geiern und wildernden Hunden überlassen. (Man hat denn auch vermutet, der Name Golgatha = Schädelstätte sei darauf zurückzuführen, daß die Stätte von Schädeln früherer Hingerichteter übersät gewesen sei.) Joseph ging zu Pilatus, der sich wunderte, daß Jesus schon sechs Stunden nach der Kreuzigung gestorben war, weil der Tod bei vielen Gekreuzigten gewöhnlich erst nach Tagen eintrat. Nachdem er jedoch mit Hilfe des Hauptmanns die Sachlage überprüft hatte, überließ er dem Bittenden den Leichnam Jesu.
Joseph ist ein Fall für sich.
1. Es ist nämlich durchaus möglich, daß wir alles, was wir über das Verhör Jesu vor dem Hohen Rat wissen, Joseph von Arimathia verdanken. Da bestimmt keiner der Jünger dort zugegen war, muß die Kenntnis des dort Vorgefallenen auf Informationen eines Angehörigen des Hohen Rates beruhen, und sehr wahrscheinlich handelt es sich dabei um eben diesen Joseph von Arimathia. In diesem Fall hätte Joseph echten Anteil an der Entstehung des Evangelienberichtes.
2. Joseph von Arimathia haftet eine gewisse Tragik an. Obwohl er Mitglied des Hohen Rates war, erfahren wir mit keinem Wort, daß er etwas zugunsten Jesu ausgesagt oder um Jesu willen Einspruch erhoben hätte. Wohl verschaffte Joseph dem toten Jesus ein würdiges Grab; doch zu Lebzeiten Jesu hatte er mutmaßlich geschwiegen. — Leider ist es sehr häufig so, daß wir die Menschen erst dann loben und Blumen auf ihr Grab legen, wenn sie tot sind. Es wäre unendlich viel besser, ihnen zu Lebzeiten Blumen zu schenken und ihnen ein Wort der Dankbarkeit zu gönnen.
3. Gleichwohl dürfen wir Joseph nicht allzusehr tadeln; denn er gehörte immerhin zu den Menschen, bei denen der Kreuzestod Jesu bewirkte, was dieser zu Lebzeiten bei ihm nicht bewirkt

hatte. Sicher fühlte er sich von dem lebenden Jesus angezogen; doch weiter ging es bei ihm nicht. Als er Jesus dann aber sterben sah — er muß bei der Kreuzigung zugegen gewesen sein —, empfand er nur noch Liebe für ihn. Zuerst der römische Hauptmann, danach Joseph von Arimathia — es ist erstaunlich, wie bald die Worte Jesu sich bewahrheiten sollten: „Und ich, wenn ich erhöht werde von der Erde, so will ich alle zu mir ziehen" (Joh. 12, 32).

SAGET PETRUS!

Markus 16, 1—8

Und da der Sabbat vergangen war, kauften Maria Magdalena und Maria, des Jakobus Mutter, und Salome Spezerei, auf daß sie kämen und salbten ihn. Und sie kamen zum Grabe am ersten Tage der Woche sehr früh, als die Sonne aufging. Und sie sprachen untereinander: Wer wälzt uns den Stein von des Grabes Tür? Und sie sahen auf und wurden gewahr, daß der Stein abgewälzt war; denn er war sehr groß. Und sie gingen hinein in das Grab und sahen einen Jüngling zur rechten Hand sitzen, der hatte ein langes weißes Kleid an, und sie entsetzten sich. Er aber sprach zu ihnen: Entsetzet euch nicht! Ihr suchet Jesus von Nazareth, den Gekreuzigten. Er ist auferstanden, er ist nicht hier. Siehe da die Stätte, wo sie ihn hinlegten! Gehet aber hin und saget seinen Jüngern und Petrus, daß er vor euch hingehen wird nach Galiläa; da werdet ihr ihn sehen, wie er euch gesagt hat. Und sie gingen hinaus und flohen von dem Grabe; denn es war sie Zittern und Entsetzen angekommen. Und sie sagten niemand etwas; denn sie fürchteten sich.

Es war den Frauen keine Zeit geblieben, dem Leichnam Jesu die letzten Dienste zu erweisen; der Sabbat hatte sie daran gehindert, ihn zu salben. Sobald jedoch der Sabbat vorüber war, machten sie sich so früh wie möglich auf, um sich an ihr trauriges Werk zu begeben. Eins allerdings bekümmerte sie dabei: die Grabkammern hatten keine Tür, sondern vor der Öffnung eine Auskehlung mit einem wagenradgroßen Stein darin; sie wußten, daß es ihre Kräfte übersteigen würde, einen solchen Stein zu entfernen. Als sie das Grab erreichten, mußten sie jedoch zu ihrer Überraschung feststellen, daß der Stein bereits

fortgewälzt war und daß in der Grabkammer ein weißgekleideter Jüngling saß, der ihnen die unglaubliche Neuigkeit mitteilte, daß Jesus von den Toten „auferstanden" sei.
Eins ist sicher: Wäre Jesus nicht von den Toten auferstanden, hätten wir wohl kaum etwas von ihm gehört. Die Frauen waren gekommen, um einem Toten die letzte Ehre zu erweisen, und auch die Jünger verhielten sich so, als ob alles mit einer großen Tragödie geendet hätte. Der beste Beweis für die Auferstehung Jesu ist die Existenz der christlichen Kirche; nichts anderes wäre imstande gewesen, verzweifelte Männer und Frauen in Menschen zu verwandeln, die vor Freude strahlten und flammten vor Mut. Die Auferstehung Jesu ist das zentrale Faktum des christlichen Glaubens. Aus der Tatsache, daß wir an die Auferstehung Jesu glauben, ergeben sich bestimmte Dinge.
1. Jesus ist nicht die Heldenfigur irgendeines Buches; er ist lebendig gegenwärtig. Wir können uns nicht damit begnügen, das Leben Jesu wie das anderer bedeutsamer geschichtlicher Persönlichkeiten zu untersuchen; auch wenn wir uns ihm zunächst auf diesem Wege zu nähern versuchen, ist dies doch immer nur der Anfang. Am Ende steht die Begegnung mit Jesus.
2. Jesus lebt nicht nur in unserer Erinnerung, er ist lebendige Gegenwart. Erinnerungen, auch wenn sie noch so schön sind, verblassen allmählich. Die Zeit hätte längst die Erinnerung an Jesus ausgelöscht, wenn er nicht auf immer lebendig bei uns gegenwärtig wäre. Jesus ist nicht jemand, über den man diskutiert; Jesus ist jemand, dem wir begegnen.
3. Das heißt, daß Christsein nicht bedeutet, **über Jesus Bescheid zu wissen**, sondern ihn zu **kennen**. Es ist ein himmelweiter Unterschied, ob wir über jemand nur Bescheid wissen oder ob wir ihn wirklich kennen. Wir meinen über viele Großen der Welt Bescheid zu wissen; doch nur die wenigsten von uns kennen diese persönlich. Die größten Gelehrten, denen alles Wissenswerte über Jesus bekannt ist, kennen ihn womöglich weniger als der bescheidenste Christ, der Jesus täglich ganz unmittelbar erlebt.
4. Das heißt aber auch, daß es für Christen keinen Stillstand gibt. Unser Glaube sollte nie erstarren. Gerade weil unser Herr ein lebendiger Herr ist, warten immer neue Wunder und Wahrheiten darauf, von uns entdeckt zu werden.
Das Wunderbarste an diesem Abschnitt jedoch sind zwei Worte, die in keinem anderen Evangelium, wohl aber als letzte in folgendem Halbsatz enthalten sind: „Gehet aber hin und saget seinen Jüngern **und Petrus** ..." Wie muß Petrus die Mit-

teilung von diesem Auftrag gefreut haben! Sicherlich hatte ihn die Erinnerung an seine Treulosigkeit gequält, und nun empfing er unerwartet eine Nachricht, ja Botschaft, speziell an ihn gerichtet; von allen Jüngern wurde ausgerechnet er besonders genannt. Es ist bezeichnend für Jesus, daß er überhaupt nicht an das Unrecht dachte, das Petrus ihm zugefügt hatte, sondern nur an dessen Gewissensbisse und Reue. Jesus war und ist wesentlich mehr darauf bedacht, den bußfertigen Sünder zu trösten, als darauf, ihn für begangene Sünden zu bestrafen. Ein glaubenserfahrener Mann hat einmal gesagt: „Köstlicher als alles andere ist, daß Jesus uns gerade dort vertraut, wo wir versagt haben."

DER AUFTRAG DER KIRCHE

Markus 16, 9—20

Als er auferstanden war frühe am ersten Tage der Woche, erschien er zuerst der Maria Magdalena, von welcher er sieben böse Geister ausgetrieben hatte. Und sie ging hin und verkündigte es denen, die mit ihm gewesen waren, die da Leid trugen und weinten. Und diese, da sie hörten, daß er lebte und wäre ihr erschienen, glaubten sie nicht. Danach offenbarte er sich unter einer andern Gestalt zweien von ihnen unterwegs, da sie über Land gingen. Und die gingen auch hin und verkündigten das den andern. Und denen glaubten sie auch nicht. Zuletzt, da die Elf zu Tische saßen, offenbarte er sich und schalt ihren Unglauben und ihres Herzens Härtigkeit, daß sie nicht geglaubt hatten denen, die ihn gesehen hatten auferstanden. Und er sprach zu ihnen: „Gehet hin in alle Welt und predigt das Evangelium aller Kreatur. Wer da glaubet und getauft wird, der wird selig werden; wer aber nicht glaubet, der wird verdammt werden." Die Zeichen aber, die da folgen werden denen, die da glauben, sind die: in meinem Namen werden sie böse Geister austreiben, in neuen Zungen reden, Schlangen vertreiben, und wenn sie etwas Tödliches trinken, wird's ihnen nicht schaden; auf Kranke werden sie die Hände legen, so wird's besser mit ihnen werden. Und der Herr, nachdem er mit ihnen geredet hatte, ward er aufgehoben gen Himmel und setzte sich zur rechten Hand Gottes. Sie aber gingen aus und predigten an allen Orten. Und der Herr wirkte mit ihnen und bekräftigte das Wort durch die mitfolgenden Zeichen.

Wie bereits in der Einleitung mitgeteilt, hört das Markusevangelium in seiner ursprünglichen Gestalt mit Vers 8 auf. Der vorliegende Abschnitt, der sich sehr von den übrigen Evangelienberichten unterscheidet, ist in keiner der bedeutenden Evangelienhandschriften enthalten. Es handelt sich hier um einen später hinzugefügten Überblick, der entweder geschrieben wurde, weil Markus selbst zu seinen Lebzeiten mit der Niederschrift nicht fertig geworden oder aber weil der ursprüngliche Schluß irgendwann verlorengegangen war.

Besonders bemerkenswert ist an diesem Abschnitt, welche Aufgaben darin der Kirche zugeschrieben werden. Der Verfasser der letzten Verse unseres Evangeliums bekundet, daß Jesus der Kirche bestimmte Aufgaben anvertraut habe.

1. Aufgabe der Kirche ist die Verkündigung. Das bedeutet, daß jeder Christ verpflichtet ist, die Wahrheit von der frohen Botschaft Jesu denen zu übermitteln, die noch nie etwas davon gehört haben. Christen sollen Herolde Jesu Christi sein.

2. Aufgabe der Kirche ist es, zu heilen. Auf diesen Sachverhalt sind wir immer wieder gestoßen. Der christliche Auftrag erstreckt sich sowohl auf den Leib wie auf die Seele der Menschen. Jesus wollte den Menschen Gesundheit für Leib, Seele und Geist bringen.

3. Die Kirche sollte eine Gemeinde sein, von der überwindende Kraft ausgeht. Wir dürfen deshalb nicht alles Gesagte in billigem Sinne wortwörtlich verstehen und meinen, Christen könnten mutwillig Giftschlangen aufheben oder etwas Todbringendes trinken, ohne Schaden zu nehmen. Hinter den diesbezüglichen Verheißungen steht die Überzeugung, daß Christen eine Kraft besitzen, das Leben zu bewältigen und seinen Gefahren zu widerstehen, die andere nicht haben.

4. Die Kirche wird nie sich selbst überlassen bleiben bei ihrem Werk; sondern Christus wirkt beständig mit und in ihr sowie durch sie. Der Herr der Kirche ist auch heute noch in der Kirche lebendig und immer noch der Herr der Kraft.

Und so schließt denn das Evangelium mit der Botschaft, daß Christsein heißt, in der Gegenwärtigkeit und Kraft dessen zu leben, der gekreuzigt wurde und wieder auferstanden ist.

William Barclay
Auslegung
des Neuen Testaments

Aus dem Englischen übersetzt von Dr. Elfriede Leseberg. Text nach der revidierten Luther-Ausgabe. 17 Bände mit rd. 4 500 Seiten. Format 12 x 19 cm, flex. in Balacron gebunden.

Matthäusevangelium (Band 1), 352 Seiten

Matthäusevangelium (Band 2), 352 Seiten

Markusevangelium, 336 Seiten

Lukasevangelium, 320 Seiten

Johannesevangelium (Band 1), 212 Seiten

Johannesevangelium (Band 2), 336 Seiten

Apostelgeschichte, 220 Seiten

Römerbrief, 232 Seiten

Briefe an die Korinther, 256 Seiten

Briefe an die Galater, Epheser, 196 Seiten

Briefe an die Philipper, Kolosser, Thessalonicher, 235 Seiten

Briefe an Timotheus, Titus und Philemon, 260 Seiten

Jakobusbrief und Petrusbriefe, 332 Seiten

Johannesbriefe, Judasbrief, 196 Seiten

Brief an die Hebräer, 200 Seiten

Offenbarung (Band 1), 192 Seiten

Offenbarung (Band 2), 256 Seiten

William Barclay, **Begriffe des Neuen Testaments**, 240 Seiten, flex. in Balacron gebunden

AUSSAAT VERLAG · WUPPERTAL

KARL-HEIM-HAUPTWERK

*DER EVANGELISCHE GLAUBE
UND DAS DENKEN DER GEGENWART*

Grundzüge einer christlichen Lebensanschauung

Glaube und Denken (Band 1)
Philosophische Grundlegung einer christlichen
Lebensanschauung
224 Seiten, Linson

Jesus der Herr (Band 2)
Die Herrschervollmacht Jesu und die Gottesoffenbarung
in Christus
200 Seiten, Linson

Jesus der Weltvollender (Band 3)
Der Glaube an die Versöhnung und Weltverwandlung
232 Seiten, Linson

Der christliche Gottesglaube und die Naturwissenschaft (Band 4)
Grundlegung des Gespräches zwischen Christentum
und Naturwissenschaft
244 Seiten, Linson

Die Wandlung im naturwissenschaftlichen Weltbild (Band 5)
Die moderne Naturwissenschaft vor der Gottesfrage
264 Seiten, Linson

Weltschöpfung und Weltende (Band 6)
Die Weltzukunft im Lichte des biblischen Osterglaubens
200 Seiten, Linson

Eine Auseinandersetzung zwischen Philosophie,
Naturwissenschaft und Theologie
Das Weltbild der Zukunft
328 Seiten, Linson

AUSSAAT VERLAG · WUPPERTAL